产业组织及有效竞争

中国产业组织的初步研究

王慧炯 - 主编　陈小洪 - 副主编

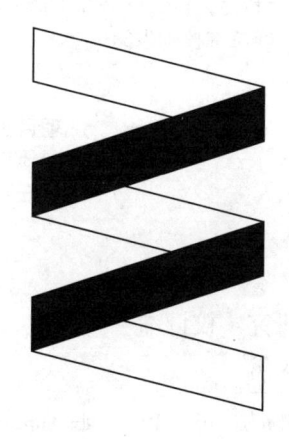

INDUSTRIAL ORGANIZATION AND EFFECTIVE COMPETITION
A Preliminary Study of China's Industrial Organization

（校订本）

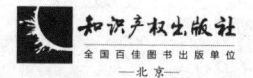

知识产权出版社
全国百佳图书出版单位
—北京—

图书在版编目（CIP）数据

产业组织及有效竞争：中国产业组织的初步研究：校订本/王慧炯主编. —北京：知识产权出版社，2020.4
ISBN 978-7-5130-6816-1

Ⅰ.①产… Ⅱ.①王… Ⅲ.①产业组织—研究—中国 Ⅳ.① F269.24

中国版本图书馆 CIP 数据核字 (2020) 第 040552 号

内容提要

本书的研究对象是中国的市场结构和合理竞争问题，系国家社会科学基金项目及联合国开发总署项目中一个子课题的阶段研究成果。全书分为四篇，分别从综合、专题、部门和国外角度，分析了中国经济改革前后市场结构、市场行为和市场绩效的演变及现状，探讨了合理设计产业组织和政策，建立有效竞争机制问题。从市场角度为研究我国社会主义有计划商品经济管理体制和运行机制问题，提供了理论借鉴和实证资料。最后两章，概括介绍了国外的产业组织理论和促竞争、反垄断等产业组织政策。可供广大经济研究人员，经管人员和厂长、经理，经济院校师生阅读参考。

总 策 划：王润贵	项目负责：蔡 虹
套书责编：蔡 虹　石红华	责任校对：潘凤越
本书责编：张利萍	责任印制：刘译文

产业组织及有效竞争
—— 中国产业组织的初步研究（校订本）

主编 王慧炯　副主编 陈小洪

出版发行：知识产权出版社有限责任公司	网　址：http://www.ipph.cn
社　址：北京市海淀区气象路 50 号院	邮　编：100081
责编电话：010-82000860 转 8324	责编邮箱：caihongbj@163.com
发行电话：010-82000860 转 8101/8102	发行传真：010-82000893/82005070/82000270
印　刷：三河市国英印务有限公司	经　销：各大网上书店、新华书店及相关专业书店
开　本：787mm×1092mm　1/32	印　张：14
版　次：2020 年 4 月第 1 版	印　次：2020 年 4 月第 1 次印刷
字　数：403 千字	定　价：68.00 元

ISBN 978-7-5130-6816-1

出版权专有　侵权必究
如有印装质量问题，本社负责调换。

《产业组织及有效竞争——中国产业组织的初步研究》编著者

主　编　王慧炯
副主编　陈小洪
著　者　前　　言　王慧炯
　　　　　第 一 章　王慧炯
　　　　　第 二 章　胡汝银
　　　　　第 三 章　林栋梁
　　　　　第 四 章　郑易生　张景曾
　　　　　第 五 章　陈小洪　林栋梁　仝月婷　莫天全
　　　　　第 六 章　吕　朴
　　　　　第 七 章　夏小林
　　　　　第 八 章　陈小洪　仝月婷　王　卫　杨　良
　　　　　第 九 章　常　清　廖英敏
　　　　　第 十 章　王慧炯
　　　　　第十一章　卢文荣　陈小洪
　　　　　第十二章　陈海淳　陈小洪
　　　　　第十三章　仝月婷　陈小洪
　　　　　第十四章　鲁志强
　　　　　第十五章　陈小洪　林栋梁
　　　　　第十六章　胡欣欣
编审组　陈小洪　张景曾

课题组组成及参加者

课题组负责人

王慧炯（国务院发展研究中心）

课题组成员

鲁志强、陈小洪、常清、廖英敏、林栋梁、仝月婷（国务院发展研究中心），吕朴、夏小林（国家体改委），郑易生、胡欣欣、张景曾（中国社会科学院），莫天全、杨良、王卫（清华大学），胡汝银（华东化工学院），卢文荣（原在天津纺织工学院，现在华东化工学院），陈海淳（华中理工大学）。

国务院工业普查办公室的许刚，国家计委的余东、蔡泉，国务院发展研究中心的张文中，国家经济信息中心的刘希光、乔秀芹、杨志谦，冶金部的杨小宁，纺织部的张国和，北京市政府研究室的张展新等同志，对本课题的设计、研究提出了宝贵的意见，提供了重要的支持。

出版说明

知识产权出版社自1980年成立以来，一直坚持以传播优秀文化、服务国家发展为己任，不断发展壮大，影响力和竞争力不断提升。近年来，我们大力支持经济类图书尤其是经济学名家大家的著作出版，先后编辑出版了《孙冶方文集》《于光远经济论著全集》《刘国光经济论著全集》和《苏星经济论著全集》等一批经济学精品力作，产生了广泛的社会影响。受此激励和鼓舞，我们和孙冶方基金会携手于2018年1月出版《孙冶方文集》之后，又精选再版孙冶方经济科学奖获奖作品。

"孙冶方经济科学奖"是中国经济学界的最高奖，每两年评选一次，每届评选的著作奖和论文奖都有若干个，评选的对象是1979年以来的所有公开发表的经济学论著。其获奖成果基本反映了中国经济科学发展前沿的最新成果，代表了中国经济学研究各领域的最高水平。这次再版的孙冶方经济科学奖获奖作品，是我们从孙冶方经济科学奖于1984年首届评选到2017年第十七届共评选出的获奖著作中精选的20多部作品。这次再版，一方面是为了缅怀和纪念中国卓越的马克思主义经济学家和中国经济改革的理论先驱孙冶方同志；另一方面有助于系统回顾和梳理我国经济理论创新发展历程，对经济学同人深入研究当代中国经济学思想史，在继承基础上继续推动我国经济学理论创新、更好构建中国特色社会主义政治经济学都具有重要意义。

在编辑整理"孙冶方经济科学奖获奖作品选"时，有几点说明如下。

第一，由于这20多部作品第一版时是由不同出版社出版的，所以开本、版式、封面和体例不太一致，这次再版都进行了统一。

第二,再版的这20多部作品中,有一部分作品这次再版时作者进行了修订和校订,因此与第一版内容不完全一致。

第三,大部分作品由于第一版时出现很多类似"近几年""目前"等时间词,再版时已不适用了。但为了保持原貌,我们没有进行修改。

在这20多部作品编辑出版过程中,孙冶方经济科学基金会的领导和同事对本套图书的出版提供了大力支持和帮助;86岁高龄的著名经济学家张卓元老师亲自为本套图书作了思想深刻、内涵丰富的序言;这20多部作品的作者也在百忙之中给予了积极的配合和帮助。可以说,正是他们的无私奉献和鼎力相助,才使本套图书的出版工作得以顺利进行。在此,一并表示衷心感谢!

知识产权出版社

2019年6月

总　序

张卓元

知识产权出版社领导和编辑提出要统一装帧再版从 1984 年起荣获孙冶方经济科学奖著作奖的几十本著作，他们最终精选了 20 多部作品再版。他们要我为这套再版著作写序，我答应了。

趁此机会，我想首先简要介绍一下孙冶方经济科学基金会。孙冶方经济科学基金会是为纪念卓越的马克思主义经济学家孙冶方等老一辈经济学家的杰出贡献而于 1983 年设立的，是中国在改革开放初期最早设立的基金会。基金会成立 36 年来，紧跟时代步伐，遵循孙冶方等老一辈经济学家毕生追求真理、严谨治学的精神，在经济学学术研究、政策研究、学术新人发掘培养等方面不断探索，为繁荣我国经济科学事业做出了积极贡献。

由孙冶方经济科学基金会主办的"孙冶方经济科学奖"（著作奖、论文奖）是我国经济学界的最高荣誉，是经济学界最具权威地位、最受关注的奖项。评奖对象是改革开放以来经济理论工作者和实际工作者在国内外公开发表的论文和出版的专著。评选范围包括：经济学的基础理论研究、国民经济现实问题的理论研究，特别是改革开放与经济发展实践中热点问题的理论研究。强调注重发现中青年的优秀作品，为全面深化改革和经济建设，为繁荣和发展中国的经济学做出贡献。自 1984 年评奖活动启动以来，每两年评选一次，累计已评奖 17 届，共评出获奖著作 55 部，获奖论文 175 篇。由于孙冶方经济科学奖的评奖过程一直是开放、公开、公平、公正的，在作者申报和专家推荐的基础上，由全国著名综合性与财经类大学经济院系和中国社会科学院经济学科领域研究所各推荐一名教授组成的初评小组，进行独立评审，提出建议入围的论著。然后由基金会评奖委员会以公开讨论和无记名投票方式,以简单多数选定获奖作品。最近几届的票决结果还要进行公示后报基金会理事会最终批准。因此,所有获奖论著,都是经过权威专家几轮认真的公平公正的评审筛选后确定的,因此这些论著可以说代表着当时中国经济学研究成果的最高水平。

作为 17 届评奖活动的参与者和具体操作者,我不敢说我们评出的获奖作品百分之百代表着当时经济学研究的最高水平,但我们的确是尽力而为,只是限于我们的水平,肯定有疏漏和不足之处。总体来说,从各方面反映来看,获奖作品还是当时最具代表性和最高质量的,反映了改革开放后中国经济学研究的重大进展。也正因为如此,我认为知识产权出版社重新成套再版获奖专著,是很有意义和价值的。

首先,有助于人们很好地回顾改革开放 40 年来经济改革及其带来的经济腾飞和人民生活水平的快速提高。改革开放 40 年使中国社会经济发生了翻天覆地的变化。贫穷落后的中国经过改革开放 30 年的艰苦奋斗于 2009 年即成为世界第二大经济体,创造了世界经济发展历史的新奇迹。翻阅再版的获奖专著,我们可以清晰地看到 40 年经济奇迹是怎样创造出来的。这里有对整个农村改革的理论阐述,有中国走上社会主义市场经济发展道路的理论解释,有关于财政、金融、发展第三产业、消费、社会保障、扶贫等重大现实问题的应用性研究并提出切实可行的建议,有对经济飞速发展过程中经济结构、产业组织变动的深刻分析,有对中国新型工业化进程和中长期发展的深入研讨,等等。阅读这些从理论上讲好中国故事的著作,有助于我们了解中国经济巨变的内在原因和客观必然性。

其次,有助于我们掌握改革开放以来中国特色社会主义经济理论发展的进程和走向。中国的经济改革和发展是在由邓小平开创的中国特色社会主义及其经济理论指导下顺利推进的。中国特色社会主义理论体系也是在伟大的改革开放进程中不断丰富和发展的。由于获奖著作均系经济理论力作,我们可以从各个时段获奖著作中,了解中国特色社会主义经济理论是怎样随着中国经济市场化改革的深化而不断丰富发展的。因此，再版获奖著作，对研究中国经济思想史和中国经济史的理论工作者是大有裨益的。

最后，有助于年轻的经济理论工作者学习怎样写学术专著。获奖著作除少数应用性、政策性强的以外，都是规范的学术著作，大家可以从中学到怎样撰写学术专著。获奖著作中有几套经济史、经济思想史作品，都是多卷本的，都是作者几十年研究的结晶。我们在评奖过程中，争议最少的就是颁奖给那些经过几十年研究的上乘成果。过去苏星教授写过经济学研究要"积之十年"，而获奖的属于经济史和经济思想史的专著，更是积之几十年结出的硕果。

是为序。

2019 年 5 月

再版前言

首先要感谢孙冶方经济学奖基金会与知识产权出版社,给了1991年出版的《产业组织及有效竞争——中国产业组织的初步研究》再版机会,还使我们有机会回顾编著此书的背景等情况,结合中国产业组织及其政策的变化,讨论今天的中国产业组织有效竞争的有关问题。

一、研究目的、主要成果及问题

1989年年初我们开始启动中国产业组织研究项目。直接动因是我们获得了国家社会科学基金资助项目《社会主义商品经济条件下有效竞争的理论和政策》(1988社基168号)的资助,要按资助计划启动研究。更深的动因背景是1986年、1987年中国政策研究部门和学界日益重视中国产业政策研究,产业组织及其政策研究开始受到关注。1987年我们工作的国务院发展研究中心开始与世界银行合作准备启动中国产业政策问题研究。当时大家重视产业政策及产业组织研究,重要原因是想探索如何用计划(政府干预)与市场结合的方式解决中国产业发展的政策问题。研究启动之时中国经济体制改革目标,根据中共中央十三大政治报告的说法是建立有计划的社会主义商品经济。但是我们课题组的基本共识已是:社会主义商品经济必须遵循市场经济规律,产业通过市场机制发展。实际上是认为产业发展的基本条件将是市场经济。

在研究参加者的努力下,项目按计划目标实现;研究报告按计划进度完成;报告内容全面,亦有重点,理论和实际相结合,描述研究了当时中国产业组织及有关政策的实际;出版了也许是第一本系统研究中国产业组织实际的专著,即本书;成为国务院发展研究中心由吴明瑜、王慧炯同志负责,UNDP资助的《经济发展政策与规划研究》分项目Ⅰ（李泊溪负责）的子课题《中国产业组织研究》的预研部分。应邀对分项目Ⅰ咨询的哈佛大学国际发展研究所所长帕金斯（D.H.Perkins）教授曾半开玩笑地说："作为一个资产阶级学者，我对你们的'计划'兴趣不大，但是研究产业组织的确极重要。"❶

项目的主要研究成果，即本书也获得学术界好评。本书荣获1995年度孙冶方经济学奖。

这次研究还有重要的意外收获。1990年9月北京亚运会前夕应邀来访的日本产业组织研究权威东京大学植草益教授，在对课题研究提供咨询建议的同时，还做了两个重要知识贡献。一是指出市场经济下政府干预的依据是市场失效。他说当时中国改革明确的方向是有计划的商品经济，本质是市场经济。市场经济下的计划是政府干预。那么政府制订计划、进行干预的根据何在？是社会化生产的客观比例？植草益教授自问自答，说根据客观比例制订计划进行干预，是理论假设，但认识未必客观，政策难以操作。市场经济下政府干预是因为有市场失效。市场失效，经济学理论有操作性定义，比较客观，政策干预可操作。二是通过对产业政策干预与规制的共性及区别的讨论，说明了政府干预手段的不同方式、性质及特征。产业政策干预是政府对竞争性产业的干预，要重视市场机制。政府规制是针对市场机制解决不了的自然垄断、寡占竞争、外部性、信息不对称等问题的干预。两种干预针对的都是市场失效，但干预机制、手段有所不同。考虑到有关认识事关对政府干预、计划和市场的根本关系的认识，几个月后我们再次邀请植草益教授来中心做了有关政府干预和规制的专题报告。报告在国务院发展研究中心和国家体改委等机构共用的办公楼公共会议室公开举行，多位国家体改委的同志，如时任体改委秘书长的杨启先同志都来参会。报告所讲，当时中国政策研究及学术界还较少讨论，内容新，有理论高度，政策建议操作性强，很受欢迎。报告成功的另一重要原因是中国社科院日本研究所胡欣欣的翻译专业流畅。会上植草益教授还

---

❶ 见本书原版前言。

说他关于经济规制的书拟请中国社科院经济学研究所的朱绍文教授和胡欣欣译成中文。在时任国务院发展研究中心主任马洪秘书和即将到中国发展出版社任职社长的朱兵支持下，这本中文名由朱绍文教授最后定为《微观规制经济学》的书一年多以后出版了。书的内容、介绍的理论及思想，对当时中国形成中国经济体制改革方向是社会主义市场经济、政府干预主要针对市场失效等的共识起了积极作用：1992年年初书还未出版，国务院发展研究中心的唐若霓就撰文介绍该书❶；10月中共十四大正式明确中国经济体制改革的方向是社会主义市场经济体制，书适时恰好出版，立即洛阳纸贵，很受欢迎。

这次研究的主要收获是关于20世纪80年代中国产业组织的系统梳理及对有关思想认识和政策的系统研究，成果表现就是本书的形成及出版。作为第一本系统研究中国产业组织及其政策的专著，本书的成果集中反映在三个方面。

第一，比较全面地描述了20世纪80年代中国产业的市场结构、市场行为和市场绩效，即中国产业组织的整体全貌。市场结构研究的基本结论是：对工业按523个行业（小类行业，1980—1985年）和上中下游55个行业（中类和小类，1980—1987年、1988年）集中度的梳理及比较研究说明，中国产业集中度与发达国家乃至韩国、印度相比都显著偏低；1980年以后产业集中度基本变化趋势是下降的，同时有15.6%的小类产业集中度在"六五"时期有所上升；集中度下降与中国市场的发展、一些行业技术经济门槛较低、需求快速增长有关，亦与中国独有的体制格局有关；集中度上升则表明在基本体制格局相同的情况下，企业改革、市场放开及一些产业较高的技术经济门槛，拥有这些优势的企业能更快发展；对32个代表产业最小经济规模（EMS）及其与中国市场规模关系的研究表明，中国产业规模经济水平偏低，由于中国市场规模大，规

---

❶ 见唐若霓：植草益《政府规制经济学》简介，《经济社会体制比较》，1992年第2期。

模经济很难成为进入障碍,中国能兼得规模经济和市场竞争之利。

市场行为的研究主要通过纤维纺织、钢铁、机电业三个产业和企业集团、外包制和流通体制改革三个专题展开。研究发现,尽管中国市场化的体制改革还处于初级阶段,但企业行为已经明显市场化:追求利润,重视营销和差异化发展,利用企业集团和外包分工更快发展;改革,特别是计划管理体制、价格体系、流通体制的改革及企业制度的改革(实行企业经济责任制、发展企业集团等)是企业行为日益市场化的基本推动因素,如钢铁企业钢材自销比例随着改革深入逐渐提升,1979年为3.6%,1981年为19.9%,1986年达22.6%,自销钢材价格实行国家指导价和市场协议价(见本书第十二章表12-3)❶;中国产业集中度很低,企业卡特尔等合谋行为不多,普遍存在行政性地方分割和政策差别待遇,依赖地方资源(棉花、矿山)的小纺织、小钢铁、小轻工企业发展较快。

市场绩效研究的主要发现是:反映产业资金利润率指标1980年以后持续下降并且方差显著变小,表明中国资金流动性和市场化都有较快进展;集中度以下降为主,但产业规模水平和专业化水平普遍提高,只是多数产业小企业比大企业发展更快;产业技术经济水平指标随着产业规模扩大呈现不同趋势,纺织指标水平(电、煤、纺布用纱消耗指标)随产业发展而下降,进入门槛和集中度亦较高的化纤、钢铁指标水平则普遍提高。不同类型产业市场绩效指标差异表明,中国的产业资源配置效率有提升的,亦有下降的。

第二,中国产业组织及其变化既受市场共性因素影响,亦受国情特殊因素影响。20世纪80年代中国经济市场化还处于初步发展阶段,但中国与市场经济发达国家的产业组织的共性已经显现。如集中度高、技术经济门槛高的产业规模经济水平提升较快,集中度变化与

---

❶ 本书第十二章第二节介绍了有关政策。1984年5月国务院《关于进一步扩大国营工业企业自主权暂行规定》明确统配产品钢材计划内产品2%可以自销,超计划部分全部可以自销;自销价格在上浮20%内自行定价,或由供需双方协商定价。1985年1月取消20%限制。

市场需求增长及市场行为关系密切。中国国情特殊因素影响也很大：变化的体制及政策的影响，如流通体制和棉花购拨体制改革刺激了产业较快发展，但资源行政控制权下放及价格双轨制改革使管制更严的大企业发展相对较慢；中国工业发展的历史因素，如中华人民共和国成立以来地方工业的发展就是集中度较低的重要影响因素。

第三，提出了一些至今还有意义的基本政策建议及有关看法。如提出能兼得规模经济和竞争之利的有效竞争是判断中国产业组织及其政策合理性的基本原则，中国有能有效竞争的有利条件。又如指出产业组织有效竞争需要竞争性市场，为此需要有市场竞争政策及相应的制度规则，包括制定实施竞争法或者《反垄断法》；解决中国普遍存在的行政性差别待遇，中国的竞争法应有禁止行政垄断的规定，需要解决广泛存在的差别待遇及经济分割带来市场失效和"生存技术"不适用问题。基于产业不同特点确定相应的产业组织政策，包括根据不同产业（如研发密集产业和"夕阳产业"）的经济及技术结构特点相应确定不同的产业组织政策；根据不同产业有效竞争的市场结构特征（分散、高集中、寡占等）确定相应政策。系统配套与分类推进结合改革基本的制度体系，包括进行企业制度、商品交易制度、资本市场制度、财税体制等基本市场制度的改革，提供竞争政策及支持规模经济和技术进步政策能有效作用的基础。

本书的研究仍有许多不足之处。除没有明确指出中国的产业组织研究就是市场经济体制下的产业组织研究外，还存在研究深度不平衡（市场结构主要是集中度的研究，市场行为及市场绩效的研究较弱）、基于国情的政策研究深度不够等问题。这些不足，有多方面原因，也与作为课题负责人的我们的认识和知识水平不够有关。

二、中国产业组织及其政策：变化的格局和三个基本认识

本书出版于1991年。自此以来中国产业组织及其环境变化巨大。基本经济环境变化巨大：中国经济增长迅速，经济总量按GDP计1990年位居全球11位，目前已成为全球第二大经济体；1992年中共十四大明确中国经济体制改革的方向是建立社会主义

市场经济体制后，经近30年努力中国市场经济体制框架已经基本形成；中国经济已经并将进一步全面开放。中国产业组织已经发生深刻变化：中国已经初步建立社会主义市场经济的基本架构，但是阻碍市场机制更好地作用的问题仍有不少；经济发展、改革深入，市场竞争日益激烈，以及21世纪初前后以互联网、新能源为基础的新产业企业的兴起，各行各业都发展起来一批行业巨头甚至是全球规模领先的大企业；国有企业改革进步巨大，民营企业也发展很快，目前国有企业按国务院国资委央企口径计算资产60%~70%已经证券化，工业民营企业按销售产值计算2017年已占54.7%（国有企业、外资企业分别为23.4%和21.9%）；由于市场巨大，中国产业的生产和市场集中度已经普遍大幅上升，但因其他多种因素，多数产业的生产和市场集中度仍然低于国外；中国产业规模经济和专业化的水平已经显著提升，但产业技术的先进水平与发达先进国家相比总体看还有差距；产业市场化水平已经比较高，大多数产业竞争激烈，但能源、金融等少数产业因政府管制较多，竞争仍受较大限制；全球化的发展、国内竞争日益国际化和中国企业越来越多地走出国门，全球价值链和产业链的发展及中国企业的地位上升同时在许多重要领域还相对落后，中国产业组织已经受到国际化因素的深刻影响。

中国产业组织的制度政策环境已发生深刻变化。在中国，所谓产业组织政策有关的法律，主要指《反垄断法》《反不正当竞争法》，属于狭义产业政策范畴的产业组织结构调整法规和《中华人民共和国中小企业促进法》。中国早在1993年就出台了以规范市场不正当竞争为主旨的《反不正当竞争法》（该法以后有所修改，如增加了禁止利用网络进行不正当竞争的规定）。产业组织结构调整有关法规，作为各种形式的产业政策法规的部分一直存在。2002年出台了《中华人民共和国中小企业促进法》。2007年出台、2008年实施的《反垄断法》，作为市场经济的基本法律，其出台及开始实施标志着中国产业组织法律体系架构基本形成。

法律体系形成，有利于产业组织政策依法实施。但是政策乃至法律的有效运作仍有许多问题。这与法律体系不够完善有关，还与认识、政策、制度问题对法律运行空间的限制有关：产业市场化进程不平衡，大多数产业市场竞争性已较强，但石油、金融等产业仍有较多准入及价格管制，市场化进程滞后；与产品市场相比，要素市场化进程相对滞后；已经市场化的产业政府干预仍然过多、行政部门裁量权偏大；产业必须进入绿色发展的阶段，环境、健康等政府规制，已成为影响产业组织及其政策的重要因素，政策协调成为重要问题；影响支持市场竞争性的市场基本制度规则，仍然存在许多必须解决的基本问题。解决这些问题涉及多方面的改革及政策调整，首先要在以下三个基本问题上有更深入的认识。

第一，需要根据系统和可操作结合原则，从顶层到实施工具把握和理解政府与市场的关系。中国实行社会主义市场经济体制，已经明确市场资源配置的决定性作用，政府针对市场失效等问题要更好地发挥作用。政府发挥作用需要有针对性的政策工具。主要的政策工具，一是计划或者规划❶，二是政策实施工具或者手段。计划是有目标和实施措施及工具的政策安排。政策实施工具服务于计划及公共政策的实施，还有维持市场机制及市场秩序的独立作用。中国目前的计划是与传统计划体制下的指令性计划有根本性不同的指导性计划：计划的目标领域是有限的，主要针对需要政府和企业及民间合作推进的目标领域，或者说是存在市场失效的重要领域；计划有目标，还有实施方案和相应的工具，实施方案本质上是围绕目标的工具组合及基于阶段目标和条件的安排；计划从目标到工具都是一定条件下中央和地方政府间及政府和民间沟通协商的产物；计划及其实施，重视信息指导，重视激励及与市场机制相结合；计划有综合性的和专项的，可覆盖不同层次，有战略、规划、计划、行动计划等不同名称。政策实施工具或服务于计划及公共政策实施，或服务于维持市场机制及市场秩序。两种工具作用、基本功能不

---

❶ 本节关于计划及中国指导性计划的论述主要参考王慧炯：《社会系统工程方法论》，北京：中国发展出版社，2015年版，第六章。

同，亦有内在联系。经济计划和政策及其实施工具，如果没有与市场机制有机结合，就会因为计划目标或者工具确定不当破坏市场配置资源的作用。

中国在市场和政府或者计划与市场关系方面的问题集中反映在三方面：政府和市场的边界，目标和工具的配合，竞争政策与发展计划的协调。政府和市场的基本界面原则上清楚，遇到涉及多个因素的目标的设计及选择问题时，政策问题的性质和边界就不太清楚了。目标和工具配合的最大问题是存在政策目标和政策实施工具错配问题，结果出现政策实施低效，甚至会因此引起政策目标合适与否的争论。竞争政策与发展计划或者政策的协调问题，突出的是没有形成明确的竞争政策与发展计划的协调规则问题，如在确定产业政策时没有市场经济条件下不可或缺的竞争法审查。相对于目标选择问题，中国目前更突出的问题是工具设计及其实施和政策协调问题。

第二，需要基于重视信息和激励的原则设计选择政策实施工具。目前存在功能作用、经济和法律性质、使用方式不尽相同的多种政策实施工具。东京大学植草益名誉教授在前述《微观规制经济学》中指出市场经济体制下政府干预经济是因为存在市场失效，即市场机制不能解决公平收入分配问题、宏观经济稳定问题和某些场合下的资源有效配置问题；市场经济下的资源配置是企业及个人的微观决策，政府干预企业决策是微观干预；根据干预的作用及强制性特征程度，微观干预可分为规制和诱导性干预两类。规制（regulation❶），指政府根据国家法规，用许可、审批、审核、资

---

❶ regulation的中文译法有规制、管制、监管等多种译法。中国学者接受规制译法可能与朱绍文、胡欣欣翻译植草益书时的日文直译影响有关，译者认为译成规制有强调规制型干预必须依法规行使之意。与regulation接近的英文还有supervision。regulation有规章、章程、监督、管理之意，强调按规则监督管理。supervision对应的监管，可指依法监管，亦指依流程、工艺等的更强技术性的监管，强调过程、合规监管。经济学、规制经济学、国际经济学和国际投资研究文献多用regulation。金融和国际金融学文献中多用supervision。

质认证等准入或价格、数量、标准管理等行政管理及司法手段，对企业的行为进行控制或限制或规范的监督管理。规制是强制性的，可分为以经济发展和经济秩序健全为直接目标的经济规制，以解决环境、健康、安全等社会问题为直接目标的社会规制，企业必须接受。诱导型干预是非强制性的，是政府用信息、税费引导及适当的资源支持等方式，按照政策目标引导企业的经营决策，包括产业政策、科技政策、中小企业政策等的支持引导。诱导型干预是通过激励引导企业的干预，与市场机制比较协调，企业需要有关政策就要接受相应的监督管理，不需要有关政策就没有相应的政策管理。规制还可以分为间接规制和直接规制。间接规制是指仅在市场主体行为可能影响市场机制作用时，政府才进行干预规制，如基于竞争法的规制。直接规制则是市场主体只要行为就必须接受的规制，如对独家经营的自然垄断企业进行准入及价格规制，对自然资源使用者或者其业务的数量限制，信息不对称时的资质、质量等标准及其公示的规制，主要是针对安全、环境、健康问题的社会规制。直接规制未必限制竞争，如用拍卖分配数量配额，标准、资质有规制但只要达标就可以经营及竞争。微观干预或规制都要有经济和法律依据。依干预及规制的目标、经济和法律性质，政府的微观干预及规制分为民商法干预和公法干预两类，公法执行主体是政府，公法干预亦称作行政干预；行政干预中，诱导型干预和竞争政策规制，对企业干预较弱，而社会规制和直接规制对企业干预较强。合理设计选择政策实施工具还要求合理确定政策工具使用的方式（审批或报告、事前、事中或事后等）和条件（技术、经济及其标准）。政策即使目标合理，目标和实施工具错配或者工具设计不合理不科学，政策效果也会受损甚至失败。

  第三，需要正确理解产业组织政策的体系及其与产业结构政策乃至其他政策的相关关系。产业组织政策的意义，首先在于它有利于处理市场经济条件下的"马歇尔冲突"，即竞争推动规模经济及技术进步有可能带来垄断因而限制竞争。解决"马歇尔冲突"是市场经济的永恒课题。而且今天的"马歇尔冲突"不仅指竞争和规模经济的矛盾冲突，还包括竞争和网络经济、范围经济的冲突。因为信息技术的发展带来互联网公司赢家通吃，带来平台经济商业模式跨业跨国的快速扩张及对已有业态的颠覆。其次它能帮助解决发展中国家追赶及创新必须解决的特有的市场失效问题。这种市场失效，与发达国家高科技产业创新需要解决的市场失效不同，不仅需要科研政策支持，还往往需要更广泛的产业政策支持，产业政策的重要支持方式是协调及支持竞争优胜者的相机性租金（contingent tents）政策工具。因此可能影响竞争公平性，甚至带来政府失效。最后，产业组织政策，如中小企业政策还有社会政策的意义。因此基本的产业组织政策包括三方面基本政策：竞争政策，法律体现就是《反不正当竞争法》或者说《反垄断法》，及基本的反不正当竞争的政策；产业结构及产业技术政策中竞争的相关政策及规定，如支持企业并购但限制并购可能带来的过高控制市场，支持专业化、系列化但限制过度的垂直控制，支持企业合作研发但防止可能形成技术垄断，政府采购需要竞争等；中小企业政策的有关规定，如支持中小企业专业化和系列化发展的政策，允许中小企业经济不景气时的价格卡特尔，支持中小企业技术创新的金融政策等，限制大企业滥用市场优势延迟对中小企业支付的政策，政府采购中小企业优惠政策等。竞争政策在产业政策体系中有重要作用，与有关政策存在多方面的协调关系：法律协调，凡与竞争有关的产业政策法规立法时，必须进行竞争法审查以保证法律的协调，如法律明确不允许将提高产业集中度作为产业政策目标并用行政手段推进，中小企业价格卡特尔合法的条件是竞争法主管机构同意等；有关企业行为的政策协调，即使是政府支持的国企的合并，除非有法定的适用除外规定，也必须进行竞争法审查；有关产业政策支持对象的确定等规定及相应流程都必须体现公平竞争规则。由于产业发展与生态、健康的可持续发展关系密切，作为市场经济基本法的竞争政策还必须与环境、健康等社会规制政策等协调。

三、需要深入研究探讨的几个问题

除了前述几个基本问题外,我们认为还需要深入研究探讨中国产业组织及有关政策的下述问题。中国是否仍然需要明确有效竞争是中国产业组织政策的基本原则?笔者认为有效竞争仍然应该是中国产业组织政策的基本原则。除前面已经提出过的马歇尔冲突和中国发展中国家的特殊问题原因外,还因为中国有现实的政策需求。中国一些产业已经出现有很高市场份额的大企业,其企业的市场行为及其并购、投资等是否已经不利于竞争与创新及如何应对?中国仍然存在政府干预过多,既阻碍竞争,又阻碍规模经济及技术进步的老问题,如何更好地解决……都是必须回答的有关问题。

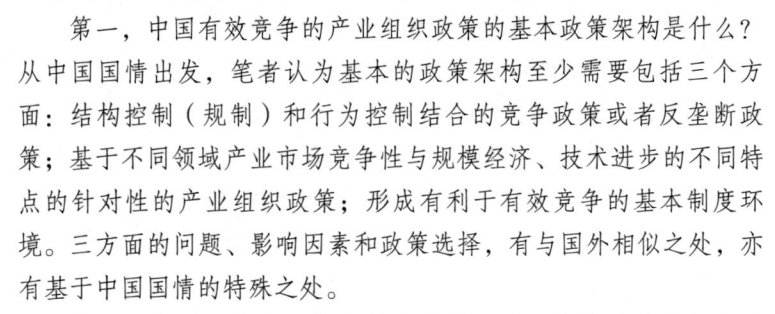

第一,中国有效竞争的产业组织政策的基本政策架构是什么?从中国国情出发,笔者认为基本的政策架构至少需要包括三个方面:结构控制(规制)和行为控制结合的竞争政策或者反垄断政策;基于不同领域产业市场竞争性与规模经济、技术进步的不同特点的针对性的产业组织政策;形成有利于有效竞争的基本制度环境。三方面的问题、影响因素和政策选择,有与国外相似之处,亦有基于中国国情的特殊之处。

第二,中国维持市场竞争性的政策,需要结构政策和行为政策结合。结构政策是指分割高市场份额企业或者其业务以维持市场竞争性的政策。行为政策是管制企业限制竞争行为的政策。过去的结构政策不以企业有限制竞争行为为必要条件,只要企业市场份额高到一定程度,反垄断政策当局就可以根据"当然违法"原则要求分割企业。20世纪80年代中期以后结构政策开始让位于结构与行为结合,即市场份额高但没有限制竞争行为的企业,反垄断政策当局不能根据"当然违法"原则要求分割企业。政策原则变化的基本原因是:人们认识到破坏市场竞争更本质的问题是行为,企业规模大、市场份额高有利于企业进行投资巨大的高风险的创新,可以给消费者带来更大利益;技术进步及创新可以使市场控制力很强的企业在不太长的时间就失去市场控制力,在技术互补性重要的领域分割企业不利于创新和消费者。政策原则变化，与20世纪60年代后期逐渐成形的产业组织理论芝加哥学派提出的市场行为影响市场结构并且更为重要的研究成果（见本书第十五章简介）的重要影响有关；被实务界接受的重要标志是20世纪90年代后期美国法律、行政部门最终取消分割微软的行动。否定基于市场结构的"当然违法"原则的分割规制，不是否认结构政策。因为各国政策当局仍然根据市场结构状况进行并购反垄断法规制。在中国，实行结构政策与行为政策结合，某种意义上更重视行为的竞争政策，已有重要的现实意义。因为中国存在各种限制竞争的市场行为，一些产业市场份额很高的企业并购等市场行为对市场、创新和消费者已有重要影响，有关问题已经成为重要的公共政策问题。

第三，中国需要基于不同产业领域市场竞争性与规模经济、技术进步关系的特点针对性地确定及调整产业组织政策。其一，分析产业市场及其技术经济情况是实施竞争政策及反垄断法的基本条件。如确定政策相关的最重要的市场范围，是以经济分析为基础的六要素市场范围确定方法，进而据此确定并购是否会因"市场优势地位"影响市场竞争❶；由于技术和专利日益重要，美国提出根据产品市场、技术交易市场、研究开发市场三方面判断是否可能滥用"市场优势地位"的规则指南以指导政策❷。其二，处于技术经济特征不同发展阶段的产业要求有不同的产业组织政策。技术含量高、技术差距大需要培育支持发展的高技术产业，产业政策的重点是给予必要的研发支持甚至资本资产支持，产业组织政策主要在必要的协调（标准、专业化等）和竞争政策方面发挥作用。竞争政策着力点是：要求支持对象是竞争优胜者（遵循），标准等必须协调公平，不能限制符合条件的企业进入（除非因资源稀缺有数量限

---

❶ 见余劲松：《跨国公司法律问题专论》，北京：法律出版社，2008年版，第142-143页。

❷ 1995年美国司法部、FTC有关知识产权许可的反垄断指南明确了三种市场的划分方法。

制）。在已有基础比较成熟的产业，产业政策主要通过更高水平标准的引导规范，以提高质量、环保和资源利用水平支持企业结构升级乃至淘汰过剩产能。竞争政策的着力点是防止大企业滥用市场优势搞不正当竞争，必要时支持中小企业用萧条卡特尔等方式缓解经济不景气的影响。其三，要研究数字经济、互联网经济时代的产业组织及有关政策问题。互联网经济的网络外部性和双边市场的经济特征及信息技术高渗透性，使一些互联网企业快速成为市场份额很高，对消费者及供应商，甚至其他领域的企业都有很强的影响力、渗透力乃至控制力的巨头。这种状况有利于投资巨大的创新发展和为消费者提供更多样化的服务，同时也带来企业可能滥用市场优势甚至不当侵犯他人权益的风险。产业组织政策，尤其是竞争政策在这方面能发挥重要作用。美国在这方面已有较多经验。中国还经验较少，需要结合互联网经济的基本特征及中国国情进行产业及政策作用的深入研究。新经济不限于互联网领域，分布式能源、新能源汽车等产业的发展、新消费模式的发展及其与互联网的结合，都提出了产业组织及其政策研究的新课题。

第四，形成有利于有效竞争的基本制度政策环境。需要通过基本商业制度、规制制度、财税制度及国有企业的改革、调整政策、完善规则，改进基本经济制度及其规则体系，形成有利于有效竞争的基本环境条件。其一，进一步完善基本的产权制度、商业交易及企业制度和有关的商业服务体系。基本的商业及企业制度不完善，公平的市场交易及竞争就缺乏基础。需要更严格地保护有形和无形的私人产权和企业产权；强化对违反商业信用行为的规制，发展并且规范有利于解决由于信息不对称带来的损害商业和消费者利益甚至侵权的信用、调查、鉴证的体系；行政监督和司法惩罚结合，借鉴日本《防止大企业延迟付款法》做法，解决大企业滥用市场优势地位拖欠中小企业付款的老问题；按强化治理自治和强化企业董监事及高管责任原则完善企业制度、改进资本市场。其二，从制度上解决监管不当、滥发补贴等政府越权及不当行为问题。政府的这些行为，会破坏市场公平竞争，甚至会劣币驱逐良币。这些问题，过去主要是受传统计划体制乃至基于企业所有制的准入限制政策的影响，现在则往往与产业政策、能源政策、环境政策、劳动政策及社会政策的执行相关，如用行政任务方式去"过剩产能"、用产能规模标准解决环境问题，企业拖欠工资往往无人监管等。这些问题之所以存在，与中国现阶段的财税、金融、行政等权责及行权方式等国家的基本管理制度规则有关，表明中国还未真正建立与现代市场经济相适应的国家治理和管理体系。因此中国不仅需要推进"放管服"的行政改革，还要进行基本治理和管理制度的建设和改革，根本解决政府不当干预妨碍市场公平竞争问题。其三，加快国有企业改革（简称国企），以形成有利于国企和民企（民营企业简称）公平交易、公平竞争的环境。这是因为中国国企在国民经济产出中的份额较大，国企存在事实上特有的政策、资源及历史优势，因而容易出现不利于国企和民企公平竞争及交易的问题。

第五，促进国企和民企公平竞争，要深化国企改革、明确国家所有权政策、调整健全有关法律。推进国企改革，通过将混合所有制改革竞争性领域的多数国企变成国家只参股的国家出资企业，从根本上解决国家出资企业和民企公平竞争问题；加快国企占主要地位的垄断行业体制改革进展。确定并执行国家所有权政策十分重要。国家所有权政策是市场经济条件下国家有关国企功能作用、行为规范（含国企和民企公平竞争规范）及考核监督的国家基本政策，至今中国的国家所有权政策仍然不够系统清楚，政策缺位❶。中国必须下力气解决有关的法律建设及执行问题。法律问题不解决好，公平竞争政策将难操作，难落地。就国企和民企公平竞争的法律问题而言，相对于民商法存在的问题，与国企有关的公法或者行

---

❶ 关于中国国家所有权政策的内涵、作用及其内容，见陈小洪、赵昌文、张政军等："国家所有权政策：意义、构架体系和内容"，转自陈小洪、赵昌文主编：《新时期大型国有企业深化改革研究——制度变革和国家所有权政策》，北京：中国发展出版社，2014年版，附录。

政法问题更多❶。因为市场经济条件下的公平竞争和交易，受制于寡头、自然垄断、信息不对称等市场失效，仅靠民商法规范，很难真正实现；国有企业出资人是政府，缺少有效的公法规范，国家出资人及国有企业就有可能滥用自己的规则影响优势。存在的主要公法问题有：法律规定本身不完善，如《行政复议法》规定行政规章本身不能复议，即政府部门制定规则权力过大，几乎不受相对人的质疑；法律协调不够，如《反垄断法》出台了，但是法律及人大都没有明确行政决定的石油产业体制是否受《反垄断法》规制及其规制的范围；法律的法律化和透明化程度低，如大量行业法只是行政性法规，甚至只是政府文件，且透明度较低；法律执行问题，如法律已改但实施规则没及时修改，对政府的违法行为、错误行为和不作为缺乏有效的惩戒处罚措施，部门利益冲突影响法律的解释及执行。中国有必要修改并完善有关的公法规则。

第六，深入研究产业组织政策的国际协调问题。产业组织政策的国际协调已经成为事关国际经济政治关系的重要课题。这有两个重要原因：经济全球化，跨国公司在某国的收购可能影响另外一个国家的市场及竞争；各国进行必要的政策协调已经成为共识，尽管对具体的政策原则还存在不同认识。需要认真研究几个基本政策问题。首先是基本竞争政策的国际协调问题。目前以反垄断法审查为基础的国际反垄断法的政策及法律协调，已经建立了比较好的国际协调机制，有关的基本政策原则也有共识。但是仍然存在对市场范围如何界定计算等不同看法。其次需要深入研究产业政策与竞争政策的关系，调整完善有关政策。WTO规则允许发展中国家可以合理实行与本国发展水平相适应的差别发展政策。一些发达国家以公平竞争为名反对发展中国家制定适合本国的产业政策，甚至用违反

---

❶ 本节关于国有企业与民营企业的公平竞争及公平交易，特别是有关法律影响的讨论可参陈小洪、王怀宇："国有企业法律体系：内容及问题和讨论"，转自陈小洪、赵昌文主编：《新时期大型国有企业深化改革研究——制度变革和国家所有权政策》，第七章。

WTO规则的单边主义的极限施压、利用全球货币结算的特殊权力带来的金融优势地位等施压他国。再次要研究信息全球互联互通发展带来的信息数据垄断及其对创新、竞争、国家安全等的影响，研究有关的产业政策、竞争政策、隐私保护、国家安全政策及其全球数据治理模式面临的挑战及变化。由于信息行业"赢家通吃"、全球化布局及组织成本持续降低、信息流通渗透成本低等，一国乃至跨国经营的商业模式正在发生深刻变化，货物及人的跨境流通乃至知识的跨国际交流在生产及消费方式、利益分配等方面都在发生不同程度的重要的深刻变化，深入进行有关研究意义深远。

第七，需要结合实际进行系统深入的理论研究。本书能取得较好的成果，重要原因是本书主要研究者对20世纪80年代中期以前形成的产业组织理论有比较全面的了解。20世纪90年代以来国际国内学术界在有关理论及有关的经验研究方面又有很多重要进展。有关的三方面研究成果值得重视关注。一是主要研究竞争性产业的产业组织理论或者产业经济学的进展。博弈论、信息经济学理论和企业理论发展及其与产业组织理论研究的结合，能更好地帮助理解产业组织变化的机制及条件、效果，帮助进行政策评估设计。本书在总论和第十五章已经指出了20世纪80年代初开始的这个趋势。现在这些研究成果已经成为教科书的标准内容。二是产业组织政策研究理论与规制经济学理论新进展的结合。本书当时已经指出了这种结合的趋势及意义。由于规制经济学，特别是新规制经济学的真正形成主要在20世纪80年代以后，甚至是20世纪90年代以后；研究的问题不仅涉及进入规制严格的自然垄断、寡占竞争产业并购等传统的产业组织规制问题，还讨论竞争性产业广泛存在但过去讨论较少的标准、质量规制问题，与竞争相关的社会规制问题；博弈论、信息经济学、规制制度基本模型的改进（如提出政治机构、规制机构、企业构成的规制决策的三层模型）等，使新规制经济学可以更结合实际地帮助研究规制问题，政策建议可操作性更强。三是通过理论的综合帮助研究产业组织政策及有关政策。实际政策往往是综合的，还会随着经济发展、产业融合、利益关系多元化而日益涉及多个方面的政策。如中国钢铁等产业的"去产能政策"就是产业政策、环境政策及社会政策结合的政策。所以植草益教授先后研究了产业组织理论、经济规制经济学、社会规制经济学❶,成为日本研究名家,重要原因是这三种理论,其研究对象往往相关,对有关政策研究及设计的改进都有参考指导意义。

四、说明及感谢

本书再版时,编辑曾与笔者商量再版时是否要修改本书。后来决定不要求一定修改,但允许作者修改认为必须修改之处。原因是原汁原味的版本可以更真实地反映当时的认识和实际,亦有价值。另外涉及作者太多,做统一要求比较困难。还商定我们二人写一篇再版前言,简要回顾1991年版本的收获和问题,讨论中国近30年产业组织及其政策的变化、存在和需要讨论研究的主要问题。由此形成再版本:增加了再版前言,正文基本没有修改,主要修改的是第八章表8-8印度钢铁生产集中度由于作者疏漏搞错的数据,修改时增加了说明以帮助读者了解有关情况。

本书能有幸获得孙冶方经济学奖,还能荣幸地得到再版,必须感谢所有作者的努力、孙冶方经济学奖评委会的理解与鼓励。还要感谢今年3月因癌症去世的原东京大学教授植草益。植草益教授两次来国务院发展研究中心指导中国产业组织及本书的研究,建议中国必须研究政府规制问题,针对性地指出中国政府对市场干预的依据在于存在市场失效;帮助安排陈小洪到东京大学经济学部做客座研究员;以后始终关心中国的发展,关心中国经济及经济学,特别是产业组织理论、规制经济学理论及其与实际结合的政策研究,多次来中国及国务院发展研究中心、中国社科院及有关高校交流讲学,很多中国学者受益匪浅。本书的再版也是对植草益教授指导的

---

❶ 植草益教授编写的研究产业组织理论和日本产业组织的名著《产业组织理论》1982年2月出版;《经济规制经济学》日文本1991年2月出版,中文本1992年10月出版;主编的《社会规制经济学》日文本1997年7月出版。

肯定，我们永远怀念植草益教授。

  本书中一定还会有疏漏甚至错误之处，我们欢迎各方能不吝赐教提出宝贵意见。如果本书再版能使更多研究者和读者关心中国产业组织及其政策的研究，我们将感到不胜荣幸。

王慧炯 陈小洪

2019 年 7 月 20 日于北京

原版前言

我乐意地看到《产业组织及有效竞争——中国产业组织的初步研究》一书的出版。

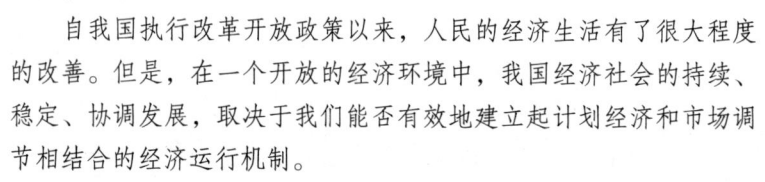

自我国执行改革开放政策以来,人民的经济生活有了很大程度的改善。但是,在一个开放的经济环境中,我国经济社会的持续、稳定、协调发展,取决于我们能否有效地建立起计划经济和市场调节相结合的经济运行机制。

作为一个政策研究的实际工作者与理论工作者,我深深地感到,无论在计划工作方面,还是在市场调节方面,都需要我们善于借鉴国际经验,并深入地研究中国的现状和中国的历史。只有这样,才有可能提出比较符合中国国情的政策建议。但即使有了好的政策建议,它们能否适时地因地制宜地被实施,则是更为艰巨的工作。但,这正是时代所赋予我们的历史使命,每一位爱国的中国人都不能回避这一责任。

本书研究的内容是中国的产业组织,或者说是市场及有效竞争的问题,着重对中国产业组织和市场的过去与现状进行了探讨,并寻求改善中国产业组织、促进市场发展和统一的政策。

本书内容的形成,最初是为完成国家社会科学基金资助项目《社会主义商品经济条件下有效竞争的理论和政策》(1988社基168号)而组织的。随着工作的深入和改革与发展的需要,我们又在原有工作的基础上,将它列为联合国开发总署项目《经济发展政策与规划的综合研究》分项目Ⅰ(国务院发展研究中心李泊溪负责)的一个子课题——《中国产业组织研究》的预研究部分。在邀请哈佛大学国际发展研究所所长(曾任哈佛大学经济系主任)帕金斯(D.H.Perkins)教授对分项目Ⅰ作咨询时,他曾半开玩笑地对我说:"这样大的复杂项目,至少需要3000名专家才能完成。"我答复他说:"作为一个大型项目的研究者与组织者,我深深地了解这一项目的复杂性与艰巨性。对于我来说,我只能重点抓住两个主要矛盾,计划与产业组织。"他很坦率地说:"作为一个资产阶级学者,我对你们的'计划'兴趣不大。但是研究产业组织的确是极重要的课题。"帕金斯教授所说的"计划"主要是指传统的计划体制,与我们课题设计中所说的"计划"含义不同。这里不想对我和他的讨论作更多的介绍和评论,也不想阐述"产业组织"研究和"计划"研究的内在的密切关系,只是想指出:从我们的课题设计和帕金斯教授的咨询意见中,可以充分说明国内外学者都已清楚地认识到开展产业组织课题研究的重要性与迫切性。

近代社会科学与自然科学的研究,都已进入依靠群众而不只是"英雄"或"专家"个人可以解决所有复杂问题的时代了。本书的完成,是研究群体共同努力的成果。先后参加或部分参加本课题研究工作的,有国家体改委、国家计委、国家经济信息中心、国务院工业普查办公室、中国社会科学院、清华大学、华东化工学院、天津纺织工学院、华中理工大学、纺织部、冶金部、北京市政府研究室,以及国务院发展研究中心发展预测部、技术经济部、市场流通部等13个单位的同志。陈小洪同志负责了大部分的具体研究组织工作,胡汝银同志对课题设计提出了比较系统的建议,陈小洪、张景曾两位同志担负了本书初稿的大部分编审工作。在这里,我向所有参与这一工作的单位和同志表示谢意。没有他们的努力,本书的完成和出版是难以想象的。还需要强调指出的是,国内一些中、青年学者也已注意到了这一课题的重要性,也有过许多探索性或评介性的著作,本书吸收了他们著作中不少有益的观点。但是,任何新生事物的发展,都有一个从不完善到完善的过程。我诚恳地希望广大读者和有识之士对本书提出宝贵的意见。写作本书的目的之一,是抛砖引玉,以引起国内更多的实际工作者和理论工作者的关注,更好地推进我国产业组织的研究工作,以解决我国当前改革与发展所面临的迫切问题。我们既不妄自尊大,也不妄自菲薄。只要我们坚持真理,修正错误,群策群力,努力探索,善于借鉴,勇于实践，我们就有可能使中国产业组织的研究逐步深入，就有可能形成与中国社会主义有计划的商品经济相适应的产业组织理论和政策。我相信，通过各个领域的共同努力，我们终究会走出一条具有中国特色的社会主义道路来。

王慧炯
1991 年 5 月 2 日

目 录

第一篇 综合研究篇

第一章 总 论 3
第一节 产业组织的含义和研究意义 3
第二节 国外产业组织理论的发展与要点 6
第三节 中国的产业组织研究及若干问题 14
第四节 本书的安排和内容体系 20

第二章 企业制度与有效竞争 27
第一节 中国企业制度概述 28
第二节 企业制度与市场结构 34
第三节 企业制度与市场绩效 39

第三章 中国市场及市场中介组织的发展 46
第一节 中国市场及中介组织发展概况 46
第二节 几种主要的市场和中介组织现状 49
第三节 创造有利企业有效竞争的市场环境 61

第四章 中国经济发展进程及其对产业组织的影响 68
第一节 中国经济发展概况和特征 70

第二节　中国产业组织的演进和特点　79

第三节　历史的矛盾及其对产业组织发展的制约　90

第四节　改善产业组织结构的政策设想　98

第五章　改革时期的中国产业组织及政策思考　102

第一节　改革时期中国产业组织的基本状况　102

第二节　三个产业组织问题专题　115

第三节　促进产业组织合理化的政策设想　125

第二篇　专题研究篇

第六章　企业集团与有效竞争　139

第一节　西方工业国家及我国香港企业集团的发展特点　140

第二节　改革前我国企业的组织形式和联合形式　142

第三节　我国企业集团的发展及其特点　145

第四节　我国企业集团工作存在的主要问题及
　　　　解决途径　154

第七章　大、中、小企业合作的一种基本关系：
　　　　系列分包制　159

第一节　"二重结构"的基本格局和系列分包制　160

第二节　实例分析　163

第三节　中、日比较：系列分包制与下承包制的
　　　　一致性　169

第四节　结论和建议　171

第八章　对中国工业集中度的初步观察和分析　174

第一节　概念、研究意义和方法　174

第二节　中国工业集中度的现状和特点　176

第三节　中国工业集中度变化的主要原因及结论　184

第九章　流通业的产业组织和有效竞争　192

第一节　传统体制下的流通业　192

第二节　改革以来的流通业　204

第三节　促使流通业有效竞争的思路　214

第十章　跨国公司　225

第一节　跨国公司的基本概念　225

第二节　跨国公司的几种组织形式　228

第三节　跨国公司的若干经营特点　233

第四节　对于跨国公司的争议及若干评价　235

第五节　深入研究跨国公司机制，做好引进外资及向国外投资的工作　241

第三篇　部门研究篇

第十一章　纤维业产业组织研究　245

第一节　基本情况　245

第二节　纤维业的市场结构　248

第三节　政府政策和企业行为　254

第四节　资源配置效益　264

第五节　小结及建议　271

第十二章　钢铁生产和流通的产业组织　274

第一节　钢铁生产和流通的市场结构　275

第二节　政府和企业行为　285

第三节　钢铁业生产和流通的效益　293

第四节　结论和政策思路　298

第十三章　机电工业产业组织的若干特点　303

第一节　机电工业的技术组织特点及发展　303

第二节　机电工业的市场结构　*307*

第三节　机电工业的市场绩效　*315*

第四节　机电工业产业组织影响因素浅析　*323*

第十四章　汽车工业产业组织结构和发展政策分析　*330*

第一节　汽车工业产业组织结构及特点　*330*

第二节　汽车工业发展政策比较分析　*345*

第四篇　国外研究篇

第十五章　国外产业组织理论：框架、发展及借鉴意义　*355*

第一节　产业组织理论的框架及概念　*355*

第二节　产业组织理论的发展及其与企业理论、规制经济学的相互促进　*364*

第三节　研究国外产业组织理论的借鉴意义　*375*

第十六章　国外产业组织政策简介　*380*

第一节　产业组织政策的意义与基本内容　*380*

第二节　直接管制政策　*385*

第三节　反垄断政策的形成——美国早期的反托拉斯政策　*390*

第四节　第二次世界大战后日本的产业组织政策——后进资本主义国家经济的特殊问题　*395*

第五节　产业组织政策与不发达市场——韩国的政策　*400*

参考文献　*407*

第一篇

1

综合研究篇

第一章 总 论

本章包括四方面内容：说明产业组织的含义和研究意义，简介国外产业组织理论的发展及其要点，概要评述国内的研究现状，介绍本书的研究体系和内容。

第一节 产业组织的含义和研究意义

1. 产业组织的含义

本书的研究对象是中国的产业组织和产业组织政策，比较偏重于研究影响企业有效竞争的产业组织状况和政策。什么是产业组织？什么是有效竞争？国内经济学界并无统一的认识。我们认为产业组织是企业市场关系的总和，包括市场结构、市场行为和市场绩效三个方面。有效竞争是使社会总效益最大的竞争，通常意味着竞争与规模经济相协调，既鼓励竞争，又限制垄断弊病。

应当承认，本书对产业组织及有效竞争的理解，参照了国外经济学界的有关概念。当然就具体的研究内容和研究对象的经济性质而言，我们与西方经济学界并不一致。例如，中国与西方主要国家的基本经济制度不同；国外重视研究企业垄断和产业组织的关系，我们比较重视研究政府政策对产业组织的影响等。

在国外经济学中，研究产业组织的经济理论称为产业组织理论（Theory of Industrial Organization）。本书第四篇专门对国外的产业组织理论做了介绍。但为使读者更好地了解本书的研究对象，有必要先介绍国外经济学辞典对产业组织及产业组织理论的解释。

"从传统意义来讲，产业组织理论属于应用价格理论的范畴。它研究市场经济的状态，而对状态的研究是通过对市场结构、市场行为与市场绩效三者的研究来实现的。所谓市场结构，包括卖方与买方的市场集中度、产品差别、进入障碍、价格结构、垂直联合与合并①。市场行为是研究'企业'的价格行为、产品战略、广告宣传、研究、创新、工厂投资与法律战略。市场绩效是对'企业'在市场中行为后果的评估，评估的主要内容是生产与分配的效益，经济增长与平等、公平。由于若干新概念的出现，例如，'满足行为'和'有限的合理行为'，以及博弈论的进一步应用，这一领域的研究范围已扩大到非利润极大化与战略行为及其在市场结构、行为和绩效的作用等方面。"②

产业组织在国外有时也称为产业经济学（Industrial Economics）。"它是应用经济学一个分支的通用名词，它是研究影响产业结构③因素及其所有制与管理方式的学科。因此，它被认为是应用微观经济学的一个领域。"④

我们借鉴国外产业组织理论的有关概念来研究中国的产业组织，主要是考虑到：只要是在商品经济的条件下发展生产力，就会遇到竞争和规模经济的冲突或矛盾；西方经济学中的产业组织理论是研究企业实际的市场关系的理论与方法，如同投入产出理论是研究产业结构的理论与方法一样，具有较强的工具性特点；目前在社会主义的经济理论体系中，还没有研究企业市场关系或产业组织的应用经济理论。

2. 产业组织的研究意义

《中共中央关于制定国民经济和社会发展十年规划和"八五"计划的建议》第50条指出："按照发展社会主义有计划商品经济的要求，建立计划经济与市场调节相结合的经济运行机制，是深化经济体制改革的基本方向。"显然，这意味着我们必须有与社会主义的有计划的商品经济相适应的使市场有效运行的理论与政策，必须解决现实经济生活中存在的各种产业组织弊端。这是中国经济工作者面临的严重挑战，是必须深入研究的问题。

关于中国经济发展和改革过程中存在的市场运行和产业组织问题，研究中国问题的外国经济学家也极为重视。1987年我们与世界银行专家合作研究我国的产业政策时,他们曾给了一份提纲性的看法,列出了五个问题,其中两个问题以市场为标题。兹将他们的看法摘述于后,这对我们理解研究产业组织的意义会有所裨益。

"市场发展与发育是第二个重要的研究领域。它将对分配效益与分权下放的有效性起决定性作用。市场的成效决定于四个因素:

(1)经理人员与企业家们的职业化与技能。

(2)由训练有素的职业人员应用合理的经济规则于投资决策。

(3)建立提供法律服务、消费者保护、产品标准与市场信息等有关机构,这些机构仅是为说明建立有效市场所需要的一系列机构中的一些例子。

(4)建立政府的管制机构以追踪市场活动,并监督市场活动的规则、定价、有否串谋等。"

"由于(世行)代表团对中国经济环境的了解有限,因此对上述四方面都需要给予更多的注意。看来大多数的经理人员还不知道如何按市场规则行事,而大多数的市场规则和机构还刚刚开始建立。企业也仅仅开始以粗糙的经济判据来评估投资,而政府管理部门还需要完成从管理计划经济机制向应用间接经济杠杆去调控经济的过渡。

虽然价格改革与企业自主经营对资源的有效分配是关键性的问题,但采取调整相对价格的主要步骤宜在市场获得发展及消除了最严重的供给制约因素之后,买方市场将是进行价格调整更恰当的环境。"

"第三个问题是市场的一体化问题。形成国家整体市场对于发挥中国的全部生产潜力具有重要的意义。它有助于企业的合理结构调整,将促进专业化与规模经济的形成并加速生产力的增长。形成国家市场,也是欧洲经济共同体繁荣的关键,但中国需要在下述领域采取措施。

(1)首先是要发展运输基础设施以加强市场与产业的联系。这要求国家对运输的发展做出各种方式的综合考虑并应与产业政策密切协调。

（2）对当前有利于各省的自给自足体系及支离破碎经济系统的发展，有必要改变社会与政治态度。

（3）建立起覆盖全部经济的统一经济规则与调控法则。目前，各地的试验与各种地方规则的名目繁多。如果每个企业各自与其主管局讨价还价，而各省、市的市场规则又各不相同，国家级市场的出现将极为缓慢。如果这一情况持续下去，中国将失去其产业活力的主要源泉。"

追述1987年世行专家的这些看法，一方面是为了说明研究市场规则的必要性，即研究产业组织的理论与实践的必要性；另一方面，是通过对现实的考察，从我国客观存在的实际出发，引出对中国市场发展规律的正确认识，作为我们指导市场发展的向导。这就是我们研究产业组织的主要意义。

第二节　国外产业组织理论的发展与要点

由于本书所做的研究较多地借鉴了国外的产业组织理论，因此有必要首先对国外产业组织理论的发展与要点作一综述，以便于读者将此和本书的内容与体系做出比较。

1. 产业组织理论的发展历史及其内容要点

产业组织从开始出现到成长为一门独立的研究领域，大约是从20世纪30年代到50年代中期完成的。从研究方法上看，它的发展，经历了经验研究—理论与数学方法的研究—经验研究三个阶段。由于产业组织理论实际上是传统的微观经济学的厂商理论的应用，因此1968年，斯蒂格勒曾这样说过："并没有产业组织这一学科。在这一学科名义下所开设的一些课程是为了理解经济领域中的产业结构与行为[5]……这些课程研究企业的结构状况（一个或多个，'集中'或分散，形成这一结构状况的原因，集中度对竞争的影响，竞争后果对价格、投资、创新等的影响）。但这些完全是经济理论的内容——价格或资源分配理论……"斯蒂格勒还指出对产业组织的研究不仅是研究理论，同时还应研究计量、假设检验与公共政策对企业的影响⑥。对产业组织理论比较确切而简要的描绘是：产业组织理论是研究经济供给方面的经济学，特别是企业作为卖方的市场。近二十年来产业组织理论研究的发展，有三个特点。一是它几乎对所有微观经济现象，从明确表达的信息与战略作用的角度进行了再探索，对老问题做出了新答案。二是在产业组织理论出现的初期，其研究方法主要是对违反反托拉斯法的案例研究⑦。到20世纪50年代初期，贝恩把对产业的案例研究转向对不同产业的横向数据的统计分析研究。但其后又兴起的经验研究与实验室研究的新浪潮，发现了产业横向研究的局限性，而通过新的假设与理论研究，使产业组织理论获得了发展的新动力。三是出现了传统经济学各领域（诸如国际经济学、宏观经济学等）与产业组织理论的交叉研究（如跨国公司对国际经济及国际产业组织的影响，市场结构将影响价格弹性从而会影响价格总水平的变化等）。当在其他领域所用的传统的完全竞争模型被产业组织研究中的不完全竞争模型所替代后，这些领域的研究获得了重要的新结果。反过来，这些领域的研究，又向产业组织研究提出了许多有待研究的新课题。

目前，国外产业组织理论的研究内容可分为五大部分：

第一部分是关于企业与市场组织关系的研究。其核心是企业。传统经济学是把企业看成一个由外生生产函数或费用函数决定的追求利润最大化的黑箱。但近代的产业组织理论与企业理论相结合，却从以下几方面去探索企业行为，以揭开这一黑箱。一是根据技术确定企业的费用函数及其与市场结构的关系，重点是分析多种产品的费用函数。这种费用函数与规模经济和范围经济有关，现代产业组织理论对此给出了严格的数学描述（参见专栏1-1）。二是关于企业理论的研究。其与传统的企业理论不同之处，是认识到企业是由具有各自利益的所有者（经理与雇员等）所组成的，企业行为受不完全信息的影响。从这些研究中提出了联合的限度（范围）问题。三是研究交易费用经济学。四是研究垂直联合，研究决定性因素及其后果。其主要内容有卖方垄断与买方垄断，垄断竞争，不确定性与信息，垂直协调与不完全合同等。所谓不完全合同是指，不能明确规定合同各方在所有情况下对所确定的绩效应承担的义务，或不能明确规定各项绩效。

专栏 1-1　范围经济

范围经济是近代对多种产品的费用与生产函数研究后所出现的新概念。如果在一个企业内，能巩固多种产品的生产，可以使总的费用降低，那么这就存在了范围经济。粗略地说，范围经济的存在，仅当（不是唯一条件）规模经济所提供的服务能共用于多种产品（例如，同一货车能将各种产品运送到各分销店）。因此，在设计企业的生产线数量时，要同时考虑规模经济与范围经济。范围经济的数学定义可叙述如下：

令 $P=\{T_1, T_2, \cdots, T_m\}$ 表示 $S \subseteq N$ 的一个分割，即
$\cup T_i = S$（$T_i \neq \phi$, $i=1, 2, \cdots, m$, $m>1$；$T_i \cap T_j \neq \phi$, $i \neq j$）

相对于分割 P，在 Y_s 产出水平时，如果

$\sum [C(Y_n)] > C(Y_s)$

则存在范围经济；否则不存在范围经济。

其中 N 是某个产业的投入集合，S 是该产业对应于产出水平 Y_s（Y_s 可以是多种实物性产出或服务）所需要的投入，P 是某个企业的投入集合，T_i 是该企业对应于产出水平 Y_n 的投入，$\sum Y_n \leq Y_s$，$C(Y_n)$ 是投入 T_i 产出 Y_n 的费用，$C(Y_s)$ 是投入 S 产出 Y_s 的费用。

第二部分是关于市场行为的分析。属于这方面的研究有：寡头垄断行为理论；卡特尔、串谋与水平合并；移动障碍与进入障碍；垄断与反托拉斯；价格差别；垂直合同关系；产品多样化；产品市场的不完全信息；创新的顺序——研究、开发与传播；市场清算理论；产业组织理论与宏观经济学的关系等。在这里，我们介绍一个产业组织研究创新®程序的博弈论模型，即专栏 1-2。第二部分最大的特点是应用现代的研究方法，使博弈论得到广泛应用。产业组织理论中有关这方面的研究，在过去二十年中获得了惊人的进展。它还被用于反托拉斯政策的研究。博弈论的应用主要集中在非合作型博弈论的发展及在不完全信息下的动态博弈论方面。

> **专栏 1-2　技术创新与模型**
>
> 　　创新有时用来代替"发明"一词，它包括了生产工艺的技术进步及在市场产品中引进新的属性。创新是产品多样化的来源，也是生产者用以创造需求与扩大市场份额的来源。在国外产业组织的研究中，运用了各种假定和定量分析方法，建立了对称模型和不对称模型，来研究创新、许可证及技术传播机制等。此处仅简单地引述一个对称模型以说明当代产业组织研究的方法论。
>
> 　　如以 P（假定为常数）代表发明者的收益，并假定其他部门的收益均为 0，而所有企业均有相同的贴现率 r。如企业 i 对研究与开发所花的费用为 X_i，发明将在 $T_i=T(X_i)$ 之日完成。企业 i 的战略是出价 X_i，而 Nash 平衡点[①]是一组出价矢量，应具有下述特点，即无一企业可以单方改变其出价。出价最高的企业将获胜；但如果有几个企业获胜，那么专利将在几个获胜企业中分配。该模型的关键假设是：在获胜者被确定前将不会花费实际的费用。因此只有获胜企业才真正地开发这一发明（花费其出价的费用）。其他一些假设从略。
>
> 　　在上述假设下，企业 i 在战略（出价）矢量为 X 时的收益 $V(X_i)$ 为：
>
> $$V(X_i) = \begin{cases} P e^{-rT(X_i)} - X_i & \text{若 } X > X_j, \text{对所有 } j \neq i \text{（企业 } i \text{ 获胜）} \\ \dfrac{1}{n(X_i)}(P e^{-rT(X_i)} - X_i) & \text{若 } X = X_j > X_k \text{（包括企业 } i \text{ 在内，} n \text{ 个企业同时获胜）} \\ 0 & \text{若 } X > X_j, \text{对 } j \neq i \text{（其他企业获胜）} \end{cases}$$

　　第三部分牵涉经验研究方法及对其结果的分析。这里我们应当强调指出，产业组织研究的现代经验方法已不同于 20 世纪 50 年代贝恩所使用的经验方法。它还包括用实验室试验来检验产业组织理论假设的方法。这部分研究内容包括：产业层次的结构与绩效研究；具有市场能力的产业经验研究；市场结构与创新的经验研究及产业组织的最新研究——实验方法的应用等。本书中的大部分材料及研究框架来自早期贝恩的经验体系，而贝恩在 1951 年曾争辩说：他的数据表示出存在一个临界的集中度，超过这一临界集中度，利润率的增长将是不连续的。美国学者应用美国的数据进行了研究，发现其研究结果可以支持这一关系⑩。但 Bradburl 与 Over 在 1982 年发现有两个临界点。如果原来的集中度很低，他们发现在 C_4 达到产业销售量 68% 以前，利润并不随集中度增加而增加。但如果原来的集中度很高，在 C_4 不低于 46% 时，利润也不随集中度降低而下降。而 1981 年 Geroski 的研究工作，运用了英国的数据，说明临界集中度的假设，似呈现出线性关系。由此可看出，产业组织研究的若干结论，还是很不一致的。要更好地研究集中度与利润率的关系，还需要更多的跨国数据。同样，在进入障碍的研究方面，国外也有所发展。1956 年贝恩研究进入障碍时，曾对他样本中的每一产业做了结构分析，并把它们按各自进入障碍的高低进行了分类。由于使用这种方法的成本很大，并且把各产业综合起来做出总体的进入障碍估计时，需要加上主观判断，因此以后的一些研究还使用了一些其他的办法。如 Orr 在 1974 年，应用加拿大 1964—1967 年的数据，做成了一个定量模型：

$$\Delta N = v(r - r^*)$$

式中，ΔN 为该时期中净增的卖方数；v 为一个正的常数，用来计量调整的速度；r 为所观察到的平均利润率；r^* 为企业停止进入的利润率。另一种研究进入障碍的常用方法是采用回归方程式：

$$r = \beta_0 + \beta_1(CON) + \beta_2(BE_1) + \cdots + \beta_{N+1}(BE_N)$$

式中，r 为利润率；β_0, β_1, β_2, $\cdots$, β_{N+1} 为未知系数；CON 为卖方集中度的计量；BE_i（$i=1, 2, \cdots, N$）为变量，用以计量进入障碍的可能来源，这些来源即贝恩在 1956 年所说的四因素（规模经济、需要资金、已有卖方的产品多样化的优势、已有卖方的绝对价格优势）。

第四部分的主要内容是产业组织理论与传统经济学其他领域相渗透的部分，特别是产业组织与国际经济理论的交叉研究部分。这是本书未包括的但很重要的研究内容。主要研究内容有：产业组织与国际贸易（包括垄断竞争贸易模型、保护与国内市场能力、价格区别与倾销、战略性贸易政策等）；产业组织的国际差异（包括经纪人与企业组织、市场规模与企业、国际贸易与市场结构、效益的国际差别、利润率的确定等）。

第五部分是关于政府对市场的干预，国外经济学界对这个问题的研究，对我们研究计划经济和市场调节相结合，更具有重要借鉴意义。目前有些人认为在市场经济国家是没有政府干预的。其实这是错误的认识。现在外国的政府，几乎都在不同程度上干预经济活动。问题的核心是政府对经济的干预程度与方式，是政企不分，还是创造适于企业活动发展的宏观环境，并通过各种政策规范企业的经济行为，引导其与国家的宏观经济社会目标相协调。国外产业组织在这方面研究的内容包括：一是管制（regulation，或译为规制）政治学与经济关系。政府干预与管制的主要理由是存在"市场失效"，针对这一问题国外政府往往采取帮助消费者形成合作组织以替代对自然垄断的价格管制，或仅在短期内对垄断特权签订合同，或应用税制与补贴以解决各种"市场失效"问题。这类措施能够实施，与有关利益者的行为有关，常常表现为政治行为或结果；二是研究针对自然垄断的最优政策；三是管制机构与工具的设计研究；四是经济管制的效果分析；五是卫生保健、安全与环境管制的经济学。

2. 产业组织方法论的发展

在前面，我们已概述了研究产业组织方法论的演变：经验研究—理论与数学方法的研究—经验研究三个阶段。本书各章的主要研究方法基本上还属于第一阶段的经验研究方法。为了有利于这一学科的发展，我们补充一些关于国外第二阶段与第三阶段研究方法的内容。

现代产业组织理论研究的一个重要的分析工具是不合作博弈论。所谓博弈论是个人在不完全信息条件下所做出的合理决策及有关那些决策产出的理论。近代博弈论始于冯·诺曼（Von·Neumann）与蒙格斯顿（Morgenstern）的"博弈理论与经济行为"（1944）。这一理论，考察了在具有某种风险的假设条件下，个人决策的相互作用及其与环境的作用，与其他个人的合作和不合作行为等。由于传统微观经济学的决策理论是以确定条件为假设前提的，因此对不确定条件下的决策问题，传统微观经济学无能为力。在博弈论中，一方的所得即为另一方的所失的博弈称为"零和博弈"。当所有方均能从个人决策中获得收益时，称为"非零和博弈"。在有串谋的可能时，称为"合作博弈"；当不相容时，称为"不合作博弈"。博弈论可用于分析寡头垄断、自然资源的耗损和公共货物等企业和人的经济行为。合作博弈论可用于分析卡特尔的形成及劳动市场等。在博弈论中，法国数学家、经济学家与哲学家孔诺（Cournot）创建了孔诺模型，它是产业组织中的一阶段博弈模型，其中的假设是 N 个企业同时选择相同产品的产出水平。实际的需要及研究的发展，使理论模型发展成为考虑了时间变量因素的动态多阶段模型。

实验室试验也是现代产业组织理论研究的重要工具。所谓实验室试验，就是通过固定的表格设计，由一些人作为买方，一些人作为卖方，按照指导书而做出买或卖的决策，从而模拟市场行为。专栏1-3介绍了试验指导书的内容[11]。

专栏 1-3　产业组织试验指导书例

1. 通则

这是市场决策的经济试验，指导书的内容很简单，如果你仔细地遵循它行事并做出良好决策，你可以赚钱并将获得现金支付。

在本试验中，我们将模拟市场行为。你们中的一些人分别作为买方与卖方而处于市场贸易期的程序中。随本指导书发给你们的，分别有标志买方或卖方的附页，其中也标明了你所做出任何决策所获得的价值。绝不允许将这些信息透露给任何人。这是你私人的机密。

市场的交易货币为法郎。

2. 对买方的指导

在每一市场周期，你可以自由地选择任一卖方或若干卖方去采购你所需的物品的数量。在贸易期中你在采购第一单位时，你将收到如表1-1 第一行所标明的第一单位赎买价；如果你买第二单位时，你将再收到表1-1 第四行所示的第二单位赎买价，等等。每次采购的利润由赎买价与你所买的各单位采购价的差价而定。即

你的盈利 = 赎买价 − 买价

例如，你买了两个单位，而你的第一单位的赎买价为200，第二单位为180。如果你对第一单位付出150，而对第二单位付出160，你的盈利为：

第一次盈利 =200−150=50

第二次盈利 =180−160=20

总盈利 =50+20=70

表1−1上的空格将用来记录你的利润。你在第一周期所买第一单位的价格，应在购买时，记录在第二行。你应在第三行记录购买的盈利。在贸易期末，可在最后一行记录总盈利。以后的贸易周期，应同样地作记录。

3. 对卖方的指导

在每一市场周期你可以自由地卖给任何一个买方或若干买方你所要卖出的物品的数量。在贸易期你卖出第一单位时，你可以得到附页第二行所标明的第一单位价格的数量；你卖出第二单位时的价格则在第五行标明。每次销售的利润是你卖出单位的卖价与该单位价格差。即

你的盈利 = 单位卖价 − 单位价格

例如，你第一单位的价格为140，第二单位的价格为160（为了说明问题，我们仅考虑二单位的例子）。你的第一单位的卖价是200，第二单位的卖价是190。你的盈利是：

第一单位的盈利 =200−140=60

第二单位的盈利 =190−160=30

总盈利 =60+30=90

表1−1上的空格将帮助你记录利润。在第一周期你所卖出第一单位的卖价应记录在卖出的第一行。你应在第三行记录卖出的利润。在贸易期末，你应在最后一行记录总盈利。以后的贸易期，应同样地作记录。

4. 市场组织

市场单位组织如下。贸易周期将开放若干分钟。任何人可以自由喊价，从拍卖者得到承认许可后，任何时候都可以买（或要求卖）。喊价（"要"价）的投标顺序如后：名字，单位喊价（单位"要"价）将被写在黑板上，同时保留在那里直至被接受、取消或由更高（更低）的减价（"要"价）所替代。任何人都可以自由接受已有喊价的一部分，而其余部分保持其喊价状况。如果某人接受了喊价的一部分或全部，就完成了一个约束合同，双方都应记录这笔交易。

表1-1 赎买价与价格表（配合专栏1-3用）

赎买价 买方号码_____ 周期_____				价格 卖方号码_____ 周期_____			
单位	行		价	单位	行		价
1	1	第一单位赎买价	200	1	1	卖价	200
	2	买价	150		2	第一单位价格	140
	3	利润	50		3	利润	60
2	4	第二单位赎买价	180	2	4	卖价	190
	5	买价	160		5	第二单位价格	160
	6	利润	20		6	利润	30
3	7	第三单位赎买价		3	7	卖价	
	8	买价			8	第三单位价格	
	9	利润			9	利润	
⋮	⋮	⋮	⋮	⋮	⋮	⋮	⋮
n		第n单位赎买价 买价 利润		n		卖价 第n单位价格 利润	
		贸易期总盈利				贸易期总盈利	

第三节 中国的产业组织研究及若干问题

系统地介绍和评述中国产业组织研究的历史和现状，不是本书的任务。我们仅从三个方面做一些概要的回顾和探讨：一是改革以来中国产业组织研究的若干特点；二是中国学者研究和借鉴国外的产业组织理论并应用于中国产业组织研究的一些情况及存在的问题；三是针对中国的有关研究介绍国外学者的一些值得考虑的观点。

1. 中国产业组织研究的三个特点

在中国，比较规范、系统的产业组织研究是在1985年以后，或者说是在1987年以后才逐步展开的。但是对属于产业组织研究范畴的许多问题的研究，实际上早在20世纪70年代末改革之初就已开始。我们认为中国的产业组织研究至少有下述三个较明显的特点。

第一，从研究范围看，国内学者从不同的角度、依据不同的学术理论，对产业组织的各个方面都已有所研究。

例如[12]，早在20世纪70年代末、80年代初一些学者如马洪、孙尚清等就已提出，应当调整不合理的"大而全""小而全"的经济组织结构，其内容"包括专业化组织、联合化组织及其相互关系，大、中、小企业的关系，企业的组织形式和合理规模等问题"；还指出为调整组织结构，需要一定的行政指导，同时应当鼓励竞争、反对封锁、支持各种联合[13]。有的学者，如刘国光等明确提出："只要存在商品经济，就意味有竞争"，"如果我们否认竞争，实际上就是否认商品经济的客观存在，否认价值规律的作用。"孙尚清等认为，"既然在社会主义社会中，存在商品生产和商品交换，作为商品生产基本规律仍然发生作用，那么，竞争就是社会主义经济运动客观上不可缺少的一种机制。"[14]有的学者如董辅礽，还强调现行体制、政企不分是导致结构不合理的重要原因，因此应把"国家行政组织同经济组织分开……经济活动应由各种经济组织去进行"[15]。

1985年，改革包括企业、市场、宏观调控体系三个方面的观点已成为经济学界的共识。这时围绕产业组织及有关的企业、政策调控等问题的研究从各个方面深入展开。如研究竞争和专业化及规模经济的关系，有人结合实际指出市场机制、价格竞争是提高机电工业专业化的出路所在[16]；又如研究企业的市场行为和企业动机的关系，有的研究根据调查指出企业搞联合的主要动机是为了获得规模效益，扩大产出[17]；再如研究大、中、小企业关系及城乡协调发展的问题，有的研究指出骨干企业向乡镇企业扩散零部件、搞系列分包将有利于提高专业化水平，扩大生产，促进城乡协调发展[18]。从不同角度将产业组织的研究与企业制度、市场发展、政府行为及宏观调控体系的研究联系起来，将产业组织研究与经济发展、产业结构变化的研究联系起来，是这个时期中国产业组织研究的重要特点[19]。

1988年开始治理整顿以后，有关产业组织的研究，相当一部分集中到对"诸侯经济"、市场规则的研究上，结合产权和企业兼并问题讨论的文献不少，同时出现了一批集中分析产业组织的文献[20]。

第二，产业组织研究具有较强的政策研究的色彩。

导致这种状况的原因很多。在改革之初就开始从不同角度研究产业组织的许多专家，过去曾是国家经济部门和政策研究部门的负责人，他们的政策研究意识较强[21]；遗留的问题和改革以来出现的大量新问题产生了大量的政策研究要求；改革十余年来是中国政治最开放、思想最活跃的时期，学者们已开始有可能进行政策研究。这个特点在改革之初就很明显，在1985年前后形成高潮。1987年3月，国务院发展研究中心提出了一份研究报告，认为通过实施产业政策可以促使发展和改革相结合、计划和市场相结合，提出了改善产业组织的一些政策设想[22]。1988年国家计委成立了产业政策司，此后各级政府部门的产业组织研究进展较快，同时又刺激了经济学界尤其是工业经济学界的有关研究。

第三，至少从1985年以后，中国学者已开始比较系统地研究国外的产业组织理论，从中寻求可借鉴的方法工具，用来研究中国的产业组织和产业组织政策。

2. 国外产业组织理论的借鉴情况及主要问题

随着对国外经济理论研究的深入，许多中国学者已日益感到有必要研究国外的产业组织理论，取其精华，为我所用。这方面的进展主要表现在介绍、研究国外的产业组织理论和借鉴这些理论研究中国的产业组织两个方面。

　　对国外产业组织理论的介绍可以分为两个阶段。1979年到1984年为第一阶段，1979年出版的萨缪尔森（P.A.Samuelson）著的《经济学》（高鸿业译）在介绍价格理论时曾专设两章，结合对不完全竞争、垄断理论的介绍，介绍了产业组织理论的市场结构概念和包含结构控制的反托拉斯政策，并提供了不少有关的实例。1980年出版的谢佩德（W.G.Shepherd）著的《市场势力与经济福利导论》（易家祥译）是一本对产业组织理论介绍较多的著作。1983年出版的沃森（D.S.Watson）等著的《价格理论及其应用》（闵庆全等译）等书也对产业组织理论有所介绍。但由于这些著作多是结合微观经济学、福利经济学及部门经济问题介绍产业组织理论（如1983年出版的利德尔蔡尔德著的《邮电经济学》就对部门产业组织及政府管制有较多介绍），不是专著，加上国内经济学界对产业组织理论不太熟悉，因此未引起各方面对产业组织理论的充分重视。

　　1985年以后为第二阶段，产业组织理论逐渐正式介绍到国内。1985年杨治编著的《产业经济学导论》出版，该书单设一章介绍产业组织理论，在国内影响较大。1985年10月，在世界银行经济发展学院和清华大学经济管理学院联合举办的经济管理讲习班上，世行专家以Shepherd著的《产业组织经济学》为教材（油印摘要本）系统介绍了产业组织理论。1988年国内开始出版介绍产业组织理论的专著。日本东京大学植草益教授著的《产业组织论》（卢东斌译）出版，这是国内第一本系统介绍国外产业组织理论的译著，篇幅不太大，但相当全面。1989年斯蒂格勒著的《产业组织和政府管制》（潘振民译）出版，该书是本论文集，其特点之一是同时介绍了信息经济学和管制经济学及其在产业组织和产业组织政策分析上的应用。1990年陈小洪、金忠义编著的《企业市场关系分析——产业组织理论及其应用》出版，这是国内编著的针对国内读者的第一本系统介绍产业组织理论和国外产业组织状况的专著，但没有介绍产业组织理论的新发展及其与企业理论、规制经济学的关系。稍后出版了两本教科书译著，即克拉克（R.Clark）著的《工业经济学》

（原毅军译）和克拉克森（K.W.Clarkson）等著的《产业组织：理论、证据和公共政策》（华东化工学院经济发展研究所译）。可以这样说，介绍国外的产业组织理论的著作，到1990年在中国形成了一个小高潮，这表明国内经济学界已认识到了产业组织理论对研究中国的发展与改革、研究中国的产业组织的借鉴价值。

随着研究的深入，借鉴国外产业组织理论研究中国产业组织的文献开始出现。1986年年底，有文献分析了汽车工业的低集中度和低进入障碍问题[23]。1987年有的学者指出机械工业存在集中度低及垄断和低竞争并存的问题，明确提出有必要借鉴国外的产业组织理论系统地研究中国的产业组织问题，并形成与社会主义有计划的商品经济相适应的产业组织理论[24]。1988年以后，比较系统地研究中国产业组织的文献日益增多。这些文献可分为三类。第一类文献以综合研究为主。如1988年出版的胡汝银著的《竞争与垄断：社会主义微观经济分析》一书，提出了一个中国产业组织的分析框架。他及其他一些学者还提出了诸如行政垄断等许多中国产业组织的特殊问题，并进行了初步分析[25]。国务院发展研究中心的研究人员发表过较系统地对中国工业的市场结构、行为和绩效及产业组织政策的实证研究报告[26]。第二类文献以部门研究为主，如一些分析机械工业、汽车工业、轻工业、电缆工业产业组织的文献[27]。第三类文献主要是针对一些产业组织的研究专题，如关于集中度和企业价格的关系、规模经济及其和竞争的兼容性等问题[28]。此外，还有人用博弈论分析中国的企业市场行为。

借鉴国外的产业组织理论研究中国的产业组织，已有收获，但仍存在一些不足之处：如对产业组织现状的系统调研不够；对产业组织与政策的关系，对有关政策的形成机制的研究还比较薄弱；在将产业组织与企业、宏观调控相结合进行研究方面还不够深入等。

3. 值得重视的三个问题

产业组织研究的重点是研究如何使市场有效运行。国外产业组织政策的重点之一是反托拉斯政策。因此借鉴国外产业组织理论进行研究容易产生一些片面认识。为此我们介绍国外学者有关的一些观点，或许对我们深入研究产业组织会有所裨益。

第一个问题是关于是否需要产业政策，或除反托拉斯政策外还是否需要其他的产业干预政策的问题。国内经济学界对此是有争论的，国外经济学界对此也有争论。存在两种极端的看法。一种看法认为没有产业政策最好，因为用产业政策代替市场配置资源会带来不好的政治后果和非法牟利。另一种看法认为，由于存在"市场失效"，自愿的、协调的、建立在国家与企业密切合作基础上的产业政策，将显著增加社会福利。

国外最近的有关研究认为，事实上各国都有产业政策，只是有些国家没有这样称呼或明文公布而已；政策可能利弊都有，关键是政府和企业双方之间需要有适当的政策加以协调；明确表达的产业政策，如果能正确地判断产业和企业的特殊要求并与总体发展相协调，将是有益的[29]。

特殊政策的有益效果集中表现在解决处于两个极端的领域的问题上：研究开发密集的产业和"夕阳产业"。研究开发的产业的发展，有赖于基础研究及其应用成果。这类研究投资大、时间长、风险大，而且其产出一般呈知识形态，具有公有性，因此往往投资不足，或者在应用前景较好的项目上出现重复开发导致浪费。像欧共体和美国那样采取特殊的"产业政策"，鼓励建立合作实验室共同研究是有益的。当然对那些劳力供过于求、资金不足的国家，用这种政策使产业都向资金密集的领域发展则是不恰当的。在所谓"夕阳产业"，存在引导企业退出的问题。至今已有的经济理论，很少认为靠市场就能较好地解决这个问题。因此政府的合理规划和干预是必要的[30]。从我国的情况看，针对上述两个方面的政策都很薄弱，需要借鉴国外经验，从国情出发进行探索。

第二个问题是关于建立市场需要付出代价的问题。现代的产业组织理论认为，建立依靠价格清算的市场，是需要代价的。在国外的现实经济生活中，金融市场是与教科书论述的竞争性市场最接近的，市场的目的不仅是建立交易，而是要以最低的代价去建立交易。建立市场可以视为一种消耗资源的生产性活动。卡尔顿的一项研究指出，期货市场在第五年失败的概率达 40%（见表 1-2）。此外产品的多样化也影响市场清算价格。上述观点表明，应当研究如何从实际出发估计计划和市场的代价，处理好二者的结合，减少片面性。

表 1-2　期货市场死亡率

死亡时间（年）	1	2	3	4	5	10
死亡概率（等于或小于给定年）	0.16	0.25	0.31	0.37	0.40	0.50

资料来源：卡尔顿（1984）表 5。转自 Schmalensee（1990）。

第三个问题是应当基于更广阔的视野考察和分析市场结构。例如，国内已有的许多研究比较注意分析集中度，但"市场结构的意义要比集中度更为广泛"，特别是供求的特殊性、技术创新都有可能对市场结构的变化产生重要的影响[31]。因此应当更全面地研究市场结构，并和经济发展的全局乃至宏观经济政策结合起来进行研究。

第四节　本书的安排和内容体系

1. 本书的结构安排

本书共 16 章，分成四篇。

第一篇是综合研究篇，共五章。其中，第一章为总论（即本章）；第二章专论中国的企业制度问题，研究了与中国企业制度相联系的差别待遇、经济分割问题对中国产业组织、企业行为的影响；第三章主要介绍市场及市场中介组织的现状；第四章比较系统地探讨了中国经济发展进程与产业组织的关系；第五章从市场结构、行为和绩效三个方面对中国改革以来的产业组织状况进行了综合考察。

第二篇是专题研究篇，共五章。其中，第六章专门讨论企业集团的发展、作用，分析其对中国产业组织的影响；第七章专门讨论中国大、中、小企业合作的一种基本形式——系列分包制，这个问题已日益引起国内外学者及我国政府部门的重视，因为它与二元结构下中国经济发展的道路密切相关；第八章利用大量数据专门讨论了中国工业的集中度状况和变化特点，进行了国际比较，并分析了成因；第九章主要研究流通业的产业组织及工商关系，这是一个很重要的课题，近年已成为国内外学者关注的焦点之一；第十章讨论跨国公司和直接投资问题（本来设想还要分析跨国公司及国际贸易对中国产业组织的影响，但出于种种原因未能实现，这一章实际上只是介绍一些情况和提出问题）。

  第三篇是部门研究篇，共四章。其中，第十一章讨论包括从化纤到服装的整个纤维业的产业组织，还专门分析了导致近十年已有基础的棉纺业集中度和规模经济水平下降的综合原因；第十二章分析钢铁业生产和流通的产业组织，这种将生产和流通结合起来进行比较系统的分析的方法，在国内还很少；第十三章专论机电工业的产业组织，着重考察了形成机电工业条块分割的综合原因，并指出存在一些值得肯定的生长点；第十四章主要研究汽车工业的产业组织，其特点是集中分析了集中度变化和汽车工业发展的关系，以普通卡车、轻微型车和轿车为例分析了发展汽车工业的不同政策对产业组织的影响。

  第四篇是国外研究篇，只有两章。第十五章介绍了国外产业组织理论的经典框架及其发展，以及产业组织理论与企业理论、规制经济学的交叉结合情况，并指出了借鉴国外产业组织理论的应注意之处；第十六章专门介绍国外的产业组织政策，其特点是结合政策演变介绍其理论基础，还通过美国、日本、韩国[*]的实例说明产业组织政策在不同国家（包括体制和发展水平不同）的作用及特点。

---

  [*] 编者注：本书是基于1991年版本的研究成果，因原版书出版于中韩建交前，书中关于韩国的描述均为"南朝鲜"，本版校订时进行了修改，均改为韩国。

2. 本书的内容体系

在设计和确定本课题的具体研究内容和体系时，主编主要考虑了下述八个原则：第一，以产业组织研究为重点，结合研究有关的企业制度、调控体系及经济发展等问题；第二，突出实证研究，尽可能地发掘系统的资料，把功夫下在描述现实上；第三，综合研究和部门研究、专题研究相结合；第四，现状研究和历史分析相结合，落脚在现状的研究上；第五，结合对中国产业组织的研究，介绍国外的理论、政策和实况，尽可能做些比较研究；第六，探讨中国产业组织政策的设计思路；第七，探讨与社会主义的有计划的商品经济相适应的产业组织理论和有效竞争理论；第八，统一协调，分工负责，各章文责自负。

根据上述原则，本书的课题设计、具体内容及研究特点可以归纳成以下五个方面。

第一，研究内容覆盖了产业组织的许多基本方面。这主要表现在两点：一是研究问题的广泛性，包括产业组织及有关的企业制度、政府政策、发展战略等问题，考察了差距很大的工业、流通业及许多有代表性的工业部门，分析了企业集团、规模经济、集中度、大中小企业关系、经营多角化等许多受到各界关注的领域；二是借鉴国外产业组织理论的分析框架[1]，按市场结构、行为、绩效线索比较全面地对中国工业及若干代表产业的产业组织进行了考察。

第二，实际资料比较丰富。这一特点在全书各章都有体现。许多资料，如关于中国工业集中度、代表产业的产业组织状况等，都属国内鲜见的比较系统的资料。不解决产业组织研究中资料不系统的问题，产业组织研究无法深入。这是项基础工作。

第三，重视比较系统地研究产业组织政策。本书第五章集中探讨了中国的产业组织政策，第十六章集中介绍了国外的产业组织政策。这一特点也体现在全书各章中。

第四，对产业组织理论进行了比较认真的探讨。这集中体现在两点：一是对国外产业组织理论及其发展做了概要且较全面的介绍。毛泽东同志曾经说过："知识的问题是一个科学的问题，来不得半点虚伪和骄傲，需要的倒是其反面——诚实和谦逊的态度。"既然产业组织理论源于国外且有借鉴价值，我们就应认真研究它并向国内介绍；二是在借鉴国外理论研究中国问题时，一方面注意不生造概念和名词，尽可能用国际经济学界和国内各界熟悉的概念来描述；另一方面又从国情出发有所创新。如我们并不完全照搬"结构、行为、绩效"体系，而是用"结构、行为和政府政策、绩效"体系进行分析。又如我们特别重视对差别待遇、行政垄断的分析。

第五，尽可能地进行一些国际比较。我们设计了介绍国外情况的专篇，同时在其他章节中也做了一些国际比较。

本书基本上实现了开题时的设计目标，符合确定的原则。但本书也仍然存在不足之处。如在理论探讨方面，所做、所得与所想差距还较大；政策分析深度还不够；对产业组织研究的一些重要问题，如技术创新、国际经济、区域发展和产业组织的关系等问题，涉及甚少或基本上没有讨论；对市场结构中的集中度问题讨论较多，而对进入障碍的系统分析还不足；在利用数学模型进行产业组织分析方面，除最小经济规模（MES）的估计外，基本上未做工作；此外各章内容、体例还有不尽协调之处等。这些都需要以后再做工作，加以补充和完善。

注释

①合并（Merger）是指两个企业的合并，其有关持股者同意把投资于原企业的资本合并起来形成一个新公司。在持股者中间取得的协议包括以某种恰当的比率将他们在原企业的股份更换为新公司的股额。在英文中，merger 与 take over 都指两家独立公司的合并，但 merger 通常用于相关企业持股者与经理在自愿基础上的协议合并。

②引自 David W. Pearce 编《现代经济学的 MIT 辞典》（1986）。

③此处指市场结构。

④引自 Graham Bannock，R. E. Baxter and Ray Reeo 编《经济学辞典》（1984）。

⑤此处指市场结构和行为。

⑥斯蒂格勒的观点转自 R. Schmalensee（1989）。

⑦参见本书第十六章第二节，美孚石油公司案和美国烟草公司案。

⑧关于创新与产业组织的关系，本书没有详细讨论，而国内各方面对此兴趣日浓。

⑨Nash 平衡点最初用于合作型的二人博弈理论。其定义是，参加博弈者可以在一定的战略空间（或行动空间）里选择战略，假使其他参加者不变换战略，任何单个参加者不能以单方面交换战略来提高他所获得的收入。Nash 平衡点可用于分析卡特尔和串谋的稳定性，分析串谋者行为。

⑩包括 Dalton 与 Pann（1976）的研究，以及 Sleuwaegen 与 Dehandschutter（1986）的研究。

⑪本项资料来自 Charles R. Plott 的最新研究：试验方法的应用。原载 Handbook of Industrial Organization，1989 年 Nath-Holland 版。其中原文涉及一些股票、证券交易的知识，由于没有确切的名词翻译，现说明如下：Redemption Value 在这里暂译为赎买价，Redemption 的原义是指债券或优先股（Preferred Stock）在到期前的面值（Par）或溢价（Premium）。

⑫由于不是系统的综述，仅是举例，疏漏之处请读者谅解。

⑬马洪在《深入调查研究探寻我国合理的经济结构》（1979）中曾讨论过这些问题。此外还可参见马洪、孙尚清主编（1981）。

⑭参见刘国光、赵人伟《论社会主义经济中计划与市场的关系》，孙尚清、陈吉元、张耳《社会主义经济的计划性与市场性相结合的几个理论问题》，均载《经济研究》1979 年第 5 期。

⑮见董辅礽《经济体制改革的几个基本问题》，转自《关于我国经济管理体制改革的探讨》（《经济研究》丛刊），山东人民出版社，1980 年版，第 19 页。

⑯一项调查指出，实行价格浮动政策后，中原轧辊厂通过价格竞争，磨粉机轧辊产量迅速增加，成本降低，从 1978 年到 1984 年，产量和利润都增加数倍，成为占有国内市场 25% 的专业化轧辊厂。见孙效良《发展专业化的路子怎么走？》，《人民日报》1985 年 6 月 24 日。转自《人民日报》理论部编（1987）。

⑰见张少杰、崔鹤鸣等《投资：机制的初步变化及改革思路》，转自国家体改委研究所编（1986）。

⑱北京洗衣机厂从 1979 年开始，按照专业化原则逐步把 99% 的"白兰牌"洗衣机零部件扩散给 50 多个乡镇企业协作生产，基本上未增厂房、职工，到 1984 年产量猛增 39 倍，利润翻 6 番，被称为"白兰道路"。还有不少这样的实例。见刘传富、董守才主编《北京城乡工业协调发展简论》，北京燕山出版社，1986 年版。

⑲参见国家体改委研究所编（1986）和李泊溪等（1987）。

⑳如国家体改委研究所编（1986），田源主编《中国企业产权转让》（经济日报出版社，1988）等著作就提供了很多通过企业兼并、产权转让，打破条块分割，改善产业组织的经验。

㉑改革之初的许多研究都是在当时国务院财委组织的经济问题调查研究组的协调下，或在其工作的基础上开展的。调研组的负责人多曾任国家经济部门和政策研究部门的负责人。

㉒参见李泊溪等（1987）。

㉓《汽车工业产业政策研究组》的研究报告《汽车工业产业政策的初步比较研究》对汽车工业的产业组织，特别是集中度进行了较全面的研究和国际比较。这是国内较早地借鉴国外产业组织理论分析中国产业组织的实证研究，其结论被广泛引用，影响较大。

㉔如陈小洪《市场结构的概念及我国市场结构的若干特点》，《南开经济研究季刊》1987 年第 4 期；《要重视研究我国的产业组织》，《经济学周报》1987 年 8 月 5 日。

㉕参见胡汝银（1988），第 110、138、231 页。他还根据鲍莫尔的理论指出了产业组织理论的不足之处（第 61 页）。该书获 1989 年孙冶方奖。

㉖见陈小洪等《我国产业组织分析及产业组织政策初探》，《管理世界》1989 年第 5 期。

㉗《中国工业经济研究》就发表了很多这方面的文章，如贺德龙等《论我国机械工业产业组织政策》，1989 年第 6 期；曹金彪《定点企业、非定点企业与产业组织变动——电线电缆行业分析》，1990 年第 4 期。

㉘吕一林、张帆等通过企业调查指出，市场占有率在 40% 以上的企业

对本企业影响市场及市场价格的能力把握较大、比较乐观,参见吕一林等《改革与企业的营销行为》,转自张少杰等主编(1988)。国家计委技术经济研究所、国务院发展研究中心等单位在规模经济及其与竞争的关系等方面,也做了不少研究,如陈小洪等(1989、1990)。

㉙参见 Schmalensee(1989)。

㉚同注释㉙。

㉛参见 Scherer(1980)第 1 章。

㉜从 20 世纪 50 年代发展起来的一般系统论,强调了系统存在结构与行为的普遍属性。把矛盾的普遍性用于"市场"这一对象的特殊性的探讨,是贝恩的贡献。这需要一篇专门文章来做展开论述,在本章中,就不再做展开讨论了。

第二章　企业制度与有效竞争

在实际运用时，"企业"一词有狭义与广义之分。狭义地说，它指的是商品经济中生产商品和服务的基本经济单位，该单位经营独立，盈亏自负。广义地说，它概指不同经济体制下相对独立运行，为社会提供产品和服务的基本经济组织。本章所说的"企业"，即是指广义的企业。因此，我国改革以前的行政体制下的基本经济组织在这里也被称作"企业"。这与我们的日常用语是一致的。

本章所说的"企业制度"，主要指企业的产权关系。企业产权关系涉及：（1）企业资产使用的控制权，即决定企业生产什么（投资方向与经营范围的决定等）、如何生产（生产技术与生产规模的选择等）、在什么地方进行生产（厂址或区位的决定）等权利；（2）企业资产的收益权，即获得企业收入和索取企业资产的余值（增值或贬值后的企业资产价值）的权利；（3）企业资产的处置权，即企业资产的买卖交易或转让的权利。因此，依照这样的界定，可以说，不同经济制度或经济体制下的国有企业实质上有着不同的产权关系。换言之，国有企业的产权关系在不同的体制下是有差别的，甚至有显著的差别。

不同的企业制度或产权关系，意味着不同的企业控制机制和经济激励机制，从而意味着不同的企业目标和企业行为，意味着不同的资源配置机制与配置格局，意味着不同的企业关系或产业组织。要在经济中形成有效竞争的局面，就必须确立有效竞争所需要的企业制度和体制基础，同时也必须弄清楚当前我国企业产权关系与产业组织的基本特征及其演进过程，弄清楚这些特定的企业制度和产业组织对形成有效竞争局面的影响。

本章第一节简要地考察中国的工业企业制度及其演变过程，第二节集中讨论同特定企业制度相联系的差别对待与经济分割对中国目前的产业组织的影响，第三节进一步分析激励机制等因素同市场绩效的关系。

第一节 中国企业制度概述

本节概略地考察中国企业制度及其演进过程，以便为后面的研究提供一种历史背景。考虑到资料的可获得性，本节的分析将限于工业领域。

1. 中国工业企业所有制结构的变化

1949年中华人民共和国成立以来，中国工业企业的所有制结构先后出现了两次方向相反的变化过程。

第一个变化过程是：在20世纪60年代中期以前，随着私有制的社会主义改造、提高公有化程度和公有经济的发展，私营企业消失，公有企业（全民所有制企业和集体所有制企业）占全国企业的比重迅速上升，逐步占据了绝对优势。

第二个变化过程是：自20世纪80年代初以来，随着经济体制改革的不断推进，非公有企业的比重提高，集体企业发展较快，国有企业的比重下降。

上述两个变化过程直接在各种类型企业的产值比重的变化上得到了反映（见表2-1）。

这两个变化过程都对中国经济的运行机制和企业环境产生了巨大的影响。前一个变化过程使中国经济离开了商品经济轨道，后一个变化过程的作用则恰好相反。当然，后一个变化过程还远未结束。换言之，前一个变化过程所形成的行政体制仍然是现阶段中国经济运行机制的主干，从而对中国的市场发育和有效竞争格局的形成产生明显的制约作用。

表 2-1　中国工业总产值中各种类型企业产值比重的变化

单位：%

年份	全民所有制	集体所有制	公私合营	私营	个体	其他类型
1949	25.2	0.5	1.6	48.7	23.0	
1952	41.5	3.3	4.0	30.6	20.6	
1957	53.8	19.0	26.3	0.1	0.8	
1965	90.1	9.9				
1980	78.7	20.7				0.6
1983	77.0	22.0		0.1		0.9
1988	56.8	36.1			4.3	2.7

说明：其他类型工业包括全民与集体合营、全民与私人合营、集体与私人合营、中外合资、华侨和港澳工商业者经营、外资经营等工业企业。

资料来源：国家统计局，《中国统计年鉴》，中国统计出版社，1984年、1989年。

2. 改革前的中国国有企业制度

在改革前的行政体制下，在公有经济部门中，特别是在全民所有制经济或国有经济部门中，企业制度的一个基本特点是：在很大程度上，政企不分，或者说，企业仅仅只是行政机构的附属物。每一个公有企业都有一个政府主管部门（政府的部、局或其他类似的机构）。企业资产使用的控制权不是掌握在企业的手中，而是直接掌握在政府的手中。企业资产和其他投入要素不能自由转让。政府对国有企业的经营过程实行广泛的直接控制。这种直接控制的内容主要包括：

（1）政府向企业下达指令性指标，用这些指标来控制企业的生产经营活动，考核和评价企业的经营实绩。经过多次变动的这类指标（见表 2-2）对企业运行过程形成了直接的行政约束。

表 2-2 政府向企业下达的指令性指标

起始时间	指标数量（项）	指标内容	说明
1953 年	12	总产值、主要产品产量、新种类产品试制、重要的技术经济定额、成本降低率、成本降低额、职工总数、年底工人到达数、工资总额、平均工资、劳动生产率、利润	
1957 年	4	主要产品产量、职工总数、工资总额、利润	
1960 年	6	主要产品产量品种规格、商品产值和完成定货合同情况、产品质量、主要技术经济定额、劳动生产率、成本降低率	不同企业还可根据本行业特点增加其他考核指标
1972 年	7	产量、品种、质量、消耗、劳动生产率、成本、利润	
1975 年	8	产量、品种、质量、消耗、劳动生产率、成本、利润、流动资金占用	
1979 年	4	产量、质量、利润、合同执行情况	适用于扩大企业自主权试点企业，对有出口任务的企业还要考核出口产品的履约率和收汇额

资料来源：马洪主编，《现代中国经济事典》，中国社会科学出版社，1982 年，第 329-330 页。

（2）政府对国有企业实行统收统支的财务管理制度。国有企业的利润，除按照经常发生变动的规定留给企业很小一部分（规定的企业利润留成比例最高时达到 13.2%）外，其余部分上缴政府，由政府集中支配和使用；国有企业所需要的资金的绝大部分，通常根据企业的行政隶属关系由中央政府或地方政府从财政中直接拨款，并由政府部门直接规定资金的具体用途，企业不能自由支配它们。

（3）按照行政组织系统和项目规模的大小，由政府直接审批、安排和管理基本建设项目，包括确定资金投向；政府预算拨款成为全国基本建设资金的最主要来源（见表2-3）。

表2-3 政府预算拨款占全国基本建设投资总额的比例

时期（年份）	预算拨款所占比例（%）
"一五"时期	89.6
"二五"时期	78
1963—1965年	87.6
"三五"时期	88.5
"四五"时期	81.6
"五五"时期	74

资料来源：国家统计局，《中国统计年鉴》，中国统计出版社，1984年，第301页。

（4）政府对国有企业的劳动用工实行统一安排和集中管理；制定统一的工资标准，实行统一的等级工资制，建立全国统一的国有企业工资制度。

（5）通过将全部商品划分为三类和将各种工业生产投入品或物资划分为三类，并对它们实行分级管理的办法，把绝大部分工业投入品和产出品纳入行政分配轨道。三类商品即是由中央政府直接管理的一类商品、二类商品，以及由地方政府管理的三类商品①。三类物资即是由国家统一分配的物资（简称统配物资），由国务院各主管部门管理的物资（简称部管物资），以及三类物资（除上述两类物资外的各种工业品生产资料）。前两类物资的种类数如表2-4所示。

表 2-4　中国历年统配、部管物资种类数

年份	统配	部管	合计	年份	统配	部管	合计
1950	8			1962	153	345	498
1951	33			1963	256	260	516
1952	55			1964	370	222	592
1953	112	115	227	1965	370	222	592
1954	121	140	261	1966	326	253	579
1955	162	139	301	1972	49	168	217
1956	234	151	385	1973	50	567	617
1957	231	301	532	1975	52	565	617
1958	93	336	429	1978	53	636	689
1959	67	218	285	1979	210	581	791
1960	75	342	417	1981	256	581	837
1961	87	416	503				

资料来源：朱镕基主编，《当代中国的经济管理》，中国社会科学出版社，1985年，第13章。

（6）规定每个国有企业的行政隶属关系和主管部门，由政府主管部门任命、委派和更换企业的主要领导人员，直接控制企业的决策过程和经营活动，监督和评价企业的经营结果。

诚然，在行政体制下曾经反复出现过经济决策权的下放与上收过程。但这种权力下放与上收过程几乎完全限于政府的行政组织系统之内，限于中央政府与地方政府之间，限于"条条"与"块块"之间。它并未改变经济决策权集中于政府行政系统这一基本事实，也未改变社会经济组织和产业组织的条块分割状态，未改变按平行的行政系统或行政区划组织经济活动的局面。

简言之，在传统的行政体制下，关于生产什么、如何生产、在什么地方生产、为谁生产等基本经济决策完全是由政府做出的，而不是由企业做出的。资源的行政配置，直接意味着生产要素不能自由流动，意味着企业不能自由地进入或退出某一产业，也意味着行政主管部门对下属企业的集中控制和全国经济范围内的高度的经济分割。其结果只能形成一种条块分割和行政垄断[②]的局面，而根本不可能形成有效竞争局面。

3. 改革后中国企业制度的变化

1978年以后,随着经济体制改革的全面铺开和市场机制的引入,随着农村地区产业结构的转换,非国有工业迅速增长,非国有工业企业的数量快速增加,中国工业企业所有制结构和国有企业的经营环境出现了显著的变化(参见表2-5)。

同时,国有企业的产权关系也在一定程度上发生了变化。这些变化主要表现在下述几个方面:

第一,指令性计划不再成为调节或控制企业经营活动的主要手段,指令性计划的范围大大缩小。

第二,企业开始成为面向市场的生产者,职工收益和企业的可支配收入开始同企业的经营成果直接挂钩,企业在一定限度内获得了资产使用的控制权和收益权——尽管这些权利在实践中缺乏保障和未得到清晰明确的界定。

表2-5 中国工业企业所有制结构的变化

| | | 总计 | 全民所有制工业企业 | 集体所有制工业企业 |||| 个体工业企业 | 其他类型工业企业 |
				合计	乡办工业企业	村办工业企业	农村合作经营工业企业		
企业单位数(万个)	1985年	518.53	9.37	114.21	21.71	63.26	74.17	334.18	0.17
	1986年	670.67	9.68	182.29	24.60	62.90	76.05	478.46	0.24
	1987年	747.41	9.76	181.93	23.79	70.80	68.29	555.33	0.39
	1988年	810.56	9.91	185.30	23.77	73.38	68.66	614.81	0.54
企业单位数比重(%)	1985年	100	1.81	33.60	4.19	12.20	14.30	64.56	0.03
	1986年	100	1.44	27.18	3.67	9.38	11.34	71.24	0.04
	1987年	100	1.31	24.34	3.18	9.47	9.14	74.30	0.05
	1988年	100	1.22	22.86	2.93	9.05	8.47	75.85	0.07

说明:"其他类型工业企业"的统计口径与表2-1相同。

资料来源:国家统计局,《中国统计年鉴》,中国统计出版社,1988年,第301-302页;1989年,第261-262页。

第三，在相当大的限度内，行政价格和行政配置机制开始让位于市场价格和市场配置机制。

第四，在企业自主权扩大的同时，地方政府的经济决策权和支配资源的能力也显著地增大，即同改革前相比行政分权程度增大。

然而，在出现以上变化的同时，政企不分和国有企业是政府行政机构的附属物这一点并未发生实质性的变化。这正是现阶段不能在整个国民经济范围内形成有效竞争格局的主要症结所在。

第二节 企业制度与市场结构

从产业组织的角度来看，现阶段中国经济体制具有两个最明显的特点，即广泛的差别对待和高度的经济分割或市场分割。下面先让我们较为详细地考察这两个特点及其对市场组织的影响，然后，讨论一个同"生存技术"有关的理论问题。

1. 广泛的差别对待

迄今为止，公有企业始终保持着明确的行政隶属关系，政府主管部门和其他政府管理机构仍然直接控制企业。并且，在现阶段，企业的公有化程度越高，规模越大，企业在定价、劳动人事管理和内部收入分配等方面所受到的控制就越多，企业的经营自主权就越小，企业的收益权和职工的劳动收益权就越是缺乏保障。相形之下，政府对非公有企业生产经营过程的直接干预和控制要少得多。

这一特点表明不同所有制类型的企业的经营自主权和收入机会是不均等的，也表明就业于不同所有制类型企业中的劳动者的收入机会和劳动收益权的保障程度是不均等的。

另外，还需要指出，企业之间的差别待遇是同地区之间的差别待遇交织在一起的。

2. 高度的经济分割或市场分割

迄今为止，中国经济体制改革一直带有强烈的行政分权色彩。中央政府和地方政府之间实行财政"分灶吃饭"和按行政区划与行政系统组织经济，形成了较高的行政壁垒，使得生产要素的流动受到严重的限制，不少产品市场亦被分割。

就生产要素市场的分割而言，从经济结果的角度来看，生产要素本可通过流动而得到更有效的利用。

在现阶段财政"分灶吃饭"和企业按照行政隶属关系上缴利税的情况下，对于一个拥有本地企业和本地资源使用的控制权与收益权的地方政府来说，只有当本地生产的工业原材料销往外地能比本地自我加工带来更多的本地财政收入时，它才会做出原材料外销的选择。反之，它就会做出本地设厂加工的选择。即使本地的加工技术和原材料使用效率显著地低于外地，情况也会如此。

关于地方政府的原材料配置决策的分析，也适用于地方政府的资本配置决策。首先，就资本存量而言，由于不变更下属企业的行政隶属关系和资产所有权，在财政"分灶吃饭"的格局下便可以维持本地政府财政收入的稳定。因此，通常说来，跨地区的企业兼并和资产转让会对地方财政收入发生直接的影响。对地方政府来说，只有当下属企业的资产转让给外地，能比不转让带来更多的本地财政收入时，它才会做出跨地区资产转让的选择。反之，则相反。现有资本存量的重新配置和地区间的流动，完全依赖于这种重新配置和流动能否增大地方政府的财政收入。其次，就资本增量而言，只有在资金流出本地能比投资在本地带来更多的财政收入的情况下，地方政府才会倾向于让资金流向外地。因此，无论是资本存量的重新配置，还是新投资的配置，亦受到地方割据的直接影响。在这里，财政收入最大化行为与资产使用效率最大化是不一致的，地方政府追求的目标是本地财政收入最大化，而不是资产使用效率最大化。

进一步看，即使在一个地区之内，由于按行政系统组织经济和按行政系统管理企业、确定财政上缴任务等，企业资产在不同主管局或主管部门之间事实上也不能自由流动，不能自由地组合与再组合。此外，就资产在同一主管部门内不同企业之间的配置与重新配置而言，情况也是如此。企业经营承包责任制使承包任务的完成情况成为承包者经营成功的标志。这里并不存在促使承包者追求资本使用效率最大化的激励机制,也由于金融抑制而不能形成资本在企业之间配置的效率达到最大化的横向资本流动机制[③]。

正是上述特定的制度安排和企业产权关系形成了极高的行政性的要素流动壁垒。从理论上说,若不存在差别对待,那么,便可以用不同企业要素使用效率的离散程度来间接地测度行政壁垒的高度或经济分割程度。不同企业的效率离散程度越大,表明行政壁垒越高或经济分割程度越高。高的行政壁垒使交易费用明显地增大。这里,交易费用的大小可以用要素的实际使用效率对潜在的最大化使用效率的偏离程度来间接地衡量。偏离程度越高,意味着交易费用越高;偏离程度越低,则意味着交易费用也越低。

3. 差别对待和经济分割对市场组织的影响

显而易见,差别对待和经济分割都会对企业规模结构(即企业规模分布)、市场进入条件和市场集中度直接产生明显的影响。

首先,在差别对待情况下,市场进入条件出现了有利于政策优惠者的变化。例如,若政府对某一行业中的大中型企业的产品价格实行严厉的控制和管制,而对小型企业的产品价格则基本上不加控制,那么,在市场需求缺乏弹性的条件下,小型企业就可将产品售价定在高于大中型企业产品价格的水平上,从而能够承受较高的生产成本,甚至能够获得更丰厚的利润。这时,即使小规模生产是不经济的,小型企业单位产品的生产成本和销售成本比较高,但是,只要价格管制差,亦能使小企业以较高的产品售价抵销其较高的成本,而规模经济和绝对成本优势等因素就不会构成小企业的进入壁垒,不会阻止低效率的小企业的进入,不会使效率不高的小企业遭到淘汰。小型企业的产品售价较高,通常也意味着小企业能在要素市场上以较高的出价购进生产要素,从而意味着资源配置向小企业倾斜和小企业绝对数量与相对数量增加,生产集中程度也会随之而下降。一般说来,小型企业所得到的政策优惠越多,它们的数量就越多,全体小企业在产品市场上所占的份额就越大。这里,市场结构与市场绩效之间实际上存在着一种动态的相互联系和相互作用:政府政策越是有利于小企业,资源配置就越是向小企业倾斜,小企业的比重也就越高，资源配置的扭曲程度也因此而加重。

若政府系统在税利上缴方面对同一行业中的大中型企业和小型企业实行差别对待，那么，这种税制上缴差异也会像价格管制差异那样对市场结构和市场绩效产生相同性质的影响，导致集中度下降，刺激小企业进入，抑制大中型企业发展，造成企业之间竞争力扭曲。

若政府系统在价格管制和税利上缴方面对不同的地区实行差别对待，市场进入条件就会出现有利于政策优惠地区的变化。一方面，价格管制较严和税利上缴任务较重的地区的企业在市场上购买生产要素时处于明显的不利地位，加上产品售价较低和留利较少，这些企业的发展及其经营规模的扩大都受到抑制，受抑制程度则同差别对待程度成正比；另一方面，价格管制较松和税利上缴任务较轻的地区可以不那么费力气地投资兴建新企业，并且由于产品售价较高和留利较多，这些企业便可以在能够承受较高生产成本的同时，迅速地扩大生产规模，提高其市场份额。这两个方面的综合作用结果，必然是原有企业市场份额的下降和工业生产集中度的降低。

当政府系统对不同所有制类型的企业（包括外资与内资企业）实行差别对待时，同样地，市场进入条件和体制环境也会发生有利于政策优惠企业的变化，抑制非优惠企业的规模扩大，导致其市场地位下降。在长期内，持续而又显著的差别对待则可能使非优惠企业被完全排挤出要素市场和产品市场，从而导致这些企业在市场上消失，导致这些企业在长期实行差别对待的行业或部门中消失。

其次，在经济分割情况下，也会出现大多数行业生产分散化的倾向。高的行政壁垒使生产要素不能在地区之间和地区之内自由流动，不能使资源以较低的费用相对集中地配置到工业效率较高的地区和经济效率较高的原有企业，而只会使资源分散配置在不同的地区，即导致各地重复投资，重复建厂。从而，会在促进新建企业数量增加和降低企业平均市场份额的同时，抑制市场内原有效率较高的企业发展，使得这些企业的市场份额不能扩大，甚至使技术水平较高的原有大中型企业因为不能以它们可以接受的价格购买到足够多的原材料而不得不缩小生产规模,它们的产出水平和生产能力利用率也因此而下降。这些企业甚至会由于原材料短缺和生产开工严重不足而陷入严重亏损,并面临倒闭的威胁。

近年来中国工业结构中的地区同构化现象④,即是差别对待和经济分割导致中国工业资源配置分散化和工业生产集中度降低的直接标志之一。

4."生存技术"的适用性

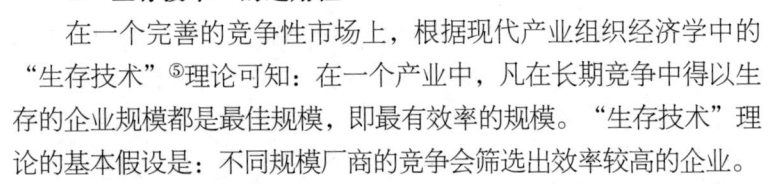

在一个完善的竞争性市场上,根据现代产业组织经济学中的"生存技术"⑤理论可知:在一个产业中,凡在长期竞争中得以生存的企业规模都是最佳规模,即最有效率的规模。"生存技术"理论的基本假设是:不同规模厂商的竞争会筛选出效率较高的企业。

显然,对于一个缺乏完善的市场机制的经济来说,"生存技术"是不适用的。

在现阶段的中国经济中,差别对待和经济分割使得企业竞争力扭曲和有效竞争不足,以致不少低效率的企业劣而不汰,不少高效率的企业优而不胜,从而不能在市场上形成真正的竞争筛选机制,不能使存在于市场上的企业普遍达到最佳规模,不能确立最有效率的企业规模结构。

例如,更具体地看,在存在着价格管制差异的场合,假设一个行业中有些企业未受到价格管制,另一些企业则受到较严厉的价格管制,那么,在该行业的产品需求缺乏弹性的情况下,前一部分企业就能以较高的价格出售它们的产品。由此便可做出如下推论:

第一,当前一部分企业的生产规模未达到最佳水平,其产品成本高于后一部分企业时,只要成本高出的部分能与价格高出的部分相抵,则两部分企业仍可能获得相同的利润率,从而,前一部分企业不会被淘汰。并且,随着新企业进入前一部分企业的行列,这部分企业所占的比重将增加。

第二,低价格使后一部分企业的利润减少,在其他条件不变的前提下,这使得这部分企业的扩张受到抑制。特别地,在管制价格保持固定而整个行业的产品生产成本（包括这部分企业的成本）随着投入要素价格上涨而上升到管制价格水平以上时，这部分企业便会出现亏损。若在长期内不能扭转亏损局面，那么，随着时间的推移，这部分企业就会失去自己的市场份额，被市场所淘汰。

综上所述，差别对待和经济分割阻碍市场上的优胜劣汰过程，造成竞争筛选机制失灵，导致扭曲的和低效率的资源配置格局，"生存技术"理论因此在这里缺乏适用性。

顺便指出，有些人把中国现实经济生活中存在的以劣挤优或以小挤大的现象归结为竞争过度，这是十分欠妥的。事实上，这些悖理现象的存在，不是由于竞争过度，而是由于缺乏一种公平竞争的体制环境与市场规则。当涉及经济分割和地方保护主义时，则是由于有效竞争不足，由于竞争受到严重的限制和地方政府行为的反竞争性质。对问题性质的这种清晰的界定，无疑有助于把握问题的根本症结所在，找到真正有效的解决方案。

第三节　企业制度与市场绩效

在概念上，市场绩效涉及技术效率、组织效率（或称 X 效率⑥）、技术变化和配置效率等因素。从企业层面上看，市场绩效即是企业绩效。市场竞争的效力（effectiveness）既依赖于产业之间、地区之间和企业之间的资源配置效率，也依赖于企业内部的资源使用效率。

像单个劳动者的工作绩效是能力与激励（或动力）的函数一样，企业绩效实际上也是能力与激励的函数⑦。下面对此展开进一步的分析。

1. 决定企业竞争效力的能力和激励双因素模型

可以恰当地认为，竞争过程中企业的经济行为和经济绩效是能力因素和激励因素综合作用的结果。能力因素和激励因素构成了企业经济活动的纵坐标和横坐标：在既定的能力约束下，激励机制的变更将导致企业行为和企业绩效的变化；而在既定的激励机制的作用下，能力的增强或削弱也会导致不同的企业行为和企业绩效。此外，能力和激励之间还存在着一种动态的相互作用过程。激励机制的变化会刺激能力的变化，而能力的变化又通过影响企业的经营成果而影响既定激励结构下的经济收益水平。

从费用或成本的角度来看，能力和动力的变化之所以会影响市场绩效和企业绩效，是因为它们首先会影响企业的实际成本和实际成本曲线，进而影响可行的选择方案集合和这些方案的相对成本结构。

这里，就能力因素而言，它对企业经营规模大小、投资方向选择、产品选择等皆具有直接的影响。能力因素不仅决定一个企业进入何种产业，而且决定它以多大的费用和多大的规模进入这一产业。例如，当行政性的经济分隔造成不能自由选择企业区位时，一个位于交通落后的偏僻农村地区的企业不得不支出较高的距离费用，即必须负担较高的运输费用、信息费用和销售费用，才能把产品销售到城市地区；必须支出较高的工资，才能把城市劳动力市场上的熟练劳动者吸引到本企业中来工作。在其他条件相同的情况下，这意味着偏僻地区企业的成本较高，盈利水平较低，也意味着由高成本构成的进入壁垒阻止这些企业进入技术密集型的产业和其他需要支出极高的距离费用的产业。又如，在缺乏训练有素的经营管理人员的农村地区便只能让那些没有管理经验的人担任企业领导，与这种较低等级的专业管理才能相对应的，必然是企业规模的小型化。否则，企业规模过大，就会由于经营不善而导致巨额浪费和亏损。因此，经营才能（包括经营者的专业才能）与企业规模之间存在着明显的一致性[⑧]。再如，在企业内部技术力量不足的情况下，一个企业要独立地开发新产品，就必须承担较高的开发费用和较高的风险。在某些条件下，也许一个企业即使将自己的全部资源用于开发某种新产品，也不能将这种新产品研制出来。当然，这是一种极端情形。通常地，对于一个企业来说，只要由于能力不足而使新产品的开发费用超过开发新产品的预期收益，就足以影响企业的产品开发决策和产品选择决策，迫使企业放弃开发新产品的奢望，从而影响企业绩效，影响企业的市场进入行为和退出行为。

能力问题决不单纯是一个技术问题，在很大限度内它实质上也是一个体制问题。这在下述三点上直接显示出来。

第一，在条块分割和企业是行政机构附属物的经济体制下，由于行政壁垒的存在，使得要素缺乏流动性，导致企业的生产要素供给价格在要素购入量超过某一水平之后急剧上升，从而阻止企业达到最佳规模，削弱了企业提高资源配置效率的能力。

例如，在存在地区封锁的情况下，若某一地区内部的原材料供给数量不足以使本地一家加工企业达到最有效率的生产规模，即达到单位产品的原材料消耗量最低和固定成本最低的规模（亦即要素生产率最高的规模），但从地区外部购进原材料的费用（包括采购费用和原材料价格等）太高，以致费用高出的部分明显地超过随着生产规模扩大而节省的原材料单耗和固定成本，那么，这家企业的规模便只能限定在本地原材料供给量所容许的限度内。超过这一限度，企业的边际货币成本就会大于边际货币收益。

从地区外部购进原材料的费用过高的原因则在于：对其他地区的地方政府来说，自己建立加工企业和将本地生产的原材料留在本地加工，可以增加财政"分灶吃饭"格局下的地方财政收入。这时，这些地区的地方政府会采用行政强制手段（例如，在交通要道上设置关卡和明令禁止将原材料销往外地）制止本地原材料外流，从而导致地区间原材料的交易费用上升，导致区际市场上的原材料供给量减少和原材料价格上涨。行政壁垒越高，区际市场上的原材料供给量就越小，交易费用和原材料价格就越高。在极端的情况下，当其他地区的地方政府完全禁止该地区原材料外流，并使外流的数量为零时，一个地区外购原材料的费用便趋向于无穷大，即不管出多高的价格和支出多高的采购费用也不能在区际市场上买到原材料。

地方割据越严重，地区间行政性的贸易壁垒越高，企业的平均规模就越小，单个企业通过调整企业规模来提高资源配置效率的能力就越薄弱。

上述关于外购原材料费用的分析,也可推广到地区外部融资费用和企业之间横向融资费用的分析上来。

第二,经济分割阻碍劳动力流动,阻碍知识和技术的扩散,使落后企业不能迅速地提高技术水平。

第三,经济分割阻碍跨地区分工和专业化的发展,使得经济落后地区的企业难以借助这种发展而进入现代的工业生产轨道。社会经济结构转换能力和结构现代化能力因此被削弱。

总之,特定的体制和特定的企业制度会对能力因素直接产生影响,会对企业绩效和市场绩效直接产生影响。

2. 激励机制与市场绩效

在一定的产权关系下存在着一定的经济激励机制,而一定的激励机制又会导致一定的企业绩效和市场绩效。

激励机制对企业绩效的影响,首先是通过激励机制对企业目标和经济活动主体的效用函数及其努力程度的影响显示出来的。显而易见的一个基本事实是,不管劳动者的生产技能多么熟练,企业的机器设备多么先进,企业的资金多么雄厚,如果个体利益与社会利益(这里"社会利益"被限定为资源使用效率最大化)不一致,职工的工作动力不足,劳动积极性很低,企业就不会有好的经济绩效,就难以不断降低成本与实物消耗,难以不断提高产品质量和开发新产品,难以不断提高产出水平和盈利水平,从而会降低企业的价格竞争与非价格竞争能力,削弱企业的市场地位。

例如,在现阶段中国的国有工业部门中,由于"铁饭碗"式的劳动就业制度和政府对企业内部劳动收入分配的严格管制,形成了"干多干少一个样,干与不干一个样"的局面和事实上的奖懒罚勤的经济机制,导致劳动报酬与工作努力程度脱钩,导致职工的工作积极性下降和有效劳动供给水平降低,使得单位产品的劳动费用和物质成本居高不下,使企业为得到一定量的有效劳动供给而不得不支付较高的劳动费用。国有企业的竞争能力因此而下降,在市场上同外资企业(企业的全部资产或部分资产属于境外投资者)和乡镇企业竞争时处于明显的不利地位。

就企业行为的时间视野而言，以差别对待和棘轮原则为基础的短期性质的企业承包责任制将完成承包情况作为成功标志（success indicater），造成"鞭打快牛"和不同企业之间"干多干少一个样"的效应。这些因素同上述其他因素一起，使得现行体制环境下实行承包制的国有企业的行为带有短期化倾向和明显地偏向短期福利目标，而不是偏向利润或产出最大化目标和（或）长期发展目标。1989年华东化工学院企业研究所对上海地区50家国有大中型企业厂长经理所做的问卷调查结果（见表2-6）直接显示了这一点。从

表2-6 现行体制环境下国有企业追求的目标排序

目标内容	位次	综合评分均值	累积频率
完成承包基数	1	8.214	93.3%
保证职工奖金、福利不断改善	2	7.808	86.7%
维持当前生产和支撑住现有局面	3	7.474	63.3%
提高本企业产品的市场占有率	4	6.960	83.3%
近年内成为本行业的带头企业	5	6.941	56.7%
本企业的长期发展	6	6.571	70.0%
制止利润滑坡	7	6.263	63.3%
使当年利润（利税）尽可能大	8	5.737	63.3%
使本企业留利尽可能多	9	4.833	60.0%
使产值和产量尽可能大	10	4.000	43.3%

说明：单张问卷调查表中的评分规则是，位次为"1"的项目的评分为10分，位次为"2"的项目的评分为9分，其余依次类推。综合表（即表2-6）中的位次则根据综合评分均值来确定，后者是全部答卷评分的平均数。累积频率是选择该项目的人数与填表总人数之比。

资料来源：胡汝银，《增强国营大中型企业活力：问题、困难与思路》，华东化工学院工商经济学院工作报告（89）0010号，1989年。

收益权的角度来说，产生上述行为倾向的深层原因在于：目前的国有部门中不存在一种能使个人努力与社会利益密切结合的经济机制，以致个人货币收益与非货币收益的绝对水平和相对水平及其变动，并不依赖于个人的工作努力程度或个人对社会财富生产的贡献

大小。由于单个劳动者的劳动收益权缺乏保障,"搭便车者"可以少劳而不少得,甚至不劳而获,多劳者却不能多得,其结果便导致激励机制扭曲,形成了一种鼓励人们减少有效劳动供给的机制。这即是现阶段国有企业内部效率过低和它们的市场竞争地位下滑的根本症结之一。

由此可见,要形成有效竞争的局面和实现资源的合理配置,便需要在企业内部和整个社会范围内建立能保证激励相容⑨经济机制,从而需要进行一系列深刻的和协调一致的改革。

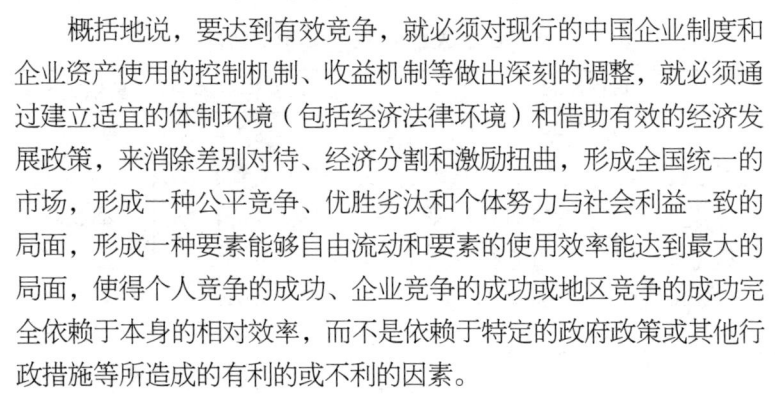

概括地说,要达到有效竞争,就必须对现行的中国企业制度和企业资产使用的控制机制、收益机制等做出深刻的调整,就必须通过建立适宜的体制环境(包括经济法律环境)和借助有效的经济发展政策,来消除差别对待、经济分割和激励扭曲,形成全国统一的市场,形成一种公平竞争、优胜劣汰和个体努力与社会利益一致的局面,形成一种要素能够自由流动和要素的使用效率能达到最大的局面,使得个人竞争的成功、企业竞争的成功或地区竞争的成功完全依赖于本身的相对效率,而不是依赖于特定的政府政策或其他行政措施等所造成的有利的或不利的因素。

注释

① 参见马洪主编(1982)第7章。

② 关于行政垄断概念,参见胡汝银(1988)第2章。

③ 对发展中国家金融抑制等问题的分析,参见罗纳德·I.麦金农(1988)。

④ 对中国工业的地区布局同构化现象的考察,参见刘伟、杨云龙(1987)第2篇第2章。

⑤ 参见乔治·J.斯蒂格勒(1989),第38—68页。

⑥ 参见哈维·莱本斯坦(1966)No.56,第392—415页。

⑦ 参见胡汝银(1988)第4章第2节和第7章第2节。

⑧ 马歇尔最早较为详细地从理论上阐明了经营才能与企业规模之间的一致性。参见马歇尔(1964)上卷第4篇第12章。

⑨简单地说，激励相容指的是追求自身收益（货币收益与非货币收益）的个体的目标与预定的社会目标（我们把它界定为资源利用效率最大化）一致。应当注意到，在马克思所设计的古典社会主义模式中，按劳分配规则便是一种被用来达到激励相容的经济机制。激励相容问题最初是由赫维茨明确提出来的。参见 L. 赫维茨（1972）。

第三章　中国市场及市场中介组织的发展

第一节　中国市场及中介组织发展概况

1. 经济体制改革与市场的发展

市场是商品交换场所和交换关系的总和。只要存在着商品交换，就有市场。市场是商品经济的基础。

在中华人民共和国成立之前，我国沿海地区资本主义生产关系比较发达，市场体系也比较完善、发达；内地相对比较落后，但市场仍有一定基础。中华人民共和国成立以后，我们学习和借鉴了苏联经济理论和实践，在理论上认为社会主义条件下的计划有其无可比拟的优越性，可以有计划按比例地组织社会生产和分配，而市场在社会主义生产关系下是无用的，甚至是有害的；在实践上则是逐步建立以高度集权为特征的计划经济体制，排斥、消灭商品货币关系。到20世纪50年代中期社会主义所有制改造基本完成以后，除消费品市场和零星的乡村集市交易之外，生产资料、金融、劳动力等要素的市场交易在城市已基本上不复存在，在农村也受到极大限制。人财物等生产要素配置、产供销活动和收入分配均由纵向指令性计划调节；产品价格、劳动工资、资金利息等也从市场参数变为一种政府安排的计划工具。由于大部分消费品的生产和分配已纳入计划中，消费品的批发购买依赖于逐级行政分配，因此，消费品市场也是极有限的。

1978年十一届三中全会以后，我党实事求是，总结了30年社会主义建设的经验和教训，逐步从理论上明确了社会主义经济是有计划的商品经济，在实践上大胆改革传统经济体制。改革传统体制的过程，也就是中国市场不断发育、成长的过程。我们在计划、价格、物资、商业、外贸、财政、金融、劳动工资和所有制等方面进行了一系列的改革，在市场体系的建立和发展方面有了重要的进展。

（1）消费品市场已有较高程度发展，竞争开放格局正在形成。农产品、工业消费品和生产资料，通过价格调放，其交易已逐渐市场化。价格机制已在经济生活的各个环节开始发挥重要的调节作用。

（2）市场主体初步形成。乡镇企业已经基本上成为独立的有自主决策权的商品生产者；国有企业经过利改税和承包制政策的实施也已基本上成为具有独立经济利益和相当自主决策权的商品生产者。

（3）要素市场有不同程度的发育。生产物资大部分由市场调节，金融市场已初步形成并运行，劳务市场也有一定的基础。无论是从短期还是从长期来看，市场已经成为资源配置的重要形式和手段。

（4）与国际市场联系加深。我国的贸易总额在国民生产总值中的比重由1978年的9.9%上升为1988年的27.3%，而且还有上升的趋势。在沿海地区我们积极推行外向型经济发展战略，大规模引进外资，发展三资企业，在贸易、资金、技术、信息等各个方面促进广泛的国际合作，使国内经济加强了与国际市场的联系，也促进了国内市场的发展。

2. 市场的发展与中介组织

（1）市场中介组织的概念及作用

在健全和发达的市场中，市场中介组织的作用是极为重要的。在为市场交易和竞争提供场所和联系网络的组织机构中，大致可以分为两类，一类是直接负担政府组织市场引导企业发展及其他政策性业务的机构，如中央银行、政策性融资机构、失业救济机构、专营专卖机构等；另一类就是各种提供市场中介服务的组织机构，其主要任务是通过组织信息交流，为交易服务，降低交易费用，提高市场运行效率。在市场经济条件下,其运行基本上遵循市场规则,同时也受政府公共政策的影响。在我国目前情况下,这类市场中介机构隶属于不同的行政管理部门,都担负着一定程度的政策性业务。

市场中介组织的功能具体表现在以下几个方面:

第一,充当交易的媒介。在商品经济的条件下,生产是为了满足市场需求,其价值是在交易中实现的。供需双方通过中介组织了解和沟通,满足各自的要求。如在技术及技术产品交易中,技术持有者和技术需求者若自发地相互寻找,困难很多,但它们可以求助于技术交易的中介机构,如专利代理机构或技术市场组织机构,通过这些机构使供需双方扩大寻找范围,增加成功机会。

第二,提供专业知识和信息服务。通过提供市场交易的专业知识和信息,促进对市场的了解和信息的透明度,进而促进市场交易。

第三,创造交易手段和工具。由于市场供需双方有不同的特点和要求,为了促进交易,市场中介组织可以创造一些交易手段和工具。以金融市场为例,金融中介机构创造进行交易的金融工具如银行存款、债券,推进市场参与者之间的资金流转。

第四,降低交易费用。中介机构用其掌握的知识和信息,大规模地为交易服务,降低了交易的平均费用。这是中介组织赖以存在和发展的最重要的因素,也是发达市场经济提高效率的奥秘所在。

第五,减少交易风险。如参加期货交易者利用期货对冲交易,进行风险保值。

因此,市场中介机构的发展是市场发展的重要标志,一个成熟、发达的市场,其中介机构也是发达、有效的。

(2)中国市场中介组织发展的特点

中国的市场中介组织随着中国市场的发展,在不断地建立和完善,在市场交易过程中逐步发挥其作用,促进了市场的繁荣和发展。我国的市场中介组织成长过程中有如下一些特点。

第一,大部分的市场中介组织是由原来的行政管理机构演变和分化而来的。在传统体制下,一部分政府管理机构承担着管理、组织生产的职能,掌握着重要资源的配给。在市场建立的过程中,其中一部分机构因为与市场中介组织功能类似,通过职能调整逐步转成交易中介组织(如各级商品批发机构变为商业批发企业);另一些承担一部分中介功能的管理机构则把其工作分割,承担中介功能部分的机构变为中介组织,如从各级物资供应系统分化出来的物资供应公司或中心,从中国人民银行分化出来的工行、建行、农行等。完全是新组建的中介组织比例则不大,农产品的期货交易机构可能属这种情况。

第二,除消费品市场的中介机构外,大部分领域的中介机构都是全民和集体所有制性质的,隶属于不同级别的政府部门。

第三,中介机构大都担负着一些政策性业务。由于改革尚在进行之中,一些市场中介机构存在职能混淆的问题。政策性业务和中介性业务混淆,既影响一些中介机构发挥其作用,又不利于政策实施。

第四,中介机构规范化管理相对较差,服务意识差,服务手段和方式少,效率较低,有些机构官僚作风还比较严重。

第五,一些中介机构借助非经济力量,实行垄断经营。

第二节 几种主要的市场和中介组织现状

在商品经济条件下,存在各种市场。在不同的市场,有不同的市场中介组织。本节简介我国金融市场、商品市场(消费品市场和生产资料市场)、劳务市场、技术市场及其中介组织的现状。

1. 金融市场及其中介组织

金融市场是借贷双方融通资金的场所或机制。金融市场的形成和发展与信用发达程度、金融专业知识、物质、技术、法律等条件密切相联,但更重要的是,它由金融体系以外的经济制度和商品经济发达程度所制约和决定,不能脱离经济体制环境而孤立地发展。

中国金融市场主要包括短期同业拆借市场、票据承兑贴现市场、短期债券市场、长期证券市场以及有价证券流通市场、大额定期存单市场等。现简介如下。

（1）短期同业拆借市场。中国金融市场中，短期同业拆借市场发育最早。1985年以前，银行之间的资金融通主要通过上级银行调拨来实现。1985年后，资金管理实行"统一计划，划分资金，实贷实存，相互融通"。中央银行根据各专业银行1984年年底的贷款基数为各专业银行的营运资本，中央银行再根据自己所拥有的资金发放临时贷款补充各专业银行资本运营不足。这样，基层银行与上级银行的关系是借贷关系，如资金不足，各地可相互借贷，充分利用资金运转的"时间差"和"空间差"调剂资金余缺。这种管理办法的实施，促进了同业拆借市场的发展。同业拆借的交易方式有两种，一种是有形市场，定时定点，各参加行在会上提出各自对资金拆入、拆出的意向、时间、金额、利率、期限，经过协商达成借贷协议。这种交易方式是一种远期资金横向融通协议，也可为季节性资金余缺找出路，交易期限最长的可达3年；另一种是无形市场，相互了解的几家银行间达成协议，相互承担弥补对方临时资金不足的义务，并对临时拆借资金的程序、数额、利率和期限等条件做出具体规定，并通过电信联系随时相互拆借资金。

（2）票据承兑贴现市场。1981年中国人民银行上海市分行试恢复票据承兑业务，到1986年年底，中国已有140多个城市办理贴现业务。由于我国商业信用不规范，交易票据化程度低，信用程度不高，因此缺乏广泛推行票据贴现的基础，贴现和再贴现占全部贷款总数的比例不高。

（3）短期债券市场。1987年在宏观经济紧缩的情况下，首先在27个金融改革试点城市开放了企业短期债券市场。但大部分的短期资金问题仍是通过同业拆借市场解决。

（4）长期证券市场。国家建设资金不足，开拓长期金融市场，利用直接融资手段调节投资的结构和流向，是金融市场发展的重要方向。有价证券的种类有以下几种。

国库券。中国的国库券实为公债,其年限长达 5 年以上,用途主要是弥补财政赤字,利率较高。中国从 1981 年开始发行国库券,以后每年一次,单位和个人认购的比重各约一半,发行办法基本上是采用银行代理,向全国各地区、各单位、个人分配额度。国库券利率对个人和单位是不一样的,还本付息的办法也不一样。

国家重点建设债券。这也是国债的一种,由财政部发行,银行代为办理。1987 年起发行 55 亿元,1988 年发行 80 亿元。对个人发放的部分委托中国人民建设银行及其所属机构办理,采取自愿认购办法;对单位发行部分,由中国人民银行统一组织交中国人民建设银行、中国工商银行、中国农业银行、中国银行及所属机构办理,由有关部门确定全国各地、各部门应认购的债券数额,实行指标分配的办法。这种债券的年利率是:单位认购为 6%,个人认购为 10.5%,期限为 3 年,债券到期一次还本付息。

金融债券。金融机构为发行主体。1985 年 7 月,中国工商银行和中国农业银行向个人发行 8.2 亿元金融债券,揭开了中国发行金融债券的历史。金融债券发行所取得的资金大都用于发放特种贷款,即一种计划外的贷款,利率较计划内贷款高些。

重点企业建设债券和企业债券。债券的发行主体是企业,债券到期后还本付息由企业负担。1987 年发行重点企业建设债券 45 亿元,该债券全部由国营、集体企事业单位认购,不向个人发行,认购资金从预算外资金中支出,或由税后留利中支出,不得挪用上缴税利和银行贷款。因为重点企业产品多属紧俏产品,债券发行一般采用债券与本企业紧俏物资的实物分配相结合的办法。企业债券是 1984 年以来企业采取"社会集资"的方式,以法人资格对社会发行并约定在一定期限内还本付息的债券。

外币债券。这种债券是中国金融机构为在海外筹集外汇资金而发行的一种债券。发行主体是中国的金融机构,债权人是国外投资者,债券流通在国外金融市场。

股票。中国的股票有三种,第一种是由股份公司发行的股票,投资者持其股票定期到公司领取股息。这种形式的股票还很少，仅在上海、深圳等地有部分试点。第二种是"债券化"的股票。这种股票名为股票，实为债券，即股金到期还收回股金。其股息与企业经营收入状况挂钩，其发行对象主要是企业内部职工，偿还期为2~4年。第三种是只分红不付息的股票与保息分红的股票。上述股票中只有第一种和第三种的前者是真正的股票，据不完全统计，真正的股票不到股票发行总数的10%。

1989年年底，全国已发行各种有价证券1080.77亿元，除已偿还的177.23亿元外，还有余额903.54亿元，在年末余额中，国家债券643.45亿元，重点企业债券40亿元，金融债券85亿元，地方企业债券100亿元，股票35亿元。到1990年6月底，我国已发行各种有价证券1900亿元，偿债余额1630亿元，其中国家债券约900亿元。

（5）有价证券流通市场。该市场又称二级市场。中国证券流通交易始于1986年8月，沈阳市信托投资公司宣布开展证券交易业务。1990年11月26日，上海证券交易所正式宣布成立，是1949年以来大陆首家证券交易所。至1991年原版书出版时，全国已有34家专业证券公司，兼营证券业务的信托公司有几百家，一些小型柜台式经营点有几千家。但参加交易的证券中，比重最大的还是国库券交易。目前的交易形式有以下四种：第一，交易机构自营买卖证券；第二，有价证券的买方和卖方各自提出买卖价格，委托证券交易机构代为买进或卖出有价证券；第三，证券持有人持券向交易机构申请抵押以获现款；第四，买卖双方成交前由交易机构代为提供鉴别证券真伪服务。1988年全国证券交易总额约26亿元，1989年为23亿元，1990年上半年的交易总额为43.4亿元。

（6）大额定期存单市场。中国的大额定期存单的最先发行对象是工商企业、机关、团体事业单位。以后又发行了面对个人的大额定期存单。大额存单档次较多，并可以转让过户。但实际转让交易量很少。

金融中介组织是指在金融市场中从事创造、进行交易的金融工具和推进市场参与者进行资金流转的组织。在经济发达的国家中，金融中介组织的类型有商业银行、储蓄和贷款协会、互助储蓄银行、信用合作社等。

在过去相当长一段时间内，同高度集中统一的计划经济模式相适应，我们只有中国人民银行一家大银行，它集中央银行和商业银行两种职能为一身，既是发行银行，又办理存贷款等具体业务。但当时的中国人民银行主要是计划体制下的簿记中心，是社会大工厂的会计主管，主要职能是发行货币，进行结算和代理财政金库。

随着经济体制改革的逐步深入，金融体制也进行了相应的改革。金融体制改革的主要内容是金融市场的主体——金融中介组织的创立。1984年，对原有的银行体制进行重大改革，实行二级银行体制，中国人民银行成为中央银行，对其他专业银行和非银行金融机构实行管理，并对全国的货币和信贷进行宏观调控。在专业银行中，恢复了中国农业银行，作为农村金融方面的专业银行；重组了中国银行，作为外汇和外贸专业银行；分设了中国工商银行，作为办理城镇工商企业、机关、事业单位的存贷款、结算业务和城镇储蓄业务的专业银行；恢复了中国人民建设银行，主管长期投资和贷款业务；建立了投资银行，主管世界银行贷款转贷业务。1986年7月，恢复和组建了股份制的交通银行。

在建立健全银行机构的同时，还建立、恢复和加强了一大批非银行金融机构，它们包括：中国人民保险公司、中国国际信托投资公司、中信实业银行、中创公司等。一些大型企业也允许建立自己的财务公司，如东风汽车工业财务公司、重型汽车财务公司、四通财务公司等，经营集团公司内部成员企业的存贷、金融租赁、委托代理、担保见证、经济咨询和办理经中国人民银行批准的其他业务。目前已有近600家信托投资公司、财务公司和租赁公司。

同时，在金融领域还实行多种经济成分和多种经营方式并存，在农村普遍恢复和发展了集体性质的农村信用合作社，到1988年已有6万多家；在城镇建立了重点为集体和合作经济服务的城市信用合作社，到1988年已有3200余家；在个别地区还建立了一定规模的民间借贷机构。

在经济开放区域,允许建立外资、侨资和合资银行。深圳有汇丰、标准渣打、国际商业信贷等十多家"三资"银行;厦门有厦门国际、大华、集友等十多家"三资"银行;上海有汇丰、标准渣打、华侨、东亚四家"三资"银行,最近在浦东开发区又批准了几家外资银行。在北京等地,一些外国银行设立了办事处、代表处等。

随着金融市场的进一步开放,在一些城市陆续成立了一批融资公司、证券公司,经营金融资产的交易和流通。另外,金融信誉评级机构也开始出现。

在专业银行体制中,鼓励业务交叉,形成了"工行下乡,农行进城,中行上岸,建行破墙,交行扩张"的局面。这些专业银行和交通银行是我国银行业的主体,其资金运用量约占整个银行系统资金运用总量的90%。因此随着银行企业化的进展,中国的银行业将会出现集中竞争的市场结构。

在金融中介组织的发展过程中,有以下几方面的问题要注意解决。

(1)金融市场的拓展与现行金融机制的摩擦。金融市场所体现的市场机制与现行的计划金融机制,由于一些经济关系未理顺,存在不少矛盾。现行金融体系的管理办法主要是行政性管理办法,其特点是通过指令性信贷规模、分配计划、统一利率进行调控。由于大多数主要银行兼有政策性和经营性的特点,价格体系不顺,以及地方、部门干预,就使得信贷规模分块控制与资金合理流动相互冲突,严格的利率管制与优化资金流向流量冲突。

(2)主要银行同时具有长期资金中介机构和短期资金中介机构的功能,由于没有合适的规则,易造成资金市场混乱。

(3)鼓励金融中介机构间的竞争,同时要注重竞争规则的建立和对有效竞争的引导与管理,提高金融系统的效率。

2. 商品市场(消费品市场)及其中介组织

这里所说的商品市场主要指消费品市场和生产资料市场。关于商品市场及其中介组织的情况，特别是有关的政策措施及商品流通体系的演变在第九章有专门的论述。

在改革以前，就存在消费品市场。但由于城镇居民的粮、油、副食、蔬菜大都靠计划供应，城乡工业消费品按行政渠道分配，故当时的消费品市场极为狭窄。以后，随着生产发展和流通系统的改革，消费品市场开始形成并发展，各种市场中介机构也日益发展，发挥作用。

各种消费品批发机构是消费品市场典型的市场中介机构，主要有以下几种类型。

（1）隶属于商业系统的批发机构。多为过去商业系统的一、二级批发站，资金较雄厚，渠道多，营销知识丰富，人员素质较高，基本上是国有企业，是最重要的消费品市场上生产企业和商业之间的中介性企业。

（2）供销合作社系统的批发机构。供销社成立之初具有一定的集体企业性质，后来，出于管理体制、资金来源等原因，实际上已具有国有企业特征，还兼一部分政策职能。供销社的服务对象，过去以农村为主，近年来尤为注意组织城乡的双向交流。供销社系统的机构健全，分层成网，有批发、有零售，是最重要的流通企业和中介机构。

上述两个系统是我国商品流通的主系统。

（3）生产企业的产品批发机构。改革以来，这类机构发展很快。这类机构的发展有利于产销见面，有其合理的一面。但由于缺乏资金的渠道，其发展也受到不少限制。

（4）工业品贸易中心。这是一种规模较大的工业消费品贸易场所。其主要业务有：代理、批发、提供信息和交易服务等。由于我国市场信用尚不发达，许多工业品贸易中心实际上主要是批发业务。到1988年年底，我国各类工业品贸易中心已有867个，其中规模较大的有100多家。

（5）工业小商品批发市场。即在小商品产地或集散地形成的全国性或区域性的交易场所。到1988年年底，全国已有工业小商品市场3160个，当年成交额190.8亿元。

（6）农副产品批发市场。这类市场多建于大城市，为大宗农副产品进城后批发到零售市场提供批发交易服务及交易场所。到1988年年底，全国已建立农副产品批发市场1224个，当年成交金额70.6亿元。

集体企业和个体企业目前已是上述两类批发市场的主角。

（7）集贸市场。集贸市场通过提供或出租地皮、柜台，为零售者提供固定交易场所，通过制定必要的规章制度规范交易行为，保护买卖双方的权益，通过征收管理费的方式取得收入。1988年年底，全国城乡集贸市场已发展到7.14万个，成交额达到1621亿元，相当于当年社会商品零售总额的18.97%。据抽样调查，1988年城市居民蔬菜供应中65%以上来源于集贸市场。

（8）拍卖机构。1988年北京、天津、上海等8个城市先后恢复了拍卖机构，开始建立拍卖市场，对旧物和政府执法部门委托的公物进行拍卖。羊毛的拍卖交易也已开始，1988年通过拍卖方式成交的羊毛近2000吨。

（9）其他中介机构，如农产品的期货市场等。

3. 商品市场（生产资料市场）及其中介组织

改革前我国的生产资料流通主要靠计划分配。1979年以后开始了培育生产资料市场的改革，大体经过两个阶段。1979年到1984年是第一阶段，主要的措施有：允许生产资料由生产企业适当自销，一些城市物资企业跨系统地统一组织对当地生产企业的供应，开展物资供应的代购、代销、代加工、代办运输和组织物资调剂，并开展订货、协作、租赁、联营联销等信托业务。1985年以后改革进一步深化：指令性计划缩小，国家统配和部管物资种类大幅度减少，分别由1982年的256种和581种减少到1986年的20种和321种；统配物资中国家计划比重大幅度降低，1987年与1980年相比，水泥由35%降到15.6%，木材由80.9%降到27.6%，钢材由74.3%降到47.1%；形成生产资料的双轨运行格局。

在这一过程中，生产资料的中介组织也日益发展。主要有以下几种类型。

（1）承担国家统配调拨任务的大中型物资生产企业的产品自营机构。这些企业的自营自销比例随产品不同，从 5% 到 50% 甚至更多。

（2）物资流通经营机构。指各级物资部门所属的物资经营机构。这些机构承担指令性计划产品分配，还经营计划外物资，是生产资料市场最重要的中介机构。

（3）物资贸易中心。一些大中城市为满足生产资料交易的需要，在原有物资系统的基础上，成立了物资贸易中心。比较典型的是苏州物资贸易中心。这种贸易中心提供交易场所，为供需双方服务，提高交易的效率，降低交易费用。

（4）专项物资交易机构。如钢材市场，到 1989 年年底，经国家批准建立的钢材市场已有 294 个，分布在 260 个城市和地区。

（5）隶属工业部门的物资交易机构。在一些经济发达地区，工业管理部门隶属的物资交易机构有很大的发展，与物资系统的交易机构形成竞争关系。据苏州地区调查，苏州市经委系统的物资供销企业 1990 年物资销售额为 35 亿元，物资系统销售额为 63 亿元。

4. 劳务市场及其中介组织

劳务市场由劳动力供需双方构成，一方是有一定劳动技能的劳动者（供方），另一方是需要劳动力，有法人地位的企事业单位或雇主（需方），双方根据协议自主安排就职。改革以前城镇劳动力的就业都由各级政府通过计划安排，供需双方自由选择权很小。计划分配、大锅饭和终身制是当时城镇劳动制度的基本特点。严格的户籍管理及各种限制政策，使农村劳力也很难合理流动。由于就业压力大和实际需要，也存在一些零散的、组织化程度低的劳务市场（如国家商业系统招收农村季节工，城市有临时工制度），但在当时的劳动力供需体系中仅处于辅助性的地位。

随着经济体制改革和劳动人事制度的改革，我国的劳动力流动和劳务市场开始较快发展。主要表现是：越来越多的劳动力离开农业乃至乡村，通过合同契约关系成为非农产业和城镇劳动力中的一部分。越来越多的城镇职工开始自主地第二次、第三次选择工作单位和职业。劳动力流动的要求使劳动市场活跃起来，也促使为劳务市场服务的中介机构较快发展。

我国目前的劳务服务和中介机构可大致分为两类：一类是由各级人事部门和科技管理部门兴办的人才交流机构；另一类是由各级劳动部门或其他部门兴办的劳动服务和交流机构。主要有下述几种。

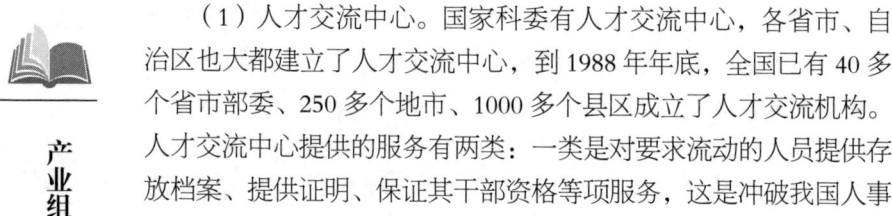

（1）人才交流中心。国家科委有人才交流中心，各省市、自治区也大都建立了人才交流中心，到1988年年底，全国已有40多个省市部委、250多个地市、1000多个县区成立了人才交流机构。人才交流中心提供的服务有两类：一类是对要求流动的人员提供存放档案、提供证明、保证其干部资格等项服务，这是冲破我国人事档案管理部门化、单位化的一项有效措施，解除了许多流动人员的后顾之忧，保证了他们应享受的基本权益；另一类是为人才流动提供信息和服务，为人才流动提供场所和机会。根据一些大城市人才交流市场的统计，要求流动人员登记数和最终调动数之比，目前约为25：1，成功率较低。

（2）劳动服务公司。始建于1979年，是为安置社会待业人员、开辟就业门路、适应就业制度的改革而成立的一种社会劳动组织。劳动服务公司是一种特殊的法人，它兼有行政、经济管理、服务等职能。到1987年年底，全国共有各级各类劳动服务公司56060个，劳动服务公司系统有生产加工企业、商业服务性企业和各种劳务组织共23万多个，在这些集体单位就业的有730万人。劳动服务公司还设有就业培训中心1600多所，1987年组织培训待业人员达229万人。劳动服务公司提供的就业服务主要有：对社会劳动力的组织管理和吞吐调节；对劳动者进行职业介绍、就业咨询；向用工单位输送合格劳动力；开展就业训练和转业训练；对失业人员提供社会保险；组织推动发展集体经济，广开就业门路。

（3）技术工人交流中心。主要以交流技术工人为主，开展在职职工的横向交流。

（4）涉外劳动服务机构。为适应对外开放发展、对外输出劳动力，涉外劳动服务机构也有所发展。如华龙劳动服务公司，积极开展对外劳务输出工作。北京市外企服务公司，负责向外国驻京企业、机构提供工作人员和必要的服务等，一些省、市也成立了专门负责劳务输出的机构。

（5）民间职业介绍机构。上面所介绍的劳务市场中介机构均是由政府或部门举办的，随着经济体制改革的进展，在一些经济发达地区，民间的劳务中介机构也有了一定程度的发展，打破了城乡界限和所有制的界限，给劳动力的流动注入了新的活力。以温州为例，到1989年年初，有民办职业介绍机构26家，其中集体和股份制13家，个体经营的13家。1987年11月到1989年年初共一年多的时间内，到这些机构登记求职和要求流动的有9791人，经介绍被用人单位录用的有2687人，被录用者中有城镇待业人员、离退休人员、专业技术人员和农村劳动者，90%以上是被区街、乡镇企业和私营、个体企业雇用。这些职业介绍机构都是在工商行政管理部门登记注册，领取营业执照后开业的。

5. 技术市场及其中介组织

技术市场的兴起，在我国还是最近几年的事情。随着商品经济和社会化大生产的发展，技术市场的发展非常迅速，技术交易的中介组织增长很快，技术市场对促进科学技术与工业生产相结合、推动国民经济发展起着越来越重要的作用。

我国技术市场的发展大体上经历了三个阶段。

第一阶段，技术市场萌起阶段。在1978年召开的全国科学大会上，邓小平同志精辟地阐述了科学技术是生产力、科学技术现代化是实现四化的关键等马克思主义观点，为技术成果商品化、开拓技术市场在思想理论上奠定了基础。以科技成果为对象的技术贸易活动便由此开始产生，这个时期技术市场活动的特点是，科研单位和生产单位自愿协作，联合攻关；科研单位开始向生产单位有偿地转让科技成果，进行技术服务咨询，帮助企业解决生产中的技术难题。

第二阶段，技术市场初步形成阶段。1982年，党中央国务院提出了"经济建设必须依靠科学技术，科学技术必须面向经济建设"的战略方针。这一方针促进了我国科学技术与经济社会的协调发展，加速了我国技术市场的形成。技术市场活动开始步入有组织、有领导的阶段。在经营方式上，出现了多种形式、多种渠道的局面，市场规模和范围不断扩大，技术市场已初步形成。

第三阶段，技术市场的发展阶段。1985年1月，国务院做出了《关于技术转让的暂行规定》，1985年3月《中共中央关于科学技术体制改革的决定》又进一步指出："技术市场是我国社会主义商品市场的重要组成部分。"技术成果商品化中的一些原则问题取得了重大突破。我国技术市场顺应改革的潮流迅速发展。1984年技术市场合同成交额为7.2亿元，到1989年，技术市场合同交易额达到81亿元，1990年为74.8亿元。技术商品通过开发、转让、咨询、服务以及技术入股、技术经济承包等多种形式渗透到经济和社会发展的各个领域，产生了巨大的效益。

技术交易的中介组织是指在技术交易中充当组织者和媒介的组织。1986年以来，技术交易的中介组织发展很快，下面介绍几类这种中介组织的状况。

（1）专利代理机构。1985年4月1日，我国开始实施专利法，专利工作走入正轨，专利代理机构也开始建立。专利代理机构是专利代理人建立在法律关系基础上为被代理人提供涉及专利事务的技术服务与法律帮助的工作机构。它的主要业务，一是为申请专利提供咨询与代理服务，包括撰写专利申请文件、办理专利申请手续、代缴专利费用、办理请求实质审查和交审、办理异议事务等；二是为转让专利申请权、专利权或者请求宣告专利无效提供代理服务；三是为专利人或其他人提供实施专利技术咨询、代理专利许可证贸易和已申请专利的技术转让；四是就专利权的取得、无效及侵权等纠纷，代理委托人参加调解或者仲裁、诉讼活动；五是接受聘请，委派专利代理人担任专利顾问等。到1989年5月，全国已有435个专利代理机构，专利代理人员近5000人，其中包括4个涉外代理机构。到1989年年底，中国专利局共受理国内外专利申请86405件，其中52221件是通过专利代理机构申请的，代理率为60.3%，其中来自外国和我国香港地区的专利申请为18457件，全部都是通过4个涉外代理公司申请的。

（2）中国技术市场联合开发集团。由中央五十多个部、委和直属机关的技术市场的归口单位组成，1986年10月成立。这是一个多学科、跨行业、跨系统的松散型联合体，它既是一个强大的技术开发集团，又是一个传递、交流技术信息，为全国各地技术改造和经济振兴服务的机构。

（3）技术信息传播机构。通过报刊、广播、电视等文字、视听传播媒介传递技术信息。由两方面主要力量组成：一是专业经营技术信息的报刊，如《技术市场报》，它以报纸为媒介，定期发布技术市场信息快报，注明转让成果名称、性能、效益分析、市场前景、专利号、联系地址、联系人等，用户获得信息后可直接与供应方洽谈；二是科技情报系统，我国的科技情报系统实力雄厚，专门人才多，检索手段先进，知识面广，近年来广泛开展社会服务，进行技术咨询。

（4）社会技术经营中介机构。大多隶属于科研机构、大专院校及大中型工厂企业或与这些机构有密切联系。它们掌握着一定的经济、技术信息，既帮助技术成果所有者寻找用户，协助进行技术转让，又帮助企业寻找科研机构解决技术难题。据统计，到1989年，全国各类技术贸易机构达1.97万个，从业人员36万人，其中技术人员20.4万人。

第三节　创造有利企业有效竞争的市场环境

1. 市场发展中存在的主要问题

改革开放后，中国市场及其中介组织的发展，对经济增长的贡献，有目共睹。但出于各种原因，还存在许多问题，阻碍中国市场的健康发展及有效运行，不利于企业有效竞争。

第一，我国是社会主义的有计划的商品经济，实行计划经济和市场调节相结合。但从政策制定和实施的角度看，有关认识并不一致。妨碍形成政策共识的最大思想障碍，主要是不太了解现代商品经济和市场运行的特点，不清楚如何从操作上处理好计划指导和市场运行的关系。由此，有关政策常常摇摆，缺乏稳定性，使计划和市场的摩擦时有发生，有时甚至很尖锐。中国的改革是在传统的计划体制长期占统治地位的条件下开始和发生的，因此在政策形成和实施上最有发言权的政府部门思想认识的正确与否，就成了影响市场发展，同时影响计划体制改革的最重要、最基本的因素。

第二，价格改革滞后。早在改革之初就已明确体制改革的基本任务之一是改革不合理的价格体系，以后更进一步明确价格改革包括价格形成机制的改革。但从现实来看，价格改革进展缓慢，是市场运行低效和企业行为紊乱的重要原因。突出的问题有三个，一是双轨价格体制在相当大的范围内存在，且由于时间拖得太久，形成了新的利益关系，出现了双轨制凝固化的趋势。二是现行的价格政策对地区、部门甚至企业差别太大，既妨碍计划调节，又妨碍市场合理运行。价格政策差异问题的产生既与价格主管部门有关，更与现阶段中国经济体制中广泛存在的差别待遇有关。如果说，改革之初的某些价格差别政策具有通过试验、启动改革的意义，那么现在仍然坚持广泛的价格差别及其他的差别待遇政策，实际上就不利于改革，违背了商品经济所遵循的公平竞争、公平交易的基本原则。三是没有形成与商品经济及国情相适应的价格管理制度。如对要素市场和商品市场，对国家财政补贴大的商品，对市场结构不同的市场（如集中度不同的市场）的商品，缺乏合理的价格管理体系。1988年年底以来的治理整顿曾经为进一步的价格改革创造了极有利的机会，但出于种种原因，除调整了部分价格外，在价格机制方面的改革进展甚微，说明各方面对价格改革的认识尚不一致，准备尚不充分。

第三，市场运行规则滞后。这种滞后主要表现在两个方面：一是对市场主体——企业、个人及各种市场中介机构，对可以直接指导市场的政府等在市场上的地位、责权利等缺乏合理的界定及规范；二是对市场竞争、市场交易基本规范的界定、确认及立法的工作滞后。

第四，缺乏对市场发展的合理分类指导。这既与对各类市场运行的基本特征不太了解有关，还与对已有的资源配置状态及相应的经济关系不太了解有关。例如，资金要素市场和一般商品市场的发展进程将有所不同，在传统体制下形成的大多数大钢铁企业都有较大的矿山，但即使是大棉纺厂也无法直接控制棉花原料的供给，这种资源配置格局是使同样的改革措施对这两个产业的影响不同的重要原因。关于这方面存在两种认识偏差。一种观点是否认各类市场是有机的整体；另一种观点是否认市场发展的有序性，不问客观条件如何，幻想出现全局性的突破。

第五，推进市场改革的工作不够扎实。主要表现在两方面：一是不在理顺基本经济关系上下硬功夫，便匆忙搞可能影响全局的试点，常常听不进不同的意见；二是对市场发展中存在的问题，不是认真研究加以解决，而是简单地凭"经验"办事。中国的改革是在中国共产党领导下的社会主义制度的自我完善的运动，不扎实的简单化作风是改革的大敌。

2. 继进市场发展的基本思路

市场是企业竞争和交易的场所。要使企业能进行有效竞争，必须深化改革，推进市场的发展。归纳已有的研究，针对存在的主要问题，我们认为促进市场发展的基本思路包括以下几个方面。

第一，应当明确不同领域和产业的计划指导和市场调节结合的基本形式和特征。

十余年的改革已使各界形成共识，即在社会主义有计划的商品经济条件下，计划和市场都应相互结合，覆盖经济生活的各个方面。分歧往往是在具体结合的形态上。有一种看法认为应当根据产业的重要性和企业规模，来确定计划和市场的结合形式，对重要的产业、规模大的企业，政府的计划应严些，指令性计划应多些。实践证明，按这个原则办事，由于指令性计划调整的不灵活，其结果可能是窒息重要产业和企业的活力，延误其发展，结果事与愿违。我们认为比较科学的办法是根据产业的经济性质和计划指导的性质将产业分类。

要科学分类，首先要了解市场和计划的性质、特点。不同的产业，市场调节的政策不同。在商品经济条件下，对大多数领域和产业来说，市场机制的调节作用是有效的。但是出于下述原因，仍然需要政府的政策或计划指导，经济才能合理运行。一是存在"市场失效"。即某些产业或领域由于规模经济性适于垄断经营（如电力、电信）、存在显著的外部经济（如基础科研）或外部不经济（如工业污染）、信息对供需双方显著的不均衡（如金融、医药），因此主要靠市场调节难以形成合理的价格及供给，或能靠市场调节实现供需平衡，但平衡过程中的不稳定性带来的社会问题较大（如金融、农业）。政府需要针对"市场失效"实行旨在从经济上保证合理配置资源的政策和计划指导，需要有着眼于社会目标的，为确保健康、安全的政策和计划指导。二是在产业发展、调整的某些特殊场合，如产业是幼稚产业而且起步难度较大，遇到了特殊的不景气，出现贸易摩擦、产业内部企业调整引起的社会问题较大时，需通过政府指导使产业步入正轨。至少在经济发展初期，这是政府直接计划指导经济发展的重要原因。三是在体制转换时，有必要通过政府计划和政策，使体制转换与合理使用资源相协调，实现体制平稳过渡。四是为限制企业搞市场垄断，需要有相应的调整政策，而这是市场经济正常运行所需要的。

政府的计划可以分为必须执行的指令性计划和诱导性的、间接的指导性计划，但按政策手段内容和指向看，可以将计划手段分为三个基本类型。一是进入控制手段，即通过经营范围、资格的许可、申报手段控制市场上企业的数量及保证企业具有必要的条件；二是价格控制，即直接规定价格水平、价格体系及规定企业定价必须履行的手续（如必须批准、备案，或在一定范围内可以企业自定等）；三是数量控制，主要指投资、产量的控制。各种手段有效的具体条件、适用范围、使用成本是不同的。三种基本手段可以配合使用。不同产业、不同时期各种基本手段的使用程度和配合方式可以有所不同。

根据上述分析，我们认为应将产业分为两种基本类型（还可以分得更细），确定未来 10～15 年或更长时期不同产业的基本运行和管理模式，即计划和市场结合的具体形式。第一类产业是具有自然垄断、信息对供需双方的不对称性较大、发展不稳定带来的社会问题较大的产业。对这类产业，政府在进入、价格、数量等方面应有较具体的，包括指令性计划在内的计划指导，自然垄断产业可以独立经营，多数产业的竞争，特别是价格竞争、投资和生产竞争也要接受政府的指导。这类产业主要是基础设施产业、金融业、部分流通业、农业（基本农产品）、少数制造业（重要的资源初加工业），多分布在第一、第三产业。这类产业的国民收入估计占全部国民收入的 40%～50%。其他的产业，即第二类产业，计划以指导性计划为主，价格逐步放开，统一和适当保护国内市场，主要靠企业竞争发展产业，同时做好企业的进入及扩大能力的管理。

第二，发展市场的改革必须与其他的改革配套前进。从目前的情况看，最主要的配套改革，一是取消各种不合理的差别待遇政策；二是财税改革，即通过逐步推行分税制，改革目前的财政分级包干体制，从而为更全面的价格改革和形成统一的市场创造条件；三是要抓好企业改革，建立合理的国有资产管理体制，健全财务会计制度，发展企业集团，实行股份制。

第三，推进价格改革。包括直接推进价格改革和形成与社会主义的有计划的商品经济相适应的价格管理体制两个主要方面。

第四，建立基本的市场进入、市场交易、市场竞争规则，用法律规范各类市场中介机构组织的行为。当前最重要的任务之一就是要将身兼政策性和经营性职能的各种市场中介机构分离成专门的政策性机构和经营性机构，以利于政策有效贯彻，企业合理行动，市场中介顺畅。

第五，搞好有利于市场发展、统一的物质基础设施，包括交通和通信系统、各类市场场所等。有人认为中国地大，交通条件差，市场不可能统一。我们认为这个认识是有偏差的。我们讲要市场统一，首先是讲规则应统一，而不是反对自然形成的经济区域关系；其次是我国交通系统已有一定的基础；最后是事实上全国经济已有密切联系。

第六，加强交通运输和邮电通信等基础产业，促进市场的发展。这些基础产业对于密切市场与各产业的联系、增强信息交流、降低交易成本、促进市场统一、提高市场运行效率是必不可少的条件，没有较发达的交通运输和邮电通信等基础产业作为市场的后盾，市场的发展就失去了依托。目前，这些基础产业还较薄弱，发展也较缓慢，应采取切实的措施加强这方面的工作，以利于市场发展。

第七，分类推进市场发展。前面我们已经明确了计划和市场结合的具体目标，因此关键在于能否结合国情和产业情况确定合理的分类指导市场发展的方针。我们认为：一般商品市场和资金、劳务市场的发展受客观条件制约，相应的发展政策应有所不同。一般的商品市场的改革应快一些，应较全面地引进竞争和价格机制。而推进金融市场发展的政策，目前首先是将现有银行分离成政策性金融机构和经营性金融机构，并且引进竞争、规范竞争，同时适当限制价格竞争。劳务市场的发展将受制于社会救济保险制度及户籍制度改革的进展，因此其发展必然慢于物质商品市场的发展。目前首先要做的，一是抓住房商品化，建立过渡性的社会救济制度，但绝不能保护落后。二是缩小和取消双轨制的改革应根据不同的商品类型有步骤地进行。基本原则是将来不应与财政补贴挂钩的商品，主要是工业品商品的双轨价，应在 3～5 年内基本取消。有人认为可以用严格管理的办法防止双轨价弊端。这是不现实的，重要原因就是工业品品种、价格太多，管理成本太高。今后一段时间仍要与财政补贴挂钩的农产品的双轨价，应当结合补贴方式的调整，缩小补贴范围，调整价格水平和比价，缩小双轨价范围。三是注意充分利用已经配置的资源体系。中华人民共和国成立以来数十年的努力，使我国的金融商业和物资批发、外贸等系统的集中程度相当高。这种情况带来许多弊病,应当改革。但为了不破坏系统的规模效益和网络效益,除应适当鼓励新进入者外,主要应采取鼓励交叉竞争的办法,如不同专业银行的业务适当交叉、流通系统的内外交叉等。按这种思路较易形成兼得规模经济和市场竞争之利的有效竞争的市场结构,促进市场较快发展。

第三章 中国市场及市场中介组织的发展

第四章 中国经济发展进程及其对产业组织的影响

我国所有重要的经济问题都可以看作是我国的基础资源条件（文化、技术、经济、人口、资金等）、体制（经济的和政治的）以及发展战略这三者相互作用的产物。产业组织问题也不例外。特别从1949年以来，它伴随着我国产业结构的变化、技术构成的变化、经济的增长与波动而发展变化，同时又与这些方面互相影响，形成复杂的关系（见图4-1）。本章的任务是描述和说明中国产业

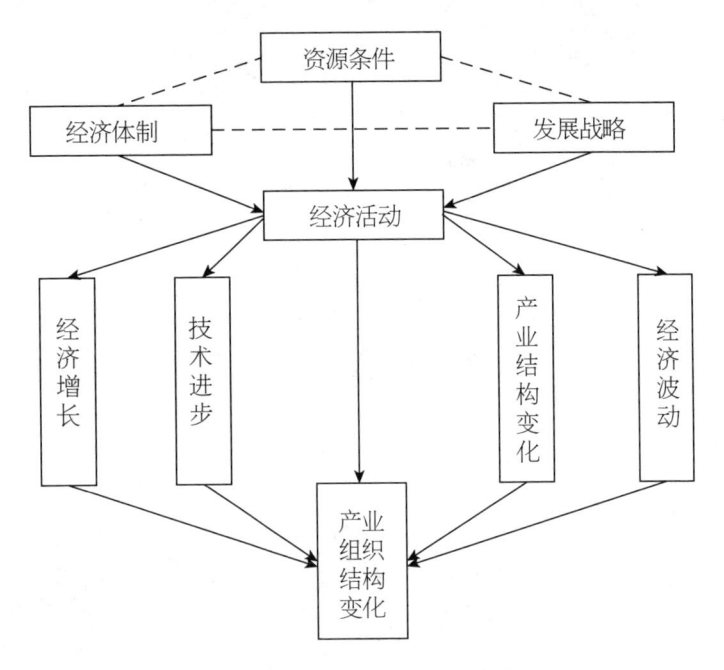

图 4-1 产业组织结构的制约关系

组织状况的由来和发展,着重回答以下三个问题:(1)1949年以来,中国的产业组织状况是怎样变化的?(2)引起这种变化的经济根源是什么?(3)历史形成的产业组织问题对未来的影响如何?

西方经济学产业组织领域的研究,是"要搞清楚市场过程是怎样引导生产者的活动去满足消费者的需求;这个市场过程是怎样被中断的,又是怎样(如通过政府干预)调节过来以使实际效果向人们希望的方向靠近"①。为此,一般用图4-2所示的分析框架来寻找这些环节间的因果关系。

基础(供求)条件 → 市场结构 → 市场行为 → 市场效果

图4-2 西方产业组织理论的分析框架

但是从20世纪50年代开始,中国走上了一条非市场化的工业化道路,它既表现出一般工业化进程的种种规律,又更多地表现出西方工业化进程中没有的现象。它在产业组织上的最主要的影响,就是从价值观到经济环境都消除了竞争本身(计划制定者力求避免在生产和销售中出现竞争,企业被抽去了竞争的动力和实力),而代之以"行政性垄断"②。中国没有西方那样的竞争性市场,中国的企业行为基本上是执行行政命令的行为,企业的经济效益在很大程度上是上级分配资源与价格扭曲的产物。特别是,在中国存在一个心照不宣的"社会效益目标"——不管什么代价,让大家都有饭吃。因而我们实际上谈不上"市场结构""市场行为"和"市场效果"。为此,我们若用一个非市场化的理论框架(见图4-3)来概括,也许更好。

基础(供求)条件 → 非市场结构 → 非市场行为 → 非市场效果

图4-3 非市场化的理论框架

下面,我们分三个阶段来描述和说明我国产业组织状况的演进过程。

第一节　中国经济发展概况和特征

按时间顺序，我们可以把中国经济的发展过程划分为三个阶段：第一阶段是 1949 年中华人民共和国成立以前，大约 100 年的时间，是中国工业发展的初始阶段；第二阶段是 1949—1978 年，是传统计划经济体制和重工业主导型发展战略相结合的阶段，它可再分为传统体制形成（1949—1957 年）和传统体制成熟（1958—1978 年）两个时期；第三阶段是 1979 年以后，是双重调节经济体制和需求导向型发展战略相结合的阶段，或称改革开放的阶段。

这三个阶段的国民收入总额（GNP）及其构成见表 4-1。

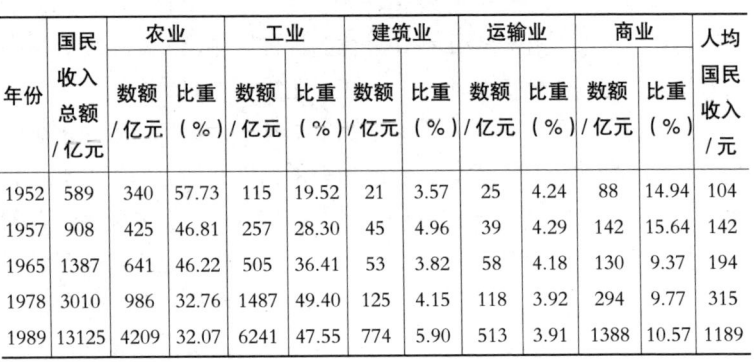

表 4-1　国民收入总额及构成

年份	国民收入总额/亿元	农业 数额/亿元	农业 比重(%)	工业 数额/亿元	工业 比重(%)	建筑业 数额/亿元	建筑业 比重(%)	运输业 数额/亿元	运输业 比重(%)	商业 数额/亿元	商业 比重(%)	人均国民收入/元
1952	589	340	57.73	115	19.52	21	3.57	25	4.24	88	14.94	104
1957	908	425	46.81	257	28.30	45	4.96	39	4.29	142	15.64	142
1965	1387	641	46.22	505	36.41	53	3.82	58	4.18	130	9.37	194
1978	3010	986	32.76	1487	49.40	125	4.15	118	3.92	294	9.77	315
1989	13125	4209	32.07	6241	47.55	774	5.90	513	3.91	1388	10.57	1189

说明：按当年价格计算。
资料来源：国家统计局，《中国统计年鉴 1990》，中国统计出版社。

1. 中国工业的初始阶段（1840—1949 年）

（1）三种资本力量的形成和地位

1949 年中华人民共和国成立时，中国工业化进程已有约 100 年的历史。从 1840 年鸦片战争开始，先是外国资本主义的入侵，然后是官僚资本主义和民族资本主义的产生。三种资本力量破坏了中国封建社会自然经济的基础，推动了商品经济的发展，推动了传统经济向现代经济的转化。

从外国资本进入，开始了中国的机器生产。甲午战争前以英国资本为主，以沿海（上海）为主，以小型工厂为主，以轻工业为主，并且以方便地掠取资源、占领市场和较快赢利为主要目标；甲午战争后以日本资本为主，资本规模与行业都扩大了，进入了对中国输出剩余资本（工业投资）为主要目的的阶段。外国资本在第一次世界大战前在中国工业中占据垄断地位。

官僚资本工业的产生略迟于外国资本，它不是从小型、轻工、沿海开始，而是直接从清政府官僚创办的大型军事工业开始，而后煤矿、炼铁、有色金属、纺织、造纸、皮革依次发展起来。国民党政权建立后，在美国支持下，官僚资本后来居上，在第二次世界大战结束时已取得中国工业的统治地位。

民族资本主义的产生又晚了一步，由于原始积累不充分，又受前两种资本的挤压，只能从投资少、见效快的行业起步，特别是以农产品为原料的轻工业。民族资本工业虽在第一次世界大战期间有过一段繁荣时期，但总的来说，它始终没有成为中国工业的主流。

1927年后出现的苏区工业和解放区工业所占比重极小，它对整个工业的影响只是发生在1949年中华人民共和国成立以后。

（2）1949年以前中国经济发展的特点

主要由三种资本推动的工业化，形成了我国社会主义工业化起始的基础，其主要特点如下。

第一，总量水平很低。1949年主要工业产品（钢、铁、水泥、原油等）产量甚至低于印度。恢复到1952年，人均国民生产总值仅52美元，属于贫穷的低收入国家。

第二，结构落后，依附性强。工业只占国民收入的四分之一左右；生产资料的生产又只占整个工业产值的四分之一左右；而在生产资料的生产中矿冶业的比重高于机器制造业的比重；矿冶业中则是采矿能力大于冶炼能力，制造业中则是修配部分远大于制造部分。

第三，技术水平低。近代工业在国民经济中只占10%左右。缺乏最重要的且需要较高技术水平的工业部门，如飞机制造业、汽车制造业、农机制造业、重机制造业、有机合成化学工业、合金钢和稀有金属冶炼业、无线电工业等。

第四，布局极不合理。我国工业过度集中于东部沿海地区。

2. 传统计划经济体制形成时期（1949—1957年）

（1）历史的转折

20世纪50年代初是中国现代化进程中的一个重大的路口，是一个影响深远的选择机会，除了国际和国内的政治力量的沿革，内在的经济因素可能更为重要。作为一个刚刚结束多年战乱的国家，稳定与恢复经济局势的急迫性决定了新政府统一全国财政、物资与现金管理的对策，而这一决策的惊人成功使得高度集中的宏观管理体制顺利形成，并加速推进了所有制变革进程。同时，作为一个发展中的社会主义国家，赶超意识与极其落后的经济基础之间的矛盾，使得中国不甘心沿西方发达国家工业化的路径爬行，而选择了苏联的发展模式（当时唯一对中国友好的发达国家也是苏联），并试图用比苏联更强的强制性积累，在远比苏联落后的基础上径直高速建立重工业体系。

在进行选择的时刻，国家的做法在很大程度上是对眼前压力的自然反应，然而一旦这些抉择变成现实，并形成互相匹配的关系，就会在不长的时间内构成相当稳定的结构：每个要素都在支撑这个结构，同时结构本身又不断产生对每个要素的需求。

此外，作为解放者，一开始政府就把接收下来的企事业职工（就业、福利）全部"包"了下来，后来"包"的范围越来越大，同时受到解放区战时共产主义配给制的影响，结果"包"便成为政府的职能准则，以至一步步发展，形成以后想甩也甩不掉的大锅饭制度的基础。

（2）"一五"计划的实施

第一个五年计划期间建立了中国工业化的初步基础。"一五"期间施工的建设单位在1万个以上，其中限额以上的921个[③]，1957年年底全部建成投产428个，部分投产109个。新增固定资产440亿元，其中工业214亿元，超出旧中国所积累的工业固定资产的60%④。工业总产值占工农业总产值的比重由1952年的46.9%上升为1957年的56.1%；现代工业产值比重占工业总产值比重由64.2%上升为70.9%；重工业比重由37.3%上升为45%；重工业内部制造业比重由41.9%上升为47.4%；钢材自给率达80%，机械设备自给率达60%。建立了一批新工业部门：飞机制造业、汽车制造业、重型和精密机器制造业、发电设备制造业、高级合金钢和有色金属冶炼业等，大大加强了能源基地建设。全国工业布局趋于合理。

实际上，"一五"是围绕苏联（以及东欧）援建的156个大型项目进行的，也是中国第一次技术引进高潮。苏式企业成为中国工业骨干的核心，使中国与先进国家的技术差距大大缩短，其影响是深远的，既有积极方面，也有消极方面。如在重工业内部，虽然结构合理了，但承袭了苏联"全能厂"的模式，专业化起点偏低；建立了庞大的远远高于中国贫穷基础的现代技术企业群，它自然成为进入壁垒高不可攀的、垄断性的、有种种"特权"的企业。

（3）集中管理体制的形成

与中国发展战略向重工业转轨同时进行的，是体制转向公有制基础上的集中计划管理体制（我们称为传统计划经济体制）。重工业主导型发展战略与传统计划经济体制相结合，决定了中华人民共和国成立后30年经济的一系列特点。"一五"期间形成的"六集中"体制的具体内容如下。

第一，集中的工业企业管理制度。一切企业都隶属至少一个行政部门，"一五"期间中央政府各部门直接管理的企业数由2800个增至9300个，产值占工业总产值的一半以上（所谓"条条专政"）。

第二，集中的工业基本建设项目管理制度。"一五"期间国家预算内投资531.18亿元，占总投资的90.3%，其中直属中央的又占79%；项目审批权高度集中，特别是重点建设项目由中央部门一管到底。

第三，计划管理，以指令性计划为主。对国有企业和生产国家计划产品的公私合营企业实行直接计划（下达指令性指标），对其他企业实行间接计划（用经济政策引导）。"一五"期间直接计划产品由 115 种上升为 380 种，占工业总产值的 60%。

第四，集中的财务管理制度。国家对国有企业实行统收统支。

第五，集中的物资管理制度。物资分为三类：统配物资、部管物资和地方管理物资。"一五"期间一、二类物资分别由 112 种和 115 种增至 231 种和 301 种。指令性计划管理企业多属"申请单位"，有直接得到国家调拨物资的特权。

第六，统一而又平均的劳动工资制度。统一的工资制度，统一的升级制度，单一的用工制度，职工能进不能出，劳保待遇面越来越广。"大家都有饭吃"的信念就是这时形成并深入人心的。而这种劳动者之间的"拉平"不久又扩大到企业与企业之间，甚至地区、部门之间，最后使得减缓和取消竞争成了全社会的共识。

3. 传统计划经济体制发展时期（1958—1978 年）

这一时期与"一五"期间的不同，是已经没有了体制形成过程和战乱后稳定恢复过程的暂时因素，在经济增长的过程中逐渐暴露出传统体制和重型战略造成的消极方面。

（1）"大跃进"的冲击及其调整

"一五"后期，过度集中的弊病暴露了出来：一是企业毫无自主权；二是割断了地区内不同部门之间的经济联系，牺牲了地方利益。"一五"末期中央准备纠正权力过分集中的偏向，不幸这一改革一开始就被搞过了头，它被纳入了"大跃进"的"左"倾路线。其主要内容如下。

第一，盲目下放管理权。"条条"所属企业划归"块块"管理（下放了88%）；下放计划管理权（中央管理的产品、征税和物资分别减少 28%、50% 和 75%）；下放基建项目审批权；下放财权和税收权，下放商业、银行管理权；在计划、利润、人事和财务上对企业放权让利。

第二，超高速发展。不顾一切扩大基建规模，1958—1960 年三年工业基建投资 611.5 亿元，超过"一五"期间总和近 1.5 倍；

各方面停车让路，全力保证钢铁生产；限期超英赶美。

第三，大办地方工业。大中小并举，中央地方并举，"土""洋"并举；大搞以"小土群""小洋群"为特征的群众运动，企业严重"超生"。

权力下放和群众运动的措施，形成"一放就乱"的局面，超高速发展远远超过了国力的支撑和实际的需要，1961年我国经济出现了极其困难的形势，中央下决心实行调整方针。主要措施如下。

第一，重新集中统一管理，上收下放过了头的企业。

第二，狠压基建和生产计划，国家预算内投资1961年比1960年下降68.9%，1962年又下降35.8%。

第三，对企业实行"关、停、并、转"方针（全民所有制企业数由1960年的9.6万个压到1962年的5.3万个；集体所有制企业数由1959年的21.96万个压到1965年的11.2万个；三年净减职工1750万人）。

从1963年开始，国民经济全面好转。经过一次"放—收"循环，"条条"又占了上风。

（2）"托拉斯"的尝试

人们开始认识到行政办法难于对企业的生产和建设统一规划与布局，难于协调地区之间、企业之间的关系，1964年国务院决定试办12个"托拉斯"。具体做法（以烟草公司为例）：一是全盘垄断，统一经营烟叶的收购、复烤、分配与调拨；二是地方分属各部门的卷烟厂、机械厂、印刷厂等一律收归公司直接管理，其他系统的烟厂一律关闭；三是按合理布局和专业化原则对全行业烟厂进行调整压缩。结果是生产能力提高（从年产330万箱增至480万箱），劳动生产率大大提高（提高了42.4%），生产成本降低（加工费降低21%）。更重要的是，公司可投入大量人力物力协助农业部门抓原料生产，搞科学研究和新技术的推广，收购量三年增加1.7倍。可惜的是由于"托拉斯"与原有经济体制的矛盾，以及对其"性质"的不同认识，这个最早突破条块分割的、优化产业组织的尝试于1966年夭折了。

（3）"五小"工业和"三线"建设

1956年开始的"文化大革命"再次以政治冲击了已趋于协调和成熟的工业经济管理体制，在极"左"路线下确立了战备、跃进的"四五"计划，在很大程度上重演了"大跃进"式的分权和企业大中小并举的历史。

一是恢复以块块为主的工业管理体制，下放财权、物资权和计划管理权，扩大地方基建投资权，简化税收、信贷、劳动工资制度。

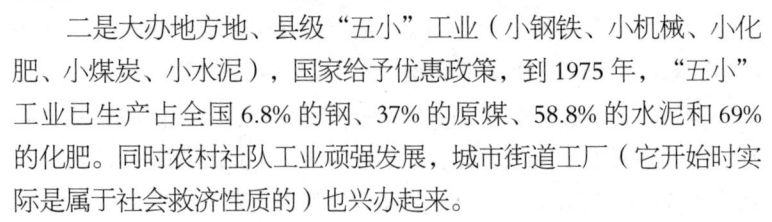

二是大办地方地、县级"五小"工业（小钢铁、小机械、小化肥、小煤炭、小水泥），国家给予优惠政策，到1975年，"五小"工业已生产占全国6.8%的钢、37%的原煤、58.8%的水泥和69%的化肥。同时农村社队工业顽强发展，城市街道工厂（它开始时实际是属于社会救济性质的）也兴办起来。

三是大搞"三线"建设，1965—1970年累计内地基建投资611.15亿元，占全国的66.8%，1971—1975年"三西"地区累计投资898.67亿元，占全国的59.5%，形成了"三西"地区一大批军工型和重工型大企业群。

1970年的这次下放浪潮，一是由于对"条条专政"造成的"一收就死"状况的不满；二是试图依靠体制变化的手段和地方的积极性来实现"四五"的跃进指标；三是战备的需要，"进山钻洞"。这次仍以低起点为特征的地方工业化浪潮，由于显示出更自觉的经济动机——农村剩余劳动力的非农化压力和地方政府开辟财源的动力，同时由于极"左"路线的时间较长，因而持续时间比上次更长久。对它造成后果的真正调整是1978年以后才开始的。

（4）成套设备引进的"洋冒进"

1977—1978年，由于某些领导人头脑发热，重演1958年高指标高投资（两年基建投资分别为400亿元和500亿元）重工业导向的跃进。这一次跃进的主要特征是伴随着空前规模的成套大型设备的引进。它一方面改变了我国石油、化工、冶金等部门的工业结构，大大提高了生产能力（如13套30万吨大化肥装置占全国生产能力的 1/3，4 套化纤装置使化纤产量两年增加 70%，42 套进口综合采煤机组年产量可达 4000 万吨）；但另一方面，我国由于重复引进、突击签约（有些又陡然停顿）和不重视消化吸收，因此付出了过大的代价，在很多方面不利于我国产业生产能力的自我发展与提高。

（5）传统计划经济体制阶段的工业经济发展特点

中华人民共和国成立后几十年时间中，传统计划经济体制阶段占了近 30 年，它对我国经济发展的影响是深远的，实际上已成为影响我们今后发展的前提条件。其特点可简单概括如下。

第一，行政性垄断。实际上取消了竞争，工业发展的目标和规划主要由行政手段确定和实施，企业基本上是执行行政命令的机构，企业的生产、销售、原料供给、职工收入、人事调整等都主要由上级决定，它不是一个自主的经济实体。

第二，条块矛盾。条条专政"一收就死"，块块为主则"一放就乱"，长期以来的条块分割、条块矛盾使管理权在条块之间几度易手，造成了反复循环的内耗。

第三，重工业主导。试图以重工业带动整个工业发展，但由于基础过于落后而依靠强制性积累，结果重工业与民用工业反差极大，只重速度不重效益，总量成绩掩盖了结构不合理。

第四，压缩需求。商业统购包销，价格不合理，造成市场长期短缺，"一五"以后人民生活水平没有显著提高。

第五，闭关锁国。片面强调自力更生，对外贸易往来较少，结果在技术、管理、生产各方面处于一种低水平的稳定的自给自足状态。

4. 改革开放阶段（1979 年以后）

（1）以效益为中心的新战略的实施

1978 年 12 月，党的十一届三中全会标志着中国经济进入了一个新时期。取代传统计划经济体制和重工业主导型发展战略的是计划与市场相结合的双重调节体制和需求导向型的发展战略。

从 1979 年开始，国家推进以效益为中心的产业组织调整和技术改造计划。国务院明确规定,对以下三类企业首先实行"关、停、并、转":第一类是物耗高、质量差、长期亏损的企业;第二类是生产供过于求、产品大量积压的企业;第三类是与先进企业争能源、争原料、争运输、争市场,以劣挤优的企业。1979年钢铁工业关停小钢铁企业158个,1981年重工业企业减少4400个,1982年又减少4000个。制止盲目建设、重复建设,一些城市按专业化原则进行了改组,出现了一些全国或地方范围的工业公司,取得了很好的效果。但是这时行政力量已远不像过去那样强劲有力,一有机会自发办的小工厂又悄悄干起来,结果在调整的同时,全国工业企业数反而增加(1979年净增6500个,1980年净增7000个,1981年再增4300个),调整的效果被淹没了。

"六五"时期,以大中企业为主的大规模技术改造,是向以内涵为主的扩大再生产转轨的重要一环。主要做法:一是连续召开全国技术改造会议,转变重外延轻内涵的建设思想;二是引进3000项先进技术改造现有企业,从7000多个大中企业中筛选509个骨干企业重点支持;三是1985年技术改造投资达591亿元,占固定资产总额的35.8%。技术改造计划的胜利完成极大改变了中国工业的装备面貌。

(2)需求导向型的工业发展战略

中央总结了过去发展经济的教训,开始强调与人民生活有关的轻纺工业的优先发展,放慢重工业发展速度,对重工业结构进行调整,强调农业和第三产业的发展,中国工业结构发生了很大变化。

与此相应,中国居民收入水平提高较快,并造成全国居民消费水平较快增长,生活必需品用费的比重下降,耐用消费品支出大幅度上升,1984—1986年城市彩电、电冰箱、录音机的普及率上升了5.5倍。

需求结构与生产结构的变动,为消费品市场的形成建立了物质基础,一些产品形成了买方市场。

(3)扩大企业自主权和乡镇企业的崛起

1984年形成了历史上第三次放权浪潮,这次与前两次不同的地方：一是它的目标是使企业成为独立的商品生产者；二是它的结果是形成了经济调节的双重体制。它使企业获得了从未有过的自主权，使企业的自我发展有了一定的动力和实力。指令性计划范围缩小，如农业改为指导性计划，国家统配物资比例下降，实行价格双轨制，等等。中国进入了不完全的市场经济和不完全的计划经济相结合的时期。

特别是，随着农村推行生产责任制解放出数以亿计的劳动力，乡镇企业迅速崛起，1978—1985年，它创造了我国新增社会总产值的25%，并解决了8000万农村剩余劳动力的就业问题，离土不离乡，进厂不进城。另外，一大批小市镇发展起来。

改革时期还有不少变化，如沿海特区的建立、外资引入、各种所有制形式的并存，都使中国经济向市场化方向变动。

（4）改革开放阶段的经济发展特点

第一，引入市场机制。鼓励企业间的有效竞争，商品市场迅速发展，双重调节体制初步形成。但市场发育不平衡，市场分割现象严重，调控手段不健全，使市场机制未能真正发挥作用。

第二，需求导向。以满足需求为目标，强调农业、第三产业和轻纺工业的发展，人民生活得到较大改善。但一些基础产业和"瓶颈"产业的发展受到忽视。

第三，让利放权。扩大企业自主权，允许多种经济成分和经营方式的存在，企业的发展有了动力。扩大地方管理权，乡镇企业迅猛发展，地方有了较强的经济实力。但中央地方关系、条块关系仍需进一步理顺。

第四，对外开放程度大大提高。

第二节　中国产业组织的演进和特点

产业组织结构是一个统一的经济演化过程的一个因素，它是从产业内各企业关系的角度去观察这一复杂过程。它与其他部分，如总量增长与波动、产业结构变化、技术进步、管理权的变更等往往是互相穿插、互为因果,因此我们在叙述时强调从整个经济过程中寻找产业组织结构变化的原因。

1. 中华人民共和国成立前中国产业组织结构的特点

中华人民共和国成立前中国产业组织状况是中华人民共和国成立后我国产业组织结构变化的基础,有如下几点值得注意。

(1)总的来说集中度很低。这特别表现在轻工业上(多属于民族资本主义的私营经济)。如上海(中华人民共和国成立初数字),轻工系统厂家达78600家,绝大多数为一二十人的小厂或作坊;山西手工业作坊和工厂4万多家,共10万人(平均每家2.5人),稍具规模的只是阎锡山独占经营的近十家。商业企业的规模更小。

(2)在某些行业,特别是重工业和军事工业,有一些规模较大、具有近代技术的企业。这类企业基本属于官僚资本主义。官办工厂1947年生产了旧中国78%的电、80%的煤、100%的石油、98%的钢铁、72%的机械和67%的水泥。1949年被没收的官僚资本工矿企业共2858个,共有职工129万人,平均每个企业超过450人。

(3)尽管有外资和政府的双重压力以及战争的影响,在民用产品市场上,私营企业的竞争仍是相当激烈的。⑤

(4)在一些地区,大与小、洋与土、先进与落后的企业之间形成了某种"互补性"⑥。这个现象并不遵循熊彼得说的那种典型的"创造性毁灭"过程。

(5)在军阀割据中,地方自办军火工业盛行。

2. 传统计划经济体制(1949—1978年)对产业组织的影响

(1)中国产业组织结构的新格局——"一五"时期苏联援建156个大型项目的影响

国际政治局势和强烈的赶超意识使中国选择了学习苏联的发展模式,这一抉择深深影响了中国经济发展。随着"一五"计划的胜利完成,形成了中国产业组织结构的新格局。

第一,企业规模扩大。20世纪50年代初,新兴工业部门开始建立便处于与苏联几乎相同的规模经济水平上,原有旧工业部门经过扩改建,规模也扩大不少,如棉纺织厂的平均规模已由1949年的20200支纱锭发展到1957年的43600支⑦。

第二,集中度提高。特别是随着公私合营和个体工商业的改造,大量小企业进行了改组合并(如上海把2.6万个中小工厂按产品、协作原则合并为8个专业公司,1.6万个企业),迅速提高了集中度。

第三,重型骨干企业"鹤立鸡群"。它们一方面推动了中国的工业化,另一方面又像"飞地"一样处在传统部门(包括规模小、技术落后的企业)的包围之中,这样用非市场力量"阶跃地"构成的现代工业部门加剧了中国工业二元化的局面。

第四,取消竞争而代之以行政性垄断。

(2)"大跃进"及其调整对产业组织的影响

"大跃进"对"一五"时期形成的产业组织结构是一次(与"一五"时期)相反方向的调节和冲击:以块块取代条条;强调群众、贬低专家;大量发展小企业的势头压过少数大企业的发展。它还有两个特点:一是热点在重工业;二是来潮退潮都极快极猛,足见超经济力量的强大。"大跃进"及其调整时期对中国产业组织结构的影响表现如下。

第一,进两步退一步。在调整中幸存的新企业有些成为地方工业的骨干和生长极,它们构成了中国资本存量的重要组成部分。在追求速度与数量中,各地区竞相上马的企业,必然把其技术、质量的低水平和产品雷同化长久留给中国的工业。

第二,农村社队工业已开始从农业中分离出来,成为20世纪80年代著名的乡镇企业的先驱。

第三,作为最早企图突破条块分割的优化产业组织的尝试——"托拉斯",则是20世纪80年代各种专业公司和企业集团的早期表现形式。

(3)"三线"与"五小"对产业组织结构的影响

十年动乱中,中国用一半的基建投资在西部建起了国内最新技术水平的大型企业群,但与当地的经济结构极不相称,经济效益极低,不能起到带动整个工业发展的作用。而这时正是沿海老骨干企业的技术、产品、管理已经达到一定水平,最适于搞扩建、发展或改造提高的时候,结果资金、人力却被抽去重新铺摊子,并且是在效益低下的环境中铺摊子。这种"杀鸡取卵"式的发展使中国企业"该大的大不起来",对我国产业组织结构造成深远的不利影响。

大张旗鼓的"五小"工业奠定了中国工业地方化的格局,连同摸索前进的乡村工业,使中国工业二元化结构又发展了一步。这次上马的地方小企业,站住脚的颇多。它们虽然一般来说效益低下,但在很大程度上支撑着全国的产量,成了"丢不掉的包袱";它们的低效益被地方利益保护下来,最终也为国家所容忍。这些小企业后来虽有分化,有的成了地方骨干,但更多的企业长期徘徊在落后水平,并不断复制和扩散同样落后的工业化。

(4)传统体制阶段的产业组织特点

1978年,全国大中小企业的构成情况列于表4-2。

表4-2 1978年全民独立核算企业构成

单位:%

	企业数比重	工业总产值比重	工业净产值比重	固定资产(原值)比重
大型企业	0.4	25.1	32.6	46.5
中型企业	0.9	18.3	19.7	23.5
小型企业	98.7	56.6	47.7	30.0

资料来源:马洪、孙尚清主编,《中国经济结构问题研究》,人民出版社,1981年版。

在适合大批量生产的冶金、煤炭、化工、电力等工业中,都建立了一些大规模的企业;在轻工、纺织工业中也有规模较大的骨干企业,但中小企业占优势。一般大企业的技术装备水平及能耗、物耗、劳动生产率水平都明显比同类产品的小企业先进。二元化格局并非中国独有的特点,与日本等国相比,中国产业组织结构二元化的不同之处如下。

第一，在那些通常认为最应该实行大批量生产的产业（如钢铁、煤炭、汽车）中反而新办起一大批落后低效的小型企业，使规模经济水平大大降低（如水泥工业，1957年平均生产规模为20.18万吨，1959年降到0.58万吨，1965年回升到3.04万吨，1975年又降到1.08万吨，1978年再降到0.85万吨）。表4-3是中国机械工业规模经济与世界水平的比较，差距是明显的。

表4-3 机械工业规模经济的世界比较

	机械企业数/万个	企业平均人数/人	企业平均产值/万美元	企业人均固定资产/万美元
中国（1985年）	9.07	202.00	99.10	0.23
美国（1983年）	12.20	70.40	612.00	—
日本（1983年）	14.90	31.00	277.60	1.71
苏联（1982年）	0.93	1487.00	2604.00	1.33

资料来源：白慈生、黄开亮等著，《中国机械工业产业政策研究》，载《经济研究参考资料》1988年第11期。

第二，大中小企业专业化水平低，即所谓"大而全""小而全"，特别是机械工业尤为明显。机械工业部（1976年）县以上企业6100个，全能厂占80%，这些厂从铸锻毛坯、机械加工到成品装配，从机修、电修到运输仓储，从前方到后方，都是样样俱全的封闭式生产组织，甚至有的车间也是封闭式的。1978年全国使用机床268万台，一机、农机等9个机械制造部门的拥有量仅占1/3，而三四十个非机械制造部门（即使用部门）的拥有量也占1/3（美国使用部门机床只占1/10），地方工业占1/3[①]。维修占用机床太多，1/3的机床分散在各处用于维修，其使用率之低是世界罕见的。

第三，与企业规模水平、专业化水平直接联系的是企业技术装备水平提高的迟缓性和分布的非均衡性。到20世纪70年代末期，中国已有完整独立的工业体系，技术装备率（人均固定资产净值)已达 0.69 万元;1980 年的 7000 亿元固定资产(按重置价值计算)中,十年内新增的占一半左右,中华人民共和国成立前的仅占 7%。然而与国外技术设备更新速度做横向比较,我们就会发现,问题是很严重的。一是设备老化。表现在技术老化设备陈旧(多数为 20 世纪四五十年代技术水平);役龄长(10 年以上占 52%,20 年以上占 33%);试验研究和测试手段落后;耗能大效率低的设备多。二是工艺老化。如机械工业中仍用外国已基本淘汰的砂型铸造、自由锻造等传统工艺。三是产品陈旧。一般投产 10 年、20 年不换型无改造(如 1980 年 2 万多种机械产品中,20 世纪 50 年代及 50 年代以前的技术占 60%),"20 年一贯制",产品雷同。一方面是少数以引进设备为主的先进技术装备,甚至在一些行业还存在技术过剩的现象;另一方面是不断大量复制落后于国外二三十年的设备、工艺和产品。30 年来工业化的推进,伴随着"落后制造落后"的过程,注定了产业组织生长中低水平重复的性质,并在迟缓发展中扩大着(而不是缩小着)"现代洋企业群"与"近代土企业群"之间的差距。

第四,从以上规模、专业化和技术水平角度综合看,中国产业组织结构有一个最突出、最普遍的特点:存在着一大批(以中小企业为主)既无规模经济优势,又无产品差异特点,更无较好技术水平的长期亏损或效益极差的企业。从纯经济的观点看,它们是完全多余的,是一群"超生"企业。

3. 改革开放阶段(1979 年以后)产业组织结构的变化

改革开放以来,市场机制的引入打破了传统计划经济体制的垄断,需求导向的发展战略为市场的形成创造了条件,特别是扩大企业自主权和乡镇企业的崛起,使中国经济在 20 世纪 80 年代中期呈现出一派繁荣活跃的景象。但是,从产业结构、技术进步、经济效益等方面考察,特别从产业组织结构变化的角度考察,情形却不容我们过于乐观。

(1)规模经济差和专业化水平低的老格局基本没有改变

第一,进入 20 世纪 80 年代以来,集中和分散的趋势并存,而且后者占优。从笼统的大中小企业数和总产值看,规模结构变化不大(见表4-4)。

"六五"以来,部分产业由于国家重点投资,集中度呈上升趋势,但占总产值60%以上的产业呈分散趋势,特别是轻纺(以农产品为原料的部分最甚)、材料、机械、电子工业部门。据统计(见表4-5),热门产品和原材料产品的集中度多呈下降趋势,因为这些产品(如耐用消费品)的市场走俏,各地企业不顾规模经济争相上马;原材料短缺,又引起各地大搞小型原材料基地。

表4-4 20世纪80年代大中小企业规模结构

单位:%

年份	大型企业		中型企业		小型企业	
	企业数比例	总产值比例	企业数比例	总产值比例	企业数比例	总产值比例
1980	0.37	25.10	0.90	18.10	98.72	56.80
1985	0.21	25.30	0.51	17.50	99.27	57.10
1986	0.23	26.60	0.54	17.30	99.22	55.90
1987	0.24	27.18	0.58	17.26	99.17	55.60

资料来源:吴仁洪著,《中国产业结构动态分析》,浙江人民出版社,1990年版。

表4-5 部分产品集中度(C_8)变化趋势

	啤酒	烧碱	玻璃	水泥	炼铁	炼钢	彩电	黑白电视	货车	缝纫机	机床
1980年	31	36	51	9	60	71	74	44	66	52	9
1985年	15	41	35	6	54	48	44	29	66	71	19
趋势	降	升	降	降	降	降	降	降	平	升	升

资料来源:陈小洪著,《按有效竞争的目标优化产业组织》,载《国务院发展研究中心材料》1989年第39期。

第二,专业化水平长期落后。即使在我国专业化水平较高的机械工业,1985年外协件产值占全部产值的比例一般低于30%,而国外的水平一般在50%~60%[②]。

第三，规模经济差的格局仍在继续。据对 30 个行业的统计，约 80% 的行业的规模经济企业的产值占全行业总产值的比例在 50% 以下，甚至低于 30%，而比较发达的国家一般为 70%～90%[⑩]。1980 年到 1985 年，新兴产业在产业结构中的比重提高了 4.4 个百分点，但也出现了很多规模不经济的怪现象。如 1986 年我国彩电生产能力利用率不足 30%，原因是整机装配能力为 1500 万台，而显像管和集成电路生产能力为 120 万～150 万台，73 种配套元器件中有 39 种的生产能力达 300 万套，23 种达 50 万～200 万套，另有 11 种全部依靠进口。

（2）中国市场的非经济性和复杂性

市场化倾向是 20 世纪 80 年代中国工业变化中最主要的一点，在一些地方和部门形成了市场及相应的市场行为（如竞争与联合），但这绝不是纯粹的简单过程，而是充满着原始性、非经济性和复杂性。一方面市场集中度有所下降，但同时地区垄断程度明显加强；一方面中央政府力图大力改组和优化产业组织结构与技术结构，但同时市场自发势力又借助地方政府加速超生很多多余的企业；一方面企业集团迅速崛起，竭力发挥专业化协作优势，但同时行政性公司也到处成立，有的成为企业的"比主管政府部门还可怕的婆婆"；一方面乡镇企业以顽强的努力在一些市场上赛过了国有大中型企业，但同时它们的非经济手段、非市场交易也贻害无穷。有些新事物不过是老利益格局的重现，但某些混乱中也可能孕育着新秩序的诞生。总之，需要对这一切进行具体的、长远的分析，同时要注意市场的不发达性和市场过程的曲折性。

我们可以简单看一看市场性较强的轻工业。据经济发展较快的 1985 年对我国 318 家企业的 1060 种产品的调查，畅销产品占 49.2%，滞销产品占 7.6%，平销产品占 43.2%。一方面长线产品已低于 10%，轻工业已摆脱了高刚性结构；但另一方面短线产品比例远远高于 10%，仍是一种低灵敏度结构。另外，还有些现象值得研究，如轻工业的自给性，即内销产品的比例上升，在"六五"期间从开放型"倒退"为自给型（见表 4-6）。

表 4-6 "六五"期间轻工业产品销售比例

单位：%

年份	1980	1981	1982	1983	1984	1985	1986
外销	41.3	46.4	46.9	45.4	22.4	23.5	12.1
内销	58.7	53.6	53.1	54.6	77.6	76.5	87.9

资料来源：尹艳林著，《我国轻工业产业结构问题研究》，载《经济研究》1990 年第 1 期。

（3）横向联合与"诸侯经济"同时发展

20 世纪 60 年代产生并夭折的"托拉斯"在 20 世纪 80 年代以"横向联合"的形式在更广泛的基础上东山再起了，其范围不仅冲破了地区和部门，而且冲破了所有制，冲破了城乡界限，甚至冲出了国界。新兴的企业集团按企业间产品经济联系可分为四类：一是名优产品系列开发型；二是项目配套型（包括设计、制造、供应、安装、销售等）；三是一条龙生产经营型（从原料、加工到销售、服务）；四是技术开发型（集中优势技术开发新产品）。按集团内部结构，则有单核心骨干型（辐射式）和多元复合型（多个核心企业）。总之，它们在企业组织结构中深化了专业化协作程度，更好地发挥了现有资本存量的潜力，促进了工、贸、科研、金融间的联系，并为一些确有竞争能力的企业创造了脱颖而出的条件。20 世纪 80 年代后期出现的企业兼并，虽然有行政命令的色彩，但对改造落后企业仍不失为一条新路。

同时必须看到，与上述趋势并存发展的，是地区间产业、产品结构的同构化越来越严重，这是地方政府对价格扭曲、要素流动不畅做出的保护性反应。"资源省份"猛上加工企业，如新疆上毛纺厂，河北山东上小纱厂。据统计，呢绒、电视机、洗衣机产量的省区分布均衡度分别由 1978 年的 0.306、0.035、0.24 提高到 1986 年的 0.378、0.425、0.388。这一均衡化趋势导致了生产规模下降和质量倒退，造成低水平过度竞争，这和企业集团的兴起恰成相反之势。

（4）乡镇企业发展与中国工业二元结构的强化

乡镇企业在20世纪80年代中期的大发展，不能不使人们用二元工业结构来描述中国的工业状况：一面是规模较大、技术较先进的较现代化的企业群，代表城市工业；另一面是规模较小、技术较落后的非现代化企业群，代表农村工业。和日本、韩国等工业二元结构明显的国家相比，中国二元化的特点：一是企业间联系松散，大厂对小厂的下包、联合进行得很少；二是二元间劳动生产率、资本装备率差距大（一般相差30年左右），后进企业进步速度慢；三是二元间产业结构分布相似性强；四是技术上"复制古董"突出。越来越扩大的农村企业技术落后，人才稀少，很多机器设备是国营大中企业转手或淘汰下来的。这就是说，在城市工业经过技术引进向现代水平靠近的同时，农村却在大力发展五六十年代过时的工业。或者说，农业（传统部门）不是向现代部门转化，而是向"准现代部门"转化。这种二元结构的"逆向发展"将大大增加我国工业结构二元化的惰性和长期性[11]。

4. 简短总结

（1）产业组织发展的波动性

几十年来，三次显著的小企业猛烈发展的浪潮（1958年、1970年、1984年）都发生在经济波动的高峰期间，是经济波动的高峰年或紧接的那一年，也是实际工业增长远远超计划的年份。三次浪潮都是发生在中央决定向地方和企业放权的开始年份，都有政治色彩浓厚的战略口号作动员，都有赶超的高指标作动力。三次浪潮之后，都或早或迟经历一个反向的调整阶段，而且都是伴随着经济低谷而来。每经过这样一次发展—收缩的循环，产业组织都进行一次人为色彩、行政色彩浓厚的膨胀—淘汰过程。结果那些超生得出奇低劣的企业被淘汰了，但留下来的仍比膨胀前多。

波动性显示出中国产业组织在经济上升时期发展的自发的分散化倾向：实际建立的总是多于计划；在技术标准和规模标准面前总是"合格的要上马，不合格的创造'条件'也要上马"。波动性又显示出中央政府压缩调整的被动性，不到经济关系明显失调、财政赤字严重甚至出现粮食危机之时，绝不会主动做出调整的决策。这与科尔奈的"突进式"发展很相像，是一种重复再三的"延迟救火"的习惯做法，反映了中国产业组织自发与反自发力量的对峙。

（2）产业组织二元结构的稳定性

尽管每次管理权的下放—上收循环都给落后的小企业以蓬勃发展的良机，但现代化大企业的引进和建设也从未因此而放慢脚步，几十年来中国几次利用外资引进的高峰年（1959年、1966年、1973年、1978年、1986年）几乎与三次浪潮的高峰年是重合的，全民大中型项目的投资额在三次浪潮的高峰年都明显增长。

这两类企业分别吸收生产要素中资本和劳动力的大部分（如1975—1986年，农村工业吸收了新增工业固定资产的15%和劳动力的50%），这种分工是对社会现实的一个适应，具有极大的稳定性。

由于城乡壁垒（如户籍制度）、市场短缺、联系松散，二元间互相隔阂的关系发展极为迟缓，二元结构的逆向发展使我国二元结构的稳定性大于其他国家。

（3）产业组织演进中技术与产品的缓慢的逐级传递过程

几十年来，中国主要工业的主要技术基本来源于引进设备，但长时期内用于设备更新改造的投资一直只占工业固定资产投资的20%左右，工业整体技术水平不高，而大面积增长的乡镇企业的技术装备水平更低。整个工业技术档次，呈"个别大企业进口设备—多数企业低水平设备—乡镇企业极落后设备"的梯级下降形式，落差极大，且较高技术向较低部分的传导过程也极为缓慢。

与这个装备水平逐级下降相适应，中国很多工业产品也在逐级"下降传递"：新型的质量好的产品集中在城市，而到了农村往往只能得到过时的产品，甚至不得不消费在城市无销路的伪劣产品。总之，是落后的设备支持落后的农村工业化，而落后的消费水平又养活了这些落后的企业。

第三节　历史的矛盾及其对产业组织发展的制约

上面描述了中国产业组织随经济体制和发展战略的变化而逐步发展的过程，可以看出产业组织只是考察一个复杂的统一的经济过程的一个角度，它本身是很多因素在不同时机、不同空间合力产生的变化，又经过历史积累的结果，而不是某一条简单的机械逻辑展开的产物。下面我们从国情、体制、战略等方面对中国产业组织的产生机制做一些初步分析。

1. 人口众多基础落后的国情

（1）众多低技能劳动力的压力。历史原因形成了中国有众多低技能的劳动力，吃饭（或者说就业）问题始终是第一个大问题，这样就形成了一种压力（特别对于"让大家都有饭吃"的社会准则）：有利于上马（或首先上马）小企业而不是大中企业；有利于上马规模经济差的企业而不是达到规模经济的企业；有利于上马低技术水平的土企业而不是较高技术水平的洋企业；有利于上马同构化的企业而不是专业化水平高的企业。因为上马的目的在实际上很多是解决眼前待业人员的吃饭问题，上马越快、越容易就越好，往往没有优化选择的过程，结果只能是低效率、低水平的小企业。这样形成了一个落后的循环：落后的劳力需要落后的企业，而落后的企业产生了落后的经济，落后的经济又维持了落后的劳力。虽然后来的经济发展使"吃饭"的含义有了一定变化，但这种众多低技能劳力的压力（人口的压力）始终没有消除，始终是我国基本国情的第一个特点。

（2）交通不便制约了商品经济的发展。我国地域辽阔，地形复杂，造成了经济发展的缓慢性和极不均衡性。经济发展只能从沿海逐步向内地延伸，需要有较发达的交通运输条件为基础。但由于我国工业基础落后或地区分割等人为因素，使我国的交通很不发达。交通不便使各地区缺少必要的联系，进一步扩大了地区差异，制约了商品经济的发展,而有利于地方的保护和垄断,也有利于"小而全"的存在和发展。这里也是一个恶性循环:交通不便增强了地区差异,而地区割据限制了经济发展,经济发展缓慢又使交通的发展远远赶不上实际的需要。交通不发达还造成了人们时间观念的落后,种种差距和低效率得以长期存在。地域辽阔、交通不便是我国基本国情的第二个特点。

(3)缺乏原始资本积累基础。我国基本国情的第三个特点,是缺少经济发展的原始资本积累基础。资金和技术基础薄弱,传统经济部门庞大无比,而现代经济部门小得可怜。从英国的圈地运动到美国的南北战争,资本主义国家的发展都伴随着残酷野蛮的原始资本积累,即使日本这样的"后起之秀",也是靠甲午战争从中国手中获得了相当于5年税收的赔款。中国没有这种"先天"条件,作为大国也不能依赖别人的支援,只能在薄弱的基础上自身积累发展。由于资金短缺,只能武装极少数现代化骨干企业,使之成为落后地区的"飞地"。它与社会形成的巨大反差决定了产业组织结构中技术层次的巨大落差,使传统部门向现代部门的转化漫长而曲折,也给条条与块块之间的关系带来许多矛盾。这里仍有一个贫困的循环:资金与基础薄弱制约了经济发展,而经济发展缓慢阻碍了传统部门的转化,传统部门过大、现代部门过小又使资金不易积累。

(4)长期低效率的农业。"农业拖工业的后腿"可以说是我国基本国情的第四个特点。长期的自然经济基础使城乡差别、工农差别、脑体差别长期保持,庞大的农业一直效率极低。中国的人口主要从农村产生,低技能的劳力也主要从农村产生,最贫困、最闭塞的也是农村,农村成了制约我国经济发展的"枷锁"。但由于农村的浩瀚,少量的资金和先进技术又不能都在农村投放,这就使三大差别难以缩小,甚至还要扩大。为了弥补这种差异,在农村只能先发展小企业、土企业、落后企业、被淘汰下来的企业("饿死的骆驼比马大"),对农村而言虽是"饥不择食",而对整个国民经济而言(由于人口这一基本国情),也只可能似是"饮鸩止渴"。结果是三大差别(或隔阂)长期保持,城乡工业二元结构长期存在。这里还是一个贫穷落后的循环：农业的低效造成了农村的落后贫困，而农村的落后贫困制约了经济发展，经济发展的低效又形成了农业的低效。

2. 传统计划经济体制对产业组织的制约

（1）"左"的工业化战略

"左"的工业化战略，或者说是重工业主导型的强制积累的工业化战略，是与传统计划经济体制共同存在的。它过去的基本特征，一是片面强调以数量为标志的增长速度，忽视质量和效益，鼓励外延增长，鼓励低水平铺摊子的投资基建路线；二是片面突出重工业，使重工业成为效益极低的自我服务体系，造成民用工业品长期短缺，大量低劣企业得以生存；三是片面强调各省区建立独立的工业体系，鼓励低水平重复建设和"小而全"企业建设；四是片面强调自力更生，长期实行进口替代战略，阻碍了工业技术更新。并且出于国际关系原因而长期闭关锁国。

（2）"计划者主权"的经济管理体制

"计划者主权"[12]的管理体制是传统计划经济体制的主要内容，它的基本特征，一是经济被行政（部门与地区）分割，切断了要素的流动，一方面各种无效益、无生命力的企业都可以在行政保护壳内生存，另一方面任何企业不能也不许真正发展起来；二是企业没有自主权，既无动力也无实力，更无权力，不能推进产业组织发育；三是价格体制人为确定，基本上没有起到调节生产能力的作用，在信息扭曲并分割的环境下容纳了无数的停滞与浪费，并使一些低效的"超生"企业赖以生存；四是产品统购包销，加上地方保护的土政策，大批"冷、背、次、残"产品得以推销，养活了多余的企业。

这个"企业无主权"的管理体制加上"左"的战略，和落后的国情结合起来就产生了经济的低效率和短缺，产业组织结构的弊病也来源于此，并反过来加剧了低效率和短缺。产业组织结构的形成与经济体制或发展战略的每一个主要方面都直接或间接地联系着（见图4-4）。

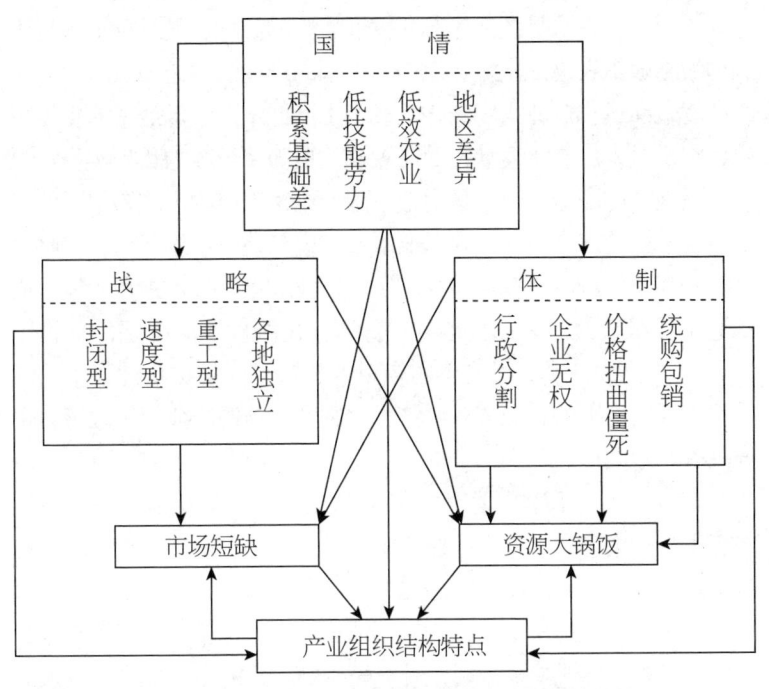

```
                    ┌─────────────────┐
                    │   国     情     │
                    │─────────────────│
                    │ 积 低 低 地     │
                    │ 累 技 效 区     │
                    │ 基 能 农 差     │
                    │ 础 劳 业 异     │
                    │ 差 力           │
                    └─────────────────┘
```

图 4-4　体制、战略与国情对产业组织结构的制约

3. 对传统计划经济体制与产业组织结构关系的进一步探索

（1）传统计划经济体制的社会准则。中国传统计划经济体制的两大弊病——低效率形成的市场短缺和资源配置上的大锅饭——在产业组织结构上体现得尤为突出。"三个人的饭五个人吃"已成为不成文的法规而深入人心，使生产领域带有极强的社会救济性质，资源配置带有极强的供给制色彩，无论人与人之间、企业与企业之间，还是部门与部门之间、地区与地区之间，都有一种"杀富济贫"的习惯做法，使产业组织上"该大的大不起来，该淘汰的淘汰不了"。企业生产部门的一句口头禅"不仅看经济效益，更要看社会效益"，反映了社会更基本的准则：保护弱者。这种观念只能维持较低水平的生存，而不利于经济的发展。

（2）产业组织结构对传统计划经济体制的支撑。传统计划经济体制下的产业组织结构一旦形成，便反过来成为支撑这个体制本身的支点：它不仅是经济体制和发展战略的产物，而且反过来是体制与战略政策考虑的出发点之一。中国的产业组织是短缺和大锅饭的产物，而这一产业组织结构又成了生产低水平、低效率的重要来源，它反过来加重了短缺；而在短缺下更需要行政力量来实施资源的大锅饭式的配给。也就是说，中国产业组织结构已成为中国低水平稳定结构的一个成分：它以低水平产出与整个结构匹配，又以整个结构为条件赖以生存。当我们研究产业政策、技术进步政策、遏制通货膨胀政策时，都会遇到"资本存量刚性"的难题，20世纪80年代的实践证明，没有资本存量的调整，任何结构性政策的效能都是极其有限的；而离开经济管理制度改革的产业组织政策，也难以有效地推行。

（3）计划手段的局限性。计划体制是一个等级制度，而计划内容也是一个等级结构：高级决策者最关心的、最容易控制的主要是总量指标，它可以用层层分摊法加以贯彻落实，也便于检查；对产品结构（产业结构）的计划就不那么关心，也不容易直接控制，只能在某种产品明显短缺时，补充安排一定量的生产能力，以求达到平衡；第三层次的计划内容是与数量几乎没有直接关系的，而是与效益有关的，如产业组织水平，它见效慢且表现不明显，通常不到万不得已时绝不会为此发愁。与之相对应，越深层次的计划内容越不易计划和计量：关于十几个经济效益指标的取舍一直争论不休；在客观条件不同的企业之间用统一的数量指标来衡量生产效果本身就是有问题的，往往是不可能公正的。计划对产业组织结构（经济效益）基本上是失控的；在实际上，效益总是成了"软指标"，而且其软弱地位多年未变；由于很多资源（尤其像人力）是不计"成本"的，企业或地方往往自发追求低效率的生产方式，特别对地方，"小而全"和"超生"企业，有其独特的经济效益；在上下级之间的利益博弈中，企业很可能利用效益指标的复杂性而大做数字游戏，使上级顾此失彼而告败北。此外，传统计划体制并未形成对需求的测量能力、对未来发展的预见能力、对信息的及时反应能力、对实施过程的调整能力。随着行政效能逐渐下降，地方经济主体意识和实力逐渐增强,这种计划能力就越来越小了。几十年的实践证明,效益问题是最根本的也是最难解决的问题,产业组织水平落后决定了中国工业化只是达到了外在的浅层次的平衡,而效益需要深层次的或有竞争的均衡。

(4)平等与效益的矛盾。原始资本积累是任何一个国家工业化的前提,它在很大程度上决定着国家工业化的速度。而平等与效率则是经济学永恒的主题,对于一个大的穷国,它意味着加倍的两难。中国的初始积累是内部强制型,它是靠对价格、生产、产权的控制来力保资金积累从而维系工业垄断利益的,因此,在极落后的基础上断然建立起来的工业体系不可能不受到它的基础的影响。因为它是牺牲了广大地方利益、农民利益和居民消费水平换取的,被剥夺的利益一有机会就要"回流",这正是每隔一段时间"块块"就会"涌起"的自发势力的来源。社会主义在现实中已被理解为是搞"平均"的,但是中国一方面给工业内部、职工之间一个平均的收入分配制度,另一方面出于种种原因却在不同所有制之间、城乡之间执行剪刀差,维护城市工业特殊权利。如果说国家对产业组织的几次整顿是体现了赶超工业化国家力求提高效率的愿望的话,那么广大地方和小企业的"野火烧不尽"的生命力则反映了分享资源和机会的要求平等的呼声。产业组织一方面有技术、规模等效率问题,另一方面是经济分配问题:中国大批工厂存在的真正意义实际上是一种变相的社会经济。

4. 双重经济体制条件下的行为分析

(1)企业的双重行为

改革开放以来的重大变化,是企业不再只是庞大经济建筑物上的一块被动的砖头了,它变成有生命的细胞:有了利润动机,也有了有限的选择空间;既要对上级负责,也要对下属实际利益(奖金福利)负责。在不完全的计划经济体制和不完全的市场调节条件下(包括价格、物资等的双轨制),企业一只眼盯住计划(计划意味着生产某种产品的特权或优惠权,如原材料供应、投资贷款、招工、包销产品等),另一只眼盯住市场(市场意味着利润奖金或风险)。它的行动脱不掉双重经济体制带来的双重性。一方面企业的行为只有在符合(或表面符合)社会目标(如完成计划、提高质量、讲究效益等)时,才能受到承认和支持;另一方面企业的行为只有得到实利(如奖金、住房等)时才算没白干,才有人去干。多数企业离不开"婆婆",但又渴望自由,企业行为一般可概括为:尽可能多地占有计划体制给予的经济特权而避开它的管束,尽可能多地获得市场经济给予的超额利润而避开它的风险[13]。厂长宁可用种种办法搞到计划特权(所谓"寻租"活动),搞好上下关系以得到原料或推销产品,也不愿下功夫搞事倍功半的内部管理或技术进步。这表现在决策选择上,就是所谓"短路原则",企业在体制混乱、社会准则不明(包括法律和信用无力、价格失真且不稳)的时期,在任期短又看重"政绩"的不完善的干部制度条件下,倾向于急功近利,为达到眼前目标总是选取可能的最短路径。例如,20世纪80年代经过经济调整,产业结构刚趋于平衡,就被加工工业和组装工业的上马浪潮冲毁了:企业和地方蜂拥般投资于这类见效快的项目,而不愿选择见效慢的基础产业。又如,20世纪80年代引进高潮中,宁可重复引进(见效快),也不愿搞消化吸收和国产化(见效慢)。在计划特权还广泛存在时,在价格还不能起到真正作用时,在厂长性质仍是半官员半企业家时,企业行为只能是不完全的经济行为。

(2)不同"计划—市场"成分的企业行为

一方是计划,另一方是市场,20世纪80年代中期中国经济(包括每个部门、每个地区甚至每个企业)内部都存在这两种不同的成分,只是构成比例不同。构成企业内部的市场成分的比例,可以从可支配利润比重、自筹资金比重、自销产品比重、可辞退职工比重和原材料自购比重等估计。粗略地说,全民的基础工业企业基本是计划经济势力范围,而在集体的、私人所有制居多的浅层次加工企业则是市场经济占优势。不同的市场—计划成分决定企业不同的行为,同是双重化行为,处于计划特权约束下的企业和被排除在计划特权之外的企业的行为很不相同。

作为一个极端，处于传统性计划特权约束下的企业是以与上级讨价还价作为其发展的首要动因的：在力图保住计划特权的同时尽量扩大自己的市场渗透能力和范围。由于和上级扯不断的"父子"关系，结果多是负盈不负亏，但是它盈也盈不了多少，它作为被鞭打的"快牛"，是维系国民经济的支柱而难以挪动。"市场化"过程中人们注意到那些新崛起的企业创造的奇迹，但正是这些被"饿瘦了的老牛"提供了进步的物质基础。"负盈不负亏"行为在产业组织上的影响，表现在盲目追求企业规模和先进技术设备。这就是在整个经济规模有小型化趋势时，仍然不断产生大而无用、先进而不经济的企业的原因。因为只有不断扩大规模，才能不断提高行政级别，才能获得更多的计划特权，才能得到其他企业得不到的东西。相比之下，引进技术设备的适用性、是否重复引进、国产能力的提高等问题便与企业直接利益有一段距离，企业只能对这些目标"敬而远之"了。

作为另一个极端，则是没有计划特权但有较大自由（包括优惠政策）的市场性质的企业。在这个范围里，市场行为多方面表现出来，竞争成了它们的生存方式，人们从广告战、转产甚至倒闭中可见一斑。"市场型"企业行为的双重性表现在：它往往是在挖取不到计划经济中的特权时，才认真搞经济性竞争。它们上靠有些权力的支持，下靠关系网生存发展（清代的资本主义性质工商业发展，就有"上通官、下通匪"之说）。真正属于自由竞争的经济行为还不多，因为在其他更"方便"的办法还能走通的情况下，人们不会选择较长的路径。基于上述种种原因，不少这类企业无长远打算，捞一把是一把，得过且过。

当然，更多的企业处于上述两极的中间。从宏观看，市场势力在市场、人才、资金、原材料和能源上对计划范围的争夺和挤占，造成了计划与市场的矛盾；但从微观看，则更多的是两方面互相利用。从表面看，以基础原材料和产品为主的"计划型"企业和大量"市场型"企业形成了"辐射式"或"一条龙"的专业化协作关系；但从深层经济关系看，"计划型"企业通过"市场型"企业

（包括自身分出来的劳动服务公司之类）来获取市场这边的利润，而"市场型"企业则通过"计划型"企业买取计划特权。双重体制条件下的"钱—权"交换，就是传统计划势力与市场势力的相互融合的过程。主观上，不同类型的企业都力图获取计划特权和市场利润两方面的好处；客观上，则是计划特权被分割、瓦解、利用，向市场化、小集团化的演变过程。如果说在传统经济体制下基本的社会风尚还是"拿着国家的给国家办事"的话，那么在双重经济体制下，不少企业和个人信奉的则是："拿着国家的给自己办事。"

（3）政府行为——短期效益和平衡原则

前述的企业行为，在很大程度上是政府行为。重要决策及主要得益都归于主管政府部门，包括"市场型"企业中最典型的乡镇企业，实际上是一些乡政府的下属，一些村镇干部摇身变成了"企业家"。企业只是在产品市场上，才多少像一个独立的商品生产者（在金融市场则不是）。因此，企业的"短路原则"其实也是一些政府行政部门追求短期政绩的产物。还需要特别指出的是一些地方政府（部门）的"平衡行为"：由于它要负责本地区几乎一切主要事务，因此必须维持所辖范围内所有人的生计和利益，这就是追求本地区（部门）的发展和财政收入，这也是最大的政绩。改革以来，一直试图克服行政性分权，要求政企分开，简政放权，取消"婆婆"，砍掉"中梗阻"，但实际上中央和"条条"放弃的管理权却被"块块"抓在手中，企业很大程度还是处于无权的地位，扩大企业自主权的尝试并没有完全成功。其中原因之一是它保护着几十年"超生"出来的众多低效能企业的生存。中国特有的产业组织上的行政性地区垄断有其深厚的社会根源。

第四节　改善产业组织结构的政策设想

1. 系统的产业组织政策的必要性

我国产业组织结构长期不理想，其中一个重要原因，就是缺乏一个明确、稳定、有效的产业组织政策。由于经济体制和发展战略的偏差和变换,中央计划决策部门时放时收、忽进忽退,虽在发挥规模经济、专业化协作优势方面做了很多事情,但实际进展总是不甚理想。因为地方或企业出于本位主义的动机,搞"上有政策,下有对策",钻政策的空子,甚至与上级政府"打游击战",严重干扰了产业组织健康发展。

决策部门长期过分倚重直接计划手段和行政命令的力量(开始也确曾起过极大的作用),而忽视长期的政策法规的作用,是产业组织政策不力的主要原因。行政力量往往能在短时期内起作用,有时只是表面起作用,而有效的政策法规才是长期起作用的,是内在起作用的力量,有着潜移默化的作用。没有稳定的有权威的产业组织政策,产业组织的发展就不可能健全。产业组织的自发势力只能导致混乱,导致经济结构恶化的趋势。

同时,产业组织政策要完整和有系统,否则不是错误导向,就是一窝蜂、大拨轰,把好事也办坏了。

2. 关于产业组织政策的一些想法

此处不可能提出一套完整的产业组织政策,这里只是几点与政策设计有关的想法。

(1)协调原则。经济上各方面的政策是一个完整的总体,产业组织政策必须保持与产业结构政策、技术进步政策等的协调。当各种政策发生矛盾时,应尽快调整,注意不要以解决浅层次问题的政策破坏解决深层次问题的政策。

(2)分类原则。可以把我国的产业大致分为四类:基础产业(包括能源、原材料和交通运输等)、主体产业(包括钢铁、机械、化工、电子等)、民用产业(包括轻纺、食品、家电、住宅等)和高技术产业,对每一类产业组织区别对待,分类指导。如民用产业和高技术产业可允许较小规模的企业存在;对基础产业和主体产业则宜强调规模经济和专业化协作。又如针对某工业技术状态(新兴技术、过时技术等)不同,引进、改造、国产化或独立发展的对策也应不同。

(3)全局原则。产业组织政策应有全局观念。这里一个突出的问题是要保证要素流动，不得地方割据。对各种区域"大战"，中央应有政策法规处理；一般来说，应鼓励各地方的企业竞争和兼并，不得滥用行政力量限制经济活动。

（4）效率原则。产业组织政策的目的是要促进生产效率，对各类企业的经济规模和专业化水平应有明确的要求。一般来说，达不到标准的应促其进行调整。"条块分割"保护了不少长期亏损的企业，压抑了有竞争力的企业，是产业组织政策不能不触及的问题。

（5）平等原则。要建立一个良好的竞争环境，建立健全各种法律规章制度，力争使各类企业能早日处于平等的竞争条件之中，限制行政力量的干预范围，城乡之间、不同所有制之间的种种不平等条件、制度差别应酌情分析，逐步减小以至消除。

3. 单独的产业组织政策的局限性

产业组织结构只是整个经济活动的一个侧面，它的发展变化必然受到经济发展及其各个方面的制约，它不能脱离整个经济状态而独自达到至臻至善的结果。既然单独的产业组织政策不可能解决基本的经济问题，因而也不能奢望它完全解决产业组织问题，我们只能对产业组织政策寄予适当的期望，这也是历史给予我们的启示。

在现阶段，不少政策实际上还只是一种软约束，本身就具有局限性，特别对于产业组织结构内容的要求，往往从属于其他更"硬"的内容（如产量、产值、就业等），其局限性就更大。当然，我们一方面要使政策手段逐步强化，另一方面政策手段要与法律手段等相配合，以法律手段做后盾。

产业组织政策要有自己的一套系统，但必须和其他经济政策相结合。

注释

①参见 Scherer（斯科瑞尔，1980）。

②参见胡汝银（1988）。

③本章数据，除另加说明的之外，均引自《中国统计年鉴》、马洪等

主编的《当代中国》和汪海波主编的《新中国工业经济史》。

④一说为 100%，参见薛暮桥等。

⑤参见 Rawsky（罗斯基，1989）。

⑥同注释⑤。

⑦参见李悦（1983）。

⑧参见邱靖基等（1981）。

⑨参见陈小洪、金忠义（1990）。

⑩同注释⑨。

⑪参见吴仁洪（1990）。

⑫参见樊钢等（1990）。

⑬事实上，由于国营大中企业难于避开计划体制的约束，使地方中小企业实际上占有了更多的便宜。

第五章　改革时期的中国产业组织及政策思考

本章首先以工业为重点，从市场结构、市场行为及资源配置效益三个方面概述改革时期中国产业组织的基本特点[①]。而后概要讨论三个产业组织专题：中国工业规模经济与竞争的兼容估计，大企业和小企业的关系，纵向和横向结合。最后提出改善我国产业组织的政策思路。

第一节　改革时期中国产业组织的基本状况

1. 市场结构

（1）大中企业在工业中的地位

改革以来，中国大中型工业企业发展很快。如表 5-1 所示，大中型企业数 1980 年为 0.48 万个，1989 年上升到 1.22 万个，其产值占全国工业产值的比重（按乡以上企业和单位口径计算）从 1980 年的 43.2% 上升到 1989 年的 50.3%。但由于乡镇企业发展很快，如果计入村以下的企业和单位，则大中型企业所占的产值比例基本没有上升。大中企业职工数、固定资产原值、利税总额三项指标占全国工业企业的比例（按全国独立核算企业口径计算）分别从 1980 年的 37.9%、70.3% 和 70.4% 下降到 1989 年的 24.1%、63.3% 和 57.9%。这表明由于乡镇企业的崛起，大中企业尽管在国民经济中仍居举足轻重的地位，但地位已有下降。如果与国外比，中国大中企业的地位似乎更差些。1988 年中国最大的 100 家工业企业销售收入占全国销售收入的比例仅为 8% 左右，远低于欧美主要国家及日本、韩国 20%～40% 的水平（详见表 5-1）。

表 5-1 大中企业数及占全国的比例

	大中企业数/万个	大中企业数占全国的比例（%）		大中企业产值占全国的比例（%）	
		I	II	I	II
1980 年	0.40	1.30	0.30	43.20	41.80
1985 年	0.83	1.70		43.20	
1988 年	1.07	2.10	0.10	48.10	40.40
1989 年	1.22	2.40	0.10	50.30	41.80

说明：I 按乡以上企业和单位口径计算，II 按包括村以下的企业和单位口径计算。

资料来源：根据《中国统计年鉴》《工业普查资料》及国家统计局、农业部有关资料整理。

（2）高度集中与分散并存，工业集中度偏低并呈下降趋势

在部分能源工业（煤炭、石油）、交通（铁路和航空）、金融、物资、外贸及部分商业等部门，受传统体制和改革进程的影响，至今集中程度仍然相当高。在工业部门，虽然存在一些集中程度较高的产业和产品，但从总体看，仍是集中度较低，生产分散。关于中国工业集中度的状况，在本书第八章做了专题分析，其基本结论是：从全部产业的平均绝对集中度、HI 指数及代表产品的绝对集中度指标看，中国工业的集中程度显著低于国外发达国家的水平；有少数产业或产品的集中度较高。改革十余年来，不同工业产业的集中度有升有降，但下降是主要趋势。

（3）集中度变化的主要原因

集中度下降产业的特点是：多是以农矿品为原料的产业或近十年发展起来的新兴产业；产业的市场扩大迅速（如电冰箱、电视机）；较易获得投入品（水泥、棉纺、钢铁业及通过进口设备获得技术的家电业）；地方兴办这些产业利益较大，或能获得较大的直接利益（如电冰箱业投资利税率明显高于全国平均水平），或能获

得较大的比较利益（如地方办小棉纺的获利显著高于出售棉花的获利）；体制和政策影响较大。造成集中度下降的主要因素是原有的条块分割和经济关系扭曲问题尚未解决，改革以后的财税行政分权措施，在缺乏经验和相应管理措施的情况下简单地下放权力（如"六五"期间全国进口的113条电视机生产线中，国家计委、经委批准的有10条，国家部委批准的有14条，其余都是地方批准或自行进口的②）。集中度有所上升（包括先降后升）或较为稳定的产业，其特点是：多为工业基础和专业化基础较好的产业；市场扩大速度一般；产业内有骨干企业或有政府的集中重点投资（如半导体业）；市场进入障碍较高。这些产业还包括规模经济障碍较高、技术要求较高、政府无特别管制，同时大企业能凭自己的地位和手段迅速占领市场的产业（如收录机、服装）。

需要指出的是，产品差别已逐步成为影响市场结构，特别是市场集中度的重要因素③。一方面，原有的企业可以利用其产品技术优势扩大自己的市场份额，由此带来集中度上升；或者尽管市场扩大迅速，但集中度下降很小。另一方面，后起的企业也可以利用产品差别进入市场，如通过开发新产品迅速进入市场并扩张。当后起企业的新产品市场份额较大时，集中度就可能下降。例如，车床业骨干企业技术水平高，产品质量好，"六五"期间，车床产量从1980年的6万多台上升到1985年的10万台左右。由于骨干企业发展快，前8家最大企业的产量集中度CR_8也从21%上升到37%。又如，货车业的一汽、二汽等骨干厂"六五"期间发展很快，中型货车产量集中度CR_8从1980年的84%上升到1985年的94%。但由于许多企业通过生产轻型货车进入市场、获得发展，因此按货车口径计算的产量集中度CR_8基本上维持在66%左右，产值集中度CR_8则从61%下降到57%。以后由于一汽、二汽继续发展，生产轻型车的3家主要企业发展较快，因此产值集中度CR_8在"七五"期间比较稳定，1988年为56%，比1985年仅略有下降。

2. 企业行为和政府政策

我们从交易契约关系状况、价格改革和企业价格行为、非价格行为、企业集团及下包制四个方面，考察中国企业的市场行为及其与政府政策的关系。

（1）企业交易契约化进展较快，但违约现象仍相当普遍

企业经济交易契约化是企业市场行为合理的基础。在商品经济发达的国家，经济交易关系建立在契约的基础上，契约关系受法律保护，成为社会的基本制度。然而在中国，经济交易的契约化过程是在改革以后才逐渐发展起来的。企业交易由主要根据政府计划进行，变为主要根据双方的经济合同（含部分计划合同）进行。1981年12月颁布了《中华人民共和国经济合同法》（简称《经济合同法》）。改革十年，经济合同从无到有，从个别购销活动扩大到包括承包、租赁、联营、科技协作等广义交易活动的各个方面，经济合同数量增加很快。国家体改委研究部门的调查表明，全国经济合同数量1983年为4亿份，1985年为6亿份，1987年达10亿份（扣除农村承包合同和订购合同后为4亿份）。然而同时，也存在诸如合同不规范、违约现象普遍等问题。不包括部分违约情况，1987年全国违约率约为10%；包括部分违约，1988年，全国违约率估计约为30%。违约主体则以集体企业和个体企业为主，违约内容中价格问题所占比率上升，而质量、数量问题所占比例下降。中国企业违约情况有着与市场化程度较高的国家不同的原因，主要包括：第一，政府对契约行为的非经济和非法律干预仍然普遍存在；第二，由于市场发育水平低，市场渠道狭窄，企业寻找新伙伴的交易成本高，因此，一般违约行为的受损一方不愿起诉于法庭；第三，企业预算的软约束，减弱了企业的索赔动机，同时为企业嫁祸于人找到了借口；第四，法律不健全而且约束弱。现有的《经济合同法》的覆盖面窄，未突出平等交易原则，合同的责任和追偿制度不严。

（2）价格改革和价格行为

尽管价格改革的进展不如人意，但不能否认企业已经有了比较大的定价权。如表5-2所示，根据抽样调查，到1988年全部工业品中国家定价的比例只占58.3%，加工工业品和衣着类产品、

一般日用品国家定价的比例较低，矿产品、原材料国家定价比例较高。

表 5-2　全年产品销售中国家定价比重

单位：%

年份	全部工业品	生产资料	矿产品	原材料	加工工业品	生活资料	食品	衣着类	一般日用品	耐用消费品
1986	64.2	61.7	91.9	78.6	40.7	68.2	69.8	71.5	62.9	60.0
1987	60.7	59.6	92.4	75.8	40.0	62.6	73.6	59.1	60.1	48.7
1988	58.3	59.3	95.1	74.6	41.4	56.4	73.9	48.9	51.6	42.6

说明：由于样本企业一般规模较大，表中数据可能高于全部企业的国家定价比例。

资料来源：统计局抽样调查。转自《经济研究参考资料》1989年第8期，《中国企业运行的体制和政策环境》。

中国企业的价格行为的特点是：在供不应求的多数产业，企业以涨价为主，企业涨价通常能得到行业主管部门的支持，行业协会是企业协调涨价的重要场所；在进入者众多而且存在实力雄厚的骨干企业的产业，有些企业也采取压价或少涨价的办法抑制过多的进入者，但有时会受到希望增加财税收入的地方政府的干预；在专业化要求程度高而且骨干企业有后发控制能力的汽车等产业，骨干主机厂还采用多点订货的办法压低零部件厂的供应价。

由于仍然普遍存在价格管制，因此多数企业的价格变化与政府政策关系密切。但在价格放开的产业，价格变化与集中度、需求变化的关系，似乎已有与国外类似的特点，即集中度低，易进入；竞争激烈的产业，价格上升水平受到一定的抑制④。

（3）非价格行为

表 5-3 表明随着改革深入，企业自销和市场销售的比重已经不小。为了在市场竞争中取胜，企业已经开始重视非价格竞争，主要表现在五个方面。

表 5-3 重要产品和原材料的自销和市场销售比例（1987年）

单位：%

产品	企业自销	市场销售	产品	企业自销	市场销售
成品钢材	22.5	25.0	轮胎	42.1	42.2
木材	37.8	60.0	汽油	12.6	12.1
煤炭	20.0	47.3	柴油	12.2	13.3
水泥	52.4	65.7	汽车	57.1	57.9
平板玻璃	58.1	61.4	金属切削机床	70.7	75.2
烧碱	27.5	27.5	大中型拖拉机	37.1	37.1
纯碱	49.3	52.4	小型拖拉机	55.2	55.2

资料来源：《中国统计年鉴1988》，英文本第300-460页。

一是各种销售竞争日益加强。根据分析，从1980年到1985年，23个大类产业销售费占销售收入的比重平均增加了5倍左右。1981年全国广告营业额仅为1.1亿元，1990年上升到33.2亿元。在产品差别较大的耐用消费品、投资品等产业，大企业都十分重视通过在各地设代销点、专销店和维修中心的办法建立企业的销售网络。

二是日益重视技术进步。据国家科委对6500家大中企业的调查，到1986年为止的企业科研机构中，60%以上是1980年以后成立的。对六个大类机电产业的调查证明，1980年到1985年是机电业大中企业大办技术开发机构的第一个高潮，1985年到1989年又掀起了第二个高潮（详见第十三章第四节）。

三是投资扩张，竞争激烈。如表5-4所示，多数企业投资以扩大能力投资为主，估计扩大能力的投资占企业投资的60%～70%，生产新产品的投资比重也有所增加。

四是企业日益重视多角化经营。有两种基本情况：一种是从进一步利用本企业技术优势和资源（含管理、销售优势和资源等）的角度出发，开拓相关产品、项目，进入新的市场。这是大多数企业的情况；另一种是开发全新的领域，如首都钢铁公司与国外企业合

表 5-4　按目的分类的更改投资

单位：%

年份	增产	增加品种	提高质量	节能
1981	47.7	5.4	4.0	4.0
1986	34.1	14.9	6.1	4.1
1987	36.0	14.3	5.6	3.4
1988	26.5	17.6	6.0	4.9

说明：企业投资包括基建中的改扩建投资和更改投资及其他投资。由于改扩建投资和更改投资数额接近，并且是以扩大能力的投资为主，所以我们估计企业投资的 60%～70% 用于扩大能力。但 1988 年以后扩大能力的投资比例已明显下降。

资料来源：国家统计局，《中国统计年鉴》，中国统计出版社。

作，进行电子技术开发。进行这类开发的企业一般是实力特别雄厚的大企业。

五是日益重视技术引进及与外商合作。"六五"后三年企业用于进口设备和引进技术的外汇就达 100 多亿美元。"七五"期间外汇较紧张，加上对合资企业的政策比较优惠，企业特别重视通过与外商合作获得技术和资金。

（4）企业集团和分包制发展较快

许多企业把组织或参加企业集团、组织围绕本企业的分包企业系列[5]，作为企业发展的一项基本战略。为了更全面地认识现阶段中国企业的市场行为，以便提出改善产业组织的合理政策，有必要概要说明中国企业集团和分包制的一些基本特点。

企业集团是以一个或几个大中企业为核心组成的企业群体。企业集团一般包括三到四个层次：资产一体化或人财物产供销"六统一"的核心层；有控股关系或准"六统一"关系的紧密层；有参股关系的半紧密层；有业务联系关系的松散层。企业集团是有利于发展专业化生产的企业组织形式。主要由于市场竞争激烈和资金不足使企业产生集约发展的愿望，依托骨干企业带动地方工业发展的思想开始为地方领导所接受，国家有关政策加速地方一般企业以专业化合作形式向大企业靠拢。"六五"以来，各种形式的企业集团发展很快。据国家体改委不完全统计，到 1988 年年底，全国已有 1630 个企业集团，其特点是：在商品经济发展水平较高、竞争更激烈的沿海省市发展较快；在专业化协作特别重要的产业发展较快；企业集团的联结纽带主要是产品配套、技术协作，集团核心企业多为有技术优势的行业骨干企业，主要靠资产关系（包括参股、贷款）作为联结纽带的企业集团较少。政府鼓励是企业集团较快发展的重要原因。中央政府鼓励企业集团发展的重要动机之一，是希望通过企业集团发展，打破地区、部门的封锁分割，促进全国市场统一，获得规模效益。企业集团发展过程中存在一些需要解决的问题，主要有三个：一是受财政分级包干等体制因素的影响，跨地区、跨部门的企业集团不易巩固，发展受限制；二是有些企业集团是靠行政力量勉强撮合的，不太稳定并且往往限制其中一些高效企业的发展；三是少数企业有借企业集团搞市场垄断的倾向。目前，前两个问题是主要问题。

改革以来，企业分包制（或称系列分包制）发展很快。分包制是由发包企业和分包企业双方组合成的一种特殊的企业分工协作形式。发包企业和分包企业往往是一个企业集团的成员，但分包制与企业集团不是一个概念。分包制的特点是：发包企业一般是大企业，分包企业多为中小企业，即分包制是一种特殊的大企业和小企业的分工协作形式；发包企业和分包企业之间存在多种交易关系，主要是发包企业给分包企业提供信息、技术、管理指导，分包企业提供劳力、场地和厂房设备，完成发包企业所交的生产、加工和服务任务，直接的资金结合和资金支持关系较少。因此双方企业若参加同一企业集团，一般发包企业是核心层或紧密层企业，而分包企业多是分散层企业，少数是半紧密层企业；发包企业和分包企业一般无资产所有或控制关系，双方都是独立的企业法人，但由于存在共同利益，双方能相互协调，因此双方的关系是一种兼有市场关系和组织关系的混合交易关系。中国的分包制由来已久，过去基本的形式是通过政府安排，大企业向中小企业扩散零部件。进入改革时期以后,这种合作方式迅速扩大⑥,具有新的特点:几乎覆盖所有产业;政府的政策指导十分重要,但直接安排的作用降低,同时企业自觉合作的比重上升;交易的内容十分广泛;迅速发展的重要背景是乡镇企业的崛起和农村就业人口向非农产业转移,这是改革以前所没有的⑦。

在中国分包制发展快、作用大,已成为大、小企业分工协调的基本形式。根据发包企业与分包企业的分工特点,以及企业所在产业的技术经济特点,可以把分包制分成三种基本类型。第一种类型主要分布在汽车、机械、家用电器、家用电子等大批量加工生产组装、售后服务比较复杂的产业,发包大企业是主机厂,分包企业主要生产零部件和进行劳务协作。如二汽通过企业集团四个层次的308个企业组织了大约1400多个下承包企业为二汽集团的主导产品配套生产,使集团销售收入在1989年高达85.5亿元,为二汽销售收入(40.5亿元)的两倍以上。常州柴油机厂利用分包制,3年时间产量翻一番,1988年小型柴油机产量达27万台,企业年产量居世界第一。肖山汽车万向节厂,是乡镇企业,通过招标竞争、优质服务发展很快,目前该厂万向节产量占全国的1/4~1/3,部分出口。第二种类型主要是钢铁、纺织、化学、水泥等原料流程加工类型的产业,大企业是基本的原材料厂,也生产部分最终产品,小企业则提供劳务、供应零散原辅料,进行具有小批量生产特点的原材料的再加工和深加工。如唐山钢铁厂组织乡镇企业和农民采掘零散铁矿,再集中加工。北京印染厂组织中小服装厂,加工该厂生产的印染布,扩大市场销量。第三种类型多分布在加工和消费都比较分散的产业,如某些纺织业、食品业等,具有商业企业主导、分散加工的特点。这种类型的分包制,发包企业是大百货商店、大商业批发企业等商业流通企业(含外贸企业)和部分产销结合特别密切的制造业企业,为其加工服务的是众多的中小企业甚至是家庭企业和农民(骨干企业与小企业、农民直接联系,"小商品、大市场",有利于获得规模效益)。和日本的下包制比较⑧,中国在分包制的发展方面存在两个突出问题:一是由于中国的发包大企业一般是国营大中企业，受政府管制较严，因而影响中国分包制的总体效率；二是当分包制与地方利益冲突较大时，发包和分包企业受地方政府不合理干预的可能性较大。

3. 产业组织的效果效益

市场结构和企业市场行为都会影响资源配置的效果效益。要全面评价效果效益，需要做大量工作。我们的基本看法是，市场机制引入和政府的合理政策，产生了提高资源配置效益的积极作用，同时出于多种原因，从总体上看资源配置效益并未真正提高，在某些产业还存在效益恶化的严重问题。下面仅从产业组织和企业的经济效益、要素流动条件、规模经济利用、利益分配和发展后劲五个方面对资源配置效益进行概要的考察。

（1）经济效益有所下降

"六五"以来，由于市场扩大，产业结构变动，工业就业人口增加，国外资金与技术的流入，企业自主权增加和追求利润动机的加强等原因，工业产品和劳动生产率都有明显的增加。全国独立核算工业企业按人均净产值计算的劳动生产率，1987年是1980年的1.64倍。但是资本产出系数提高很少，甚至有所下降，全国独立核算工业企业固定资产原值的净产值率和利税率，1987年分别比1980年下降了5%和19%，1988年以后效益指标继续下降（与1988年下半年开始实行的紧缩货币政策有关）。①导致产出增加而效益未增加的基本原因有两个：一是频繁的政策变动使许多企业微观效益下降，而这些低效益企业出于体制原因能够长期生存，甚至占有较好的资源；二是高成本、低效益企业所占比例有所上升。根据对基本化工原料、棉布、造纸、啤酒和钢铁等行业代表产品的成本所做的分析，这些行业前八位企业的平均成本一般比全行业平均成本低30%～50%（由于企业产品不完全同质和原料价格不一，比较不一定完全合理，但不影响基本结论），而其中70%行业的前八位企业的市场份额在"八五"期间有所下降。

（2）要素流动条件有所改善，但障碍仍然普遍存在

改革以来，商品流动性因价格改革的发展有了较大的提高，但

资金、劳动力等基本要素的流动仍然存在许多障碍。真正解决这些问题可能牵涉到许多基本体制的调整，未必能在短期内完成。问题在于，由于政策不当，要素流动障碍在某些方面似乎还有所加强。其突出表现一是人为的商品价格差别。改革十年，长期短缺的能源、交通、原材料等部门产品价格仍然人为地相对偏低，因此在财力分散的情况下，资金很难流入这些部门，一些部门长期亏损，更难较快地增加供给；二是资金分配基本上仍是行政分配体制；三是国有企业职工的"大锅饭"并未真正打破。

在国外，常根据资本税后利润率的高低及其分布考察要素流动状况和市场的资源配置效果。由于中国的税制和价格制度的特殊性，我们用产业的资金利税率和资金利润率指标考察。如表5-5所示，对占全国工业产值84%的26个大类产业及4个中类产业的资金利税率的分析表明，资金利税率平均化趋势明显，资金利税率畸高畸低的现象已有所变化，但差异仍明显。用资金利润率指标计算，结果类似。

表5-5 部分产业的资金利税率

单位：%

	煤炭	黑色金属矿	黑色冶金	食品	烟草	纺织	化工
1980年	17.7	6.7	17.4	52.1	286.6	61.3	20.3
1988年	-0.4	12.3	23.5	17.8	186.9	20.0	28.6

	机械	运输机械	电器机械	平均值 I	平均值 II	标准差 I	标准差 II
1980年	12.1	9.7	23.0	36.2	27.5	138.7	61.5
1988年	16.0	15.6	24.4	26.2	21.0	120.2	39.5

说明：①按全部独立核算企业口径计算。
②平均值、标准差根据30个产业的数据计算。30个产业中，4个为中类产业（3位数产业），其余26个为大类产业（2位数产业），其产值1988年占全国工业产值的83.8%，占全国独立核算企业产值的87.8%。
③平均值和标准差，Ⅰ为包括烟草业的计算值，Ⅱ为不包括烟草业的计算值。

资料来源：根据1986年、1989年《中国统计年鉴》计算。

（3）中国工业的规模经济水平

改革以来，中国一些产业的规模经济水平[①]已有所提高。主要有三种情况：一是某些产业的骨干企业基础较好，加上改革政策提高了企业的实力，因此能在"六五"期间通过技术改造较快发展。如钢铁业，主要靠技术改造，年产200万吨以上的钢铁企业从1981年只有鞍钢一家变成1987年的6家。二是有国家对骨干企业的重点投资，如集成电路和平板玻璃。三是企业产品市场大，企业税负轻，在短期内企业能主要靠自己的力量，获得规模效益。如广州万宝电器集团，利用广东的有利条件，仅用5年时间，就使年产量突破100万台，并且组织了一批为其配套的中小企业。电冰箱业MES企业的产量合计值占全部产量的比例（D值），1981年为0，1987年上升到14%，1988年达到20%左右。但是从总体上看中国工业的规模经济水平仍然明显偏低。这突出表现在三个方面。

第一，相当部分产业的多数产品来自规模不经济的企业。如表5-6所示，根据对中国20多个行业33种代表产品的初步分析，约70%的产品的D值在50%以下。而在发达国家及韩国这样的发展较快的国家，D值一般为70%～90%，或更高。

第二，"六五"以来，在市场竞争的压力下，我国工业的专业化水平有所提高，特别是在日用机械、机床、中型货车、收录机等工业基础较好的产业。但专业化生产的总体水平仍然不高。专业化水平不高和规模经济水平不高，在某种意义上是一个问题的两个方面。根据工业普查资料（见表5-7），在专业化水平较高的机电产业，1985年外购件产值占全部产值的比例为45.0%，扣除当年进口散件比例大的日用电子和材料购量大的农林牧机械，比例值降至27.6%，远低于国外50%～60%的水平。

表 5-6　代表产业的 MES 企业产量占全部产量的比例（D 值）

D（%）	代表产品	代表产品数
10 以下	水泥、轻型车、电冰箱、压缩机	4
10.1～20	合成氨、硫酸、纸、啤酒、电冰箱、轻革	6
20.1～30	橡胶外胎、圆柱锥轴承 A、彩电 A、柴油机（小型，单缸）	4
30.1～40	电解铝、向心球轴承 A、集成电路、卷烟、洗衣机 A、合成洗涤剂	6
40.1～50	钢、钻床 A、自行车、乙烯	4
50.1～60	生铁、烧碱、车床 A、液压机 A、泵 A、缝纫机 A、棉纱	7
60 以上	氧化铝、中型货车、电站设备	3

说明：①除棉纱为 1986 年数（按能力比例计算），电冰箱、钢、生铁、柴油机为 1987 年数，集成电路为 1988 年数外，其余均为 1985 年数。
②A 表明该产品是根据机电部政策研究所产业组织政策课题的数据分类。
③由于在近年建成了几个大乙烯、大烧碱项目，乙烯、烧碱的 D 值将有所上升。但多数产业的 D 值变化不大。

表 5-7　中国机电工业外购件价值占总产值比重

单位：%

全国平均	锅炉及原动机	金属加工机械	通用设备	工业专用设备	农林牧机械	建筑机械	日用机械
45.0	30.9	15.8	26.8	16.1	87.6	26.9	28.5

全国平均 a	汽车	电机	计算机	日用电子	通信	仪器仪表	
27.6	39.7	14.3	37.7	66.2	46.4	27.4	

说明：全国平均 a，为扣除日用电子和农林牧机械后的计算值。
资料来源：见《中国工业普查资料第三卷》。

第三，余缺并存，效益好水平高的骨干企业缺原料开工不足，而一些小企业盲目发展、低效高耗。这种状况在以农产品为原料的轻纺产业较多，因此国内时有"蚕茧大战""羊毛大战""棉花大战""皮革大战"发生，结果导致产业规模经济水平下降[①]。

问题的严重性不仅在于存在分散化和非经济规模问题，更严重的是，在近十年的高速增长过程中，尽管接连不断地出现各种投资热，但在专业化和规模效益相当明显的许多产业（包括一些已有30多年历史的产业），经济规模和专业化没有得到应有的发展，甚至有所下降。而日本在高速发展的初期，钢铁、机械、电气、电子工业的许多企业开始规模也不大，但经过10年左右，多数企业基本上达到经济规模，形成专业化生产体系。

（4）其他问题

还存在其他一些问题，较突出的有两个：一是利益分配不合理的问题日益突出。产值增加快的小企业、乡镇企业上缴利税少，利润向流通部门集聚，一些企业靠行政权力或差别政策获得高额利润，政策优惠地区工资畸高，利润与规模经济及成本之间的关系扭曲。二是发展后劲受到影响。调整不必要和不配套的企业及项目，解决由此带来的诸多社会经济问题，解决滥采资源和破坏生态的损失等，已经并将继续使我们不得不付出相当多的资源再配置费用。

第二节　三个产业组织问题专题

在对改革时期的中国产业组织状况进行了一般考察的基础上，有必要对规模经济与市场结构的关系、大企业和小企业的关系、企业的纵向和横向结合这三个影响中国产业组织状况的重要问题进行专门的分析。

1. 规模经济与市场结构的关系

规模经济与竞争有一定的矛盾，它会影响产业的市场结构[12]。影响规模经济与市场竞争关系的基本技术经济组织因素是：市场可容纳的 MES 企业的数量，产业的产品差别程度和类型，企业生产成本曲线差异，市场进入障碍，买方能力强弱，市场稳定性和变化态势等。这些因素大多是非体制和非政策性的，只要在商品经济条件下发展产业，就会发生作用，同时还会受体制政策因素的影响。

我们借鉴国外的研究方法，静态分析和动态分析相结合，对我国工业部门规模经济与竞争的兼容性进行了初步分析。分析的程序是：首先选择覆盖原材料业、投资品业、消费品业的代表产品32种；其次，利用市场可容纳的MES企业数量和产业的产品差别程度，对产业规模经济与竞争的兼容程度进行初步分析；最后，在上述静态分析的基础上进行初步的动态考察。主要考察三个因素（随着技术进步而MES增大，市场扩大，企业拥有多家MES工厂）对规模经济和竞争兼容性的影响，分析的初步结论如下。

第一，目前大多数代表产业规模经济和竞争的兼容程度较高。按市场份额标准，即按MES企业的产量占市场规模的比例（这个比例简记为dm，实际分析时用总产量代替市场总规模），代表产品的规模经济和竞争的兼容程度可分为五类：（1）分散竞争型，$dm \leq 2.5\%$，兼容程度很高，有普通钢材（一般型材和线材）、水泥、平板玻璃、烧碱、硫酸、合成氨、橡胶外胎、纸、车床、泵、棉纺、棉织、合成洗涤剂、卷烟、啤酒15种；（2）低集中竞争型，$2.5\% < dm \leq 5\%$，兼容程度较高，有生铁、钢、合纤（涤纶）、自行车、彩电、柴油机（小型）六种；（3）中集中竞争型，$5\% < dm \leq 10\%$，兼容程度一般，有氧化铝、电解铝、缝纫机、电冰箱四种；（4）较高集中寡占型，$10\% < dm \leq 25\%$，兼容程度较差，有纯碱、集成电路2种；（5）高集中寡占型，$dm>25\%$，兼容程度差，有薄钢板、乙烯、中型货车、轻微型车、电站设备五种。上述结果归纳成表5-8的A栏，可见代表产品中规模经济和竞争兼容程度高和较高的产品达21种，占65.6%，差和较差的有7种，占21.9%。

第二，兼容性差的产业，一是寡占竞争型的高产品差别产业；二是原材料产业。前述（4）和（5）两类产品中，中型货车、轻微型车、电站设备、集成电路四种产品具有寡占竞争的特点。由于我国这些产业的技术水平与国际水平差距明显，通过调整进口政策，可以借国际竞争强化国内产业的竞争。薄钢板、乙烯、纯碱三种产品在一般情况下产品差别较小，企业数又较少，因此企业比较容易相互协调、共谋控制市场，另外政府调控企业的难度和成本也较低。

表 5-8 代表产业规模经济和竞争兼容类型的分析

单位：%

	分散竞争	低集中竞争	中集中竞争	较高集中寡占	高集中寡占	合计
A	46.9	18.7	12.5	6.3	15.6	100
B_1	59.4	18.8		21.8		100
B_2	40.6	25.0	12.5	9.4	12.5	100
C	21.9	15.6	21.9	21.9	18.8	100

说明：A 按 1987 年的产量和目前的 MES 计算分类；B 按 1995 年估计产量计算分类。其中 B_1 用目前的 MES 计算，B_2 用较大的 MES 计算；C 按 1995 年估计产量计算，并假定大企业拥有多家 MES 工厂。假定时考虑了 MES 的目前取值、国内现状，并参考了国外资料，因此各产业大企业假定的 MES 工厂数不同，平均有 3.4 个 MES 工厂。

第三，随着市场扩大和技术进步，产业规模经济和竞争的兼容状况有所变化，但大多数产业仍然有较好的兼容性，产业兼容性分布的基本特点未变。如表 5-8 中 B_1 所示，市场扩大后，兼容程度高和较高的产品的比例已高达 78.2%。如果技术进步使 MES 扩大，则如表 5-8 中 B_2 所示，兼容程度有所下降，但兼容程度高和较高的产品的比例仍在 65.6%。国际比较表明，由于中国市场巨大，即使取较大的 MES 数值，中国规模经济与竞争的兼容程度仍然明显较高（见表 5-9）。

表 5-9 中国、美国可容纳的 MES 企业数

产业	中国	美国	产业	中国	美国
啤酒	200	29	水泥	150	34
卷烟	63	8	普通钢材	62	10
棉纺	818	452	电冰箱	26	7

说明：中国为 1995 年产量估计数和比目前要大的 MES；美国需求量为 1967 年数，MES 为 1974 年的技术。见 M·谢勒著《规模经济和垄断政策》，转自伊东光晴等编著，《世界的企业》第 2 卷《美国的产业和企业》，筑摩书房，1975 年版，第 130 页。

第四，当大企业拥有多家 MES 工厂时，规模经济和竞争的兼容程度将会在有限的范围内有所下降。如表 5-8C 栏所示，按 dm 值分类属于兼容程度差或较差的产品有 13 种，所占比例已上升到 40.7%。进一步分析表明这 13 种产品中有 5 种产品差别程度高，市场结构是寡占竞争型的，另外 8 种产品差别较小，可能出现企业协调控制市场的问题。

根据上述分析，考虑到种种原因，即使到 2000 年，中国有多家 MES 工厂的大企业仍然不会太多，并且那时中国的市场容量将更大。我们认为，在中国的大多数工业产业，今后 10 年乃至更长的时间，只要有适当的政策，规模经济和市场竞争将会有较好的兼容性，规模经济不是重要的市场进入障碍；对少数因客观规模经济需要高集中的产业，应制定限制垄断的政策，以便既获得规模效益，又防止垄断弊病。

2. 大企业和小企业的关系及分类

经过几十年的建设，中国已经有了一批资金和技术实力比较雄厚的大企业（大中型骨干企业的简称），同时有大量技术水平不高，是就业主要场所的小企业（含乡镇企业）。经济要发展，必须解决资金不足和就业担子重，经济结构高度化和大量小企业技术水平低的矛盾。因此如何理顺大企业和小企业的关系，合理利用和组合大企业和小企业的资源，就成了中国经济发展必须解决的重要课题，其实质是在二元经济的条件下，如何从中国国情出发，选择合理配置资源的途径。我们认为在设计有关大企业和小企业的关系的政策时，应当明确以下三点。

（1）政策出发点。以提高效益为目标，根据提高资金使用效益，充分利用丰富的劳动力资源的原则，按提高专业化水平的方向选择企业组织方式和技术。多数产业生产和劳动的可分性，提供了在专业化基础上大小企业协调发展的可能性。市场机制的引入和现存的一批骨干企业、众多小企业是发展专业化的社会基础。而骨干企业能力强活力小，中小型企业活力大水平低的问题则要有适当政策加以引导解决。

（2）基本方针是分类指导。大小企业关系因产业不同而有三种基本类型：一是垂直或水平分工的专业化协作关系；二是竞争关系，这主要是在专有技术很重要或以小件、单件及批量生产为主的产业；三是独立关系，主要是在没有大企业的产业和资源零散并适于分散加工的产业。在多数产业，小企业多属第一种类型。因此，问题并不在于小企业的多少，而是大小企业能否合理分工，并按专业化的方向协调发展。大中小企业的专业化分工协作像分包制那样，也可以分为三种类型。

（3）建立竞争性的并且有分层竞争和协作相结合的市场结构。首先，我国多数产业将逐步呈现集团间竞争、集团内专业化协作的特点。此外还可能有部分跨集团的骨干企业和中小企业；其次，要有分层竞争的特点。即集团骨干企业间进行高层次、大市场的竞争，小企业围绕骨干企业进行低层次、小市场的竞争。这样使大小企业都有竞争压力，又因为竞争空间错开，有利于减少资源浪费和发展专业化，以实现多层多级竞争与多层多级规模经济的统一。目前这种结构特点已有所呈现。如为了与二汽竞争，一汽急欲发展，而零部件厂围绕一汽的供货竞争，又明显地抑制了一汽外购件的涨价[13]。

困难的问题是如何对不同产业和市场的大、小企业关系进行分类。参考国外的研究，可以用两种方法分类。第一种方法，按大、小企业的产出份额分类。日本政府部门称大企业产出份额占70%以上的产业为大企业主导型产业，小企业产出份额占70%以上的产业为小企业主导型产业，大企业和小企业产出份额都未达到70%的产业为大、小企业共存型产业。一般在大企业主导型产业，小企业担任配套分工的角色，在另外两类产业，大小企业多为互相竞争和水平分工的关系。第二种方法，按照产业的技术经济组织特点及市场特点对产业或产品市场进行分类。中国正处于经济较高增长和产业结构变动较大的时期，大、小企业的产出比例，在一些产业比较稳定（如表5-10的纺织、黑冶），在另一些产业变动剧烈（如表5-10中的电子及日用电器）。这表明用第一种方法进行分类有一定的可行性,同时存在一些不好处理的问题,用第二种方法分类更合理,但工作量较大,国内研究尚未起步。考虑到产业的技术经济特点及产业发展的共同规律,我们认为可以参考国外研究对我国的产业或产品市场进行初步分类,表 5-11 给出了一些初步的分类结果。

表 5-10　若干产业大中企业产值的比例

单位:%

	纺织	黑冶	建材	塑料制品	烟草	造纸	机械	运输设备	日用电器	电子	日用电子 a
1980 年	58.6	86.2	29.3	28.2	92.5	42.7	57.5	70.6	21.6	53.1	53.9
1985 年	45.5	81.6	23.1	23.7	86.0	35.0	52.7	63.8	26.2	58.2	60.3
1988 年	43.5	78.9	22.8	23.2	91.9	40.3	54.3	67.9	61.2	70.8	62.4

说明:①按独立核算企业口径计算。
②a 产业为中类产业,其余为大类产业。
资料来源:根据工业普查及统计局数据计算。

表 5-11　若干产业的大小企业关系类型

1. 水平分工	模具(下包、自制;设计技术差),轴承(小量、大量;精度差),建筑机械(小、大型),织物印染(专业、自制),纺纱(质量、管理差),电气测量仪表(少量专门化、大量;技术差),纸(少量低档纸、大量高档纸),革制品
2. 垂直分工	轴承(成品下包),建筑机械,纺织机械(均为零部件下包),汽车(零部件下包),农水产品罐头,润滑油(炼油产品深加工)
3. 竞争	农机,制革,铅笔,酱油,中小型电机
4. 独立	精密测量仪器,卫生材料,家具,玩具

说明:①水平分工栏中,括号内前项为小企业的特点,后项为大企业的特点;技术差、精度差、管理差等为大、小企业的差别。
②垂直分工栏中,括号内为小企业的特点。
资料来源:中村精,《中小企业与大企业》,东洋经济新报社,1983年,第 106 页。

3. 纵向和横向扩张、多角化经营与产权的结合调整

企业经营的纵向扩张，指企业在相继的市场上扩张经营活动。经营的横向扩张指企业在同一市场上扩张，包括扩大完全同样的产品或服务，也包括扩大同种但不同档次、规格的产品或服务，或者不同种但有明显替代性的产品或服务。多角化经营指企业同时生产或经营基本上不具有替代性的产品，但不包括有纵向关系的产品。纵向和横向扩张及多角化经营，可以通过企业自己的发展实现，也可以通过对其他企业的兼并结合或控股（准结合），即通过产权的结合和调整实现，或者两种方式结合进行。由于资源有限，故产权结合常常是实现纵向和横向扩张及多角化的重要途径，因此产业组织研究中的一个重要课题就是研究纵向结合和横向结合及多角化结合。这类研究，可以从对市场结构影响的角度进行，也可以从企业行为的角度进行。

改革以前，中国也有一些生产多种产品，包括前后相继产业产品的大企业。但多是计划安排的结果，并且往往是"大而全""小而全"型的。改革以后，经营的纵向和横向扩张及多角化经营已经在一定程度上成了许多企业的自觉行动。并且许多企业是通过企业兼并、企业控股、承包（常常表现为企业集团内核心企业与紧密层企业的关系），以及无形资产产权的转让及结合（如用商标和技术诀窍作为股权投入或转让），来实现纵向和横向扩张及多角化经营。表5-12为一些企业利用产权结合及承包，实现纵向和横向扩张及多角化经营的实例。

国外经济学家常用节约交易费用、减少不确定性、产业生命周期、垄断动机及税收、金融利益理论等解释企业纵向结合的原因，用规模经济、垄断动机、降低进入障碍（如一些国家限制进口，但鼓励投资）、金融利益理论等解释企业横向结合的原因，用资产利用及风险分散理论解释多角化经营的原因[19]。我们认为，只要在分析框架内加上政府和计划的因素，用经过改造的上述理论可以对现阶段我国企业的纵向和横向扩张及多角化经营发生的机制、特点、效果及其对市场竞争与规模经济的影响提出有一定说服力的解释。

限于篇幅,本书不对这个问题展开分析,只想根据初步观察,指出有关的四点。

表 5-12 若干企业的纵向和横向扩张及多角化经营

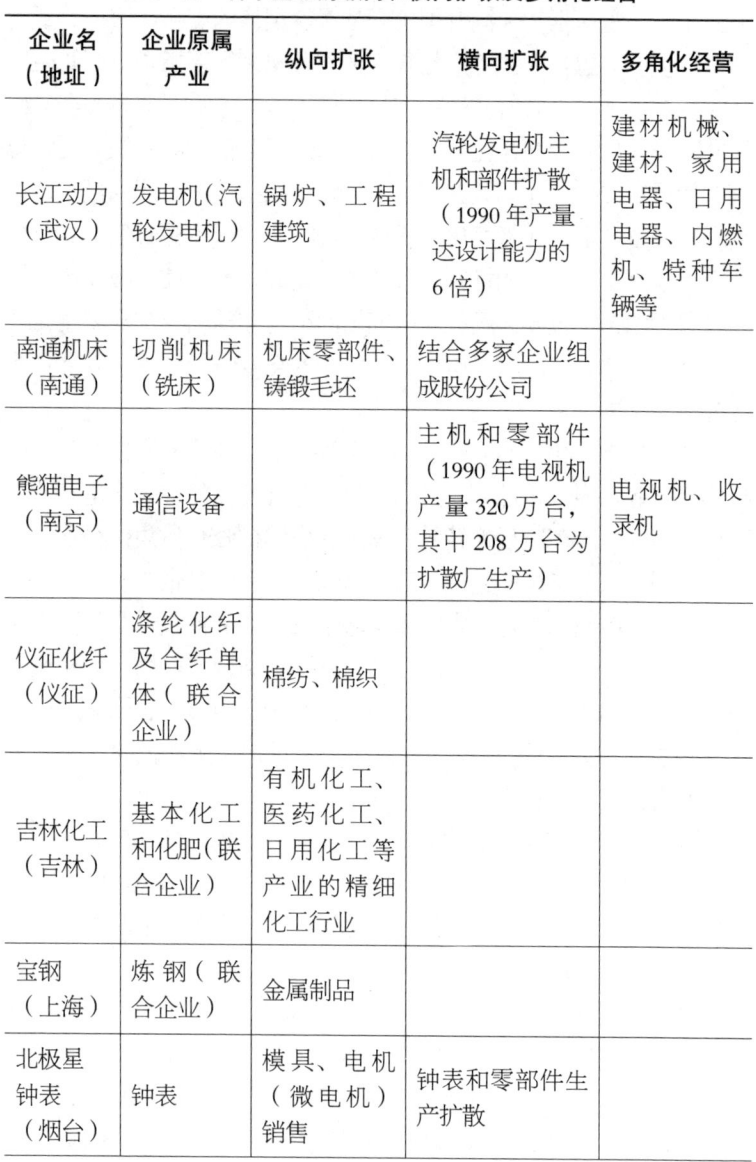

企业名（地址）	企业原属产业	纵向扩张	横向扩张	多角化经营
长江动力（武汉）	发电机（汽轮发电机）	锅炉、工程建筑	汽轮发电机主机和部件扩散（1990年产量达设计能力的6倍）	建材机械、建材、家用电器、日用电器、内燃机、特种车辆等
南通机床（南通）	切削机床（铣床）	机床零部件、铸锻毛坯	结合多家企业组成股份公司	
熊猫电子（南京）	通信设备		主机和零部件（1990年电视机产量320万台,其中208万台为扩散厂生产）	电视机、收录机
仪征化纤（仪征）	涤纶化纤及合纤单体（联合企业）	棉纺、棉织		
吉林化工（吉林）	基本化工和化肥（联合企业）	有机化工、医药化工、日用化工等产业的精细化工行业		
宝钢（上海）	炼钢（联合企业）	金属制品		
北极星钟表（烟台）	钟表	模具、电机（微电机）销售	钟表和零部件生产扩散	

续表

企业名（地址）	企业原属产业	纵向扩张	横向扩张	多角化经营
万宝（广州）	日用电器（冰箱）	冰箱压缩机、模具、塑料制品、销售		
一拖（洛阳）	拖拉机		主要部件及零件扩散	建筑机械
解放（长春）	货车	销售、材料供应	零部件扩散、发展轻微车	轿车、客车

说明：①除吉林化工有关的行业为2位数大类行业外，其他的产品均按4位数小类产业分类。

②受资料限制，表中有许多空白处，因此未能全面反映企业的有关情况。

③在国外，扩散零部件不一定被视作横向或纵向扩张。但在中国，这往往是一种重要的扩张形式。因为主体企业在扩散的同时，一般与接受扩散件的企业形成密切的契约乃至投资参股关系，继续开发技术。因此用扩散的办法能达到利用其他企业资源、扩大其对扩散件市场的影响乃至控制。根据中国行业分类标准，有些零部件行业是单列的小类行业，有些不是。因此在本表中扩散零部件是被视作横向扩张或纵向扩张，将因产业不同而有所不同。

资料来源：长江动力的情况根据国务院发展研究中心陈小洪的企业调查，熊猫电子的情况根据北京航空学院韩文民的调查，其余企业的情况均根据国家体改委吕朴提供的资料整理。

第一，纵向和横向结合及多角化结合在不同产业有不同特点。纵向结合的重点方向是，原材料业大企业（如宝钢、仪征化纤），主要是材料深加工；中等和大批量生产类型的机电产业（如熊猫电子、万宝、北极星、南通机床、解放），主要是销售和零部件；非耐用消费品（如申达纺织）主要是原材料、深加工和销售。横向结合在机电类产业和消费品业较普遍，企业常以商标等无形资产转让或以无形资产作股权的条件下扩散产品，增强能力，重视搞产品系列、规格配套。经营多角化在很多产业都已较普遍。

第二，现阶段的纵向和横向结合及多角化经营的结合，其机制和资源配置特点与过去有较大差别。从运行机制上看，改革前或为初始设计所定（如国家投资建设大型联合企业），或通过政府计划调整及关停并转而来；而现在多是企业和政府的合作所为。企业的积极性来自市场竞争的压力，减少市场不确定性的预期及对市场和资产潜力的估计；政府的积极性来自对经济增长和扩大地方财税收入的追求。由于结合的主角是有一定实力的大中企业，因此企业的愿望极为重要，但由于中国还没有要素市场，因此得到能对要素分配有较大发言权的政府支持极为重要。从资源配置上看，现阶段与改革前的最大区别，就是企业在考虑资产结合时，不求全，而是搞与关键环节有关的结合，因而有利于提高专业化水平和规模经济水平。

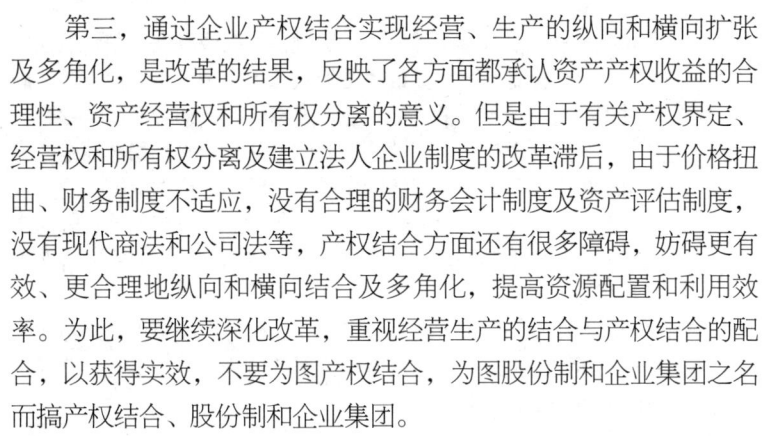

第三，通过企业产权结合实现经营、生产的纵向和横向扩张及多角化，是改革的结果，反映了各方面都承认资产产权收益的合理性、资产经营权和所有权分离的意义。但是由于有关产权界定、经营权和所有权分离及建立法人企业制度的改革滞后，由于价格扭曲、财务制度不适应，没有合理的财务会计制度及资产评估制度，没有现代商法和公司法等，产权结合方面还有很多障碍，妨碍更有效、更合理地纵向和横向结合及多角化，提高资源配置和利用效率。为此，要继续深化改革，重视经营生产的结合与产权结合的配合，以获得实效，不要为图产权结合，为图股份制和企业集团之名而搞产权结合、股份制和企业集团。

第四，30多年的行政性条块分割体制和改革十余年大量实施的行政分权措施，使跨部门尤其是跨地区的纵向和横向产权结合相当困难。随着产业发展和市场融合，这个问题将日益成为阻碍有效配置资源的突出问题。因此，应当从多方面推进有关工作：一是深化企业改革；二是尽快理顺财税、价格关系；三是建立市场公平竞争和公平交易法规，禁止地区封锁和分割市场；四是适当支持跨地区的结合和联合。

第三节　促进产业组织合理化的政策设想

影响产业组织状况的因素很多，主要有四项：资源状况；产业组织的技术经济特点，即产业技术根据要素组合的经济变化规律（如经济规模和必要起始资本、产业关联和专业化类型、技术难易程度等）；现阶段的经济状况，主要指生产力状况和收入消费状况；体制和政策。上述四项，前两项在一定时期比较稳定，而经济状况和体制政策因素，尤其是后者，既有历史客观性，又有一定的可调性。体制政策将使资源、技术、经济的组合配置效益可能较好也可能较差。

中国经济在传统体制下形成，又在变革中再发展，因而经济和体制政策是造成各种产业组织问题的最直接、最突出的因素，主要表现在两个方面。一是产业结构不合理，调整难度大。1978年后经济发展战略转变，但传统体制下形成的产业结构与需求结构很不适应，而变革时期的一些不当政策又耽误了结构调整，甚至造成新的资源浪费。二是政企不分的企业制度和要素行政分割体制及价格扭曲，既阻碍发展专业化、获得规模效益，又使企业无法形成竞争发展和自我约束的机制。此外，追求发展和改革的高速度，又人为地加剧了上述两方面的矛盾。

显然，要解决上述产业组织弊端，首先要有符合国情的经济发展战略，要在企业、市场、调控体系三方面进行配套改革，还要有受发展改革战略指导并能落实总战略的政策。回顾十年改革实践，我们认为在设计发展改革方案时没有系统考虑优化产业组织的资源配置效益，没有系统的产业组织政策，是导致种种产业组织弊端的重要原因。

由于产业组织合理化与各方面的体制政策有密切关系，促进产业组织合理化的政策将包括五个方面：合理明确政策目标和政策设计原则；通过企业制度改革和完善市场；形成产业组织合理化的环境条件；明确不同产业组织合理化的具体目标和政策重点；形成有效的政策调控体系。

1. 按有效竞争的目标和合理分类的原则设计产业组织政策

（1）产业组织政策的调整对象是诸如竞争、联合、企业交易等企业经济关系。产业组织政策的目标分为两个层次：直接的基本目标是使产业组织合理化，其标志是产业既能获得规模效益，又有竞争活力，即有效竞争；间接的最终目标是通过产业的有效竞争，提高效益，增加供给。

（2）合理的产业组织状况因产业而异。因此需要对产业分类，以使产业组织政策具体化。要进行两个基本分类：一是根据规模经济和竞争的兼容状况对产业的市场结构分类，以便明确不同产业合理的集中程度和类型；二是对产业的大小企业关系类型进行分类，以明确不同产业大小企业协调发展的基本模式。

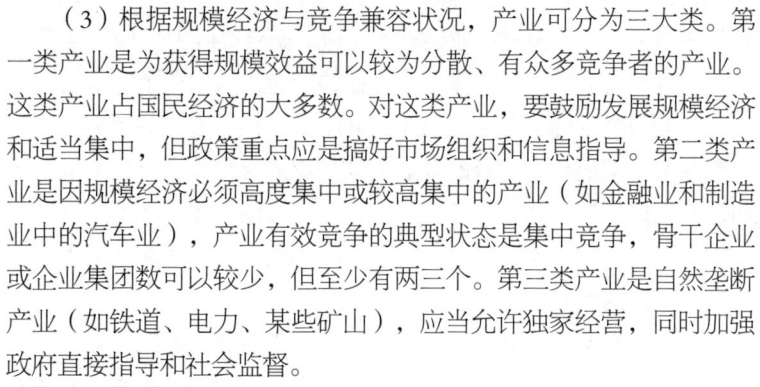

（3）根据规模经济与竞争兼容状况，产业可分为三大类。第一类产业是为获得规模效益可以较为分散、有众多竞争者的产业。这类产业占国民经济的大多数。对这类产业，要鼓励发展规模经济和适当集中，但政策重点应是搞好市场组织和信息指导。第二类产业是因规模经济必须高度集中或较高集中的产业（如金融业和制造业中的汽车业），产业有效竞争的典型状态是集中竞争，骨干企业或企业集团数可以较少，但至少有两三个。第三类产业是自然垄断产业（如铁道、电力、某些矿山），应当允许独家经营，同时加强政府直接指导和社会监督。

（4）根据产业的技术经济组织特点和产业生产、劳动、经营的可分性，产业的大企业（即大中骨干企业）和众多中小企业（含乡镇企业）的关系可以分为三种基本类型：纵向或水平分工的专业化协作分工关系；竞争关系；独立关系。对大小企业关系属第一类型的多数产业，政策的重点应是鼓励大小企业按专业化协作的方向，通过诸如企业集团、下包制等形式协调发展。对属于第二、第三类型的产业，政策应当主要根据企业效益（而不考虑企业规模）确定支持对象。

（5）通过分类引导，我国有效竞争的市场结构将具有分层竞争与协作相结合的特点。即首先，我国多数产业（尤其是工业和流通业）将逐步呈现集团间竞争、集团内专业化协作的特点；其次，有分层竞争的特点。

2. 改革企业制度，形成企业有效竞争的基础

（1）由于传统体制的影响及改革的不配套，目前企业制度方面还存在很多问题：企业负担偏重；不合理的行政干预仍然偏多；产权关系不清，国有财产实际上无人负责，企业债务关系和财务制度混乱；不同地区、不同所有制的企业面临不同的政策环境；覆盖各类企业的基本法规或者没有，或者不健全等。这些问题使企业缺乏有效竞争的动力和实力，必须通过深化改革加以解决。从产业组织合理化的角度看，首先要抓住构造完善基本框架、搞活国有大中企业和引导中小企业、发展企业集团和联合三个基本环节。

（2）抓紧构造、完善与社会主义商品经济相适应的企业制度的基本框架。

第一，与厘清产权关系相结合，完善和制定覆盖各种所有制和各种合作形式及股份制的商法、企业法、公司法（可分类立法）。法规要承认企业的独立经济利益和行为，保护所有者和债权者的利益，明确企业和经营者的责任、权利和义务，明确各种经营形式（含承包制）的基本形态和有关的利益协调方式等。

第二，结合国情，借鉴国外的商法、财务会计制度，建立与社会主义商品经济相适应的统一的财务制度。基本制度应包括企业财务公开和审计制度、资产价值重估调整和合理折旧的制度、合理的利润分配制度、企业借贷及社会筹资的要件制度等，以利于企业交易顺畅、企业和各方关系协调、企业自我约束加强。

第三，实行税利分流、税后还贷，适当降低企业税负，以理顺企业、财政、投资者、银行的关系，并加强企业实力。

（3）搞活国有大中企业，分类引导中小企业。这是企业制度改革的关键和难点，也是产业组织合理化的关键和难点。我们认为除应抓好前述基本制度的构建完善工作外，还应当：建立以资产增值为目标的国有资产管理制度；结合厘清产权，进行国有企业资产评估；调整不合理的差别政策，让国营大中企业和其他企业平等竞争；完善国有企业的各种经营责任制，按税利分流、税后承包的方向完善承包制；结合贯彻产业政策，采取重点支持优先发展产业与支持其骨干企业相结合的办法，适当支持一部分国有大中企业优先发展；根据产业的大小企业关系类型，分类引导小企业按提高专业化水平和效益的方向发展。

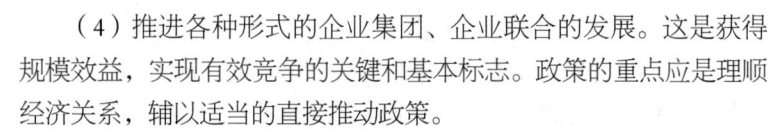

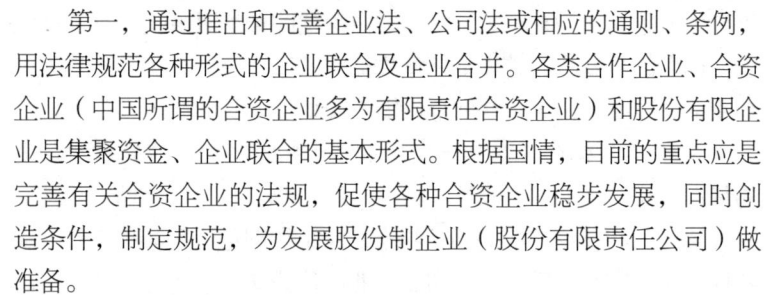

（4）推进各种形式的企业集团、企业联合的发展。这是获得规模效益，实现有效竞争的关键和基本标志。政策的重点应是理顺经济关系，辅以适当的直接推动政策。

第一，通过推出和完善企业法、公司法或相应的通则、条例，用法律规范各种形式的企业联合及企业合并。各类合作企业、合资企业（中国所谓的合资企业多为有限责任合资企业）和股份有限企业是集聚资金、企业联合的基本形式。根据国情，目前的重点应是完善有关合资企业的法规，促使各种合资企业稳步发展，同时创造条件，制定规范，为发展股份制企业（股份有限责任公司）做准备。

第二，不合理的财政体制、税制和金融及投资体制，是阻碍跨地区、跨部门的企业合并、联合和企业集团发展的主要障碍。为此必须逐步向分税财政体制过渡，扩大增值税，严格地方税收减免权，适当强化全国性银行系统的垂直关系。

第三，下包制是使企业集团核心企业和非紧密层企业关系能比较稳定协调的基本形式。改革以来，下包制发展很快，作用显著，但也存在一些不利于下包制稳定发展的因素。因此有必要通过集团核心企业或发包企业对集团内中小承包企业担保借贷、承包契约规范化等政策，促使下包制稳定发展。

第四，国家通过完善企业集团计划单列、企业集团通过核心企业统一和国家计划接口等政策，直接支持少数特别重要的企业集团的发展。但这种企业集团的数量应严格控制，不能硬凑。

3. 发展和组织市场，形成企业有效竞争的环境

（1）有组织的市场，既是企业竞争的场所，又是企业有效竞争的条件，还是计划指导企业的重要媒介。发展与组织市场的工作包括三个基本方面：价格改革、建立市场组织体系和建立市场规则。

（2）价格改革是形成市场的基础，包括两个基本环节：一是用调、放结合的办法，推进商品价格改革；二是结合商品价格改革，通过金融和劳动工资制度的改革等，逐步建立各种要素市场。

（3）价格改革离不开市场的组织，否则企业市场交易和市场竞争的成本会太高，会阻碍获得价格改革的实效。组织市场的两个基本环节是建立、完善市场组织体系和形成合理的市场规则。所谓建立、完善市场组织体系是指要形成这样的组织机构体系，其基本职能是为企业的市场交易和竞争提供场所和联结网络，其运行部分遵循市场调节原则，但更受政府公共政策的影响。有两类最基本的市场组织机构：一类是直接担负政府组织市场引导企业发展的政策性业务的机构，如中央银行、农产品价格平准基金管理机构、政策融资机构、社会保障管理机构、专营专卖机构等；另一类是提供各种市场中介的组织机构，其任务是通过组织信息交流，降低交易费用，提高市场运行效率，如公共性的情报和资信调查机构、物资和人才交流中心、批发市场、期货市场、贸易促进会等。

建立市场组织机构体系的基本工作，一是调整和建立机构（目前最重要的是要建立全国性的为生产者、消费者服务的各类信息系统）；二是制定和完善规范，明确各类机构的性质、活动内容及相应的管理办法。

（4）建立和完善市场规则的工作包括四个基本方面。首先要解决企业竞争环境不公平的问题。重点是推进价格改革、调整政策，解决不合理的差别政策造成的利益关系扭曲和不公正问题。

其次要推进经济交易关系契约化。要扩大契约关系的覆盖面，强化法律对契约关系的保护。对政策破坏企业契约的行为，要追究政府有关人员的行政和法律责任。对根据国家指令性计划安排的合

同，应明确立法，规定包括企业、政府在内各方的责任和义务，维护指令性计划的严肃性和企业的合法利益。

再次必须尽快制定施行公平交易、公平竞争的基本政策和法规。政策应当严格禁止包括变相行贿受贿在内的各种商业犯罪，应当有限制利用行政手段搞地区和部门封锁、分割市场的内容，应当明确禁止企业垄断或借助行政系统搞垄断。对根据产业性质必须独家经营的产业，政府应明确立法规定这类企业的责权，完善社会监督。

最后要根据产业（或市场）的性质和现状，明确进入、退出各类产业（或市场）的具体规则及管理办法。对容易发生过度竞争并因此造成较大浪费的产业、信息对供需双方显著不平衡并会因此造成较大危害的产业（如金融、医药）、重要的资源开采和初加工产业（如原油开采加工），进入管理应较严，其他的可适当放松。

4. 若干基本产业的产业组织合理化目标和政策重点

（1）根据产业规模经济和竞争的兼容类型及大小企业的关系类型，确定产业组织合理化的具体目标后，还应根据产业的技术经济组织特点、对国民经济的影响及存在的主要问题，确定产业组织合理化的操作目标及政策重点。

（2）农业生产受自然条件影响大，农产品产销具有生产和消费分散、流通渠道长的特点，农业生产的决策主体是农民，但政府计划和价格及补贴政策对农业生产的影响很大。为使农业生产稳步增加，合理的产业组织及有关政策应是：第一，适当提高粮价，理顺有关比价，政府、生产者和消费者合理分担提价支出。第二，严格限制增加粮食和主要经济作物的计划供应量，建立计划收购基金，实行特别会计，严禁计划内外倒卖。逐步放开各类生鲜农产品的价格，合理使用补贴（包括合理确定补贴水平、环节、方式等），建立价格平准基金的办法调节市场。第三，继续实行有差别的多渠道组织农产品流通的政策。对计划收购比例高的粮食和主要经济作物，除国营商业和供销社外，应允许经过严格资信审查的一定数量的其他单位参与流通（含批发）。对生鲜农产品，应允许更多的有资格的单位经营流通业务,但最重要的是要组织好各种形式的产供销一体化和农产品批发市场。第四,适当提高农户经营规模,重点抓好建立、完善向农民提供技术、经营、信息服务的社会服务系统。政府应鼓励各方办好各种社会服务系统,同时直接组织建立全国性的有关农产品市场供需及价格的预测和信息咨询系统,这项工作同时又是政府制订农业发展计划和农产品价格政策的基础,应成为农、商行政管理工作的基本内容。第五,制定政策鼓励农民和农民集体联办农田水利工程,同时政府应直接组织和投资大型农田水利工程,并用以款、物换工的办法组织农民参加。

(3)电力、通信、城市交通等公共基础设施出于规模经济、网络经济的原因,是自然垄断产业,应允许少数几家企业甚至独家企业经营。同时应当提高偏低的价格并改善价格结构;严格对独家经营企业的投资、财务、价格管理,加强社会监督;招标择优选择项目的建设者和经营者。

(4)工矿各产业情况差别较大。从长期看,某些矿业开采及初步加工可以局部独家经营,汽车、重型机电设备、部分原材料业(如电解铝)、家用电子和电器业将在全国范围内呈高集中竞争或较高集中竞争状态,其他产业基本上是分散竞争型的,有部分是区域集中竞争型的。根据上述目标和产业现状,促使产业组织合理化的政策可分为三大类:第一类是基础较好、价格放开程度大、专业化体系初步形成、与国外差距较小的产业,如多数机械(机床、中型货车)、原料加工、建材业及部分轻工食品和家电业。这类产业,应主要利用市场竞争机制发展专业化和经济规模,适当支持骨干企业,形成有效竞争。第二类是主要以农矿产品为原料的纺织、轻工(如制革)、食品(如罐头)、冶金、石油初加工等产业。由于存在价格、财税等方面的问题,容易出现过度竞争、规模不经济和资源浪费问题,需要通过价格改革和调整财税政策及流通渠道,并结合适当的行政手段,调整产业组织。第三类是基础弱而产业链条长、批量大、规模效益明显的电视机、轿车及轻型车和电冰箱等新兴支柱产业,政府应在理顺价格、税收、进口政策的同时,采取措施支持数家骨干企业发展,并通过骨干企业组织主要零部件的大量生产,以逐步形成有效竞争的合理格局。

(5)流通业产业组织对各方面影响大,受各方面影响也大。从长远看,合理的流通产业组织的基本格局是:多种经济成分参加流通,但至少在批发环节,国有和集体成分是主渠道;各种流通中介机构形成系统,活动规范;批发业将是集中竞争型的,零售业大小企业并存、互相竞争和补充,生产企业自购自销将占一定比例;流通业兼并和企业集团会有较大发展,同时专业化水平会进一步提高;流通秩序规范,但价格和非价格竞争激烈。为达到上述目标,合理的政策将是:将现有国营流通企业承担的政策性业务和经营性业务严格分开,并逐步分离成独立的政策性流通机构和营利性的流通企业,让国营流通企业有条件成为真正的自负盈亏、自主经营的企业;改革价格和财税体制及种种不平等的差别政策,创造理顺流通秩序的根本条件;进一步发展和规范批发市场、工贸交流中心、期货市场、流通信息网络等流通中介机构;严格资格审查,放松进入流通业的数量(包括允许大型流通企业合理业务交叉)和所有制限制;指令性计划商品的流通价格(含环节加费率)应逐步理顺并严格执行国家法规,非指令性计划商品的流通价格应基本放开;鼓励各种形式的流通企业及工商合作的企业集团的发展,同时鼓励提高专业化水平(如作为独立核算企业大型零售和大型批发应该分开),发展为社会服务的仓储运输流通服务企业,生产企业自办购销和流通企业形成合理的稳定分工;分类指导流通业产业组织合理化(如在对流通业经营者资格和经营范围的管理方面,应对批发严,对零售宽);整顿流通秩序,对价格严重扭曲的商品,应当建立流通规则、整顿组织和理顺价格并重,对其他商品则以建立规则和协调组织为主。理顺流通秩序的重点环节,对流通渠道长的大宗商品(如粮食、钢材)是理顺批发业;对流通渠道长而非大宗的商品(如纺织品及各种日用品)是理顺批发业和批发市场;对流通渠道长的农产生鲜食品是批发业、批发市场整顿和组织产供销一体化并举;在售后服务重要的机电产品和耐用消费品是理顺工商关系及合理分工等。

（6）金融业产业组织的主要政策是：国家主要金融机构的政策性业务和经营性业务应严格分开，并逐步分离成独立的政策性融资机构和真正的金融企业；在严格资格、经营范围审查的同时，允许发展企业及集体组织金融机构；允许金融企业业务交叉，重点是鼓励几家大金融机构办好已有的交叉性业务，在各种金融市场上都应有数家较大的金融机构，形成集中竞争型的市场结构；对金融机构及企业的价格、财务管理与监督要严，同时鼓励进行服务质量、服务项目的竞争；鼓励发展以提供金融及投资信息、咨询和财务服务为业务的各种金融市场的中介机构。

5. 建立有效的政策调控体系

（1）调控政策体系有效合理的基础是：有合理明确的产业组织合理化的基本目标和具体目标，基本手段是理顺经济关系、建立规则和信息指导，辅之以适当的直接支持和限制政策。

（2）政策手段必须协调配套。这包含两个意思，一是要有财税、金融、价格、外汇、投资、计划、行政管理等多种配套的手段；二是要根据合理产业组织的基本目标和具体目标，协调使用各种政策手段。

（3）政策法律化，以增加政策的规范性和约束力。目前需要完善和制定商法、企业法（包括对各种特殊企业的专门法规）、国家计划法、特殊事业法或特殊事业法人法（如关于批发市场等各类市场组织机构的法律）、产业合理化法、中小企业法、企业集团和企业兼并管理法规、公平交易法、消费者权益法和价格法。

（4）建立合理政策管理体制。目前，在管理体制方面应做好下述工作：一是协调计委、体改委、物价局、工商局、经贸部等机构的工作。国家计委应从总体和实施产业组织政策的角度，抓好综合性和一些跨部门、跨行业的专业性政策的制定和实施，同时支持指导行业主管部门和地方抓好本部门、本地方的有关工作。二是以物价局为基础，成立国家交易管理局，变主要直接管理价格为兼管价格和市场秩序。在市场秩序管理方面，国家交易管理局和工商局应合理分工。前者主要管理指令性产品价格是否遵守国家法令、交易是否公平、竞争是否合理、是否有不合理的垄断行为，主要的执行依据是价格法规、公平交易法等；后者主要管理是否具有交易资格、违章经营、交易手续是否合法完备，主要的法规依据是商法（含工商管理条例）和合同法等。三是成立管理各类中小企业的专门机构。四是国家统计局建立定期对产业集中、合并、控股、企业下包制等状况进行调查统计的制度。

注释

①市场结构和市场行为都是产业组织理论（Theory of Industrial Organization）中的基本概念：市场结构（Market Structure）是指卖者（企业）之间、买者之间、卖者和买者之间的相互地位的总体特征，主要反映市场的垄断和分散状况、专业化和经济规模水平；市场行为（Market Behavior）是指企业为了获得利润和发展的各种市场竞争和经营、生产活动。产业组织理论及有关概念可以参见 J. S. 贝恩（Bain，1968），植草益（1982）和陈小洪、金忠义（1990）。

②参见《我国技术引进战略和政策的研究》，国家科委综合局（1987）第 309 页。

③关于产品差别的概念，可参见陈小洪、金忠义（1990）第二章。

④关于纤维业价格水平与集中度关系的分析，可以部分证明上述判断。参见本书第十一章第三节。

⑤关于企业集团和下包制，本书第六章和第七章有专门论述。

⑥分包制的迅速发展的背景和作用可以北京为例说明。1978 年到 1988 年，北京郊区乡镇企业容纳从农业中转来的劳力 90 万人，农业劳力占农村劳力比例从 75.5% 降到 45% 左右。1988 年京郊为城市工业分包配套、协作加工的乡镇企业有 2200 家，其工业产值占乡镇企业产值的 40%。

⑦参见夏小林（1990）。

⑧同注释⑦。

⑨关于中国经济效益的变化一直存在不同的看法，用不同指标计算，结果往往不同。但更多的分歧还在于如何理解增长和效益的来源。我们认

为与改革前30年的大多数时间比,效益的确有所提高。但1985年以后,至少资金使用效益是有所下降的。

⑩估计产业的规模经济水平,首先要估计产业的经济规模(MES)。对产业MES及工业规模经济水平估计的方法,对中国代表产业MES及工业规模经济水平的初步探讨,可参见陈小洪、杨振球(1989)和陈小洪、仝月婷(1990)。

⑪详见本书第十一章第四节的分析。

⑫关于中国工业部门规模经济与竞争兼容性较详细的讨论参见陈小洪(1990)。

⑬参见陈小洪(1988)。

⑭国外有关产业纵向结合和横向结合及多角化经营的理论的介绍,可参见J.斯蒂格勒(Seigler)(1989),陈小洪、金忠义(1990)第2章至第3章,克拉克(1990)第8章至第9章。

第二篇 2

专题研究篇

第六章　企业集团与有效竞争

自从有企业以来,其组织形式和联合形式就不断发展变化,从独资、合伙、公司、托拉斯以及卡特尔、辛迪加直至康采恩和日本的企业集团。考察企业组织形式和企业联合形式的历史,就可以发现,包括资产组织形式和生产经营组织形式两方面内容的企业组织形式和企业联合形式,是由企业的生产组织经营方式所决定的;而企业的生产经营方式又取决于生产技术发展水平和市场组织结构。企业集团正是以它特有的组织形式,在保证生产集中、开发集中、投资集中的同时,仍然能够保证各企业的灵活性,提高生产经营效率,成为最富竞争力、最为强大的企业联合组织。无论是在发达国家还是取得成功的后发展国家(如韩国),乃至在国际贸易和世界经济中,企业集团都发挥着无可替代的重要作用。

在国外,企业集团日益引起经济学家的重视。在现代西方企业理论中,企业集团被称作一种介于市场和企业之间的中间组织。一方面企业集团各成员企业是独立的法人,另一方面又通过各种比较稳定的经济纽带形成一定的组织关系。在以企业为主体的市场经济国家,企业集团这种中间组织的出现,是有其必然性的。

在我国,经历了十年的第一轮企业改革,带来了两方面的结果。一方面,对企业经营的动力机制和经营方式的改革,改变了工厂单纯生产的性质,企业初步成为独立的商品生产者和经营者,大大调动了企业的生产经营积极性,给商品经济的初始发展注入了活力,有力地促进了生产和经济的发展。但另一方面,在企业的组织结构上,不可避免地出现了普遍的分散化倾向。因为对企业经营机制、经营方式的改革,主要是把工厂从行政性公司的束缚下解放出来。因此,行政性公司原来承担的行业统筹、规划发展的功能也就随着公司的撤销而消失了。加上下放中央企业、放宽投资权限,旧的规划发展、集中投资方式受到严重削弱,新的体制又尚未形成,每个企业都同时独立承担了生产管理、利润经营和投资发展的责任。由于过去长期受到"条块分割"的局限,企业规模普遍偏小,再加上新产生的投资主体分散,必然是规模小、发展后劲小、投资低水平重复。今后,在继续深化企业经营机制改革的同时,能否解决上述企业组织过于分散的问题,推动企业资产的聚合,发展公司化企业,并以此为核心发展企业集团,优化企业组织结构,就成为决定我国生产发展水平和企业经济效益水平的关键之一。

第一节　西方工业国家及我国香港企业集团的发展特点

美国、日本、我国香港等资本主义国家和地区的企业集团,主要是围绕资本和生产的集中以及多角化经营发展起来的。

19世纪末20世纪初,资本主义世界连续爆发了几次严重的经济危机,造成大批中小企业破产,而实力雄厚的大企业借机大量收购或合并,促进了生产的集中和垄断组织的发展。据统计,到1904年,美国已有445个大型托拉斯,其中石油、糖业、烟草、铜业、冶炼、海运、钢铁七个为特大型。如美国钢铁公司吞并或支配了1528家企业,垄断了全国钢产量的65%,拥有13.7亿美元资产,是美国第一家"十亿公司"。与此同时,由于一批科学技术重大成果的出现,大大促进了电力、化学、石油、汽车等新兴工业的崛起,而建设这些新兴工业的大量投资又需要大银行、大保险公司的支持。因此,通过参与新兴工业建设,金融资本和工业资本日益融合,出现了以金融资本为支柱的大企业集团。在日本以三菱、三井为代表的企业集团,从1907年相继改组了经营组织,建立股份有限公司,借助金融手段迅速扩张公司的实力。到1914年,控制全国公司总资本比例达38.5%的大公司,只占公司总数的0.37%。

1914—1945年的30余年间,爆发了两次世界大战。战争给垄断财团带来了巨额利润,大大加快了资本集中的过程。第一次世界大战前，日本企业的平均利润率只有10%，而到"一战"后的1918年，航运业的利润率竟高达191.6%、造船业为166.2%、棉纺织业为115.9%。尤其是美国，它不仅没有遭受战争的破坏，而且还出现了"战争景气"。从1939年到1944年，工业产量平均增加1.5倍，其中军需生产增加了25倍。"一战"时，政府订货合同70%落入100家大公司手中，如通用汽车公司，"一战"时得到85亿美元的订单，并依靠政府投资开设了100家新厂。另外，第一次世界大战后出现的企业合并浪潮，在1929年经济大危机的推动下达到顶峰。例如，美国福特汽车公司的大规模吞并，使它成了一个包括生产焦炭、钢材等原材料和加工制造汽车，以及掌握运输、销售和金融等全流程、全要素的联合企业。

　　第二次世界大战之后，特别是近20年，科学技术的飞速发展，电子计算机、激光、卫星、核能、生物工程、合成化学等新技术的广泛应用，大大缩短了传统产业和新兴产业自身的更新改造周期。企业为了在激烈的竞争中抢占市场，从开发和改造两方面都对投资提出了巨额的需求。相比之下，只有拥有巨额资金的大企业集团和财团才具有这样的实力，因此中小企业向大集团聚合、大企业和大银行的融合变得更为突出。以我国香港地区为例，虽然企业以中小规模为多，但是资本集中仍然非常高。如1987年上市公司为276家，总市值为4196亿元，而汇丰银行、香港电讯、太古洋行等前十家上市公司的市值总计就为2036亿元，占总市值的49%，到1988年又增长到50.8%。没有这样集中的资本，很难设想香港地区的产业可以和欧美发达地区的产业在国际市场上进行有力的竞争。还有一些大型的企业集团，出于降低经营风险的考虑，将一部分过剩资本投资于与原经营行业具有互补性的行业或地区，从而形成了跨地区、跨国的多角化经营，"从方便面到导弹"就是这种格局的生动写照。

　　由于行业各自不同的特点，市场组织和市场结构也不尽相同。加上组织经营手段的多样化，所以企业集团的组织形态不会完全一样。即使在企业集团相当发达的日本，企业集团也还没有一个公认的定义，但是多数学者对于企业集团应当具有的几个基本特征，认识还是比较一致的：（1）设立经理会；（2）相互持股；（3）互相派遣高级职员；（4）系列贷款；（5）集团内协作；（6）集团整体向新事业领域的扩展；（7）共同的识别物和商标管理；（8）具有综合商社。

由于美国和日本发达的商品经济条件，与我国刚刚开始发育的商品经济有很大的不同，所以企业集团在组织特征和经营方式上，也都存在明显的区别。

第二节　改革前我国企业的组织形式和联合形式

首先需要说明，本节所讨论的企业主要是指全民所有制生产企业。

1. 企业组织形式的主要类型

中华人民共和国成立以后，经过国民经济恢复、苏联经济援助和对私营工商企业的改造，全民所有制企业（或工厂）的组织形式（或称为企业形态）直到20世纪80年代初开始改革时，主要有两类。

一类是大型的联合公司，这类企业大部分分布在钢铁、化工、机电等产业生产规模较大的行业里。其来源，一是通过对官僚资本的没收改组而形成的，如鞍钢；二是在苏联援建的156项重点工程基础上形成的，如一汽、吉化、西电等公司企业；三是20世纪80年代中期，结合国家机构改革，组织了一批工业公司，如石化总公司、有色总公司、煤炭总公司等；另外，在20世纪60年代中曾经在橡胶、医药等行业，组织过全国性的行业托拉斯（在20世纪80年代企业下放时解体）。这类公司，虽然数量不多，但是在重要产品生产中所占份额都比较大。

另一类就是管理工厂生产的行政性公司。中华人民共和国成立后，在国家兴建一批国有企业的同时，在公私合营工业企业的基础上也发展了一批国有企业。由于经济的发展，工厂大量增加，特别是经过"大跃进",计划经济体制出于管理的要求,1961年后在少数大城市开始组织了隶属于当地主管部门的行政性公司,以行政管辖的方式,确定了公司对当地同行业工厂的隶属关系和行使管理"人财物、产供销、党工团"的权利。随着生产的发展,工厂不断增加,行政性公司的数量也越来越多,从大城市发展到中等城市,甚至在一些大城市里还设置了一级公司、二级公司两个级次。在改革前的很长一段时期内,行政性公司管理工厂,是我国企业的主要组织形式。如上海市,到20世纪80年代初,已有行政性公司80多个,覆盖主要产业。

2. 行政性公司的组织特征

行政性公司的企业形态,由若干从事生产的工厂和一个以行政方法管理他们的公司机构所组成。

行政性公司与下属工厂之间的权利、义务,不是依据资产关系,而是按上级指挥下级、下级服从上级的行政隶属原则确定的。工厂对公司承担的责任的依据,不是与占用资产直接对应的资产增值,而主要是公司下达的生产产量和产值等指标。在生产经营活动上,工厂只进行生产,基本不从事经营;生产需要的材料、设备、资金乃至劳动工资、技术投入,工厂均无权自行决定,全部须由上级行政性公司决定并安排,然后由工厂执行;工厂的利润和折旧,基本都要交给公司,不能自行支配使用;工厂固定资产的更新改造和基建、技改投资,都要向公司申报项目计划,经公司审批同意后,由公司下拨资金实施。因此工厂不具备独立、完全的经济核算功能,当然更谈不上法人财产所有权。无论是维持简单再生产还是扩大再生产,工厂都不能自己做主。工厂职工的工资水平(包括厂长的工资和职务),基本不受工厂盈亏的影响。工厂的发展资金,与工厂盈亏也不存在直接对应的关系。实际上是,工厂由国家统负盈亏。

由于工厂都划归"条块"管理,不存在市场经营式的企业协作,所以跨"条块"协作极其困难,"条块"内自我配套协作成为一种倾向,工厂和公司都在追求"小而全""大而全"。对于工厂资产的管理，基本是固定在"条块"上，不存在经营性的资产流动和聚合，只有上级主管部门，对工业布局、行业布局或工厂生产工艺、生产能力进行调整时，才会出现工业改组或企业调整形式的工厂划转或资产调拨。由于不存在市场经营，自然也就不存在市场竞争。工厂之间的比较，主要来自上级公司的安排，即各类评比、检查和竞赛，等等。由于这些评比与职工的利益未能形成直接的对应关系，所以评比、检查往往是走过场。

3. 行政性公司的成因及利弊

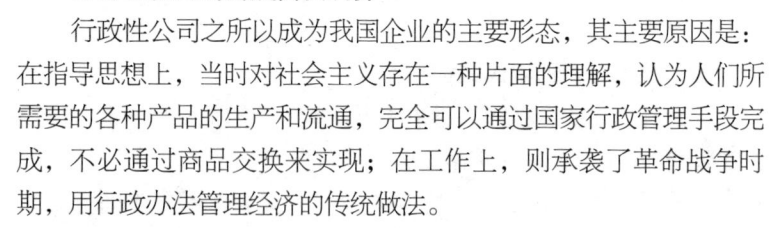

行政性公司之所以成为我国企业的主要形态，其主要原因是：在指导思想上，当时对社会主义存在一种片面的理解，认为人们所需要的各种产品的生产和流通，完全可以通过国家行政管理手段完成，不必通过商品交换来实现；在工作上，则承袭了革命战争时期，用行政办法管理经济的传统做法。

行政性公司的企业组织形式，在一定范围内具有实现资源配置速度快、组织生产速度快的特点。这在中华人民共和国成立初期国民经济的恢复，特别是在核武器、战略导弹研制等方面得到了充分的体现。但是随着经济的进一步发展和经济生活的复杂化，要想进一步提高企业经济效益，行政性公司就显得力不从心，带来了"大锅饭""大而全、小而全"等一系列弊病。

对于行政性公司按"条块"管理带来的弊病，人们很早就有所觉察，也曾经采用过多种解决的办法，其中最主要的，就是企业下放和上收。当企业归"条条"管的时候，为了解决"条条"和地方的矛盾，避免不同"条条"之间的重复建设等问题，就搞企业下放，把工厂从"条条"管下放到地方归"块块"管；一旦"块块"管的问题突出时，如地方只考虑局部利益而造成行业分散，以及"块块"之间形成重复建设等，就再搞企业上收。由于不论是"条条"管还是"块块"管，都未能摆脱行政性的"条块"分割的局面，都未能满足企业生产社会化的要求，所以矛盾始终存在。

第三节 我国企业集团的发展及其特点

只有商品经济发育到一定程度,才会出现企业集团这种企业联合组织。所以,只有对经济体制和不适合商品经济需要的企业形态进行改革,才为企业集团的出现创造了基本条件。前些年,对行政性公司的改革,主要包括两方面的内容。一是确立了企业利益主体,启动了企业经营的动力机制。把过去对企业利润、折旧统收统支,实行统负盈亏的分级核算单位,改为企业折旧、利润依法自留,实行独立的完全经济核算制。实行多收多留,少收少留,职工工资总额与经济效益挂钩。二是改革了企业的经营方式,赋予企业以实现经营的必要手段。过去企业单纯从事生产,产前、产后的组织实施,都由上级行政性公司按指令性计划管理。现在,通过对行政性公司的改革,企业已经初步具备在市场上独立从事生产经营的手段。这两方面的改革,为企业在生产经营层次上形成联合,向企业集团发展,创造了条件。

1. 我国企业集团的发展历程

我国企业集团的发展大体经历了三个阶段。

(1) 1979年至1986年为孕育阶段。改革前,企业分属于不同的部门和地区,生产经营的组织配套采用行政办法,形成"条块"分割的局面。1979年后,通过对企业实行利润留成、1983年的第一步利改税、1984年的第二步利改税、企业扩权十条、下放中央企业等措施,引入市场机制,削弱了对企业的直接控制,打破了"条块"分割,企业出于追求利益的动机,开始转向市场,寻求更合算的经济技术协作伙伴,其主要形式就是企业的横向经济联合。同时,国家在计划、税收、价格、信贷、商业和管理机构等方面,进行了程度不同的改革,为企业横向经济联合提供了必要的条件。并对地方政府规定了"划分收支、分级包干、一定五年不变"和"划分税种、核定收支、分级包干"的财政管理办法,以此确立了地方利益主体，大大激发了地方政府支持企业发展的积极性。由于上下的共同努力，企业横向经济联合大量涌现，为企业集团的产生奠定了广泛的基础。正是在此基础上，出现了一批规模不等的企业联合体，其中一些经过长期的合作和反复的比较，对于相互依存的有效性和重要性有了深刻的认识，为稳定已经形成的经济技术合作关系，特别是未来投资发展上的合作，感到必须结成利益的共同体。因此在各有关政府及部门的支持下，通过企业聚合实现资产一体化，形成公司化企业以及以公司化企业为主体的企业集团。如1981年4月，以第二汽车制造厂为核心，成立了由南方8家地方汽车制造厂参加的"东风汽车工业企业联营公司"并在此基础上迅速扩大，发展为具有紧密、半紧密、松散等不同联合层次的企业集团。

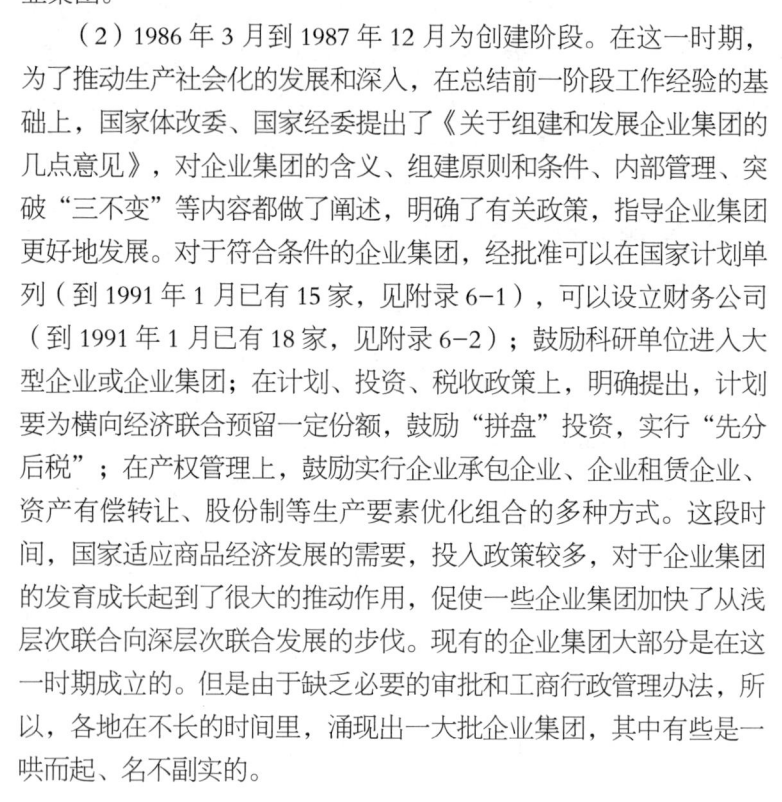

（2）1986年3月到1987年12月为创建阶段。在这一时期，为了推动生产社会化的发展和深入，在总结前一阶段工作经验的基础上，国家体改委、国家经委提出了《关于组建和发展企业集团的几点意见》，对企业集团的含义、组建原则和条件、内部管理、突破"三不变"等内容都做了阐述，明确了有关政策，指导企业集团更好地发展。对于符合条件的企业集团，经批准可以在国家计划单列（到1991年1月已有15家，见附录6-1），可以设立财务公司（到1991年1月已有18家，见附录6-2）；鼓励科研单位进入大型企业或企业集团；在计划、投资、税收政策上，明确提出，计划要为横向经济联合预留一定份额，鼓励"拼盘"投资，实行"先分后税"；在产权管理上，鼓励实行企业承包企业、企业租赁企业、资产有偿转让、股份制等生产要素优化组合的多种方式。这段时间，国家适应商品经济发展的需要，投入政策较多，对于企业集团的发育成长起到了很大的推动作用，促使一些企业集团加快了从浅层次联合向深层次联合发展的步伐。现有的企业集团大部分是在这一时期成立的。但是由于缺乏必要的审批和工商行政管理办法，所以，各地在不长的时间里，涌现出一大批企业集团，其中有些是一哄而起、名不副实的。

（3）1989年后为成型完善阶段。在前一阶段，由于企业集团一定程度上的盲目发展，暴露出来不少问题，所以导致一些人以怀疑的眼光看待企业集团。"十个集团九个空，还有一个不成功"的说法就是一种极端的说法。但到底企业集团是什么？为什么大多数企业集团的作用都不显著？究竟怎样促进企业集团的发育成型、完善提高？需要什么样的配套政策？这些都是大家努力寻求答案的问题。为了解决这些问题，国家体改委在1989年年底曾召开企业集团的组织与管理座谈会讨论上述问题，并把集中后的意见发给各部门和一些企业集团。

这一阶段，由于紧缩经济的大背景，企业集团数量增加的势头趋缓。已有的企业集团开始注重结构的建设和功能的完善。由于现行经济管理体制和企业产权管理制度基本还是"条块"格局，开始出现地方政府以行政权力组织地区行业性企业集团的势头。在工业系统之外的其他行业，如旅游、商业、物资、经贸甚至农业，也都根据本行业的特点，探索适应社会化大生产的企业联合形式，开始组建了一些企业集团。

这一阶段，各地纷纷举办企业集团的研讨会和研讨班，关于企业集团的著作刊物也纷纷问世。对于企业集团的认识，无论是企业界、有关经济综合部门还是理论界都越来越清楚，对于现行体制中妨碍企业集团的"条块"格局，也看得越来越清楚。因此，要求继续深入改革的呼声也越来越高。1990年，国务院安排的主要工作中，其中有一项就是要组织一批企业集团。但目前尚未达到可以顺利进行功能建设、完善结构的阶段。

2. 我国企业集团的现状

至今国内尚未建立系统的企业集团调查制度。仅根据1989年国家体改委对36个省、自治区、直辖市、特别行政区以及计划单列市的调查资料（县级以上工商管理机构进行登记的企业集团有1630家），对企业集团的现状做了些初步分析。

（1）从地区分布看，1630家企业集团多分布在沿海及经济发达的省份。仅广东、上海、辽宁、江苏四省市就占了全部的40%，再加上天津和山东，就占了总数的50%以上。

（2）从行业分布看，机械占17.3%，比较重要的有解放、东风、中国重型三个汽车工业联营公司；上海、哈尔滨、东方、西电、东北输变电共五个电站成套设备、成套输变电设备集团；济南白马、南通等机床集团；还有重庆嘉陵、洛阳一拖、洛阳轴承、大连制冷、长江动力集团等。

轻工行业占10.6%，比较重要的有广州万宝、苏州斯加、湛江半球电器集团；凤凰、永久、飞鸽、金狮、五羊自行车集团；天府可乐、杏花村汾酒、贵州贵安等饮料、酿酒集团。

纺织行业占7.8%，比较重要的有上海康达、上海申达、常州蝶球、太平洋色织、石家庄纺织装饰、湖南苎麻等集团。

电子行业占5.28%，其中比较重要的有中国长城、山东浪潮、长江计算机集团；振华、深圳赛格、河北环宇、厦门华夏、南京中山、熊猫等电子集团。

在军工企业还出现了黄河、长风等成功实现军转民、军民结合的企业集团。

另外，在其他行业比较重要的还有宝钢、首钢、中国远洋、长江轮船、中化进出口、招商局、胜利陶瓷、哈尔滨医药、广州白云山、苏州物资、北京东安、国旅、中旅、青旅、上海锦江、新型建材、华能、中信等企业集团。

（3）从资产组织形式上看，其中只有约20%是比较规范的企业集团，其他都是以联营公司作为联系纽带的企业联合体。

所谓规范的企业集团是指：以实力雄厚的母公司（集团公司）为核心，以若干具有特定生产经营优势的子公司为主体，以富有远见的经营发展战略为主导，通过多种资产、经营组织方式，凝聚了众多的企业，从而显示出整体经济实力和发展动向的企业联合经营组织。

联营公司是指：若干生产经营具有互补性的独立企业及科研、设计单位，出于取长补短、发挥群体优势的目的，各自出资共同组建了一个以协调生产经营活动为目的的公司企业。

（4）从集团成员企业的联系纽带来看，主要有以下四种类型。

一是以资金为联系纽带。这种企业集团有的是通过兼并实现资产一体化，有的是实行股份制。这种集团不多，但代表了发展方向。首钢公司先后兼并了国内16家企业，并出资购买了美国麦斯塔公司51%的股票，开始向综合型集团发展，现有钢铁公司、机械工程公司、建筑公司、电子公司、开发总公司等。深圳赛格集团是以电子产品为主的综合性集团，现有成员企业158家，其中独资企业21家，参股控股企业80多家，总投产为10.7亿元。招商局有独资、合资子公司350家，横跨航运、工业、房地产、国际贸易、旅游服务等行业。

二是以主导产品的生产技术协作为纽带。二汽集团有成员企事业单位201家，分布在24个省市，跨14个部门。他们以东风牌汽车系列为龙头，形成了专业化协作配套网络。在201个企事业单位中，生产底盘和组装整车的14家，改装专用车的64家，纵向扩散20家，横向配套34家，提供社会维修配件的62家，后方生产6家，科研单位1家。这类集团形成最早、数量最多、分布地域最广，也比较稳固。轻工家电及纺织行业如万宝电器、长城电扇、康达卡其、熊猫电子集团等。

三是以技术开发为纽带。有的是以科研单位为主体，联合生产企业。如科理高技术集团，就是由科学院的研究所牵头，联合了科研、生产、销售等25个单位组成，其中研究设计单位12个，科技人员占全体职工近1/3。有的是以生产企业为主体，联合科研单位，这类集团植根于技术密集型产业，能够迅速地把科研成果转化为商品。

四是以成套项目为纽带。哈尔滨、上海、东方三个电站设备成套公司都是以锅炉厂、电机厂、汽轮机厂及相关的科研单位为主体，承担设备成套设计、制造供应、安装调试、售后服务等大型系统工程或项目成套承包。洛阳矿山机械成套公司、西安电力机械制造公司、东北输变电设备公司都属于这一类。这类集团在开拓国际市场方面潜力很大。

3. 目前我国企业集团的主要特点

（1）对政府依赖程度高

目前企业集团靠自身的力量，完成资产聚合、壮大实力相当困难。如果政府看准一些有经营能力的企业，以此为核心，应用行政权力，采用划转企业的办法壮大核心企业的经济实力，就会取得显著的效果。如广州万宝电器集团，广州市为支持它，把原属二轻局的洗涤器具公司、压缩机公司、家电公司等企业以入股的方式划给万宝，并为了保证万宝的自主经营，把万宝公司从二轻系统划出来，直属市经委领导。结果，万宝这个在1981年只有二三百人的二轻机修厂，经过七八年的努力，年产冰箱过万台，占全国冰箱产量的1/7，成为世界最大的八个冰箱企业之一，1990年冰箱出口量占全国的89%。

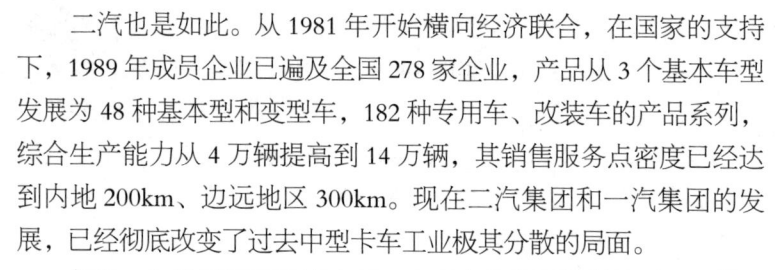

二汽也是如此。从1981年开始横向经济联合，在国家的支持下，1989年成员企业已遍及全国278家企业，产品从3个基本车型发展为48种基本型和变型车、182种专用车、改装车的产品系列，综合生产能力从4万辆提高到14万辆，其销售服务点密度已经达到内地200km、边远地区300km。现在二汽集团和一汽集团的发展，已经彻底改变了过去中型卡车工业极其分散的局面。

但是，如果得不到政府支持，在生产条件和财税管理上，得不到帮助，企业集团是很难发展起来的。很多企业集团就是由于这个局限，无法跨地区、跨行业得到发展。

再有，由此而形成的结果是，实现生产经营的联合容易，实现资产的联合难；受行政管辖的制约作用强，地区内联合容易，跨地区联合难。

（2）联合经营的意识和行为都不成熟

首先，企业集团中联营公司占的比例很大。联营公司的大量出现，说明大家确实都有取长补短、联合经营的需求和愿望，但是对于如何制定符合共同利益的市场经营战略、实施方针和组织措施却缺乏考虑，对于公司现有的经营方针，能否给自己带来利益或损失也没有把握，对于联合议决、委托经营也很不习惯。所以相当大一部分联营公司在董事会议事规则里，都采用了协商一致才予以通过的原则，这实际上使每个成员企业都拥有否决权。这种乍看起来平等的原则，在实际经营活动中，只会起到严重的阻碍作用。

其次，有些联营公司在组建前，没有就市场经营战略、实施方针及经营组织措施取得共识。因此人员、资金到位之后，没有起到组织协调经营的作用，只是在为联营公司的自身生存而忙碌，有的甚至沦为倒腾紧俏产品的"小倒"。在联营公司里，还普遍存在核心企业不突出、主导作用不强、组织经营手段软弱无力等问题。所以，无论是联合经营的手段、功能及方式，还是实际的经营效果，都没有表现出企业集团的本质特征。当然这里面也有少数搞得比较好的，如北方水泥机械联营公司，抓住了"泾阳窑"这一改造小水泥的成套技术，通过公司的组织协调，不但创造了很好的社会效益，同时也给成员企业带来了很好的经济效益。

再次，已经组织了紧密层企业的企业集团，其功能分层的母子公司体制也还有待建设。不少人对于核心企业和紧密层企业之间应有的母子公司的资产权益概念搞不清楚，对于资产经营、资产管理的内容不熟悉，或是以总分公司的托拉斯体制代替母子公司体制；或是以过去的行政性公司管理工厂（独立企业）的办法对待紧密层企业。因此生产管理、利润经营、投资发展三项企业主要功能，分别归置于不同结构层次，企业的公司化体制实现不了，核心企业起不到经营决策、投资决策和投资中心的作用。

还有，企业集团的经营发展战略的重要性往往没有得到应有的重视。一个企业集团能否得到迅速发展，由弱变强，由小变大，关键在于集团的核心企业是否掌握了富有远见的经营发展战略。这种战略包括三个方面的内容：一是能预见未来市场需求、市场经营方式以及生产工艺技术的变化趋势，为适时推出新产品、调整工艺设备和生产经营组织方式，预先做好铺垫；二是保持经营特色；三是能根据未来生产经营组织方式的变化，预先找到调整成员企业利益关系的办法，从而使成员企业都能通过集团的生产发展，不断获得新的发展和新的利益，使集团日益巩固、发展和壮大。

最后，核心企业的开发能力需要着力培育的重要性往往被忽视，对于松散层企业来讲，能够吸引他们的一是集团开发出来的新技术、新产品和新市场，二是资金和原材料。集团只要不断掌握着一批开发成果，就等于始终掌握一批别人的企业为集团所用。尤其是目前，生产能力过剩的中小企业大量存在，可以让集团以较少的投资，开发出适销对路的技术或产品，并以此作为支配性经营手段，吸引松散层企业进入集团的生产经营体系，从而节省大量用于发展生产规模的投资。这种高效益的经营方式，不少企业集团还没有掌握。

（3）企业集团的组织能力较弱

目前组织比较成功的企业集团，大多具有下面两个特点：一是产品可以分解为若干零部件生产，或是可以在工艺流程上分段生产；二是生产的多是最终产品，产品被客户买走后，就可以直接使用（如汽车、机床、电视机、电冰箱等）。而不符合这两点要求的产品生产，则不容易形成企业集团。这说明，我国企业集团的组织能力尚处在初级阶段。

目前我国的企业集团，大多数是在生产上升时期形成的，而在生产下降时期形成的集团却很少。这也说明，我国企业集团的组织能力较弱。而发达工业国家，在生产下降时期，正是企业兼并、资产聚合的大好时机。

4. 我国企业集团的作用探索

从这些年的实践来看，无论是哪种类型的企业集团，只要建立起合理的内外部关系，与集团组成之前相比，都发挥了群体优势，显示出明显的积极作用。

（1）实现专业化改组，优化企业组织结构，形成规模经济。以汽车行业为例，过去除西藏、宁夏外，各省都有汽车制造厂，整车厂多达114个。解放、东风、重汽三大集团形成后，各个小厂围绕着三大集团进行专业化生产，优化了企业组织结构。目前解放、东风集团汽车生产量已占全国中型卡车生产总量的90%以上。由于专业化协作程度不断提高，东风5T车的自制率已由70%下降到60%。

（2）一批生产发展快、产品质量好、技术水平和管理水平高的集团成为行业的骨干力量，有的已经发展成为具有一定竞争能力的外向型企业。如深圳赛格电子、万宝电器、环宇、熊猫电子等集团，不但随着产品的大量出口，在国外建立了销售网，而且已经在海外办厂和合办技术开发公司，甚至与国外金融企业建立了良好的合作关系，开始向跨国公司和国际商社的方向发展。这将为吸收国外先进技术，跟上世界科技进步的发展起到重要作用。深圳赛格集团从借船出海、买船出海，发展到立足海外，在国外建立自己的销售网点，打开国际市场。1988年该集团出口产值12亿元，外销收入2.1亿美元。万宝电器集团以家用电器系列产品大规模出口创汇为主要目标，发展外向型经济，1988年创汇总额达1.2亿美元。环宇集团坚持出口导向的经营战略，产品质量全部采用国际标准，环宇牌电视机现已销往英国、荷兰、德国、比利时、卢森堡等国。熊猫集团为发展出口创汇的名牌产品，建立了出口产品快速反应室加速出口产品的试制和投产。

（3）促进了科技与生产相结合，提高了集团的技术水平和生产水平。集团一方面发挥群体优势，组织成员企业联合开发、统一引进，加强了技术改造、技术开发的能力；另一方面吸收科研单位参加企业集团，或是与科研单位、高等院校合办科技开发机构，进行项目合作。这两方面的工作，使企业集团的技术开发能力普遍得到了提高。如厦门华夏集团与机电部12个科研所合办了分所，从事新产品开发，科理高集团承担了国家"七五"多个攻关项目，集团的五大类产品，许多达到国内先进水平；中山集团发挥群体优势，承接了大型综合技术研究开发项目，为济南、杭州机场和大连港口建立了运输管制工程。

（4）提高了企业在国际市场上的竞争力。哈尔滨电站设备成套公司，承包了巴基斯坦三项21万千瓦电站的交钥匙工程，将为国家创汇2亿美元；中国矿山机械成套制造公司，承包了巴基斯坦的两个水泥厂；上海电气联合公司今年承接了由世界银行贷款，通过国际公开招标的上海吴泾电厂两套30万千瓦机组项目，还有伊朗四套12.5万千瓦电站工程，将为国家创汇4亿美元。一套发电设备出口，除主机外，还有大量的配套设备。出口1亿美元的设备，可以带出1.2亿美元的辅机设备，可以把一些没有条件单独出口的机电产品推向国际市场。

（5）军工企业通过组建企业集团，顺利走上"军转民、民保军、平战结合"的轨道。如黄河机械厂，原是生产雷达的工厂，通过组建企业集团，发挥它在机械电子方面的技术和设备优势，很快研制出电视机、电冰箱等民用产品投入批量生产；反过来又用民品生产创造的利润，维持2/3的技术人员坚持开发军品技术，保证军工技术始终处于高水平，从而实现了生产以民品为主，技术以保军工为主，"平战结合""军民结合"的发展方针。又如振华电子工业公司发挥群体优势，开发生产了一批高技术产品，很快地实现了军转民的任务。

第四节　我国企业集团工作存在的主要问题及解决途径

1. 形成企业聚合的主要困难

组织企业集团的关键在于建设其主体企业。主体企业是指在组织集团整个生产经营活动上发挥核心主导作用的母公司，以及在集团中由形成生产经营骨干的子公司共同组成的公司化企业。

只要主体企业形成，企业集团的完善成型、发挥作用，基本就只是时间的问题，如果主体企业建设不起来，企业集团再大也难以发挥作用。主体企业形成具有一定实力的母子公司体制，单纯依靠企业自我积累，需要花费很长时间，如果可以通过企业聚合的方式则会快得多。从理论上讲，全民企业的资产为同一所有者，依据经济发展的需要实现聚合，本应不是难事。但实际上却出现了拒绝聚合、难以聚合、拒绝功能归位、违理聚合四种情况。

一是现在有些企业，生产效率很低，但却占据了大量的资产和生产资料。有些经营效果很好的企业急需发展，但缺少新增的生产条件和资金。这两种企业完全可以通过企业联合，大大提高现有企业资产的效率和社会效益。但往往由于劣势企业或主管部门负责人的种种非经济思想作怪，使得企业联合很难进行。此属拒绝聚合。

二是相当大一批企业愿意进入已有的企业集团的主体企业，或是组织新的企业集团的主体企业，但碰到了管理体制上的困难，特别是跨地区、跨部门的。此属难以聚合。

三是多数聚合进入主体企业的企业，不清楚本企业在公司化企业内的结构层次及功能。有上缴资产收益义务的子公司不愿意上缴；有收取资产收益权利的母公司，不敢理直气壮地去收取；该决策的也不敢决策，怕落下侵犯企业自主权的罪名。此属拒绝功能归位。

四是有些领导，不顾企业实际的生产经营需要和内在的经济技术联系，硬把企业聚合在一起，甚至有些还搞政企合一，也称之为组织企业集团。此属违理聚合。

2. 产生问题的原因

产生上述问题的主要原因有经济体制、法律和思想三个方面。

（1）目前缺乏适合商品经济需要的产权制度。我国现有的产权管理办法，是在中华人民共和国成立后三十年的时间里逐渐形成的，其核心内容是全民企业连同资产，基本固定在"条块"上管理。现有的全民企业资产管理办法存在严重缺陷，即资产占有责任空位，占有资产可以不负经济责任而不受处治。也正是这种原因，才出现了在经济紧缩时期本应可以通过企业大量合并完成产业结构调整，但实际却没有多少动作的现象。这也表明，在前十年进行的企业经营机制改革，虽然在动力机制上做了很多工作，但在建设以资产收益为中心的约束机制上，却未能配套进行。由于以前长期实行计划经济，所以既不存在市场竞争，也不存在企业资产聚合这类市场行为。只有上级有关主管部门为了调整工业布局或是企业的生产能力时，才会出现企业划转或资产调拨形式的资产转移。所以，包括所有权和经营权的界定、各自的功能及表达方式、占有责任及获利方式、让渡方式及程序等内容在内的适合商品经济需要的全民资产产权制度，基本还没有形成，原有全民企业资产的管理办法，基本没有改变。因此，跨"条块"实行企业资产聚合相当困难。

其次是现有生产管理体制和财税体制的局限。过去长期实行高度政企合一的计划经济，企业生产条件的配套供应、国家的财税管理、企业资产的管理，都通过"条块"行政系统实行。这个格局目前基本没有改变。虽然有些地方产权可以转移，但是由于生产条件的配套供应（如信贷资金、基建投资规模、劳动工资等），国家财税管理仍然基本固定在"条块"上，所以企业资产的流动聚合，最终还是很难进行。只有那些完全依靠市场的小型乡镇企业、个体和私营企业，由于在上述方面基本没有进入原有的经济体制，所以资产流动起来还算没有什么妨碍。

（2）现有的《民法通则》和《企业法》作用的对象都是集生产管理、利润经营、投资发展于一身的分散化企业，而母子公司类型的公司化企业，没有被包括进去。因此母子公司内部特有的资产权益关系，企业三种主要功能分层归置的结构得不到法律的承认和保护。目前不少企业自觉不自觉地采用了"倒旗联合"的形式，以总分公司体制来替代母子公司体制，避开了这一法律障碍。但这样一来，容易束缚子公司的生产经营灵活性、积极性，或是增加了母公司的经营风险。

（3）对于把企业从行政性公司的束缚下解放出来之后所带来的企业分散化倾向，如何去解决，目前有一种错误的看法。认为还是以前那种行政集中管企业的办法好，管得顺手，效果显著。所以非常愿意通过组织企业集团的名义，再用行政手段把企业集中起来管理。其实，行政办法管企业，无论是"条"管还是"块"管，已经重复多次了，事实证明全都难以解决问题。因此需要重新探索一条在商品经济条件下，既能调动企业的生产经营积极性，又能克服企业分散化、优化企业组织结构的企业形态、企业联合方式和相应的经济管理体制。

3. 实现资产聚合的一条途径

经过十年改革，我国已经从长期实行的计划经济开始转向有计划的商品经济，而且已经取得了可观的生产发展和经济发展效果。

但是同时还需要清醒地看到，目前已经初步实现的商品经济，从企业组织结构角度分析，还只是属于低水平的小生产。要想实现四个现代化，赶超世界发达国家，不把初步实现的生机蓬勃的小生产商品经济，发展成为社会化大生产的商品经济，是没有希望的。而完成这一转变，离开发育公司化企业以及以此为核心的企业集团也是办不到的。因此需要进一步改革已经开始改革的经济管理体制，不但仍然要满足一般企业摆脱行政性公司而发展生产的要求，同时还要满足公司化企业发育成长的要求，逐步为企业组织结构的优化创造条件。这项工作将是一个长期的任务。

为实现企业的紧密联合，目前已经出现了不少方式，如企业承包企业、企业租赁企业、横向联合式的合股经营等。但对于彻底实现企业资产聚合、形成公司化企业，还有很大差距。

根据各地成功的实践经验来看，首先需要制定企业资产、生产条件、财税收入在全国范围内可以划转的办法，为企业资产跨地区、跨部门地聚合创造条件。既然南通机床股份有限公司（集团）能够在南通市范围内实现，在全国省市之间实现划转也应有可能。从现实情况出发，"划转"是对现行经济管理体制触动最小而又能满足企业聚合、发育公司化企业的有效办法。

目前国有资产管理局正在组织集团公司国有资产授权经营试点，通过这项工作，一是可以对企业经营机制改革补充资产占用责任的内容，加强资产约束，以利于推动资产流动；二是以授权经营集团公司的章程，为母子公司的形成做一些法律准备。正在制定的《有限责任公司法》也可以对这些内容做出相应的规定。

附录6-1　国家计划单列的企业集团名单（至1991年1月）

解放汽车工业企业联营公司
东风汽车工业企业联营公司
中国重型汽车工业企业联营公司
中国第一拖拉机工程机械联营公司
长城计算机集团公司

长江计算机（集团）联合公司
中国新型建筑材料公司
中国非金属矿工业总公司
哈尔滨电站设备成套公司
上海电气联合公司
中国东方电站成套设备集团公司
西安电力机械制造公司
东北输变电设备公司
中国振华电子工业公司
中国嘉陵工业股份有限公司（集团）

附录6-2 设立财务公司的企业集团名单（至1991年1月）

解放汽车工业企业联营公司
东风汽车工业企业联营公司
中国重型汽车工业企业联营公司
长城计算机集团公司
中国东方电站成套设备集团公司
西安电力机械制造公司
中山集团
北京四通集团公司
中国华能集团公司
中国有色金属工业总公司
上海锦江（集团）联营公司
中国石油化工总公司
中国化工进出口总公司
华诚纺织联合公司
北方有色金属黄金联营集团
湖南有色金属财务公司
中国科技财务公司
深圳特区发展公司

第七章 大、中、小企业合作的一种基本关系：系列分包制*

系列分包制是指我国企业集团（也包括其他联合体）中不同规模企业之间的半紧密和松散联合两种形式，或统称为非紧密联合层（非紧密联合形式）。为在产业组织政策的研究中，对上述名称有统一的、较为规范且易与国外学术界进行交流的界定性说法，这里把它们称为系列分包制。

系列分包制是改革开放以来，迅速生长、初具规模的整合、协同我国大、中、小企业关系的一种基本形式。与日本著名的"下承包制"很相近，体现着"混合交易形态"与"垂直分工"[①]。我们认为，在我国产业组织的合理化过程中，系列分包制以企业重组十余年的资历表明，自己具有特殊的实践地位和政策地位，在中、下游产业中具有更为广泛发展的潜在可能性，需要我们给予更多的关注和政策投入，以及时、顺利地引导其成长为产业组织合理化的主要支撑点之一，并成长为产业结构调整诸项机制中发挥重要作用的一个部分。

本章分四部分：（1）产业组织基本状况与系列分包制；（2）系列分包制实例分析；（3）系列分包制与日本下承包制（日文原义为"下请制"）；（4）结论和政策建议。

---

* 参加本章研究的还有：王奋宇、胡欣欣、张惠。

第一节 "二重结构"的基本格局和系列分包制

我国产业组织的"二重结构"状态在逻辑上已经对大、中、小企业之间系列分包制的重要位置给予肯定。但是,有关政策方位的准确选定还有待各方面形成进一步的共识。

1. 产业组织规模结构的基本特征及合理化的三项任务

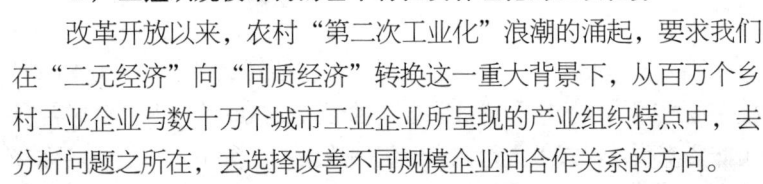

改革开放以来,农村"第二次工业化"浪潮的涌起,要求我们在"二元经济"向"同质经济"转换这一重大背景下,从百万个乡村工业企业与数十万个城市工业企业所呈现的产业组织特点中,去分析问题之所在,去选择改善不同规模企业间合作关系的方向。

1978年,我国工业企业总数中,大企业占0.35%,中小企业占99.65%,中小企业在企业总数中占的比重已超过"高速增长"时期的日本。这时乡村工业尚未充分发展起来。1985年,大、中、小企业的主要指标见表7-1(表中数字不含乡村企业)。1986年,乡村工业企业总数为858684个,工业产值1785.48亿元,职工人数2896.25万人。如将这些数据并入表7-1相应栏目计算,我国中小企业特别是小企业所占比重将大大提高。这反映了农业人口向非农产业转移过程中,中小企业的发展趋势及作为转移人口载体的重大作用,无须赘言,大企业与中小企业(尤其是与乡村中小企业)比较,再生产条件是向大企业(和中型骨干企业)倾斜的。

表7-1 大、中、小型工业企业在工业中的地位(1985年)

单位:%

项目	企业单位数	工业总产值(1980年不变价格)	职工平均人数	固定资产原值	全部资金	利税总额
大型企业	0.54	28.06	18.61	44.76	42.00	42.42
中型企业	1.25	18.52	14.74	21.24	22.84	19.83
小型企业	98.21	53.42	66.65	34.00	35.16	37.75
中小企业合计	99.46	71.94	81.39	55.24	58.00	57.58

资料来源:国家统计局,《中国统计年鉴1987》,中国统计出版社。

统计资料还表明,在我国产业组织的"二重结构"中,一般集中度和中、下游多数产业的集中度水平都不高。中、下游产业的非规模化问题突出,在新兴机电产业中更是如此。

而且,由于各规模、各性质企业市场进入程度反差大,企业之间缺乏西方经典意义上的垄断与竞争关系(以及寓于二者之中的某些协同机制),产业组织的运作仍囿于双轨制的框架之中。[②]

面对这种状况,舍掉体制因素不论,我们起码还面临三个纯组织改造意义上的基本任务:第一,在适合大批量生产的产业中,特别是在中、下游产业中,推动大企业的形成和现有大企业的扩展,并发展大企业体制(即以各种中间组织的方式促进大企业之间的协同化);第二,与此同时,推动零部件、元器件等中小企业与大企业(和中型骨干企业)建立融交易、组织关系于一体的混合交易和垂直分工,以形成大、中、小企业之间有序的社会分工体系,发挥大企业的组织作用,稳定中小企业经营,实行高度专业化生产;第三,对适合中小企业独立经营的行业,也通过适当的中间组织方式发展其相互间的协同化,或加强其独立经营的素质。

2. 企业重组的实践

有关研究表明,在1986年已经形成了景气产业中的大企业(和中型骨干企业)同中小企业,特别是同集体、乡镇中小企业横向联合的基本格局[③]。区域分布特点是集中在我国中部和东部。西部的发展不明显,这与我国工业企业布局是相对应的。企业横向联合的方式基本上是非紧密型联合,其中半紧密联合与松散联合比较,后者占有更大的比重。系列分包制此时已初具规模,成为企业横向联合实践中最具普遍性的实绩。这之后,同规模企业的联合,如大企业之间、中小企业之间的各种联合体也有了较明显的发展。这些联合体(包括企业集团)大都属于中间组织这一范畴,资产一体化的不多。显然,这种呈现了结构特点的局面,原则上论证了上述组织改造三项任务的客观性和可操作性,且预演了中国产业组织合理化过程的基本结构特征,及合理化目标的结构特征。

3. 政策和舆论导向中的问题

在企业横向联合运动已经催发了产业组织合理化的若干基本生长点时，政策反应有一定滞后，舆论的焦点亦有不清之处需校正。例如，政策目标是建立"一批企业集团和联合体"，没有体现出产业组织政策依企业规模差别而要求区别对待的结构性特点。再者，"企业集团"一词概念模糊。起初的定义，让人弄不清它是指正规组织（如公司，这在欧美国家通行），还是指中间组织（如日本在"二战"后的企业集团）。近年来，其定义明确了它既具有正规组织的内容，又具有中间组织的内容。这比先前是进步了。但是，就企业集团内的中间组织（非紧密联合层）来讲，它就在许多不叫企业集团的联合体中存在。这一定义，在统计、研究和中小企业政策单元设计上，仍有诸多不便之处。又如，一种提法是急于变企业集团为公司，重蹈苏联东欧国家20世纪五六十年代的老路。在这些偏差下，不同规模企业之间的系列分包制形式受到一些冷遇是很自然的事了。

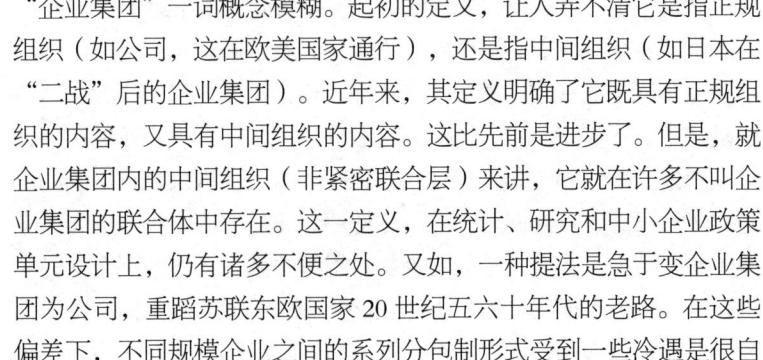

4. 对产业组织合理化中系列分包制特殊功能的价值判断

经济史和经济理论均表明，一个国家从"二元经济"转为"同质经济"时，大量中小企业的出现具有普遍性。我国20世纪80年代乡镇企业的风起云涌就是一个例证。在这一转换中，不处理好中小企业问题，政府和社会将在经济、政治上付出过高的代价。在一个资源短缺的人口大国中，面临大量农业人口从农业中游离出来需要就业而言，问题的尖锐性更加显著。日本的企业下承包制是解决这种性质问题的成功之举。中国企业"无师自通"，在改革中创造的系列分包制也具有此种功能和价值。这里，我们以简洁的方式将其功能的价值表达如下：

（1）在资金紧张、资源短缺的环境中，帮助大企业（或中型骨干企业）以非兼并、非合并的中间组织形式扩大企业生产规模，充分利用既有的、分散的资金存量，节约投资和时间；

（2）提高一批中小企业在产业结构升级、经济外向化中的地位和作用，提高它们的素质；

（3）整合、协同农村工业与城市现代工业体系的关系，便于农村人口向非农产业转移；

（4）整合、协同城市工业中的大、中、小企业的关系，改善中小企业经营环境，缓解城市化过程中的中小企业大量涌现的矛盾；

（5）形成大、中、小企业之间特殊的技术传递链和专业化生产方式；

（6）塑造适应"二重结构"的分层竞争模式，有利于建立市场秩序；

（7）形成宏观调整，形成产业政策实施中的微观新支撑点；

（8）在产业结构调整、要素重组中，主要是在存量调整和利用中，增添中间组织机制发挥效能的空间，减少存量调整中的埋没费用、失业等企业成本和社会成本，更充分地发挥增量资本对存量资本的组织利用作用；

（9）沟通发达地区与不发达地区的关系；

（10）有利于改变"全能厂"的企业组织，发展专业化生产；

（11）有利于发展地方工业；

（12）有利于经济外向化；

（13）带动中小企业内部系列分包制发展；

（14）适合以非彻底市场化为特点的经济体制改革目标。

以上诸点中，核心问题是系列分包制以特殊的方式整合了大、中、小企业的分工协作关系。

我国产业组织的规模结构特点，使中小企业问题成为现代化过程中一个棘手的难题。大、中、小企业的系列分包制提供了在一定范围内处理好该问题的生长点。

第二节 实例分析

以上对大、中、小企业之间的系列分包制在产业组织整合中的特定位置、发展现状作了一般描述。以此为背景材料，这里参照国外有关方法,对这种企业联合形式进行实例分析。侧重点在于证实系列分包制所呈现的混合交易形态与垂直分工关系,并顺便为前述价值判断提供部分经验观察的窗口。

1. 对北京人民机器厂的初步调查

1989年5月,我们采用问卷、访问方式在北京人民机器总厂进行了系列分包制试调查。

北京人民机器总厂,是国内生产胶印机的大企业。市场占有率70%。总厂有外贸经营权,1988年创汇152万美元。它不是"企业集团"或其他称谓的联合组织。1978年总厂零部件生产向城乡中小企业扩散,至1988年形成11个乡镇企业的固定协作点,其中1个是合资;另外10个有投资,有技术、设备投入(设备在1985年以前是免费使用,1985年以后按综合折旧率收取租金),这种第一层次的协作企业是半紧密型联合。第二层次的协作企业属松散联合型,有40多个。这50多个中小企业,是总厂在数年中从200多个中小企业中挑选出来的。契约形式为一年期的短期合同或长期合同(协议),关系较为稳定。目前的协作企业一般能接到连续订货。双方都有长期合作意识。

总厂的固定资产原值为9598.4万元,中小协作企业资产总计为3000万元。1988年总厂产值中协作企业完成加工部分占18%,占创汇额的15%。由乡镇小企业实现进口替代的零件占有了一定的比重。

总厂的协作企业大部分是乡镇企业。北京地区的协作企业占98.6%,外地占1.4%;全民企业和城市集体企业占1.1%,乡镇企业占98.9%。

总厂选择建立协作关系的理由(前三位)依次如下:

(1)可以提供资金、厂房、土地、设备、劳动力;

(2)可以缩短扩大生产、提高市场占有率的时间;

(3)可以集中力量在总装、主要零部件生产上。

其他理由是:(1)中小企业有专门技术;(2)订货单价比市场价便宜;(3)可以节约市场采购费用、企管费用、工资等成本

（4）总厂小批量生产不方便；（5）中小企业为争取订货展开的竞争，可以在一定程度上保证产品质量、价格和交货期。

总厂认为，不同类型的协作企业对协作关系的重视程度有区别：外地企业比本地企业更重视；乡镇企业比城市企业更重视。

总厂对协作企业的支持内容有：（1）技术指导；（2）优惠提供设备；（3）派企业管理人员（临时或长期）；（4）派质量检查人员；（5）部分或全部解决原材料；（6）利用总厂内贸渠道；（7）利用总厂外贸渠道；（8）带动主管部门支持中小协作企业；（9）帮助中小企业进行设备维修。其中技术指导的主要内容是：（1）质量管理；（2）开发适合总厂的新产品；（3）生产方法的改进、设计；（4）传授技术诀窍。到1988年，总厂认为由于自己的帮助，中小型协作企业的产品质量"有所提高"。

在与中小企业的交易中，双方以协商方式定价，价格低于市场价。总厂要求中小企业降低成本，一般都能实现。

在我们列出的6项双方容易发生矛盾的方面（限选2项），总厂选择的是"价格"和"质量"。我们列出5种关于处理矛盾的方式，总厂只选择了"企业间协商解决"。

我们设计了一个问题——"是否需要国家的产业政策中，设立专门鼓励、支持发展中小协作企业的政策单元，如制定专门的政策条文、法律，建立专门机构和融资组织"，总厂选择了"需要"的回答；对三种需求程度（很迫切，不太迫切，不迫切），总厂选择的是"很迫切"。

被调查的小企业均系乡镇企业。在这部分企业中，100人以上的小企业占1/3，100人以下的小企业占2/3。2/3的小企业协作期平均为5年，协作件占本厂产值的100%，与总厂以一年期以上的合同或协议发生交易关系。建立这种长期交易关系是有竞争的，2/3的小企业认为本厂碰到了4～5家，甚至10家竞争对手，这表现了总厂享有的买方支配权和分层竞争。

小企业选择协作关系的理由如下：（1）可以得到连续订货、工作量稳定；（2）订货批量适合本厂条件；（3）可以集中力量于专业化生产；（4）可以得到原材料（部分或全部）；（5）提高在金融机构的资信度；（6）可以得到技术指导。2/3 的小企业均把"能得到连续订货"的理由放在首位。

在连续性的交易中，2/3 的小企业认为本厂资金利润率比以前"提高"了。1/3 的小企业在进入这种协作关系之后，由总厂提供图纸进行了产品结构调整。

小企业得到总厂帮助的内容是：（1）技术指导；（2）介绍新生产方法；（3）连续接到订货单；（4）提供贷款；（5）派企业管理人员（短、长期）；（6）使用主导企业商标；（7）使用主导企业内贸机构；（8）使用主导企业外贸机构；（9）提供原材料（部分或全部）；（10）得到计划内项目；（11）优惠提供设备。2/3 的小企业均把"技术指导"列在首位。

小企业得到技术指导的具体内容是：（1）质量管理；（2）提供新产品工艺；（3）生产方法的设计、改良；（4）设备改造；（5）提供新技术情报；（6）培训技术骨干；（7）派技术工程人员到总厂（短、长期）。

小企业在总厂帮助下获得的收益，1/3 的小企业认为产品质量、经济效益"明显提高"，2/3 认为"有所提高"。协作小企业中，有 1/3 的企业因原设备不适应专业化生产进行了设备改造。

协作小企业全部由总厂统一质量标准；原材料统一安排下达的占 2/3；统一商标的占 1/3。

被调查的协作小企业全部都以低于市场价的价格与总厂成交（全部协作企业均以低于市场价的价格出售产品）。其中，共同协商定价的企业占 2/3，以计划价成交的占 1/3，没有发现总厂单方定价的例子。有 2/3 的小企业遇到过总厂提出降低成本的要求，其中一半小企业表示自己无能力，"要求对方帮助"，另一半小企业则通过"自己改进设备"来满足对方的要求。

小企业认为交易双方最容易发生的矛盾，第一是成交价格，其他则是质量、交货期、主导企业允诺的条件未兑现等。解决矛盾的方式，小企业都只选择了"企业间协商"，而不选择解除合同、上诉法院等极端方式。这与主导企业的选择是一致的。

这些小企业中,有1/3的企业还为其他企业加工产品。有的小企业还将从总厂承揽的加工项目分解后再向其他小企业转包。如:浙江一家小企业,共为11家企业加工产品,并将从总厂承揽的加工任务扩散到3～4家小企业。这与日本下承包企业的"多角下承包"和"二次下承包"极相似。

2/3的小企业认为,"需要""国家制定统一的政策体系。如制定鼓励和发展的政策,制定有关法律,建立专门机构,设立专业融资组织"。并认为建立这种独立的产业组织政策单元的任务"很迫切"。其余小企业选择了"不需要"这种政策单元的回答。但持这种态度的小企业也要求在协作关系中,主导企业"适当考虑协作单位的经济利益,互惠互利,不要盘剥协作厂或利用廉价劳动力"。由于这种要求是向调查者——国家有关部门提出,也可以认为他们希望政府干预。关于是否存在"盘剥",调查收集的资料还不全面,相反的例子也有。由于在总体上看乡镇企业与国有企业工资制度不同,所以这个问题还有待我们进一步调查和分析。

在此例中,政府作用是正向、间接的。这种联合为政府所提倡。北京市政府1988年下文件规定,城乡企业建立协作关系后,乡镇企业一方免税两年,有几个县还加了一年。市政府也向总厂介绍过十几家中小企业,总厂接洽后认为不符合自己要求,政府方面也没提出硬性要求。

2. 其他的实例

1988年我们在辽宁省调查了十几家大中型骨干企业和企业集团,在类似北京人民机器总厂的联合体或企业集团中,均发现不同规模企业的非紧密联合形式中交易双方的协作关系里,除了以价格、合同等市场形式为纽带外,也或多或少地表现出交易双方的组织关系。

北方友谊家用电器(集团)公司,以系列分包制联合70余家企业扩散零部件生产,其中有进行了投资的半紧密型联合,更多的是松散型联合,其中乡镇企业占一半。公司对松散联合的企业生产实行统一计划、统一质量标准、统一调度，价格由双方协商确定，公司派遣质量管理员进行技术指导和监督。进入联合关系后，一部分中小企业进行了产品结构调整。对半紧密型联合的中小企业，公司为调剂原材料需用的家电产品，统一安排，按月、季下达计划，优先保证供货；并允许其主导产品使用公司的注册商标；统一安排产品品种和新产品开发技术改造项目规划。

瓦房店轴承工业公司以松散联合方式向省内外 30 余家小企业扩散产品或安排新型号产品生产。公司给他们提供技术协作、优惠转让技术、统一布置销售、派人参与管理等服务。在我们调查时，公司预计 1988 年创汇额中协作小企业将占 30%。公司认为，这种联合避免了在同一市场上大小企业之间的竞争。

根据国务院发展研究中心技术经济组 1987—1988 年对一汽、二汽集团的调查，在这两个集团与上千家非紧密型联合的中小协作企业的交易关系中，也发现了市场与组织关系叠加、混合的运行机制④。而我国几个著名的自行车集团（如凤凰、永久）的非紧密联合层中，这种运行机制也存在。由此可见，系列分包制的发展相当普遍。

3. 系列分包制属混合交易和垂直分工范畴

无论从高度组织化的产品经济还是典型商品经济的角度去分析，都无法解释不同规模企业之间的系列分包制。在这种制度中，一方面是价格行为构成不同规模企业之间的市场交易关系，主导企业享有买方支配权，协作中小企业在交易中的要求、行为一旦不符合主导企业的意图，主导企业即可另选其他中小企业，也存在转为内制的可能性。中小企业为争取这种订货，相互间也展开竞争。大企业之间的价格竞争，也通过主导企业要求中小企业降低成本的要求传递到中小企业身上。总之，这里可以看到一系列纯市场关系的表现。

另一方面，这里也存在正规组织系统中各子系统之间的非价格行为，即组织行为。人事参与、统一计划、技术指导、无偿或以优惠价格提供设备、提供图纸等即属于这一范畴。这种组织行为，使进入协作系列的中小企业获得了除交易关系之外的好处,这从他们对建立这种关系理由的回答中可以看到。但是,这种好处与以低价格成交之间的关系如何分析,目前还是一个课题。不过这里损益相互抵消的事实肯定是存在的。总之,正是这双方面的作用,使不同规模企业的系列分包制归入了混合交易和垂直分工的范畴。

再者,通过以上实例,前述不同规模企业之间的系列分包制的多重价值,也可窥见一斑。

第三节 中、日比较:系列分包制与下承包制的一致性

将我国的系列分包制与日本的企业下承包制进行比较,有助于加深对系列分包制的分析和印象,并在政策研究方面获得某些启迪[5]。

1. 性质——均属混合交易形态

中国不同规模企业的系列分包制与日本下承包制都属于混合交易形态,在这种交易形态中体现着由于企业规模不同、再生产条件不同而形成的垂直分工关系,即在协作关系中,买方对卖方享有支配权。这种垂直分工异于市场中一般平等协作关系之处也就在于主导企业(日本称"母企业")的买方支配权。但是,在中、日双方的买方支配程度上,我们调查范围内的一般印象是,中国低于日本。起码,我们没有发现主导企业单方定价的事例。而在日本,大企业与中小企业协商定价只占32%(1962年),到20世纪70年代,这种比率也只上升了14个百分点。这既是由于根本制度不同,也由于中国买方集中度低于日本。有时,买方竞争也使成交价格有利于卖方。一汽、二汽集团争夺中小零部件厂家过程中就有这种现象。当然这个问题尚需深入调查。

2. 相同的分类原则

中、日两国在分类原则上相当一致。在实例中,有被日本学者称为"专属下承包企业"类型的(协作厂100%为主导企业生产);

也有被称为"部分下承包企业"的（协作厂在接受一家或数家企业订货时，也生产一般市场销售产品）；还有被称为接受几家订货的"分散性下承包企业"。在分工层次上，有类似"系列企业"的半紧密型联合中小企业，有类似一次下承包企业、二次下承包企业的企业分工。日本这种分工有扩散到家庭的，我们在沈阳金属家具厂也发现了这种扩散，浙江纺织行业中也有这种扩散。

3. 维持关系机制异同

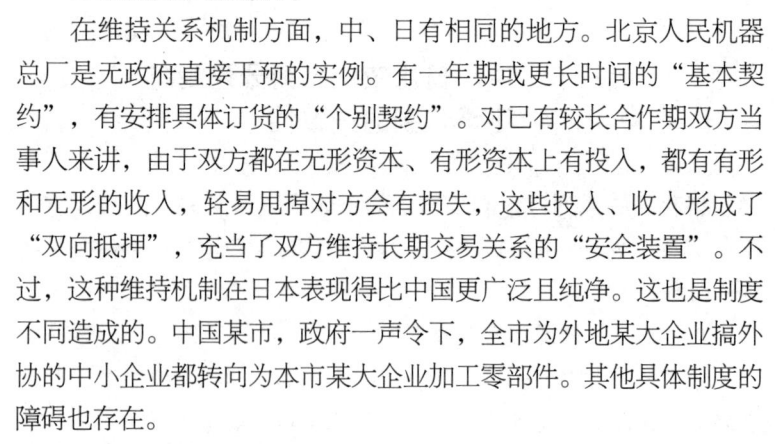

在维持关系机制方面，中、日有相同的地方。北京人民机器总厂是无政府直接干预的实例。有一年期或更长时间的"基本契约"，有安排具体订货的"个别契约"。对已有较长合作期双方当事人来讲，由于双方都在无形资本、有形资本上有投入，都有有形和无形的收入，轻易甩掉对方会有损失，这些投入、收入形成了"双向抵押"，充当了双方维持长期交易关系的"安全装置"。不过，这种维持机制在日本表现得比中国更广泛且纯净。这也是制度不同造成的。中国某市，政府一声令下，全市为外地某大企业搞外协的中小企业都转向为本市某大企业加工零部件。其他具体制度的障碍也存在。

4. 形成原因简析

日本有的学者把下承包的雏形追溯到江户时代的"问屋制"。贴近现实分析，我们认为，系列分包制形成的基本原因是我国产业组织的"二重结构"，这种结构中再生产条件分配的不同，不同规模企业生存、发展条件的不同，造成竞争条件不同。例如，系列分包制中乡镇企业占有极大的比重，与他们"无爹无娘"就是高度相关的。当然，这种语言陈述也适用于日本。但是，从结构主义角度讲，显然含义不尽一致[①]。

5. 实绩和政府作用

日本下承包制的发展轨迹为：1957年下承包企业占全部中小企业总数的20%，1966年占53.2%，1977年占60.7%，1981年占65.5%。这种发展速度，与日本政府从上到下有一套机构，有一个成套的政策系统，是分不开的。固然，政府财政金融的支持极小，也不去管企业间的竞争；但是，政府因势利导，不断给出明确的政策诱导信号，定期向社会公布下承包实况，这是确实起了作用的。韩国学日本，制定了企业系列化法律。我国台湾学日本，把下承包机制引入中小企业内部。他们都取得成效。我们在这方面的政策动作目前还属初步，政策的目标结构也不甚清晰。有关统计，出于各种主客观原因，甚至还不可能规范地进行。例如，注册的企业集团有统计，他们中一大批带有非紧密联合层的中小企业；但北京人民机器总厂不是集团，不入统计之门。企业集团内的企业规模结构反差明显，有关政策并非是专门解决不同规模企业间的分工协作问题的，而是内容、目标庞杂。当然，即使这方面工作近期能有改善，系列分包制的发展水平能否与日本媲美也要分析。日本经济分三大经济圈，布局集中。我国不然。例如，我国六分之五的乡镇企业散落在乡村，加上原有工业布局不尽合理，及各种基础设施落后等原因，系列分包制能为大企业（和中型骨干企业）组织多少中小企业的问题仍然需要研究。

中国不同规模企业之间的系列分包制与日本的企业下承包制在交易形态、分类原则等方面有融通之处。而就其发展的外部环境而言，可以提出的一个问题是：两国政府在促进这种交易形态的发展和健全上，行为反差明显。从某种意义上讲，管企业的政府应向不管企业的政府学习其操作技能，表现出更多的主动性。

第四节 结论和建议

1. 加强对系列分包制的研究

由于国家处在特定的经济发展阶段上，我国大、中、小企业非紧密联合运作中创造出来的系列分包制，其潜在的发展前景将远较目前广阔。现在，积十余年的实践，已具备用实证方法来描述它，并从理论、政策角度给予概括的主、客观条件。中央政府有关权力机构，应尽快负起这方面的组织责任，将该项研究列入国家有关规划，并在部分行业进行试点。为减少正式展开这项研究的"学习费用", 借鉴国际经验, 组织国际合作是很有必要的。

2. 从政策上确认系列分包制

建议把目前企业集团非紧密联合层内的中小协作企业在政策上单列出来,与那些被不叫企业集团,但主导企业也以非紧密联合形式纳入自己生产系列的中小企业合并为一类,正式统称为"系列分包企业"。以这种界定清晰、便于统计的形式为专门组织、发展不同规模企业分工协作关系的一个基本支点。在这一统称中,原半紧密型联合企业可视为主导企业的系列企业,松散型联合企业则可视为分包企业。

这样做的好处是:(1)便于制定以企业规模差别为基础的产业组织政策。具体地讲,即有利于把系列分包制归入产业组织政策中的中小企业政策单元,便于制定中小企业政策体系和建立专门实施这类政策的机构(从中央到地方),形成政府、大企业(和中型骨干企业)各依所长去共同扶持零部件、元器件等中小企业的格局。这亦有利于各种有关的中间组织的发育或发展。(2)便于明确企业集团的概念和理顺发展企业集团的思路。目前,如前所述,企业集团包容了同规模、不同规模企业合作等庞杂的内容。这一庞杂概念的产生条件是产业组织理论在我国还相当陌生。一方面,它几乎将各种企业的协同化乃至资产一体化的内容囊括无遗,几近产业组织政策的代名词;另一方面,它却又将北京人民机器总厂这样更大量存在的联合体抛在一边,打入"另册"。但是,如果以系列分包制作为处理大、中、小企业的分工协作关系的形式,企业集团在实践中、政策上则可以主要成为整合、协同同规模企业,或规模、实力相近企业的关系的一种形式。这也更有利于企业集团概念的界定,理顺其发展的思路,便于制定分类指导的政策⑦。

注释

① 参见夏小林(1988)。
② 参见夏小林(1990),缩写稿载《管理世界》1988年第5期。
③ 参见吉小明等(1986)。

④一汽、二汽集团中系列分包企业的情况由国务院发展研究中心技术经济组陈小洪同志介绍;自行车集团情况由国家体改委许刚同志介绍。

⑤参见日本东京大学植草益教授(1982),中国社会科学院日本所胡欣欣(1990)等。

⑥同注释②。

⑦具体分析和政策建议,参见夏小林(1989)。

第八章　对中国工业集中度的初步观察和分析[*]

本章的内容：集中度的概念、研究意义和研究方法；中国工业集中度的现状及特点；影响中国工业集中度的主要因素。

我们所进行的研究，在国内还处于起步阶段，几乎没有系统的资料，这大概是国内第一份关于中国工业集中度的较系统的研究成果。

第一节　概念、研究意义和方法

1. 概念和研究意义

集中度（Concentration），又叫市场集中度（Degree of Market Concentration），是国外产业组织理论中反映市场垄断和竞争程度的基本概念或指标[①]。随着中国经济的日益发展和市场机制的引入，中国政府有关部门及经济学家也日益重视对集中度的研究[②]。这主要基于两方面的考虑：一是通过对集中度的分析，考察中国工业及企业的集中分散状况，并据此观察中国资源配置的状况和产业组织效益；二是通过集中度指标考察中国市场和产业的垄断和竞争程度。随着商品经济的发展，人们日益重视从这个角度进行考察和分析。

---

[*] 本章研究得到了中国工业普查办公室前主任许刚同志的关心和支持，并得到了国家经济信息中心乔秀芹、刘希光、杨志谦等同志的帮助。

2. 集中度的测量指标

集中度分为卖方集中度和买方集中度。卖方集中度的指标使用最为广泛，同时它是计算买方集中度的基础。

最基本的卖方集中度指标有三个[③]。

（1）绝对集中度。这是最基本的集中度指标，通常用市场（或产业）上最大的前 n 位企业的生产（实物或价值）、销售、职工、资金等基本的投入产出指标的累计数占整个市场（或产业）相应指标的总数的份额比例表示。这个指标能形象地反映市场或产业的集中状况，计算也较方便；但存在不能反映企业规模分布对市场集中程度影响的缺点。前 n 位集中度 CR_n 的定义如下：

$$CR_n = \sum_{i=1}^{n} X_i / \sum_{\text{全部}} X_i$$

式中 X_i 为居于市场（或产业）第 i 位企业的生产、销售、职工或资产。

（2）相对集中度。是反映企业规模分布的集中度指标，一般用经济学中常用的洛伦兹曲线（Lorenz Curve）和基尼系数（Gini Factor）表示。洛伦兹曲线和基尼系数的主要缺点是受企业数影响较大。

（3）哈菲德尔指数（Herfindahl Index）。它简记为 HI，是一个兼有上述绝对集中度和相对集中度指标优点，同时避免了二者缺点的综合性指标。这个指标的一个主要缺点是直观性较差。指标的定义如下：

$$HI = \sum_{\text{全部}} (X_i / \sum_{\text{全部}} X_i)^2 = \sum_{\text{全部}} S_i^2$$

式中 S_i 为 i 企业的生产、销售、职工或资产占整个市场（或产业）的比例。

集中度又分为市场（或产业）集中度与一般集中度两种基本类型。

市场或产业集中度按具体的产品市场或产业计算，因此能具体反映不同产品市场或产业的集中分散程度。按现行的分类标准和办法，按产品和按产业计算集中度所包含的企业范围可能有所不同。产品集中度可以按实物和价值两种口径计算，而由于一个产业可能包括多种产品，产业集中度一般只能按价值指标或人数指标计算。中国现行的产业4级分类标准已经考虑了产品和服务种类的相似性，因此在一定程度上可以用产业集中度指标作为产品市场集中度的初步估计。

如果要综合反映产业集中的情况，必须根据低级别的产业（产品）集中度计算高级别产业（产品）的平均集中度。主要有如下两种计算方法：

$$单纯平均集中度=\left(\sum_{j=1}^{m}CR_{nj}\right)/m$$

式中：m 为综合平均计算的产业数，CR_{nj} 为第 j 个产业的前 n 位集中度；

$$加权平均集中度=\left(\sum_{j=1}^{m}X_{j}CR_{nj}\right)/\sum_{j=1}^{m}X_{j}$$

由于大企业具有经营多角化、覆盖产业和市场广、经济影响力大的特点，因此仅用细分的产品集中度和产业集中度指标不能反映大企业的综合的总体影响。为此人们提出所谓一般集中度指标。一般集中度也有一般绝对集中度、一般相对集中度和一般 HI 指数几种。其中，最常用的是一般绝对集中度指标，常用产值、销售额、资产额最大的前 30 位、50 位、100 位、500 位企业的相应指标的合计数占总数的比例表示。

第二节　中国工业集中度的现状和特点

在发达国家以及韩国、印度等国，政府部门定期对产业集中度的状况进行系统调查[④]，一些民间组织也进行类似的但有所侧重的系统调查。国内尚未建立有关的系统调查制度。因此本章将根据工业普查、国家统计局及某些部门的有关资料，对中国工业集中度的状况进行轮廓性的大致描绘。

1. 一般集中度

到1988年,按最大100家企业计算的销售收入集中度,中国工业(即工矿业)约为8.0%。若扣除前100家最大企业中属于煤炭、石油采掘等矿山产业的企业,按制造业口径计算的集中度值将更低。如表8-1所示,与发达国家及韩国相比,中国工业的一般集中度是非常低的。

表8-1 工矿业(或制造业)的一般集中度(最大的100家企业)

单位:%

中国	美国	日本	联邦德国	英国	韩国	欧共体
(1988年)	(1977年)	(1979年)	(1973年)	(1977年)	(1981年)	(1986年)
8.0	35.0	26.6	45.4	41.0	46.2	29.5

说明:①美国、联邦德国、英国包括控股在50%以上的子公司的数值;中国、日本不包括;韩国可能包括;欧共体未注明。
②产业范围,中国、韩国为工矿业,其他国家为制造业。
③指标口径,英国为纯生产,欧共体为生产额,其他国家为销售收入。资料来源:中国数据根据《1988年中国500家最大工业企业及行业50家评价》数据计算,《管理世界》1989年第5期;美国数据见F.M.Scherer,《Industrial Market Structure and Economic Performance》, 2nd Ed.Chicago:RandMc Nallg, 1980年,P47;日本数据见植草益《产业组织论》,日本放送出版协会,1988年,P33;英国、联邦德国数据分别见妹尾明编《现代日本的产业集中》,日本经济新闻社,1983年,P60、P62;韩国数据为韩国经济企画院数据,转自《韩国的经济分析》,日本评论社,1988年,P128;欧共体的数据见 H.W.Jong de,《The Structure of European Industry-Studies in Industrial Organization》, Uni. of Amsterdam, The Netherlands Kluwer Academic Publishers, 1988年, P5。

2. 产业和产品集中度

(1)产业绝对集中度

表8-2为1985年中国全部工业按产值计算的CR_8值的分布及平均集中度。可以看出,按产业数计,CR_8值小于40%的市场结

构为竞争型的产业占 51%，CR_8 值大于 70% 的寡占集中型的产业只占 21.6%。按产值计，74.4% 的产业属于 CR_8 值小于 40% 的竞争型或分散竞争型的产业，只有 6.5% 的产业属于寡占型产业；分大类产品看，平均集中度最低的产业是非耐用消费品业，然后集中度再按中间品、投资品、耐用消费品、原材料顺序逐渐上升，矿业集中度明显较高。我们还计算了具有可比性的 55 个小类产业 1980 年、1985 年、1988 年的产值集中度（见表 8-3，其产值占独立核算企业的 46.0%），其中只有 4 个产业的集中度变化大于 10 个百分点，一般集中度的变化均在 3～5 个百分点以内。因此，我们认为表 8-2 的数据可以大体反映中国工业集中度现状的基本特点。

表 8-2 中国工业的产值集中度分布和平均值（1985 年）

	产业数（小类）/个	$CR_8 \leq 20\%$	$20\% < CR_8 \leq 40\%$	$40\% < CR_8 \leq 70\%$	$70\% < CR_8 \leq 100\%$	加权平均集中度（%）
全部产业	523	46.8（23.3）	27.6（27.7）	19.2（27.4）	6.5（21.6）	27.4（44.1）a
矿业	43	13.3	40.7	10.4	35.6	47.3
原材料	68	27.7	16.4	48.2	7.7	37.7
中间品	123	45.4	33.5	19.0	2.2	26.1
投资品	122	33.0	35.8	18.8	12.4	30.0
耐用消费品	13	2.1	86.4	11.5	0	32.1
非耐用消费品	154	76.9	17.6	4.7	0.9	14.7

说明：① 523 个小类产业（4 位数代码）分属于代码为 08～66 的大类产业，不包括大类代码为 16 的自来水业、33 的电力蒸汽业和 35 的炼焦、煤气、煤制品业。
② 按全国独立核算企业口径计算。
③ 国外学者根据集中度对产业的市场结构分类：分散竞争型 $CR_8 \leq 20\%$；一般竞争型 $20\% < CR_8 \leq 40\%$，一般集中型 $40\% < CR_8 \leq 70\%$；寡占竞争型 $CR_8 > 70\%$。
④ 括号内数字为按产业数计算的比例。
⑤ a 为单纯平均集中度值。

资料来源：根据工业普查的企业数据计算。

表 8-3 中国、日本、美国若干产业的集中度（CR$_4$）

单位：%

		啤酒	卷烟	棉纺	服装	涤纶	轻革	钢	水泥
中国	1980 年	16.2	16.2	4.1	2.9	76.0	7.7	37.1	5.7
	1985 年	8.1	14.1	3.9	2.5	62.4	6.4	34.7	3.8
	1988 年	10.2	16.3	2.8	3.8	51.2	6.9	32.5	2.5
日本	1980 年	98.9		28.0				65.0	46.0
美国	1982 年	64.0		44.0		78.0			24.0

		建筑玻璃	氮肥	内燃机	切削机床	自行车	卡车	电视机	收录音机	电冰箱
中国	1980 年	40.6	12.8	22.6	12.5	31.2	61.2	35.8	15.1	42.3
	1985 年	33.6	10.6	15.6	10.5	23.7	56.8	21.2	12.2	35.7
	1988 年	25.6	9.3	16.2（C$_3$）		23.0	55.8	19.8	14.8（C$_3$）	26.1
日本	1980 年	100.0	76.9（尿素）	60.1			63.7	59.2	51.8 收 52.8 录	73.3
美国	1982 年	90.0	34.0		22.0					82.0

说明：中国为产值集中度，日本和美国为生产额集中度。

资料来源：中国数据根据工业普查和国家统计局数据计算。日本数据见妹尾明编，《现代日本的产业集中》。美国数据见美国商务部产业经济局编，《U.S.Industrial Outlook.1983》。

（2）HI 指数

表 8-4 为根据工业普查资料计算的中国工业的产值 HI 值。HI 值小于 1000 的产业是竞争型产业，其数量占全部产业数的比例为 77.9%，其产值占全部产业产值的比例为 91.0%。而日本分别为 33.3% 和 45.9%。一般认为 HI 值大于 1800 的产业为寡占型产业，按这个标准，中国寡占企业数约占 10.7%，产值比例仅为 3.9%。

表 8-4　中国和日本的 HI 值分布及产值比例

		HI ≤ 500	500 < HI ≤ 1000	1000 < HI ≤ 1400	1400 < HI ≤ 1800	1800 < HI ≤ 3000	HI > 3000	产业数/个
中国（1985年）	a	64.3	13.6	7.8	3.6	4.4	6.3	523
	b	87.3	3.7	3.6	1.5	3.2	0.7	
日本（1980年）	a	11.7	21.6	13.7	14.2	22.8	16.0	394
	b	14.7	31.2	11.6	12.1	22.9	7.5	

说明：中国产业为全部小类产业（4位数），日本为6位数产品，a栏按产业（产品）数计算，b栏按产值和生产额计算。

资料来源：中国数据同表 8-2。日本数据见妹尾明编，《现代日本的产业集中》，日本经济新闻社，1983年，P77。

（3）产品集中度

我们利用工业普查数据计算了 83 种代表产品的产量集中度。如表 8-5 所示，一般产业生产集中度高，产品产量集中度也较高，呈正相关关系；多数产业产品产量集中度高于产业的产值集中度。表 8-5 中的薄钢板、纯碱、电冰箱、乙烯、中型货车等产品的产量集中度就明显高于其所属的小类产业的产值集中度。随着产品细分，这个趋势更明显。这种状况与产业和产品的统计及分类方法有关，还因为在产品多的产业，有些企业集中生产某类产品，因此在某些细分的产品市场上，由于产品集中度高，存在企业协调控制市场的可能。根据《管理世界》中国企业评价中心对 1989 年货车及中型货车、电视机等产品的产量集中度的分析，按 CR_4 或 CR_8 计算的集中度与 1985 年的差别并不十分显著。[5]因此我们认为，考虑到供给调整的时滞，在现行体制和政策下，在 3～5 年或更长的时间，多数产业代表产品的产量集中度的变化不会太大。

表 8-5　代表产品及所属产业的集中度（1985年，CR_8）

代表产品		所属产业		
名称	实物产量集中度（%）	名称	产业代码	产值集中度（%）
啤酒	14.9	啤酒	1913	13.6
卷烟	20.3	卷烟	2020	24.0

续表

代表产品		所属产业		
名称	实物产量集中度（%）	名称	产业代码	产值集中度（%）
棉布	5.3	棉纺	2221	7.0
		棉织	2222	6.1
烧碱	40.7	碱	3613	42.2
纯碱	91.6			
乙烯	98.9	有机化工原料	3651	65.4
合成橡胶	97.8	合成橡胶	3723	99.4
薄钢板	88.4	炼钢	4820	48.8
		钢压延	4830	25.3
电站汽轮机	99.3	汽轮机	5313	98.2
货车	66.6	货车	5621	70.4
中型货车	94.4			
电冰箱	62.0	电冰箱	5862	49.7

说明：由于产品和产业分类统计方法的差异，不同产业企业可以生产相同的产品。本表中，棉纺和棉织产业的企业都生产棉布；炼钢和钢压延产业的企业都生产薄钢板。

资料来源：同表 8-2。

3. "六五"以来集中度变化的趋势

"六五"期间，我国产业的生产集中度的总趋势是逐渐下降。根据工业普查资料，按独立核算企业口径计算的全国工业 523 个小类产业中，产值集中度 CR_1、CR_4、CR_8 中任何一个指标有所上升的小类产业只有 83 个，仅占全部产业数的 15.9%，如果按全国工业口径计算，这个比例将更低。表 8-6 反映了"六五"期间全部产业和大类产业的产值集中度的变化状况。可以看出无论按 CR_4 计算还是按 CR_8 计算，全部产业和各类产业的平均集中度都是下降的；按 CR_4 计算的下降幅度比按 CR_8 计算的要大，这表明平均地看，最大的前 4 家企业比第 5～8 位的企业的发展要慢；集中度下降幅度最大的产业是消费品产业，特别是耐用消费品产业，下降幅度最小的产业是矿业和投资品业。比较 55 个产业 1980 年、1985 年、

1988年的产值集中度,结果是集中度持续下降的产业占66%。即"七五"前三年集中度变化的基本趋势仍与"六五"期间类似:大多数产业集中度下降。

表8-6 产业加权平均集中度的变化

单位:%

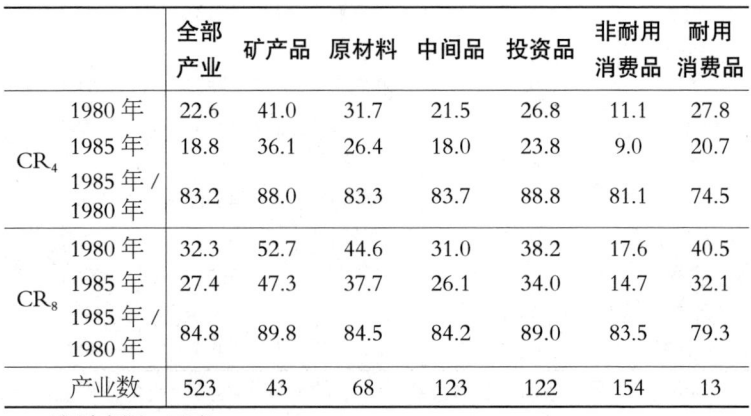

		全部产业	矿产品	原材料	中间品	投资品	非耐用消费品	耐用消费品
CR_4	1980年	22.6	41.0	31.7	21.5	26.8	11.1	27.8
	1985年	18.8	36.1	26.4	18.0	23.8	9.0	20.7
	1985年/1980年	83.2	88.0	83.3	83.7	88.8	81.1	74.5
CR_8	1980年	32.3	52.7	44.6	31.0	38.2	17.6	40.5
	1985年	27.4	47.3	37.7	26.1	34.0	14.7	32.1
	1985年/1980年	84.8	89.8	84.5	84.2	89.0	83.5	79.3
	产业数	523	43	68	123	122	154	13

资料来源:同表8-2。

考察产品产量集中度,其变化趋势与产值集中度的变化趋势相同,即大多数产品的产量集中度呈下降趋势。但集中度指标有所上升的产品比例要大些。

4. 集中度的国际比较

表8-1、表8-3和表8-4已说明我国工业的一般集中度、代表产业的集中度及HI值都明显低于发达国家乃至韩国的水平。表8-7比较了中国、美国、日本的工业及制造业的集中度分布。属于分散竞争和竞争型市场结构的产业(CR_8小于40%)的比例,中国高达88.6%,而美国和日本分别为56.0%和58.7%;加权平均集中度中国为18.7%,日本在20世纪60年代为35.4%;20世纪70年代以后,日本调整了集中度数据的口径,很少全面公布4位数产业的集中度数据。为了全面比较,表中日本数据是4位数产业数据,只是年代较早,但20世纪60年代中期日本的制造业的集中度水平与目前差别不太大[6]。表8-8为世界银行专家对中国、韩国、印度

集中度的比较，在这些国家中，中国的集中度最低。世行专家所使用的《中国统计年鉴》的数据一般为大类产业数据，少数是中类产业，因此世行专家对某些产业，如纺织业生产集中度的估计值比按小类产业的估计值偏小较多。但是如果与表 8-3 的中国产业的 CR_4 值相比，可以认为世行专家的结论仍然成立。

表 8-7　中国、美国、日本产业集中度的分布比较（$C=CR_8$ 或者 CR_4）

单位：%

集中度		80%≤C≤100%	60%≤C<80%	40%≤C<60%	20%≤C<40%	0%≤C<20%	产业总数	平均集中度
中国	a	8.0	7.9	13.2	31.2	38.9	(523)	32.9
（1985年）	b	0.9	4.0	6.6	23.4	65.2		18.7
美国	a	5.6	10.9	27.8	36.3	19.4	(449)	
（1977年）	b	6.6	12.4	24.9	33.2	22.8		
日本	a	9.0	9.8	22.8	27.7	30.7	(512)	37.5
（1963年）	b	5.4	7.8	28.2	25.4	33.3		35.4

说明：① a 栏为产业数分布；b 栏为价值量分布，中国为产值，美国为附加价值均为 CR_8；日本为生产额 CR_4。
②括号内产业数，均为 4 级小类产业。
③平均集中度，a 为单纯平均集中度，b 为加权平均集中度。
④中国为工矿业，日本、美国为制造业。
资料来源：中国数据同表 8-2。美国数据见 F.M.Scherer（1980），P68。日本数据见植草益著，《产业组织论》，筑摩书房，P20。

我们还将中国 73 种具有可比性的产品的产量集中度与美国、日本做了初步的比较，结论相同，即中国的产品产量集中度一般显著低于日本和美国。

国外的一些研究指出，产业特别是新兴产业在发展时期，集中度可能会有所下降，但由于企业，特别是大企业有较大实力，从总体上看，集中度不随产业发展而下降[7]。中国的问题是许多产业，经过七八年、数十年的发展，甚至一些工业基础较好的产业（如棉纺），集中度仍然持续下降，并且下降幅度较大，这表明中国许多产业位居前列的骨干企业无法随着经济和产业的增长较快发展。

表 8-8 中国、韩国、印度的生产集中度比较

单位：%

	中国（1985年）			韩国（1982年）			印度（1983—1984年）		
	CR_3	HI	Gini	CR_3	HI	Gini	CR_3	HI	Gini
钢铁	23.5	20.2	17.1	35.8	16.6	70.6			
基本化工	11.5	0.5	14.6	51.5	12.9	81.5	24.0	1.9	3.4
化肥	4.4	0.1	10.8	99.4	49.2	77.1	42.2	7.1	22.6
水泥	3.0	0	0.4	85.0	35.9	65.7	35.9	5.9	29.3
纺织	0.9	0	7.1	54.1	14.4	94.7	12.4	0.9	42.2
造纸	3.8	0	13.1	96.3	60.8	56.4	23.5	2.0	15.0
机床	8.9	0.3	5.6	71.7	20.2	55.9	57.7	15.0	31.9

说明（再版时新增）：1991年版中本表印度钢铁生产集中度的数据，是错误的，本次再版时因为找不到原来的数据，只得删去。当时印度的钢铁生产集中度很高，因为主要只有两个生产企业，最大的是国企印度钢铁生产局（SAIL），其次是塔塔钢铁（TATA Steel），全国产量仅1000多万吨，两家企业产量估计在70%以上。而中国1987年为27.6%。25年后的印度主要因为20世纪以来钢铁企业增加较多、发展较快，粗钢产量2007年达5347万吨，2017年1.01亿吨，前3家生产集中度则为44.3%，再降到30.4%。同期中国粗钢产量从4.89亿吨增长到8.32亿吨，前3家生产集中度从15.3%上升到19.3%。可以看出，20世纪80年代和20世纪以来钢铁生产集中度印度都显著高于中国。计算数据来源，印度及其企业数据见《STEEL STATISTICAL YEARBOOK 2008》，其中塔塔钢铁的国内产量数据根据公司年报。中国粗钢产量及各企业产量亦见《STEEL STATISTICAL YEARBOOK 2018》，转自《中国钢铁工业年鉴2018》。

资料来源：世界银行 G.Jeffersan 等《中国结构变化背景材料》No.3（供讨论的报告），第9页。根据《中国统计年鉴》及印度、韩国的政府部门资料计算。

第三节 中国工业集中度变化的主要原因及结论

根据产业组织理论，在发达和较发达的市场经济国家，影响产业集中度变化的主要原因是市场的变化和产业技术、经济、组织、

销售特点造成的进入障碍，其次是政府的规制政策。在中国，除上述因素外，基本的经济体制及政策也是重要的，在某种意义上甚至是更重要的影响因素。全面分析影响中国工业集中度的主要因素，是一项有意义的重要工作，但本章仅做一些概要探讨，并通过若干产业实例提出我们的判断依据。

1. 一般的考察

（1）历史形成的资源配置格局的制约

要认识现实，必须了解历史——现实的出发点。到1978年，经过近30年的努力，在各产业，中国都有了一批骨干企业及众多中小企业，门类较齐全，工业体系基本形成。但是受传统发展战略、体制及工业基础的影响，中国工业的资源配置状况并不太好。从产业组织的角度看，存在三个突出的问题：一是受条块分割的行政体制影响，企业很多，但各地、各部门自成体系，规模经济和专业化水平低；二是企业成为各级政府部门的附属物，没有自我发展的条件和能力，生产体系是"大而全、小而全"，除钢铁、有色金属、石油加工产业部门大企业有自己的矿山外，大多数主要企业要靠各级物资、商业部门供应农产品原料及工业原料，也没有自己的销售系统；三是在这种情况下企业的经济关系只能通过政府协调，一些产业的经济关系（如价格关系）长期扭曲，但靠政府安排仍能维持运行。

上述状况对改革以后的工业集中状况有重要影响。一是工厂众多，但即使是大中企业，也多是以纵向结合为主的大而全的企业，不是横向结合的多工厂企业，因此集中度不高。二是一些产业，由于基本的价格、财税关系没理顺，行政性分权色彩很重的改革对原来的企业供、产、销关系冲击很大，容易影响合理使用已经配置的资源，导致集中度下降。如大城市的纺织企业可能很难从地方管理的商业系统获得农产品原料，同时地方有可能大办小纺织厂（详见第十一章的案例）。三是企业，包括大企业，由于实力不足，没有相应的供、销系统，因此在多数产业，不可能在较短的时间内形成主要靠企业自我发展提高集中度的机制。

(2) 增长（需求）的影响

1978年十一届三中全会以后，随着发展战略的调整和改革的深入，我国进入了一个经济较快增长和需求扩张较快的阶段。需求迅速增加，诱使更多企业产生和发展，这是近十几年集中度下降的重要原因。表8-9表明"六五"期间产业增长与集中度呈明显的负相关关系。而后面的表8-10、表8-11则说明，在"七五"期间，较快的增长仍然是一些产业集中度下降的重要原因，同时一些产业由于其他因素，出现集中度随产业增长而提高的趋势。

表8-9 1985年产业产值平均集中度

（以1980年为100）

工业增长倍数	1.0以下	1.0～1.5	1.5～2.0	2.0以上
加权平均集中度（%）	97.8	88.3	84.4	81.8
单纯平均集中度（%）	96.4	91.6	86.7	81.4
产业数/个	13	114	198	199

说明：工业增长倍数为按1980年不变价计算的1985年产值与1980年产值的倍数。

资料来源：同表8-2。

(3) 体制和政策的影响

改革以来体制和政策对产业集中度的影响是复杂的。可以从三个方面考察。

企业制度 改革使企业自我发展能力和竞争发展机会增加，因此一些产业的骨干企业较快发展，推动了集中度的提高（例见表8-11）。但受现行体制束缚，即使是优秀企业也很难乘市场扩张之机较快发展，加上缺乏优胜劣汰机制，优化重组、联合困难，企业也很难通过横向兼并扩张变成多工厂企业，从而较快发展，因此多数产业集中度仍然不高，甚至有所下降。

市场 市场竞争的引入和需求导向已成为一些企业较快发展的主要动因。但由于至今，一方面旧的条块分割问题尚未很好解决，另一方面普遍实施各种差别政策、价格改革滞后、缺乏基本的市场竞争和交易规则及市场网络，使中国市场不规范、分割封锁问题仍然十分突出。在这种情况下，产业和市场集中度不易提高。

调控体系　改革以来，由于政府特别是中央政府财力的下降，政府只能在极少数产业用直接投资的办法支持骨干企业的发展。而在多数产业，由于许多基本关系未理顺、普遍的行政性分权（财政分级包干，金融切条切块）及缺乏经验等，中央已很难有效地指导市场和企业。1988年以后采取了较多的行政措施，有些成效，但很多也效果不大。而地方从局部利益考虑，在地方财力和干预企业的实际权力有所增加的同时，更热心形成地方工业体系，却无法（如不能控制棉纺原料）或者不愿支持重要的骨干企业较快发展（当骨干企业是非地方企业时）。因此总体上看，现行的宏观调控体系不利于促进集中度的提高。

（4）技术、资金、资源及规模经济的影响

在获取技术难、企业发展需要资金量大、资源不易获得的产业，集中度一般较高，不容易下降，或者随产业发展下降幅度较小。

规模经济在某些产业可能成为阻碍企业进入市场、降低集中度的重要因素。但在中国，如第五章第二节所述，由于市场大和MES企业少，中国大多数产业，规模经济不会成为降低进入障碍和集中度的重要因素。

需要指出，政策会影响上述因素的实际作用。如放松对进口散件、设备的管理，新企业获得技术的难度就会下降，对新建大企业征收高额费用，而对地方小企业减免各种税费，也可能导致集中度下降。

2. 集中度变化原因：实例分析

（1）集中度下降的产业

这类产业多为以农矿品为原料的产业或近十年发展起来的新兴产业（见表8-10）。

市场迅速扩大是集中度下降的直接原因。如产值增加特别快的电视机、电冰箱业集中度下降幅度最大。

表 8-10　产值集中度和产业增长倍率

	集中度 CR$_8$（%）			不变价产值增加倍率		
	1980年	1985年	1988年	1985年/1980年	1988年/1985年	1988年/1980年
棉纺	7.7	7.0	5.1	142.7	125.9	179.7
钢铁	50.8	48.8	46.0	134.1	128.3	172.1
电冰箱	51.3	33.8	29.0	710.8	260.4	1850.9
水泥	10.0	6.7	4.3	176.2	151.9	267.6

说明：电冰箱为 CR$_4$ 值。

这类企业较易获得投入品和生产技术。水泥的原料石灰石，棉纺的原料棉花，钢铁厂的原料铁矿等，这些原料的获得并不困难。电视机和电冰箱的主要零部件可以进口。中国水泥、钢铁、棉纺业已有一定基础，一般的生产技术不难获得，而电视机和电冰箱的组装技术在实行开放政策以后也可以通过引进获得。

地方兴办这些产业，能获得较大的利益。有两种情况：一是直接利益较大，如电视机、电冰箱业的投资利税率显著高于全国平均水平；二是比较利益驱使，如地方办小棉纺厂的获利高于出售棉花的获利。

体制政策原因：一是财政、外贸分级包干，行政分权；二是价格不合理，如因棉花、铁矿的国家定价偏低，各地愿意办厂搞加工，而不愿出售棉花、开铁矿；三是下放投资审批权，如"六五"期间全国引进 113 条电视机生产线，73.5% 是地方批准引进的，5.3% 是企业自行引进的；四是资金按行政系统分配，又无资金市场，所以地方只能办小厂，而大企业也因无法筹措资金率先发展，无法扩大市场占有率。

（2）集中度上升和稳定的产业

如表 8-11 所示，多数是工业基础较好的产业。

产业所面临的市场一般也在扩大，但不是电冰箱业那种市场扩张特别迅速的产业。

表 8-11 产值集中度和产值增加倍率

	集中度 CR_4（%）			不变价产值增加倍率		
	1980年	1985年	1988年	1985年/1980年	1988年/1985年	1988年/1980年
服装	2.9	2.5	3.8	159.8	147.8	236.2
自行车	31.2	23.7	23.0	217.2	138.6	301.0
载货汽车	61.2	56.8	55.8	209.3	158.6	331.9
内燃机	22.6	15.9	16.2 a	192.3	150.0	288.3
车床 b	21.0	31.0		145.3d	149.2d	216.8d
收录机	15.1	12.2	14.8 a	299.3	169.9	508.5
半导体 c	3.7	8.3	11.0	231.9	129.6	300.5

说明：a 为 CR_3 值；b 为产量集中度 CR_8 值；c 为 CR_1 值；d 为机床业的产值增加倍率。

政府有重点投资。如半导体业，虽有 20 多年的发展历史，但工业基础，特别是集成电路的工业基础仍然很差。"六五"期间，中国政府对生产集成电路的无锡厂给予重点投资，因此半导体业 CR_4 值，特别是 CR_1 值一直上升。

市场进入障碍较高：一是规模经济障碍较高。典型的产业是货车制造业，产业高速增长，但集中度下降很小。其重要原因，一是货车业有达到经济规模的一汽、二汽两大企业；二是技术要求较高，典型的产业是内燃机、机床业；三是政府没有特别管制，因此产业内的大企业利用自己的有利地位和各种手段迅速扩大市场占有率。如服装业，价格基本放开，一些企业，如江西共青羽绒厂（1985 年在服装业居第四，1988 年跃居第一）有名牌产品，又能控制基本的羽绒原料，加上大量广告投资、建立代销网络，迅速扩大市场占有率。收录机业的大企业，如盐城无线电总厂利用大量广告，建立销售网，发挥大批量生产的优势，市场占有率迅速扩大。

（3）集中度下降和上升的产业，企业规模都有较大的增大

对冶金、化工、机械、建材、食品、纺织 6 个产业（1987 年产值占全国工业产值的 78%）的分析表明，除冶金业外，各产业企

业的平均规模（用产业按1980年不变价计算的总产值与产业企业总数之比表示）都是增加的。

3. 小结

政府有关部门应当组织各方面的力量系统研究中国的产业集中度问题，建立产业集中状况的定期调查制度。

从总体上看，中国工业集中度很低，只有少数产业集中度很高。有必要调整政策，促使中国工业集中度适度提高。但政策的中心应是深化改革、理顺基本经济关系，而不是给过多的差别优惠政策。还应当有防止、限制或禁止高集中企业滥用企业优势地位的政策。

注释

①国外关于集中度（或集中率）的文献很多。中文文献可参见陈小洪、金忠义（1990）第2章。美国麻省理工学院经济学教授斯克姆莱辛（Richard. Schmalensee）在1988年发表的一份有关产业组织研究的综述性文献中，概括了20世纪60年代以后有关集中度的一些研究成果：关于集中度和竞争及其利润的关系，实证研究的结果存在分歧，因此集中度指标在市场结构分析中的地位已有所下降；各国集中度的肯德里克相关系数很高；集中度与最小经济规模（MES）的相关系数是正的，但发达国家较高的集中度不能只用MES来解释；需要通过对更细、更明确的市场集中度及其他因素的研究来进行更深入的探讨；大概由于集中度较易观测，因此有关的研究仍然很多，并且仍是政府执行有关政策的初步的重要判据。

②政府部门，如国家计委产业政策司的一份文件经常谈到这一点。

③详见陈小洪、金忠义（1990）第2章。

④美国商务部、司法部、反托拉斯委员会，日本的公平交易委员会和通产省，韩国的经济企画院等政府部门都定期进行本国产业和市场集中度的调查。

⑤参见《管理世界》中国企业评价中心、国家统计局工交司《1989年中国500家最大工业企业及行业50家评价（二）》，《管理世界》1990年第6期。

⑥日本制造业的集中度 CR_3 的加权平均值，若以 1960 年为 100，则 1970 年为 104（170 个代表产业）；若以 1971 年为 100，则 1980 年仍为 100（329 个代表产业）。分别参见植草益（1982）第 29 页和妹尾明（1983）第 107 页。

⑦一些研究曾认为产业集中度会随产业发展有所下降。日本关于 20 世纪 50—60 年代集中度的研究在一定程度上证明了这个判断，尽管下降幅度很小，见植草益（1982）第 31 页。但 20 世纪 60 年代以后的大量研究认为不存在上述反向关系，这大概是因为市场经济国家大企业有实力，企业的市场垄断力较大，见 Schmalensee（1988）。

第九章　流通业的产业组织和有效竞争

流通是社会生产和消费的中间环节。流通企业是以流通活动为主要业务的企业。流通业的产业组织状况及其在社会再生产过程中的地位，与流通商品的性质有关，与生产力的社会化水平及经济体制有关，并受历史的制约。在商品经济条件下，流通业的产业组织状况应是有效竞争的，即从总体上看，流通业应是竞争的，通过竞争提高效率，降低成本；同时流通业又应有合理的分工和规模，以获得社会化分工的分工效益和大规模流通的规模经济效益。

本章以对中华人民共和国成立以后我国流通管理体制的发展演变过程的考察为基础，说明我国流通产业组织的现状、特点及导致这种状况的影响因素，探讨促进流通业有效竞争的政策思路。

第一节　传统体制下的流通业

1. 我国流通业建立的基础

我国流通业是建立在半封建和半殖民地经济的废墟上的。中华人民共和国成立前，中国经济十分落后，1949年我国全部工农业总产值中，个体农业经济占70%，手工业产值占13%，现代工业仅占17%，而且生产水平很低。例如，1949年钢产量仅达15.8万吨，为美国同期产量的0.17%，为印度的10.8%；粮产量113.8万吨，为美国同期产量的74.2%[①]。

与当时的经济基础相适应，中国的商业资本由两部分组成。一部分是带有封建性质的商业资本，多居于农村，与地主、高利贷资本相结合，主要经营农产品、日用品和手工业品。经营管理和交易形式落后，带有封建性行会的因素。中华人民共和国成立初期统计,全国私商400万户,从业人员660万人;农村私商约有200多万户,从业人员约300多万人。这部分市场是以不规则的现货交易为主的原始型市场,市场上充满了投机、欺诈、欺行霸市和诡秘的非法交易。另一部分是官僚买办资本,以批发业为主,主要经营进出口物资和工业原料,集中在沿海大城市。城市商业资本的80%以上掌握在这部分人手中,民族商业资本发展缓慢。官僚资本利用垄断商业组织,用不等价交换、高利盘剥等手段,控制进出口贸易,推销工业品,收购农产品,这部分市场是处于官僚资本垄断下的非竞争市场。

2. 我国流通业的发展过程

中华人民共和国成立后,人民政府没收了全部外国和官僚商业资本,与解放区公营商业一起,建立了国营商业;对原解放区由群众集资创办的供销社给以扶植,并在全国城市和农村发展,建立了公有经济的流通业。经过几十年的发展,形成了与我国传统计划体制相适应的流通体系和遍布全国的流通网络,为流通业传统管理体制的垄断经营提供了组织保证。

(1)国民经济恢复时期

中华人民共和国成立初期,公有制经济非常薄弱,私营商业资本占绝对优势,大部分商品是自采自销形式,商品流通处于无规则的自由市场状态,一部分投机资本乘国家筹集军费和建设资金而超发货币之机,囤积居奇,哄抬物价,追求暴利,几次引起物价大波动,危及人民生活,影响经济建设。为了稳定市场,为恢复和发展国民经济创造必要的条件,在国民经济恢复时期国家采取了一系列整顿市场、合理调整商业的措施。

第一,设置了中央贸易部,统一指挥国内贸易和对外贸易,统一管理国内市场和重要商品价格,统一领导全国国营商业、合作社商业和私营商业。各级政府也相应设置贸易行政机构,受上级商业行政部门和当地人民政府的领导,形成了全国性的商业行政管理系统。

第二,在中央贸易部的领导下,成立了十五个专业贸易总公司,经营国内贸易和国外贸易。根据业务发展的需要,在大区、省、地、市设立了分、支公司,由总公司与当地商业行政部门双重领导,以条条为主,形成了全国性的商业企业管理系统;除了批发企业之外,在十万人口以上的城市设立了零售企业。从上到下形成了包括商业行政部门、企业管理机构和经营机构的一套国营商业系统。各专业总公司对所属公司系统实行资金、商品统一调拨的高度集中管理制度。一切现金收付都要根据计划由总公司审核,经贸易金库收付。企业间资金往来通过上一级公司实行内部转账。商品由总公司按计划统一调拨。对棉纱实行统购,对粮食、棉花等关系国计民生的商品的收购、出口、供应实行了集中管理。对国营工业企业的日用产品实行收购,对私营工业产品实行委托加工订购。掌握了大批货源,打击了投机资本,排除了私营批发商。

第三,1950年政务院财政经济委员会计划局设物资分配处,对煤炭、钢材等8种主要物资,在行政大区之间进行平衡调度。东北大区先行一步,1950年在东北政府经济计划委员会下设立了物资分配局,制定了物资分配办法,1951年度对生铁、钢材、木材等10种物资实行统一平衡分配,另外对粮食、棉花、棉纱、汽油等9种物资编制平衡表。各工业部门和各省都建立了相应的计划与供销机构。

第四,1950年成立了中华全国合作联社总社,领导全国的供销、消费和手工业生产合作社,并按行政区成立了各级联社,在全国范围内形成了独立的系统。它除了开展自营购销业务外,还为国营商业代购代销,成为国营商业的有力助手。

第五,通过国营商业掌握大批货源的办法,对私营批发商实行取代政策,促使其一部分转营他业,另一部分为国营商业代理批发业务;鼓励私营零售商为国营批发机构经销、代销,使私营商业在国家计划控制下进行经营活动。

这一时期,基本建成了以国营商业为主,集体所有制的供销社商业为辅,私营商业和个体商贩等多种经济成分并存的流通体制;并采取了重要商品由国家按计划实行垄断经营、其他商品则在国家控制市场的状况下实行竞争的政策。这对于改造旧的市场秩序、稳定物价、繁荣市场以及建立新型的产销关系起到了重要作用。

（2）第一个五年计划时期

1953—1957年的第一个五年计划时期，是我国进入大规模的社会主义改造和有计划的社会主义建设时期。这一时期，流通领域在对私有商业进行社会主义改造的同时，不断完善公有经济的流通管理体制。

对资本主义商业的社会主义改造，是按照先批发商后零售商的步骤，通过由初级向高级过渡的国家资本主义形式，最后由社会主义经济成分取代资本主义经济成分而完成的。

对资本主义批发商的改造，首先通过加工订货的形式，由国营商业垄断货源，逐步取代私营批发商，促使其由代理批发业务逐渐向公私合营过渡；私营零售商首先为国营商业经销、代销，逐步走向公私合营。加入公私合营的企业，进行清产核资，折价入股，由国家发给股票，并按期向国家领取年息五厘的定息。私营企业资本家及其代理人，逐步改造为自食其力的新人，企业经营纳入国家计划，职工变为企业的主人，企业已基本属于社会主义性质。

1956年，对于440万个小商贩的改造，根据不同情况，采取了不同形式。其中有7%的商贩直接参加国营商业或供销合作社；有7%的人参加公私合营企业实行定股定息；26%的人组成统一经营、共负盈亏的合作商店；35%的人组成分散经营、各负盈亏的合作小组；其余仍保留单干。私营商业社会主义改造的情况见表9-1。

表9-1 私营商业社会主义改造情况

	1955年 户数	1955年 人数	1956年 户数	1956年 人数	1957年 户数	1957年 人数
总计/（万户、万人）	295.4	390.9	242.3	331.8	230.3	322.1
1. 已改造部分	18.2	26.7	199.1	282.4	188.9	275.4
转为国营或合作社	—	—	14.6	22.4	11.3	18.6
转为公私合营	1.3	6.3	40.1	87.7	36.8	83.1
组织合作商店、小组	61.9	20.4	144.4	172.3	140.8	173.7
2. 尚未改造部分	277.2	364.2	43.2	49.2	41.4	46.7

续表

	1955年		1956年		1957年	
	户数	人数	户数	人数	户数	人数
占总计比重（%）						
1. 已改造部分	6.2	6.8	82.2	85.1	82.0	85.5
转为国营或合作社	—	—	6.0	6.8	4.9	5.8
转为公私合营	0.5	1.6	16.6	26.4	16.0	25.8
组织合作商店、小组	5.7	5.2	59.6	51.9	61.1	53.9
2. 尚未改造部分	93.8	93.2	17.8	14.9	18.0	14.5

资料来源：商业经济研究所编，《新中国商业史稿》，中国财政经济出版社。

"一五"时期，公有经济流通业不断发展壮大（见表9-2），同时也在不断调整和完善。

表9-2　1950—1957年商品批发额、零售额公私比重

单位：%

	1950年	1953年	1957年
1. 商业企业商品批发额			
国营商业	23.2	66.3	71.5
合作社商业	0.6	2.9	23.8
公私合营商业	0.1	0.5	4.6
私营商业	76.1	30.3	0.1
2. 社会商品零售额			
国营商业	6.9	17.4	37.2
合作社商业	4.7	24.3	24.9
公私合营商业	0.1	0.5	31.9
私营商业	88.3	57.8	6.0

资料来源：商业经济研究所编，《新中国商业史稿》，中国财政经济出版社。

1952年年末，国家成立了对外贸易部，建立了15个外贸专业公司，负责我国的进出口贸易，实行了高度集中的行政管理。专业进出口公司负责统一对外谈判签订合同、落实货源、组织运输和交货，实行了内外分别管理的政策。

  1952年，中财委物资分配局成立，1953年划归国家计委领导，负责编制统配物资的平衡分配计划，拟定有关物资工作的制度和方法。省、自治区、直辖市的物资计划机构设在计委内，1954年开始建立地方物资供应局、部管物资的平衡分配工作由各主管工业部设置的销售局和供销局负责。中央有50个物资申请部门，都设有物资供应机构。商业系统的煤炭、石油、五交化等专业公司，负责供应市民及非申请单位的需要。这一时期的生产资料物资实行分级分工管理，1957年国家统配产品231种，部管产品301种，并实行了两种计划方式、两个供应体系，对申请单位所需物资采取直接计划和按计划供应，实行调拨价；对"非申请单位"所需物资采取间接计划和市场供应，实行商业牌价。

  国营商业与供销社商业在此期间进行了三次分工，国营商业主管日用工业品以及一部分生产资料的收购和供应、城市副食品的收购和供应、饮食服务行业的领导和管理。商业部下设专业总公司，各省、区、市设专业分支公司，负责商品流通的管理工作。按经济区域设立一级、二级、三级批发站，作为流通经营机构。1953年对流通企业清产核定资金，实行经济核算制。企业实行独立核算，有权独立经营业务、对外签订合同、办理贷款和结算，企业的盈亏与当地财政部门清算，改变了中华人民共和国成立初期高度集中管理、统收统支的贸易金库制度。流通企业根据国家计划对重要的商品实行收购和包销，对小商品实行选购并允许生产企业自销。

  供销社商业负责农副产品（粮、油由国营商业负责）和农业生产资料的收购供应、废品的收购以及农村市场的供应，对生猪及重要农产品实行了派购和统一收购。

  这一时期，虽然到1957年完成了对私营商业的社会主义改造，形成了统一的社会主义市场，但大部分时间还是多种经济并存、国有经济为主的流通体制。这种体制既保证了社会主义经济有计划按比例的发展,又发挥了市场调节的作用,是适合中华人民共和国成立初期国情的,因此市场比较繁荣,1953—1957年社会商品零售总额年均递增11.37%,流通业发展很快,流通效率明显提高(见表9-3),促进了国民经济的发展。

表9-3　1953年与1957年商业部系统经营状况对比

	流通费用率(%)	利润率(%)	资金周转天数/天
1953年	11.94	5.75	183
1957年	11.64	9.16	163

资料来源:商业经济研究所编,《新中国商业史稿》,中国财政经济出版社。

(3)"大跃进"时期与"文革"时期

这一阶段,流通领域几经变革,市场调节的作用越来越小,公有经济的流通组织更加强大,直接计划调节的传统流通体制日趋完善。

在所有制方面,1958年在"大跃进""左"倾路线指导下,供销社、合作商店、合作小组升级过渡为全民所有制,农贸集市被关闭,流通渠道单一化。虽然在经济调整时期曾一度恢复供销社的集体所有制成分,并开放了农村、城镇自由市场,但到"文革"期间,又恢复了全民所有制一统流通领域的局面。全民所有制在社会商品零售额中的比重,1956年为34%,到1978年已上升为91%。

在国营流通业的内部,条条管理的格局变动不大,而且计划管理加强,组织更加完善。

1960年中央批准国家经委《关于加强物资供应工作和建立物资管理机构的请示报告》,明确"集中统一管理生产资料的销售和供应,建立和健全全国各级物资管理机构和经营网点""实行统一领导下的分级管理体制,由物资部门根据国家计划统一管理和组织物资的收购、供应调度和调剂"。在此精神下,国家经委设立了物资管理总局,对生产和供应调度实行统一管理,各级地方的物资机构也逐步健全，物资总局接管了冶金等六个工业部的销售机构，将各部设在大区的销售办事处改组为一级站；各省、区物资厅也接管了工业部门的销售机构，设立了二级站。两种分配方式、两个供应体系合为统一的计划分配体系，全国统一的物资网络初步形成。

3. 传统流通体制的特征及其弊端

传统流通体制的特征如下。

（1）经济成分、流通渠道单一的流通业。1958年以后，其他所有制成分的流通业逐渐被排挤和取消，整个流通领域基本由全民所有制企业独家经营，并且实行分部门条条纵向经营，在各个商品分类市场上，只有全民所有制企业从上到下直接计划分配，市场缺乏竞争（见表9-4）。

表9-4　1978年流通业经济结构

单位：%

	商业系统	物资系统	外贸系统
全民所有制	91.0	100.0	100.0
集体所有制	6.9		
其他	2.1		

资料来源：根据《中国统计年鉴》等数据估算。

（2）部门分级管理的行政体制。我国流通领域根据商品生产与消费的特点，划分为四个部分，分别由四个部门实行纵向专业管理。国营商业负责日用工业品的流通和对城市消费服务，以及主要农产品（粮、棉、油）的收购与经营；供销社系统经营农副产品和对农村生产、消费的服务；物资系统负责工业生产资料的分配；对外贸易系统负责一切商品的进出口贸易。同时，按不同的行政层次，采取专业的"条"与行政的"块"双重领导，重要商品分配由上至下垂直管理，但各级的专业局（公司），在行政、资金、收入上又受地方行政领导，同时承担着组织本地区流通的任务，形成了"三固定"（固定供应区划、固定供应对象、固定作价办法）和"三分割"（地区分割、部门分割、城乡分割）的分配格局。

商业分为三级管理。一类商品是有关国计民生的重要商品（1959年为38种商品），所有购、销、调、存、进出口等指标均由国务院集中管理。二类商品由国务院确定政策，统一安排，实行差额调拨，由商业部和供销社管理（1959年为293种，到1979年年末，商业部管理的一类、二类商品共计124种）。三类是品种繁多、产销变化大，不易统一分配调拨的商品，由地方自行管理。一类、二类商品的收购价格由国家统一规定，调拨价、一类和二类农产品购销价和主要工业品零售价由各主营部管理，三类商品价格由地方各级管理。农副产品和部分工业品作价采取顺加计算办法，即在进货渠道和环节固定的情况下，在进货价基础上加流通费用、利润和国家税金作为商品价格。主要日用工业品的调拨价则采取倒扣作价办法，即按当地批发价打一定折扣，作为调拨价。

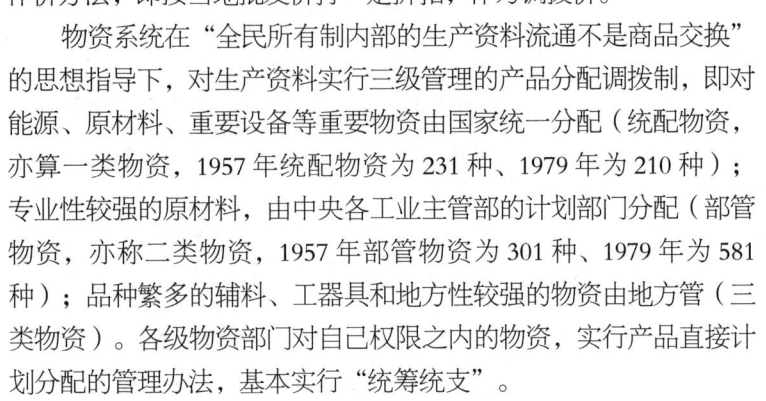

物资系统在"全民所有制内部的生产资料流通不是商品交换"的思想指导下，对生产资料实行三级管理的产品分配调拨制，即对能源、原材料、重要设备等重要物资由国家统一分配（统配物资，亦算一类物资，1957年统配物资为231种、1979年为210种）；专业性较强的原材料，由中央各工业主管部的计划部门分配（部管物资，亦称二类物资，1957年部管物资为301种、1979年为581种）；品种繁多的辅料、工器具和地方性较强的物资由地方管（三类物资）。各级物资部门对自己权限之内的物资，实行产品直接计划分配的管理办法，基本实行"统筹统支"。

长期以来，我国对外贸易一直实行一统制，一切外贸活动置于国家集中领导之下，由国家计划管理，对外贸易部经营，实行统一政策、统一计划、统一对外。外贸公司与生产企业产销不见面，外汇由国家统一掌握，国内外价格脱离，均按国内外批发价格结算。

分级管理体制的核心是高度集权的计划分配体制，直接用计划代替市场进行资源配置，通过行政部门由上至下逐级进行实物量分配，购、销、调、存一切经营活动均在计划指标控制之内。由行政部门制定的价格，只是核算的工具，排除了信息传递、资源分配、收入调节的功能，商店流通在指令性计划垄断下进行。

（3）政企不分的流通企业。指令性计划控制下的流通企业，一切经营活动均按照上级计划执行。固定的经营范围使流通企业之间没有争夺市场的利害冲突，固定的流通渠道和固定的购销价格又使企业没有一点儿灵活经营的余地。商业企业从 1958 年开始实行利润留成制，将 5% 左右的利润留给企业，用于企业奖金、固定资产零星购置、简易仓库投资三项支出，但大部分时间内，后两项连同固定资产折旧一起由主管部门集中使用，企业缺乏自主权。部分流通企业承担政府保证市场、稳定物价的职能，在国家对基本生活用品实行低物价、购销价格倒挂的政策中，粮食、副食品等行业均实行亏损经营，由国家给予政策性财政补贴，物资企业没有经营利润；外贸企业由中央财政统负盈亏；流通企业失去了作为独立商品经营者的地位。

（4）背离价值的商品价格。商品价格不是在交换过程中形成的，而是由物价管理部门统一计划制定的，价格僵化，背离了价值，失去了应有的功能，价格体系扭曲。以 1957 年为基数，至 1977 年 20 年全国零售物价仅上升 11.3%；农产品收购价（牌价、议价、超购加价等混合价）仅上升 37.9%；农村工业品零售物价下降 2.1%（见表 9-5）。

表 9-5　1957—1977 年几种商品价格变动情况

	收购价（或出厂价）		零售价	
	1957 年	1977 年	1957 年	1977 年
花生油 /（元 /50 kg）	50.09	90.00	60.00	82.78
猪肉 /（元 /50 kg）	52.24	70.67	71.20	82.61
铸造生铁 /（元 / 吨）	143.00	150.00		
28" 标定自行车 /（元 / 辆）	112.00	115.00	152.00	155.00
火柴 /（元 / 件）	—	14.50	14.00	20.00

资料来源：根据物价部门有关数据整理。

（5）条块分割的流通网络及流通组织。受分级管理体制的影响，各部门都有自己的流转环节。层层分配、调拨，形成了少渠道、多环节、条块分割的流通体系。

1964年，国家物资管理总局建立了金属等5个专业总公司，对生产资料实行统一销售、统一调拨，地方各级相应建立了专业公司，连同中央各工业部和地方工业厅局的物资供应站，形成了物资流通网络（见图9-1）。

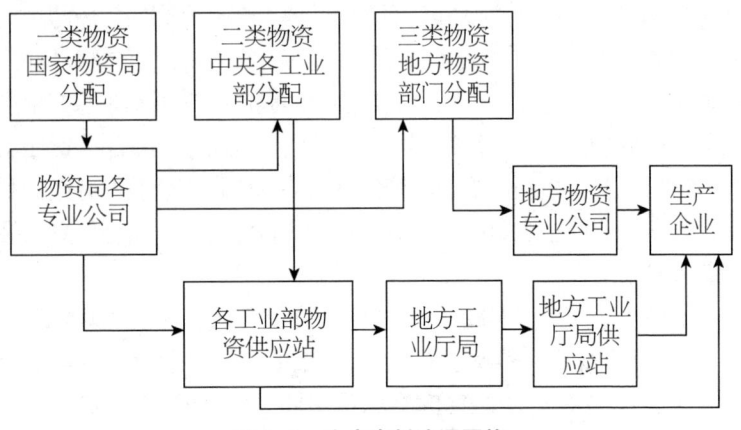

图9-1 生产资料流通网络

商业企业根据不同商品种类，成立专业总公司，一级、二级、三级批发站，零售商店，形成各自的管理系统和流通系统（见图9-2），并随着商品种类划分的变化相应调整。

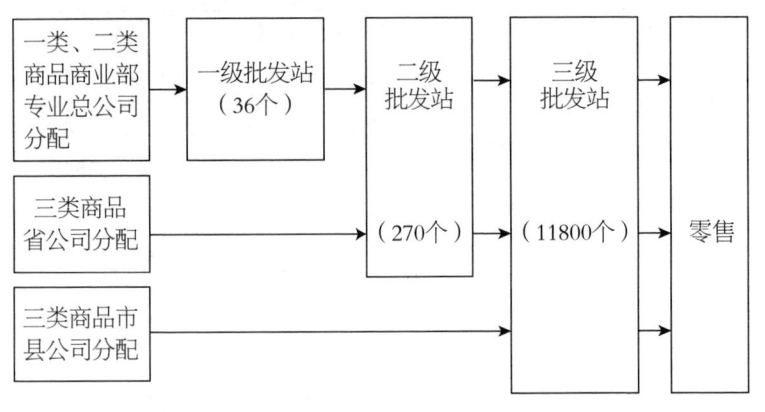

图9-2 日用工业品流通网络（1957年）

供销社根据农产品收购由下而上、由分散到集中的特点，建立了农产品采购系统。基层采购机构一般划分专业、综合、固定、临时、购销结合、代购、流动以及加工中转等形式；省、地采购站分专业和综合两类。1957年供销系统有省、地直属采购站100多个，基层收购门市部40000多个；供销社对农村日用工业品的供应货源基本来自商业批发系统，再由供销社批发门市部向农村零售批发。1957年供销社有批发门市部6281个，零售门市部57000个，供销分店120400个，代购代销店36700个。

传统流通体制的主要弊端是，利用指令性计划指导经营活动，形成不了正确的市场信息传递系统，很难把握和及时反馈市场供需状况。而指令性计划控制下的流通企业，没有经营自主权，不能根据市场状况调整经营活动。统购包销的购销形式，造成产销脱节、以产定销、盲目生产、盲目收购的后果，使一些冷背呆滞产品按计划照常生产、照常收购、库存积压，而一部分生活必需品又长期短缺。1978年商业部系统清仓查库，清出有问题商品占库存的21.2%，其中销小存大商品占60.7%，冷背呆滞商品占18.4%，质次价高商品占16.2%，残损变质商品占4.7%，占压了大量资金，影响了正常流通。同时，由于管理体制条块分割，使商品不能按经济合理的渠道流动，造成多环节和流通不畅，延长了商品流通时间，影响商品流通速度，增加交易费用，流通效率低下。从表9-6可以看到，1958年以后，传统体制逐渐僵化，流通效率不仅没有提高，反而下降。

表9-6 商业系统经营状况

	1953年	1957年	1966年	1978年
国营零售商业平均规模/人	3	7	6	7
商业部系统百元资金创利/元	12.90	18.93	10.82	10.73
商业部系统资金周转天数/天	183	163	226	202
商业部系统商品流通费用率（%）	11.94	11.64	10.27	8.89

资料来源：根据《新中国商业史稿》数据整理。

第二节　改革以来的流通业

1. 流通业的改革

十一届三中全会以后，在我国进行的举世瞩目的经济体制改革过程中，流通领域也开始了旨在打破高度集中统一和封闭式的旧体制、建立符合社会主义有计划商品经济要求的新体制的改革。在十年的改革中，根据改革的不同侧重点，可划分为两个阶段。

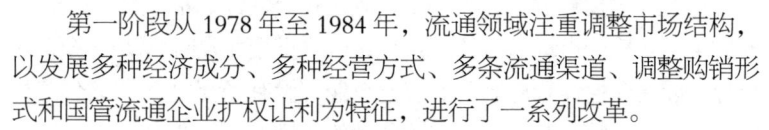

第一阶段从 1978 年至 1984 年，流通领域注重调整市场结构，以发展多种经济成分、多种经营方式、多条流通渠道、调整购销形式和国管流通企业扩权让利为特征，进行了一系列改革。

（1）创造适于竞争的市场结构。1978 年，党的十一届三中全会肯定了农村集市贸易的积极作用。1982 年，党的十二大指出商业服务业不应当也不可能由国有经济包办，集体经济和个体经济是公有制经济有益的补充；1983 年国家又公布了相应的政策，从政治地位、资金、货源、税收等方面给集体经济和个体经济以扶持和优惠政策，集体经济和个体经济得到了迅速的发展。1982 年国家决定供销合作社退出国营商业序列，恢复农民群众集体所有的合作商业性质。流通领域所有制结构由单一化向多元化发展。

与此同时，逐步开放了城市农副产品市场、贸易货栈，逐步建立和发展了各种类型的贸易中心、批发市场、小商品市场。商业部 1981 年改革了工业品购销体制，实行四种购销形式，即统配统销（棉纱、棉布等 11 种商品）、计划收购（食糖、卷烟等 24 种商品）、订购（糖精、奶粉等 58 种商品）、选购（其余商品），为多渠道经营创造了条件。

1981 年国家允许工业生产企业有权按规定自销产品。自由交易的生产资料市场应运产生，实行代购、代销、代加工、代托运和调剂余缺的物资信托服务公司也在发展，物资系统由计划调拨的单一购销形式向多种形式发展。

1982年国家组建了对外经济贸易部，广东、福建、北京、天津、上海成立外贸总公司，并享有对外经营权；扩大地方经营权，出口商品实行分类管理。中央管理一类出口商品，由经贸部所属各专业总公司经营，有一部分由工贸总公司经营。二类商品是国际市场竞争较激烈，或对我国商品有配额限制的商品，由外贸专业总公司协调，享有该类商品出口经营权的省、市自行对外成交出口。三类商品由地方自行管理；外贸专业公司对部分产品由收购制改为代理制。

（2）树立国营流通企业的经营意识。1978年以后，在国营商业内部进行了扩大企业自主权的改革，扩大企业的购销自主权、协商定价权、财务支配权和人事管理权，促进企业的自主经营。从实行利润留成，逐步向经营责任制过渡，使企业利益、职工利益逐步与企业经营成果挂钩。

第二阶段从1984年到1988年9月，这一阶段的改革打破了长期形成的"三固定"的流通体制，使商品市场由封闭型向开放型转化。

（1）扩大市场调节的范围。国家有计划地将大批商品分批划出计划管理范围，实行自由购销。至1984年，对日用小商品的管理已全部放开。生产资料实行计划管理市场调节的双轨制。1985年改农副产品统购派购制度为合同定购制度，定购以外产品可自由流通。工业日用品的购销形式已发展成为统购、计划收购、订购、选购、代批代销、联营联销、店厂直接购销和工厂自销等多种形式。国家统配的生产资料物资由1984年的256种，减少到1988年的20种；商业部直接管理的商品由1979年的188种减少到1988年的28种，1988年年末商业系统直接从工厂选购进货和商店自采商品零售额已占商品零售总额的60%以上。

（2）价格形成机制的变革。在深化流通体制改革的同时，价格管理体制也有较大的改革，除了有计划分批调整部分重要商品的收购价和销售价、合理安排商品比价、引导和调整生产消费结构外，最重要的是把一大批商品的定价权改由生产者和经营者掌握。

1984年10月全部放开了小商品价格，实行市场调节、企业定价。1985年至1986年又先后将缝纫机、国产手表、收音机、电冰箱、自行车等耐用品的价格放开。1988年放开了名烟、名酒价格。随着工业品商品价格的放开，原来工业品调拨价以进货地批发价为基础的"固定倒扣"作价办法已不能适应，逐渐为顺加作价办法所代替。对农副产品国家只保留定购品种的购销价格管理权，以及规定少数非定购品种的购销指导价，其余均实行议购议销和市场调节。1984年年末，生产资料实行双轨价格，并且市场调节的比重越来越大。至1988年年末，生产资料实行计划价格的商品已不到全部物资的30%，农副产品收购和日用工业品购销计划价格的比重更小。国家对价格采取直接管理和间接管理相结合的原则，更多地实行了指导价、浮动价、协商定价和市场调节价。流通环节的价格形成机制，由单纯国家行政部门定价已开始向市场供求规律支配转变，流通企业在市场竞争中掌握了更多的主动权。

（3）打破原有流通渠道。1984年，商业系统对日用工业品批发体制作重大改革，中央、省属一级批发站下放到地市，与批发公司合并，打破了一级、二级、三级固定的批发层次。这项改革为建立开放式和网络式的日用工业品批发体系创造了条件。

（4）增强流通企业的竞争意识。在国营流通企业内部，进一步完善大中企业的承包经营责任制。1987年，在全国范围内推行了"包死基数、确保上交、超收多留、欠收自补"和经理负责的"内外双包"的承包责任制。对小企业实行了租赁、转让和出售等多种经营责任制，进一步明确了国家和企业的关系。

2. 流通产业的组织特点

根据商品的用途和使用对象划分，流通业仍分为几大块（见表9-7），由各具特色的流通业经营。

伴随着流通体制的深化改革，流通业的产业组织也发生了很大变化，主要有如下特点。

表9-7　1987年我国流通产业分工状况

	经营额/亿元	经营机构/个	职工人数/万人	主要经营机构
社会零售商品	5820.00	8814000	2012.50	国营商业，供销社，私营商业
商品批发	2151.16	34133	145.91	国营商业
工业用生产资料	1580.18	36514	93.16	国营物资系统
进出口商品	3084.20	1042		外贸系统

资料来源：根据《对外经济贸易年鉴》《中国商业年鉴》《物资统计年报》等数据整理。

（1）流通业所有制趋向多元化。改革中，国家调整了商业政策，国营商业只掌握大多商品的批发环节和重要商品的零售，以调动其他经济的积极性，允许多种经济成分经商，流通业经济结构发生了明显变化。全民所有制经济在零售商业中所占比重逐渐缩小（见表9-8）。

表9-8　社会零售商业各种经济成分经营比重

	1952年	1957年	1978年	1985年	1988年
全民（%）	16.2	37.2	91.0	40.4	39.5
集体（%）	18.2	41.3	6.9	37.2	34.3
合营（%）	0.4	16.0	—	0.3	0.4
个体（%）	65.2	5.5	2.1	22.1	25.8
社会商品零售额/亿元	276.8	474.2	1558.6	4305.0	7440.0

资料来源：根据《新中国商业史稿》整理。其中供销社经营比重，1978年列入全民所有制中，其他年份列入集体所有制中。

生产资料流通也打破了由国营物资系统统一经营的流通方式，代之以多渠道并存的物资供应形式。据武汉市1985年调查统计，武汉市当年经营生产资料的单位490个，其中全民所有制236个，集体所有制253个，全民和集体合营的1个。另外，一些街道的小企业和乡镇也有经营生产资料的，未列入统计数内。

（2）流通企业增加，平均经营规模缩小。改革以来，从政策上放松了经营商业的管制，商业经营对技术和资金的要求也不严格，因此流通领域比较容易进入，流通企业增加很快。1987年年底，全国物资系统销售网点36514个，是1981年的1.33倍。其中城市网点25724个，农村网点10790个；物资系统自营27729个，联营1416个，系统外经销5931个，代销1438个。

商业系统企业增长也很快，1988年同1978年相比，零售商业增长了8倍。商业网点的增加，对于方便群众、促进商品流通起到了积极作用。但也带来了经营规模缩小、流通秩序混乱、经济效益下降的问题（见表9-9）。

表9-9　中华人民共和国成立以来社会零售商业机构与人员

年份	1952	1957	1978	1985	1988
社会商业零售机构/万个	420.0	195.3	104.8	778.3	928.1
平均每一机构服务人口/人	137	331	914	135	118
平均每一机构零售额/万元	0.50	2.05	13.01	4.20	5.97
社会零售商业从业人员/万人	709.5	568.9	447.4	1796.0	2164.6
平均每一机构从业人员/人	1.7	2.9	4.3	2.3	2.3
平均每一人服务人口/人	81	114	214	58	51
平均每一人零售额/万元	0.32	0.70	3.05	1.82	2.56

资料来源：《新中国商业史稿》和《中国统计年鉴》。

（3）流通企业经营范围扩大。改革使流通企业冲破了"三固定"的束缚，扩大了经营范围，也创造出许多新的流通组织形式。批发企业可以兼营零售，零售企业可以从工厂直接进货，工厂可以租赁商业柜台自销，实行了多种形式的横向联合、工贸联合、技贸联合、内外贸联合等跨行业联合；组建了各种商贸集团的跨地区联合；发挥了各类企业的优势，促进了流通效率的提高。

（4）组织规模与效益。零售商业的组织规模与人口居住密集程度有很高的相关性，其组织规模按城市、县城、乡镇的分布逐渐减少（见表9-10）。1987年881.4万个零售企业中千人以上的大型企业仅有27个，占社会商品零售总额的2%（见表9-11）。

表 9-10 社会零售商业规模分布情况（1987年）

	合计		市		县		县以下	
	机构数/万个	每一机构平均从业人员/人	机构数/万个	平均从业人员/人	机构数/万个	平均从业人员/人	机构数/万个	平均从业人员/人
零售商业总数	881.4	2.3	155.3	4.1	124.9	2.7	601.2	1.7
其中：千人以上	27	1758	27	1758				
1. 粮油商店	5.4	10.2	2.2	11.8	0.9	13.3	2.3	7.4
2. 副食商店	17.0	7.0	5.5	12.9	2.8	7.3	8.7	3.1
3. 纺织品商店	3.6	6.2	0.6	16.8	0.6	8.3	2.4	3.0
4. 百货商店	16.1	10.0	4.3	21.6	2.8	12.0	9.0	3.8
5. 五交化商店	5.9	9.9	2.8	13.6	1.1	10.5	2.0	4.4

资料来源：根据《中国商业年鉴》《商业统计年报》等数据整理。

表 9-11 国营商业系统经营规模（1987年）

	企业数/个	经营总额/亿元	营业额比例(%)	平均每一机构从业人员/人	平均每一机构营业额/万元	人均营业额/万元	人均利润/万元	百元销售利润/元
合计	57932	2776.38	100.0	45.5	495.92	10.9	0.21	1.93
工业品批发	15395	1823.06	65.7	56.7	1184.00	20.9	0.54	2.57
其中：大型批发	17	10837	3.9	1340	63745	47.56	1.73	3.64
农产品批发	18745	328.1	11.8	31.3	175.03	5.6	−0.33	−5.88
零售企业	23156	625.22	22.5	47.6	270.00	5.7	0.25	4.34
其中：大型企业	27	57.3	2.0	1758	21206	12.06	0.92	7.53

说明：大型批发和大型企业指千人以上。

资料来源：根据《中国商业年鉴》《商业统计年报》等数据整理。

大型企业经济实力强,深购远销,薄利多销,经营费用低,效益高。

物资系统流通组织的形成受原计划调拨制的影响,组织规模按照行政机构层次,由上至下逐渐缩小(见表9-12)。

表9-12　全国物资系统销售网点分布(1987年)

	总数	国家物资局直属	省属	专属	县属
网点合计/个	36514	96	2948	11640	21830
每一网点平均从业人员/人	25.5	308.3			

资料来源:根据《物资统计年报》数据整理。

(5)流通企业行为。改革中流通企业实行了各种经营责任制,进一步明确了国家、企业和职工的关系,企业追求利益的动机明显增强。购销形式的改革,使流通企业大部分商品依靠自己采购或直接从工厂进货,产销直接见面。在利益动机驱动下,流通企业之间为了获得紧俏货源进行竞争。当市场疲软时,流通企业通过为工业企业代销,占用生产企业流动资金,节约自己流通费用,流通企业市场行为逐步增强。

3. 改革中的矛盾与缺陷

流通体制改革,打破了行政垄断,为引入竞争机制创造了条件,给流通领域带来了活力,促进了流通业的发展,带来了市场的繁荣。但改革是前所未有的事业,当改革不断深入时,新旧体制转换产生的摩擦逐渐在流通领域暴露出来,其矛盾主要反映在以下几方面。

(1)经营者的价格扩张行为。承包经营责任制将企业、职工的利益与企业经营效果紧紧联系在一起,企业追求利润的动机不断增强。提高企业经营成果的方式有两种,一是加强经营管理,降低流通费用,提高流通效率,进而提高企业经营成果;另一种是提高销售价格,增加经营利润,这是比较省力气的办法。改革第二阶段的经济环境使流通企业很容易选择后一种方式。这是因为,第一,企业拥有较大的价格决策权；第二，工业品倒扣改顺加的作价办法使企业自行涨价不受限制；第三，由于企业产权不明确，企业自我约束能力不强，使我国经济始终在偏紧的状况下运行，价格容易上涨。企业价格扩张行为又表现为两种形式：一是计划内商品转计划外，卖高价，这主要反映在实行双轨制价格的生产资料上，包括计划内钢材、有色金属、木材、重要化工原料、农用生产资料等商品；二是商品多次转手倒卖，层层加价，"商品大旅游，价格滚雪球"，主要表现在重要的生产资料和紧俏高档消费品上。在商品流通过程中，经常是两种形式同时出现，重叠使用，计划内商品多次转手倒卖，价格成倍上涨，使商品倒流和空转，增加交易成本，推动物价上升，降低流通效率。

（2）流通组织发展过快。在"全民经商"的形势下，放松了对流通企业的管理，有两种类型的流通组织也进入了流通领域。一类是依仗行政特权，虽无经营实力但可以权力谋私利。如行政性机关、事业单位办的公司，它们不仅增加了流通环节，增加了流通费用，而且还以特殊地位来谋取小集团的私利，如生产资料计划内倒计划外等。另一类是根本不具备经营资格的企业和个人，进入流通领域，靠非法经营生存，哄抬物价，倒买倒卖，欺行霸市，偷税逃税，不择手段牟取暴利。据1988年统计，全国已有公司36万多家，其中属于行政性的公司就有10万多家，造成流通环节过多，流通秩序混乱。

（3）低水平的过度竞争。近几年，已放开的一些农副产品，经常发生资源争夺战，如蚕茧大战、羊毛大战。收购者为了争夺资源，不计成本，竞相抬价；畸高的价格，又传给农民一个失真的市场信号，错误地引导农民盲目发展生产，一旦产量增加，又都压价收购。价格的大起大落，致使生产必然大起大落，打击生产者，伤害消费者。

三十年旧的传统流通体制，行政垄断，束缚企业，管死流通，不适应生产发展的需要。近十年的改革，从"放"入手，却带来了流通秩序混乱，物价上涨。为什么"一管就死，一放就乱"？从客观看，我国长期以来，存在总需求大于总供给的矛盾，是通货膨胀、物价上涨的根源；从全局看，改革缺乏整体安排，不配套（如财政分灶吃饭政策，强化地方利益），影响流通改革的顺利进行。但流通领域自身改革仍存在缺陷，也是造成流通秩序混乱的主要原因。

（1）市场搞活与市场建设滞后的矛盾。我国流通体制改革，重点放在打破行政垄断，"破"有余而"立"不足，没有及时建立必要的交易行为法规及市场管理制度，不能保证交易按公平、合理的运行规则竞争，存在着无法可依、无章可循的现象。新进入市场的各种企业缺乏规范管理，成分复杂，规模小，经营行为不合理，使许多通过放开价格形成的市场空间很难实行有效竞争，而是行政分配、人际关系和市场协调共同发挥作用。"公司"林立，"官倒""私倒"活动猖獗，违法经营，牟取暴利，使流通领域出现了秩序混乱现象。

（2）多渠道经营与竞争主体成长缓慢的矛盾。改革构造了多元化的流通结构，形成竞争局面，但流通企业行为合理化的运行机制并没有形成。改革中简政放权，但流通体制组织结构并没有打破，往往是上级放权，下级收权；放权的结果，加强了条块分割。企业仍然在旧的组织框架下进行经营活动，不能自负盈亏，因而参与竞争的能力不强，不能同社会上新进入市场的私营流通企业和商贩进行平等竞争。因此，竞争不充分和低水平的过度竞争同时存在，不能适应现代化建设的需要。更为重要的是，条块分割的流通企业，没有生产要素合理流动机制，使流通力不能随着经济发展而不断规模化和优化组合，使流通企业难以形成规模优势，使有效竞争的企业条件不充分。

（3）引入市场机制与市场组织落后的矛盾。有效竞争需要相适应的市场组织形式来保证，但我国现有的初级的市场组织形式又不可能担负起组织现代化工业经济营运的使命。改革中，流通业中的集体经济、个体经济的迅速发展，促进了以集市贸易、长途贩运、摊群店铺、流动商贩等为主的低层次的市场组织的发展，但与现代经济相适应的高层次的市场组织形式却迟迟难以发育。生猪、玉米等农副产品生产与价格的周期性波动，羊毛、苎麻等出口或加工业急需资源的贸易大战，暴露了我国在这些商品市场交易组织及交易工具建设上的弱点，不能为有效竞争创造集中供求、统一规划、平等交易的环境，也不能起到调整需求、指导生产的作用。

4. 流通业的治理整顿

面对市场秩序紊乱状况，十三届五中全会明确提出治理整顿和深化改革的方针。在此精神指导下，流通领域的改革从1988年年末开始，转入以治理整顿为重点的第三阶段，并主要采取了清理整顿公司、专营与限价三项措施。

（1）清理整顿公司。从1988年年末开始，国家着手对各类流通企业进行资格审查，实行企业重新登记。同时清查整顿各类公司，撤销党政机关办的公司，取缔一批皮包公司。到1990年2月，全国已撤并公司7万多个，占公司总数的24.51%，查处违章案件85万件，清理了流通渠道和流通组织。

（2）专营。1988年年末，国家对农药、化肥、地膜三种农用生产资料和四种钢材采取了国家专营办法（1990年7月取消），对彩电实行消费税和专营并用的措施，对防止重要生产资料和紧俏商品多家经营、转手倒卖、"商品、票据旅游"起到了积极作用。

（3）限价。在治理整顿期间，先后出台了一些限价措施，对某些实行市场调节的商品采用了最高限价，目的在于控制价格上涨。但对于供求矛盾突出的商品，购买者为了寻求货源而不择手段，在实际实行过程中已出现了各种"变通"措施，限价的目的难以达到。

在现阶段市场组织和市场制度不健全、市场不能有效运转的情况下，运用专营、限价等行政手段对治理整顿流通秩序起到了一些作用。但要建立规范的流通秩序，还在于促进有效竞争，使流通业在有计划商品经济正规轨道上运行。运用行政手段只是过渡性措施，是为有计划商品经济的有效竞争创造条件，其目的是综合运用经济的、行政的、法律的手段，建立诸如市场进出、公平交易等一系列市场规则,并相应建立起市场监督体系,在改善市场流通秩序的同时,推进市场制度创新和市场组织创新。

第三节 促使流通业有效竞争的思路

1. 流通业有效竞争的意义

在进行了四十年的经济建设和十年经济体制改革之后,我们积累了丰富的历史经验,也缴纳了相当多的"学费"。建设和改革的经验教训告诉我们:流通业的有效竞争,对于我国的经济发展具有重要意义。

(1)有效竞争是保证市场机制发挥作用的前提。市场机制要正常发挥作用,必须存在竞争传递系统,必须有公正、合理的价格信号,而这两个条件都是以流通业的有效竞争为前提的。非垄断的、有规模效益的、有竞争的流通产业组织,可以保证供求竞争,形成公正、合理价格,使价格既反映价值,又能准确地反映供求。若流通业没有有效的竞争,是垄断或非秩序交易,其价格则是扭曲的价格,将不利于经济发展。在商品经济条件下,流通是竞争的传递系统,市场竞争通过流通传递到生产领域,引起生产的竞争。若无流通业的有效竞争,整个经济不可能存在有效竞争。

(2)有效竞争是提高经济效率的重要手段。整个经济运行的效率高低与流通业是否有有效竞争紧密相关。马克思科学的再生产理论告诉我们,在商品经济条件下,任何商品都必须经过市场实现"惊险的跳跃",流通对生产的作用非常明显。流通领域存在有效竞争,可使流通提高效率,从而促进生产提高效率,进而提高整个社会效率。在旧体制条件下,整个流通领域效率极低,信息传递很慢,这样反馈给生产部门,再层层下达生产计划,待生产落实后往往事过境迁。我国物资流通中存在的总量短缺与高消耗、总量短缺与库存非正常增长、长线产品大量积压与短线产品异常紧缺等问题,就是缺乏有效竞争和低效率所致。

(3)有效竞争是正确处理工商关系、商业和消费者关系的基础。长期以来，我国工商矛盾、商业和消费者的矛盾一直是比较尖锐的，尽管我们一再强调要互相谅解，加强协作，但仍无济于事。究其原因，主要是流通业无竞争，没有处理好这两个关系的基础。商业独家经营，使工业无选择余地；而商业也可以借此优势，在与工业的谈判中获得好处。同时，商业的垄断地位使它无法把顾客当作"上帝"，商业内部没有竞争无法改善服务。

（4）有效竞争是流通组织合理化，促进各类型产业协调发展的保证。由于各类商品的生产过程、消费状况和自然属性存在着较大的差异，要求有不同组织形式的流通业与各类型产业相适应，以满足生产和消费的需要。流通业只有充分进行有效竞争，才能优化流通组织，提高流通效率，使流通的方式、方向、渠道、手段、机构和经营管理适应各种类型产业的要求。

在我国旧体制条件下，实行条块分级管理，各自都有自己的流通网络，条块割据，互相封锁，不能适应各类型产品的需要形成高效合理的流通组织。

流通业的有效竞争不仅是经济发展的客观要求，也是我国经济体制改革的客观要求。没有流通业的有效竞争，经济体制改革难以深入进行，这是我国十年改革的一个重要经验教训。从世界各国体制转换的历史看，由战时体制转向和平建设体制的重要环节就是构造竞争机制。联邦德国战后的体制转换，实质上就是放开管制，让市场竞争发挥作用，正如艾哈德为自己辩解的那样："即使由于单方面要求提高物价的压力，也由于心理压力，致使物价超过了可以容许的或者道义上的限度，我们还将很快进入另一个时期，那时，出于竞争的缘故，物价会下降到适当的水平。在这个水平上，工资物价之间，货币收入与物价水平之间，将保证会有最适当的关系。""二战"后的日本，采取了解散财阀、重新构造竞争性的商社组织的重要步骤，从而创造了流通业有效竞争的局面[②]。我国旧体制严格地说来是三种体制（计划体制、自然经济体制、战时体制）的混合。计划体制表现为中央集中统一分配资源，调拨和分配产品、经济活动以行政的指令性计划为唯一手段。战时体制特征是经济活动为备战服务,不计成本,不讲核算,集中统一调配资源。自然经济体制的特征是不讲分工、协作,自成体系,小而全、大而全,区域封锁,贸易大战。这三种体制的核心是以行政命令为手段,集中统一地配置资源。这样,旧体制根本不可能存在有效竞争,因而窒息了经济发展的勃勃生机。我们适应经济发展的客观要求,进行经济体制改革,就是要引入市场机制,建立计划经济与市场调节相结合的新的经济体制,以通过有效竞争促进经济发展。

2. 构造有效竞争的流通业

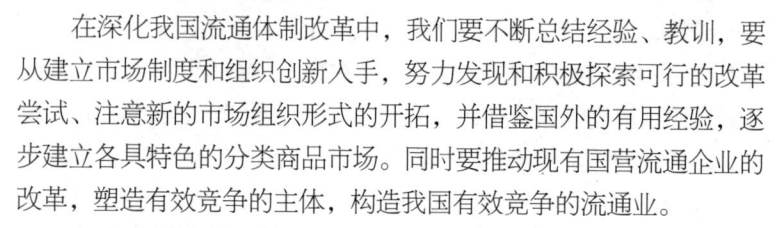

在深化我国流通体制改革中,我们要不断总结经验、教训,要从建立市场制度和组织创新入手,努力发现和积极探索可行的改革尝试、注意新的市场组织形式的开拓,并借鉴国外的有用经验,逐步建立各具特色的分类商品市场。同时要推动现有国营流通企业的改革,塑造有效竞争的主体,构造我国有效竞争的流通业。

(1)农副产品的流通。要建立农产品市场体系,包括城乡农贸市场、现货批发市场和期货市场。其中现货批发市场和期货市场,是农产品市场机构的核心,对建立完善的市场体系起着关键性或决定性的作用,政府对市场管理的主要环节也在于对批发市场和期货市场的管理。

考察国外市场发展的历史过程和规律,不经过有组织的批发市场,市场的规范化以及组织化无法实现,期货交易难以发展。此外,如果缺少期货市场,现货交易中的风险无法规避,价格波动过大问题难以解决。市场规范和价格波动又是目前我国农产品流通中亟待解决的问题。

1990年9月,中国郑州粮食批发市场开业,这是农产品流通领域改革的一项重大措施。

郑州批发市场是有组织、有限制的规范化市场,它是由商业部和河南省政府共同开办的服务性市场,经营省际议价小麦,进场交易者要按规定经过申请和严格审查、批准,并按交易规范在市场内进行公开平等的竞争。郑州批发市场开业是以现货批发起步,引入期货交易机制,发展远期合同,促进合理转让,逐步发育期货市场。

根据我国农产品的特点，我们可以建立各种批发市场，如蔬菜批发市场、水果批发市场和粮食批发市场。又可分中央批发市场和地方批发市场，中央批发市场主要进行省际交易，地方批发市场主要是进行省内交易。对于农村集市和城市贸易市场等初级市场，也要进行改造，促使其向规范化发展，形成现代化的零售贸易市场，为流通业的有效竞争创造良好的环境。

我们可以借鉴日本农协的组织形式③，改造我国的供销社组织，恢复它由农民集资办社、为农民服务的本来面目，使供销社起到组织生产、收购产品、传递信息的作用，成为联结小生产与大市场的桥梁。并组织多个综合供销社和专业供销社，打破条条束缚，通过供销社之间的竞争，提高服务农民、组织流通的水平。

（2）工业消费品的流通。在改革的浪潮中，我国工业品流通领域也出现了一些新型流通形式，其中横向经济联合的层型企业集团和专业日用小商品批发市场已显示出强大的生命力。

企业集团是在自愿互利、风险与共的原则下建立的，有商商联合、工商联合、产供销联合等多种形式。这些集团已经在一定程度上显示出整体优势、技术质量优势、资金优势和信息优势，初步显示出规模效益。但相当多的集团停留在松散协作的层次上，集团组织合理化程度低，抵抗竞争风险能力差。有必要引导部分条件成熟的企业集团向产供销一体化的方向发展，以降低生产和流通费用，促进产销直接见面，使市场信息通过销售窗口迅速反馈到设计和生产部门，促进生产技术的提高，加快适销对路产品的更新换代。周到的售后服务，既有利于迅速得到反馈信息，又保证了产品的信誉。企业集团将有利于获得流通规模效益，促进和稳定市场供求。

（3）工业生产资料的流通。在物资系统改革中，与生产资料双轨制相适应的新型市场组织——物资贸易中心④纷纷成立。至1988年，已有地市以上贸易中心400多个，成交额占物资系统的五分之一。贸易中心以城市为依托，既从事流通、实业、金融业务，又提供万商云集的交易场所和各种服务，促进了生产资料市场的发展。例如，办得较为成功的沈阳物资贸易中心有如下功能：

第一，沟通信息，充当媒介，组织企业之间的易货协作，解决生产企业买难卖难的问题；

第二，向生产企业投资，开展补偿贸易，增产社会急需产品；

第三，实行联供联销，为企业推销产品；

第四，出租场地，为经营企业提供营业场所；

第五，组织集会交易，促进供需直接成交；

第六，组织信息网络，提供信息服务。

物资贸易中心的经营活动，在当前我国生产资料市场不健全、其他要素市场不存在的状况下，有积极的作用，但还存在着贸易中心过多、交易行为不规范、守约率不高、货币化程度低和市场管理与经营一体的缺陷。我们可以因势利导，在此基础上进行改造，可选择若干个大的商品集散地，组建全国性的生产资料市场，吸引生产企业和经营企业进场，进行大宗的现期交易和远期交易，保留其提供场地、为经营者提供各种服务的特色，将管理机构同经营者逐步分离，集中精力管好、办好生产市场，为经营者提供平等竞争的场所，变地、市贸易中心为生产资料销售网点，形成通畅的生产资料流通网络。

在完善生产资料市场的同时，可以借鉴日本综合商社的经验，组建大型物资流通企业集团。综合商社是在日本贸易立国和促进有效竞争的政策下，在经营竞争中发展壮大的少数大型综合商业组织。日本大型综合商社之间的有效竞争，提高了流通效率，促进了日本的贸易和经济的发展。1979年，日本综合商社的销售额为国民生产总值的27%，是日本生产资料的主要流通渠道。我们可以物资企业为主体，以流通为中心，以销售为龙头，联合大型生产企业，在全国组织几个大的流通集团、经营国家重要物资，旨在打破条条框框的割据和独家经营的局面，通过规模经济的竞争优势，提高流通效率。

3. 促进流通业有效竞争的政策思路

为了使流通业实现有效竞争，中近期必须调整或制定流通政策，深化流通体制改革。无论是从中近期来看，还是立足于长期发展，要保证流通业的有效竞争，以下六个方面的流通政策必须尽快制定或出台。

（1）彻底的官商分离政策

官商不分，无论在什么体制下都会妨碍竞争。我国从1953年社会主义改造基本完成以后，与产品生产和调拨的指令性计划相适应，流通实行统购统销政策，商业企业便成为国家机关的一个附属行政性公司，成为"官商"。改革以来，我们从政策上明确了政企分离的原则，几年来也在不断探索，使流通机构不断企业化。但是，总体上这个"官商"问题仍未解决，原因很复杂，其中两个重要原因是国有企业产权问题和流通机构实施指令性计划调拨问题。应通过深化改革来解决这两个问题。

在国家与企业关系的改革方面，我们已经进行了有益的探索，成立了国有资产管理部门和国有资产经营组织，与政府初步分离；用承包制的办法减少行政干预等。但要使企业成为真正的企业，必须进行产权制度的彻底改革，模拟资本进行产权的明晰化和资产运用。同时，规范承包制，变一对一谈判为竞争性系数承包，不妨碍分税制的实施。

导致流通企业官商合一的另一个重要原因是它有实施指令性计划的职能，不能同生产者处于同一地位，如物资的指令性调拨。改革的办法一是逐步缩小指令性计划，使流通机构逐步取消这一职能；二是价格改革，逐步解决计划内外差价问题；三是对部分重要物资实行国家订货、物资部门代理。靠各方面配套深化改革来使流通企业成为真正的企业。

（2）资格审查政策

我国目前面临的严重的流通秩序混乱，其主要的原因之一就是没有严格的资格审查制度。不实行资格审查，使一些行政公司和不具备经营资格的企业、个人无限制地进入流通领域，造成流通秩序混乱。

针对流通秩序混乱，治理整顿以来，我们采取了整顿公司的措施。清理整顿公司，使一部分明显没有经营资格的皮包公司受到了打击。这对于建立正常的商品经济秩序是必要的。但是，究竟什么样的公司才有资格，行政性公司如何处理，严格地讲，并无明确的政策和法律可依。所以，我们清理公司的工作往往是走形式，并不能从根本上解决问题。我们认为，应该先用强硬的行政手段把"乱"制住，然后马上转入用有法可依的资格审查这一正规商品经济手段来保证流通秩序化。

为了保证流通业的有效竞争，资格审查政策必须强调如下内容：第一，防止垄断，即防止渠道单一，防止行政性企业的行业垄断，一家大企业市场占有率不能超过 30% 或 50%，以保证竞争；第二，防止低层次过度竞争，即防止小商业过多，制定进入流通领域的最低资产、商誉、人才等条件，限制非法投资者进入；第三，对经过资格审查的企业不断进行交易行为监视，一旦发现垄断等非法行为立即采取措施，保证竞争。

（3）多渠道、少环节政策

流通领域要有真正的竞争，必须实行多渠道、少环节政策。渠道单一就会成为垄断；环节过多，会使流通效率低下，不能实现流通的调节功能。以日本的流通业为例（见图 9-3），由于产品用途多样化、产品品种类别多、需求多样性、企业的大中小并存等原

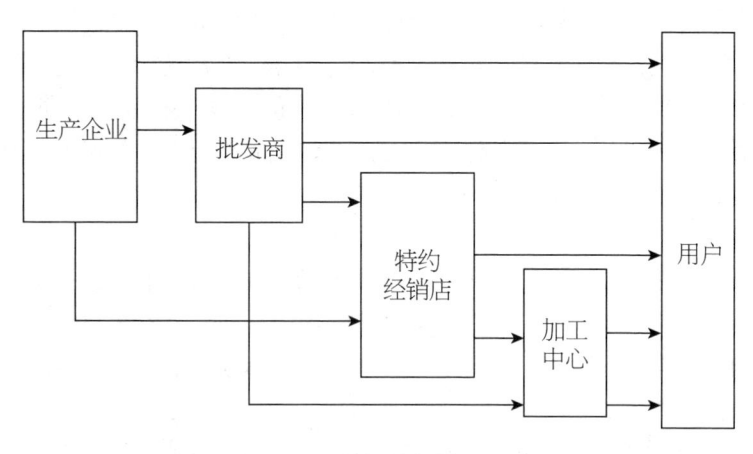

图 9-3　日本国内钢铁流通图

因，都是多渠道流通并存，环节最少。从根本上讲，商品经济发展客观要求流通业多渠道、少环节，既存在竞争，又不浪费流通力。

我国自改革以来，也实行了多渠道、少环节的政策，但由于没有合理调整现有流通力，从组织结构、流通体系、规则方面没有保证有效竞争实现的条件，使多渠道、少环节的政策没有达到目的。

为了保证有效竞争，针对我国现实情况，要采取如下措施：第一，调整现有流通能力，改造企业组织结构。除了商业零售网点能力尚有不足之外，其余产品的流通能力已基本上能够适应生产发展的需要。因此，近期重点是合理调整被条块分割的流通体系，根据生产社会化的需要，促使流通企业达到合理规模化。第二，合理调整流通业的市场结构，使每大类商品在每一地区都有在规模经济基础上的竞争。一是专业流通公司与综合流通企业并存，使同类产品流通存在竞争。二是大综合流通企业本身也有竞争。三是理顺批发与零售的关系，根据不同产品特点确定环节，并实行倒扣作价办法。第三，打破国营、个体流通企业的板块界限，使小集体、个体商业向零售业发展，用于弥补零售网点的不足，并不断使其正规化、高度化。如现有街道两旁设摊的小贩，利用政策引导其成为蔬菜和百货的小超级市场。

（4）统一规则政策

要保证流通业存在有效竞争，市场规则必须统一。目前我国流通业秩序混乱，一方面是没有健全的规则，另一方面规则不统一。为此，必须尽快实施如下措施：第一，尽快健全市场规则。竞争要有条件、有规则。从贸易形式上划分，可分为现货贸易和期货贸易，因而必须有现货贸易规则和期货贸易规则。现货贸易规则主要是一方面修改不适应商品经济发展的已有法规，另一方面制定保护竞争的新法规；期货贸易法规则应从头开始制定，以适应建立期货市场的要求。第二，实行统一规则，包括对非国营商业的任何所有制形式。取消对非国营商业的优待，也取消国家对国营商业的特殊待遇。如统一的经营公开申报制度，每一个企业都要将交易状况、财务状况向管理部门汇报，每一个企业都要有发票存根，实行售货必须有发货票。竞争手段要合理，严禁利用行贿手段进行倒买倒卖、挖公有制墙角。第三，商业管理机构为了保护竞争，要进行相应调查，将物资部、商业部、外贸部、工商行政管理局等部门合并，变成一个综合性的管理流通的宏观职能机构，从资格审查到交易监管，以至国际国内经济循环的流通政策，都由一个职能部门管理，以真正打破条块分割，实现有效竞争。第四，加强仲裁机构，严肃经济法规，使交易规则有严肃性。如合同的仲裁机构要马上强化，使经济合同有法律效应。

在统一规则政策中，必须解决一个重要问题即国营商业占主导地位的问题，这是一个重大的理论和政策问题。按照现行的理解，国营商业起主导作用要有一些特殊权利，要国家给予大量财政补贴，要占市场销售额的主要部分。这样，势必造成与非国营商业的不平等竞争，使不同所有制企业之间不能公平竞争，就破坏了竞争的原则。因此，国营商业的主导作用应是如下内容：发挥规模经济优势，带头降低成本，从而降低物价；发挥其信息优势，提高流通效率，实现流通的调节功能；带头遵纪守法，维护竞争规则，给非国营商业以示范作用；发挥管理先进的优势，带动非国营商业健全管理；利用其经济实力，吞吐调节，起蓄水池作用。总之，要区分国营商业的政策功能和商业功能，国营商业起主导作用的基础是规模经济优势、人员高素质、经营高效率、管理和体制的先进性等，而不是靠向国家伸手。这样，多种所有制成分之间才能开展真正的竞争，并且这一竞争引导非国营商业企业的素质不断提高。

（5）工商双向选择政策

流通业有了有效竞争，就有了正确处理工商关系的基础；进而为了处理好工商关系，应该确定工商互相选择的政策。我国目前在购销政策上有统购、派购或调拨收购政策，它赋予某些流通企业以特权，不仅破坏了流通企业内部的平等竞争，而且使生产者处于不利地位，工商之间即卖者与买者之间不能竞争。因此，必须实行双向选择政策。既然流通业存在竞争，那么生产者就有选择的余地，可以选择能够行销其产品、工商互利的流通渠道。

实行生产者选择流通渠道的政策，并不是政策引导工商关系多变，因为对于生产和消费来讲，较为稳定的流通渠道是有益处的。因此，政策上要处理好稳定和选择的关系。同时，我们应该看到，在经济生活中，流通业有竞争，生产者有选择的权利，会使流通者千方百计改善服务，以求关系的稳定。因此，流通业的有效竞争和生产者的选择政策二者结合，就可处理好工商关系。

（6）消费者监督政策

为了保证流通业对消费者的竞争，必须实行消费者监督政策。这是因为消费者尤其是消费品的消费者是分散的，且没有一定规模，虽有选择的权利但是在卖者与买者的竞争中处于不利地位。所以，国家必须实行一些保护性法规，以使消费者能和流通者竞争。

为了保证流通者和消费者之间竞争政策的贯彻，必须采取如下措施：第一，有组织保证，即有交易仲裁机构和消费者协会组织。交易仲裁机构要处理生产资料交易的纠纷，如产品达不到合同规定的性能、不及时到货等问题，保护生产用户的正常选择权利。消费者协会主要是针对零售商业而保护消费者，如以次充好、缺斤短两、产品失效或过期等问题，防止商业欺诈。第二，健全法律（如商标法）和一些商业行规等。如名牌产品商标不能随便转移，其产品必须与说明相符，使消费者可以使用选择的权利。第三，规定商业的售后服务，如实行"三包"制度和保证一定年份的维修服务。这样，一方面流通业存在激烈的竞争，另一方面流通者与消费者也存在竞争，自然会使商业和消费者的关系向良性循环发展，保证流通业有效竞争政策的实施。

注释

①本章数据主要来源于，房维中等编，《中华人民共和国经济大事记（1949—1980年）》，中国社会科学出版社；国家统计局编，《伟大的十年》，人民出版社；商业部编，《中国商业年鉴1988年》，中国商业出版社；商业部编，《中华人民共和国商业大事记》，中国商业出版社；商业经济研究所编，《新中国商业史稿》，中国财政经济出版社；齐光等编，

《物资管理实用手册》，中国财政经济出版社；上海对外贸易协会编，《对外经济贸易实用大全》，复旦大学出版社；历年《中国统计年鉴》。部分数据根据商业部、物资部等有关资料计算整理。

②关于日本流通业的特点，可参见《日本综合商社》，戴有振等译，中国经济出版社。

③日本农协的情况，可参见赵尔烈等，《日本农产品流通体制考察报告》。

④关于物资贸易中心的论述，可参见董士杰（1988）。

第十章 跨国公司

第一节 跨国公司的基本概念

在产业组织所研究的市场结构中,企业的规模与分布、垂直联合程度等都是其重要的内容。在当代经济生活及市场结构中,跨国公司扮演着重要的角色。它们在全球范围内,影响着市场结构、市场行为及市场绩效。因此,在研究产业组织时,必须对跨国公司的情况,有一个基本概念。

1. 公司及其主要特征

要了解由公司演变而来的跨国公司,需要首先对公司有确切的概念。公司是现在西方工业社会中占统治地位的商业形式。它的成立与经营,都必须符合国外的公司法及统一商业法(UCC)的规定。在这些法规中,明确地规定了公司的所有权与经营权,也规定了有关公司的股票交易必须符合1934年的《证券交易法》,以防止公司内部的知情人及持股超过公司资产10%以上的股董去从事非法交易。此外,对销售与产品质量的保证等都做了明确的法律规定。我国过去曾有一段时期,公司风起云涌,市场秩序混乱。研究、借鉴国外经验及健全法律手段,以保证市场有秩序的行为极为重要。

按国外的一般概念,企业可分为独资企业、合伙企业和公司三种形式(我国通常按所有制而把企业分为个体所有、集体所有与全民所有制。通过改革开放也出现了与外国的合资企业及公司等。但我国的公司法尚未颁布)。国外的公司是法律特许的财产社团,为购买其股票的股董或团体所拥有。因此,某人只要拥有该公司的股票,他就占有该公司的一部分。尽管公司的股票可经常转手,但公司仍然独立地存在。这在国外称为公司的三大特点,即有限的债务责任；所有权可通过股票买卖而转让；公司的独立存在性。为了促进经济规模的发展，国外把成立公司作为筹资及扩大生产规模的主要方式。为购进扩大生产所需的生产设备，公司总是发行新股票。结果造成了公司股权的分散，其主要后果是把公司有效的管理权交给了经理们，形成了管理权与所有权的分离。

经理部门为了进一步扩大利润，大多数公司都把一半左右的利润用于购置新设备和扩充业务。自19世纪以来，西欧的大多数公司和美国的公司，发展的普遍趋势是公司组织规模的扩大和市场规模的世界性发展，这就促使了跨国公司的形成和发展。

2. 多国公司与跨国公司

国外学术界对跨国公司（Transnational Corporation）的名词，尚存在一些争议。跨国公司原名为多国公司（Multinational Corporation）。在目前国外经济学的辞典上，仅有多国公司（MNC）的名词定义。多国公司是一种特殊的公司形式，它除了在母国从事经营活动外，还在国外市场从事经营活动，在其他国家建立卫星公司或子公司。国外有的学派对多国公司的定义是：一个多国公司在国外的子公司应拥有公司总资产、总销售量或职工总人数的百分之十至百分之二十。哈佛学派则对多国公司还加了一个特性：所谓多国公司除在其本国的母公司外，必须拥有六个以上的国外公司。联合国在1973年的一份报告中，对多国公司的定义是："多国公司是这类企业，它们除了在其母国的基地外，还在国外拥有或控制着生产设施或服务设施。这类企业可以是非股份制或非私有的；它们可以是合作社或国营企业。"这一定义较上述学术界的定义，限制要小得多。它包括了建立在两个或更多国家的企业。1986年MIT版本的近代经济学辞典中，对多国公司的定义是"多国公司是一个大企业，它在一个国家具有母基，但在其他国家又经营着全部或部分拥有的子公司。这类公司在国际规模上发展以利用垂直或水平规模经济效益，并充分享受着接近垄断状态的利益。"上述定义与1983年的老版本并无差异。看来，这一概念业已为国外学术界多数学者所接受。1974年，在联合国经济社会委员会第57次会议上,把多国公司改名为跨国公司(TNC)。这一改动强调了企业跨国家这一事实。联合国对跨国公司的这一定义使其范围更为广泛,它包括了国营或私营,并不强调国外子公司的数量。但如果根据经济学辞典的定义,跨国公司还应具有接近垄断地位,那就必须是大公司了。但真正大的世界性的跨国公司,在全世界20个以上的国家都设有子公司的,不过数百家。据不完全统计,跨国公司在国外投资的累计总额,1983年已达6000亿美元。全球90%的国外投资是来自世界最大的400家跨国企业,其中52家占了全球国外直接投资总额的一半。虽然这些资金大部分投放在发达国家,但跨国公司在大多数发展中国家的外资来源中,占有重要地位。按联合国跨国公司中心的统计,1982年美、日、西欧三地在亚太地区十国(或地区)的投资,各占当地投资总额的49.7%~99.7%,平均达70%,其情况见表10-1。在世界范围内,来自七大投资国的外国直接投资量如图10-1所示。由这些图、表可以看到跨国公司投资在世界及亚太地区的影响。

表10-1 1982年亚太区发展中国家(地区)外国直接投资来源比例

单位:%

接受国或地区\来源地	美国	欧洲共同体	日本	其他亚洲地区	其他	美、日、欧洲共同体总和
印尼	5.3	8.2	36.2	15.9	34.4	49.7
马来西亚	6.6	26.6	20.4	37.5	8.9	53.6
菲律宾	53.0	10.7	15.7	6.8	13.8	79.4
新加坡	31.1	38.6	16.3	14.0	—	86.0
泰国	20.4	17.8	34.7	13.7	13.4	72.9
韩国	29.0	11.4	47.1	3.2	9.3	87.5
中国香港地区	46.6	10.0	30.1	4.1	9.2	86.7
印度	29.2	67.8	2.7	—	0.3	99.7
孟加拉	3.0	31.1	36.0	19.8	10.1	70.1
斯里兰卡	4.7	42.1	11.2	31.4	10.6	58.0
总数	20.8	23.2	26.0	12.6	17.4	70.0

资料来源:Asia-Pacific TNC Review, ESCAP/UNCTC Joint on Transnational Corporations, Bangkok, January 1985.PP32-33.

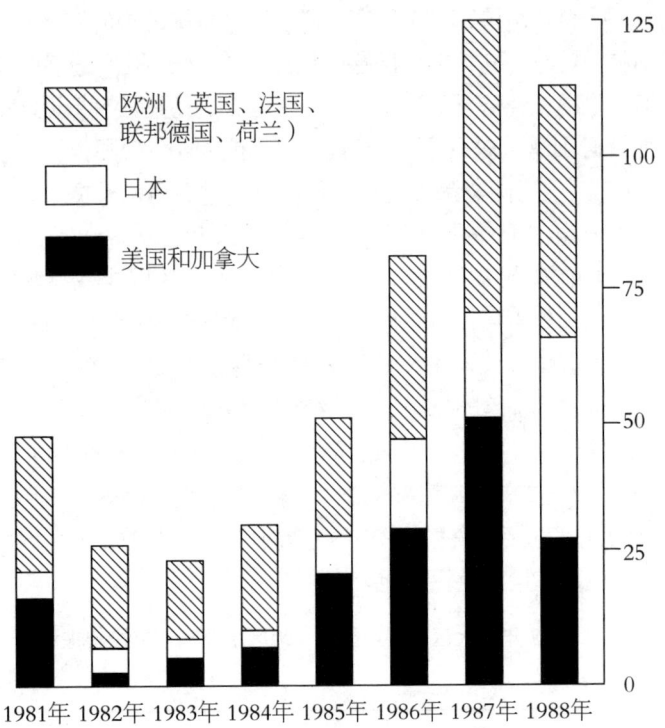

图 10-1　来自七大投资国的外国的直接投资量

说明：①直接投资量包括再投资的收益。
　　　② 1988 年为估计值。
资料来源：经济合作与发展组织，转自《经济世界》1990 年 4 月。

第二节　跨国公司的几种组织形式

企业的组织受其外部环境的影响，同样也受市场结构的影响。跨国公司运行于跨国的环境中，其企业组织一般有五种形式，分别如图 10-2、图 10-3、图 10-4、图 10-5、图 10-6 与图 10-7 所示。

1. 第一类跨国公司

跨国公司的第一类组织形式（见图10-2）是将其国际部门与常规的职能部门融为一体。在初期，它们把国际部门的职能局限于生产及销售两方面。这类公司所采取的经营战略，一是发展吸收功能，即发展利用国外当地资源与生产要素以从事国外的生产活动；另一方面则通过销售部门逐渐取得占领市场份额的效绩。通常这类组织形式的跨国公司，其产品的品种不多，由公司总部负责协调功能；其分公司的自由度较小，仅从事生产与分配职能。这类组织形式的跨国公司见诸于一些欧洲的跨国公司，美国生产农机的John Deere公司也属此类型。

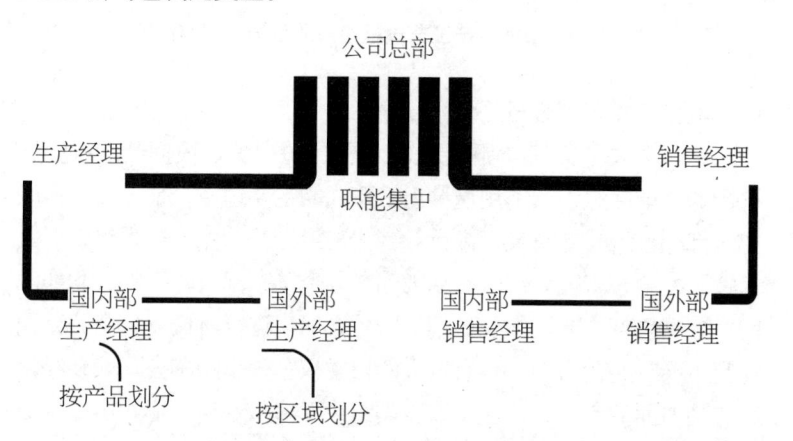

图 10-2　把国际活动与职能机构融为一体的跨国公司组织图

2. 第二类跨国公司

跨国公司的第二类组织形式（见图10-3）是根据生产的工艺过程而进行组织。这种组织形式对于综合垂直生产活动的跨国公司具有代表性，它们更常见诸于采掘工业的石油及金属采掘与加工工业。这类公司，在集中的基础上，在全球范围内对生产过程进行组织。因此，公司总部具有极大的协调权利。通信与运输系统是保证这类组织有效运行的关键。各分单位仅有极小的行动自主权。一般来讲，这类跨国公司的产品品种不是多样化的。这类公司组织往往很难与当地环境相适应。

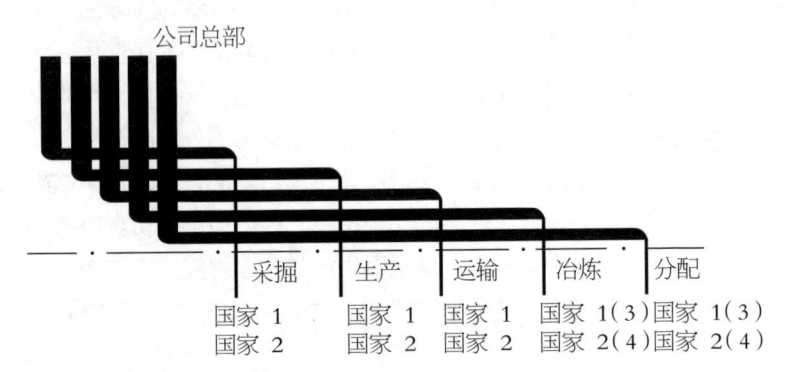

```
公司总部
                     采掘    生产    运输    冶炼     分配
                     国家1   国家1   国家1   国家1(3) 国家1(3)
                     国家2   国家2   国家2   国家2(4) 国家2(4)
```

图10-3　根据生产工艺过程组织的跨国公司组织图

3. 第三类跨国公司

跨国公司的第三类组织形式（见图10-4）是根据产品种类而进行的全球性组织。采用这种组织形式的主要理由，是让每一地区部门都综合地具有研究、设计、销售与生产的功能。这类组织形式反映了多中心特征。每一产品部门在各个国家都有较完整的职能部门。公司总部主要是依靠计划与财务方面来进行协调。各个分公司在其生产与经营方面，具有较大的自主权。一个跨国公司如要经营占有几方面的市场，往往采取这类组织形式。在这一形式中，各产品部门负责各自的生产并在全球范围进行销售活动。通常，采用这类组织的企业往往生产多样化产品。RCA在1967年首先在其电子与数据处理系统产品方面，采用了这一组织。美国的Celanese公司是美国第一家采用这一组织的跨国公司，它曾建立了三个产品部：纤维与木材产品部；化工与塑料产品部；用户消费品部。在这种情况下，如果想采取反分散的组织形式，那就给协调工作带来极大的困难。对这类组织的发展变形是所谓"伞形组织"，其主要特点是在每一国家或区域建立一个当地的控股公司。这一组织的设计特点是全公司对各个当地政府都采取统一步骤。这一方面增加了跨国公司的权重，另一方面也很难与当地政府相协调。

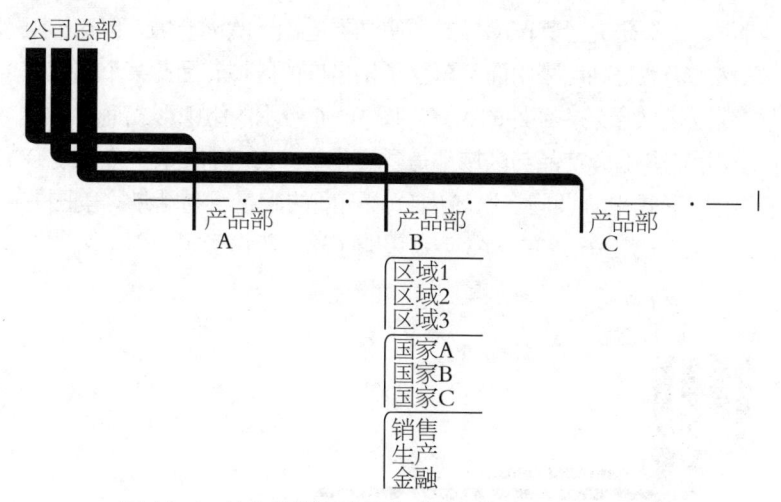

图 10-4　按生产线而进行全球组织的跨国公司组织图

4. 第四类跨国公司

跨国公司的第四类组织形式（见图 10-5 和图 10-6）是根据地理区域并按功能或产品来进行有系统的分配组织。图 10-5 反映了按功能组织的情况，这类企业的产业并不多样化，但其市场所覆盖的国家却很多。采用这类组织形式的典型例子是福特汽车公司，它在 1967 年把在欧洲的生产与销售活动分散到英国，企业在接受订

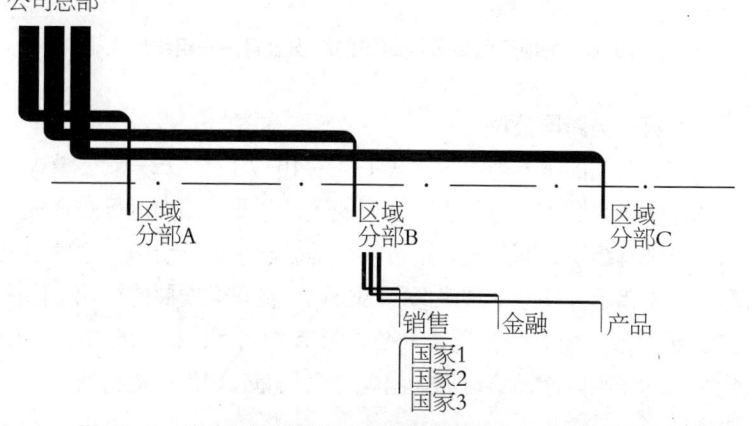

图 10-5　按地理区域分散组织的跨国公司——组织形式 A

货时，重新研究了其产品样式而使之更适销于欧洲市场。但这种组织形式仍然是高度集中而又覆盖了相当广的区域，因此其个国家需要专业化从事某些部件的生产。图 10-6 所示的组织形式适用于极大规模的企业，产品与区域都是多样化的。这就需要有一个极复杂的组织形式来协调同一区域内分公司间的大量贸易活动。美国的 Corning 玻璃公司，在 1965 年就采取了这一组织形式。

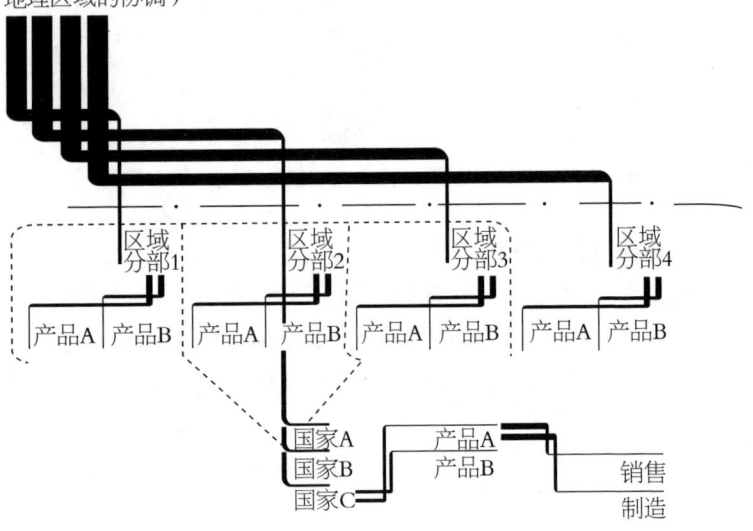

图 10-6　按地理区域分散组织的跨国公司——组织形式 B

5. 第五类跨国公司

跨国公司的第五类组织形式（见图 10-7）是"母—女"模式。它把母国或区域的运行与国外部分的运行分开。国内运行部分按产品种类进行组织，而其国外运行部分是按国家进行组织。这种组织形式，见诸于许多欧洲国家的跨国公司。在它们发展的初期，往往在发展中国家建立分公司，分公司具有相当大的活动自主权，母公司的功能则以控股公司形式出现。飞利浦公司是这类组织的一个典型。

图 10-7　"母—女"型跨国公司组织图

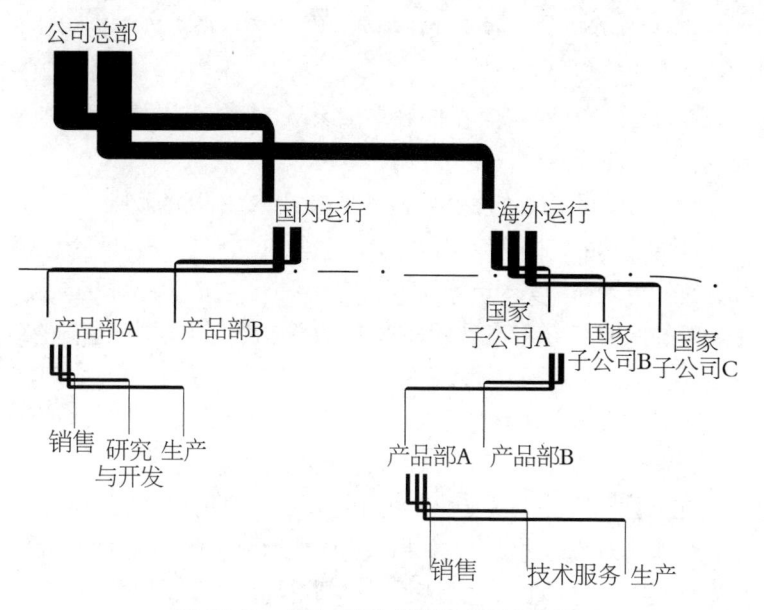

通过上面对跨国公司组织的简要介绍，一方面有利于我们对产业组织中企业内部组织问题有所启发；另一方面，通过了解跨国公司在各东道国分公司或子公司的组织功能，可以更便于分析其对东道国的市场结构与行为的影响，以利于我们研究制定正确的外资政策。为此，我们还需要介绍跨国公司经营上的若干特点。

第三节　跨国公司的若干经营特点

跨国公司的跨国界经营，使其具有特殊的市场经营利益，例如：

（1）跨国公司的经理们，为了使公司获得最大利润及支付最少的税负，他们可以利用不同国家税制系统的差别而获利，把利润留在较母公司所在国有较低税率的东道国；

（2）跨国公司子公司在国外所获利润，可以根据不同时期的汇率差额而兑换货币汇回母国；

（3）母公司可以调整其在国外子公司的货价，从而影响其在国外子公司的利润；

（4）跨国公司可以在低利率国家从事借款而在高利率国家用款；

（5）美国在海外的投资可以不受美国反垄断法的限制。

跨国公司的跨国经营可以充分利用各东道国的最有利环境。例如，它们可以利用美国市场的若干封闭保护，它的关税对外国企业是封闭的保护市场，但这些保护措施却不适用于以美国为基础的跨国公司。从而，跨国公司可以利用国外的廉价劳动力生产，返销给具有较高收入的广大美国工人雇主，从中获取利润。一些公司的研究、开发与生产活动，都可以较低的成本在其他国家内进行。

在当代国际经济社会中，由于跨国公司拥有成套的资金、技术、管理能力及其他投入，如果东道国能运用恰当，则会对经济发展有所帮助。但对于东道国来说，必须看到事物正反的两个方面。作为引进资金的一种形式，外国的直接投资在其初投资时，对于东道国的外汇平衡起着积极的正向作用；但当这些投资获取了利润而需从东道国向外汇出时，它们又起着负的作用。在外资投入的初期，外汇平衡的正作用超过了负作用；但如果积累的投资额很大，而后来新的投资增长缓慢时，东道国的外汇平衡情况会陷于恶化。有些发展中国家对红利及专利权费的汇出采取了限制办法，这又挫伤了外国直接投资者的积极性。对东道国来说，最好是采取鼓励再投资的政策。由于跨国公司的人力、财力、物力的巨大规模及其对市场的影响，国际上对跨国公司的作用是有所争议的。下一节，我们将对这些争议作进一步的探讨。但核心问题还在于东道国自身的政策。从跨国公司的角度来看，东道国的贸易政策及市场开放进入政策，影响着它们的利润。例如，日本近年来在美国的直接投资剧增，它在制造业方面的投资从1985年的60亿美元剧增至1986年的130亿美元，这些投资是由于美国在汽车、电视、钢铁、光导纤维等行业采取了新的税率与配额。因此，对于市场结构，东道国的政策不是无所作为的。

第四节　对于跨国公司的争议及若干评价

由于跨国公司对当代世界经济生活所起的重要作用，学术界、企业界及其他方面都在研究它们的影响。过去，发展中国家对跨国公司持争议较多。一般的看法，它对发展中国家的影响有消极与积极两方面。

1. 跨国公司对发展中国家的消极影响

跨国公司对发展与市场的消极影响如下。

（1）恶化了发展中国家的外汇收支平衡。

（2）垄断和控制了市场，控制了某些经济部门的发展（特别是对高科技行业的发展和影响）。

（3）跨国公司有时转让了不恰当的技术与产品，造成了技术上的依赖性（如经常性地依赖大量零部件的进口等），阻碍了发展中国家国内技术的发展。

（4）跨国公司往往着眼于其所属子公司的内部贸易及东道国的当地市场，因此不利于发展中国家整个贸易的发展。

（5）跨国公司对当地生产的各项投入往往来源于其总公司或其所属子公司，因此，妨碍了当地相关企业的发展。

（6）通过价格转移而逃税；在其投资的东道国获得过度优惠的减免税权利。

（7）由于采用了不恰当的技术而较少注意到吸收雇佣当地的劳动力，增加了收入分配的不公；造成了东道国与跨国公司相联系的上层特权阶层，造成了跨国公司职工与当地职工的工资差距。

（8）造成环境污染及不良的文化影响。联合国教科文组织的一本出版物中有这么一段话："跨国公司是形成经济结构与社会空间的'活跃属性'。要以国家文化为统一性的独立发展政策与支配跨国公司行为与战略的理性相适应，是难以想象的。"一般来说，跨国公司带来的文化价值观与东道国的传统文化间，存在着一定的摩擦与不相容。

（9）干涉发展中国家的主权。

2. 跨国公司对发展中国家的积极影响

跨国公司对发展中国家也带来很多积极的影响，主要包括以下几个方面。

（1）为发展中国家提供建设所需的资金，有时可以弥补外汇平衡的赤字。

（2）能为发展中国家提供必要的先进生产技术、管理技术及组织人员培训等。虽然，跨国公司能否对发展中国家提供真正的尖端技术是有保留的问题，但这些公司的确掌握了世界上大部分先进的生产和管理技术。据美国商业部1982年对2245家美国非银行业跨国公司的调查，这些公司每年用于研究的费用超过了4000亿美元，在海外雇用了近67万名科学家和工程师。此外，由于雇员人数众多（职工人数超过10万的跨国公司在1984年达90家），这些跨国企业在行政、组织、财务、人事、信息及物资管理等方面，都应用着先进的管理技术，而这是中、小企业所不能提供的。因此，问题的核心是东道国有无正确的政策与措施，通过与跨国公司打交道而从它们那里取得这些技术。韩国和印度等，都曾派遣人员进入发达国家的跨国公司工作，学习有用的生产与管理技术并为自身所用。

（3）转让销售技术，疏通销售渠道，有利于促进欠发达国家制造业的出口。日本前外相大来佐武郎在其著作中提到："主要依靠销售与生产的诀窍，才能使产品推销至海外。例如，日本的贸易公司具有全球网络，为发展中国家发展出口做了大量工作。发展中国家的政府常对制造生产与商业贸易进行区分，但为了获取外汇而不得不采取现实的步骤。为达到销售目的所需要的技术诀窍，与构筑生产设施的诀窍一样复杂。"这一论述充分地说明了重视销售渠道对国内、国外市场的必要性。对市场结构与行为的影响，不仅决定于生产，也决定于销售。

（4）能促进加强产业间的前、后连锁效应。通过跨国公司在当地的采购，可以促进当地工业的发展。

（5）为东道国提供财政的税源吸入。

（6）通过支付较高工资而对当地企业产生示范效应，可以增加当地的就业机会及收入分配。

3. 跨国公司对发达国家的影响

（1）跨国公司的存在和发展，不仅对发展中国家有影响，对于发达国家的市场与经济生活同样也有影响。以日本为例，日本在 1949 年原制定有外资法，一般禁止外国的直接投资。但随着国际环境的参与与影响，对于外资的引入逐渐放宽。1964 年，日本加入了经济合作与发展组织，而该组织要求其成员方应遵守容许资本自由流动的义务。通过 1967 年关贸总协定的肯尼迪回合，日本除了对少数特殊企业外，也允许了外资的自由投入。因此在若干部门，外资企业所占的份额上升（见表 10-2）。

表 10-2　外资企业在日本主要产业中所占份额的变化

单位：%

产业＼年份	1964	1965	1966	1967	1968	1969	1970	1971	1972	1973	1974	1975	1976	1977
食品	0.5	0.6	0.7	0.9	0.9	0.8	1.2	1.3	2.1	2.3	1.5	0.5	1.4	2.0
化学	3.3	3.7	3.8	3.9	4.3	4.6	4.9	5.1	4.3	4.7	5.3	6.0	6.7	6.0
石油	62.2	60.0	58.5	59.6	58.8	58.3	57.2	56.1	53.4	49.5	46.3	41.7	47.9	48.6
橡胶	17.6	17.7	18.8	18.6	19.2	20.3	16.4	16.8	16.6	22.1	24.1	24.8	20.1	19.8
有色金属	4.0	4.8	4.8	4.4	6.0	6.1	5.7	5.8	5.8	5.5	5.0	4.7	4.7	5.3
一般机械	4.2	4.4	5.7	5.1	5.7	6.0	6.1	6.4	7.2	6.5	5.4	4.6	5.6	6.3
电气机械	2.5	2.4	2.9	3.3	3.2	3.3	3.4	3.8	3.6	3.7	3.4	3.2	3.8	3.4
其他制造业合计	2.5	2.5	2.8	2.8	2.8	2.8	3.0	3.5	3.5	3.8	3.7	3.9	4.6	4.7

资料来源：日本通产省产业政策局编，《外资企业的动向》，第 12 章第 18 页。

外资企业在日本产业中占份额最大的是石油制品，在 1977 年高达 48.6%，主要是 Exxon、Texaco、Socal 与 Mobil 四大跨国公司在日本的分公司。这些外资的日本分公司,与日资按 50∶50 的比例运行。这些跨国公司的日本分公司,在日本的炼油行业中具有较高的利润,较日本独立经营的炼油业具有显著的优越性。因为它们可以从沙特阿拉伯获得低价供应的原油。而日本其他的炼油公司,必须依赖高价的现货原油供应。由于在 20 世纪 70 年代末期原油价格的上涨,在 1979 年财政年度,日本的炼油公司对产品提价八次,这些跨国公司的分公司,由此而获得了超额利润。

日本曾对外资引入后对产业集中度的影响做了分析(见表 10-3)。可以看出,许多产业,由于放松对外资的管制,外资进入使集中度有所下降;而在外资占份额高的石油制品、石油化工产品、铝及铝制品、大型客车与速溶咖啡等产业,外资加快进入,集中度有所上升或继续保持较高份额。在石油及石油化工制品方面,由于日本原来未能在原油供应市场上取得优势地位,日本炼油公司 50% 的原油来自国际上八大石油公司。这反映了在国际市场上,占有某行业份额的竞争的必要性。

表 10-3　外资企业进入日本产业后的集中度变化与外资份额

	CR_8 (1976 年)	CR_8 (1966 年)	外资企业份额(1976 年)	外资企业数	企业形态 纯外资	企业形态 合股	企业形态 外资导入	加入时期 1965 年以前	加入时期 1965 年以后
1. 威士忌酒	99.6	99.4	2.9	1		1			1
2. 速溶咖啡	100.0	100.0a	94.5	2	1	1		1	1
3. 蛋黄酱食品	99.5	99.9	20.5	1		1			1
4. 饼干	47.5	46.7	10.6	1		1			1
5. 家庭用薄页纸	26.2	19.5b	12.6	2		2			2
6. 尿素	89.2	78.5	7.9	1			1	1	
7. 乙烯	75.6	95.8	24.3	2			2	2	
8. 聚乙烯	71.9	89.3	49.6	2		2			
9. 聚丙烯	100.0	100.0	16.5	1			1	1	
10. 单体苯乙烯	100.0	100.0	65.0	3		2		2	1
11. 高压聚乙烯	91.3	85.1d	49.3	4		3	1	4	
12. 丙烯	74.8	61.2d	27.8	2			2	2	

续表

	CR$_8$（1976年）	CR$_8$（1966年）	外资企业份额（1976年）	外资企业数	纯外资	合股	外资导入	1965年以前	1965年以后
13. 苯	63.8	71.3	13.4	1			1	1	
14. 甲苯	77.8	83.7	18.8	2			2	2	
15. 汽油	80.7	94.1	44.6	4		1	3	4	
16. 飞机燃料	79.1	88.7a	28.7	3	3			3	
17. 挥发油	65.3	75.1	33.3	4	3		1	4	
18. 石蜡	56.8	83.2	21.0	3	2		1	3	
19. 煤油	60.4	70.5	23.1	3	2		1	3	
20. 轻油	62.8	75.1	23.4	3	2		1	3	
21. 重油	52.8	68.6	23.6	4	2		2	4	
22. 润滑油	73.4	69.5c	13.5	2	2			2	
23. 轮胎	99.6	96.9	32.3	2		1	1	2	
24. 氧化铝	100.0	100.0	24.5	1			1	1	
25. 铝	100.0	100.0c	35.1	1			1	1	
26. 铝箔	100.0	100.0a	28.0	1			1	1	
27. 铝商柜	83.8	88.2a	10.7	2			2	2	
28. 小型轿车	100.0	99.5a	1.9	1			1	1	
29. 普通货车	99.9	100.0a	15.7	1			1	1	
30. 小型货车	100.0	99.9a	8.7	1			1	1	
31. 大型客车	100.0	100.0c	37.9	1			1	1	
32. 小型客车	100.0	100.0c	6.7	1			1	1	
合计				63	17	15	31	58	5

说明：a 为 1967 年度，b 为 1969 年度，c 为 1971 年度，d 为 1973 年度的数值。

资料来源：日本公正交易委员会，《主要产业的累积集中度和哈菲德尔指数的变化》（1979 年 4 月），《北洋经济统计月报》（1978 年 12 月号）；日本通产省产业政策局编，《外资企业的动向》。

（2）发达国家和发展中国家的跨国公司，都在美国进行投资，不仅影响美国的市场，并且也是美国成为债务国的原因之一。在上节中，我们已提到了美国的贸易政策，导致了 1985 年到 1986 年日本在美国投资的剧增。在汽车行业方面，1982年日本本田就在美国的俄亥俄州设厂进行生产；1983年6月，日产在美国田纳西州生产小型货车；而通用汽车公司在1984年就与日本丰田合资在加利福尼亚州进行生产。外国跨国公司在美国的投资日益增多，使很多美国人担心，这些跨国公司对美国的投资占有了美国市场份额，会使美国企业陷于困境。因为不仅是发达国家，有好多发展中国家，近年来都纷纷到美国进行投资。例如，墨西哥的玻璃制造业大公司——比特罗公司，用8.2亿美元买下了美国的安科玻璃容器公司。这些发展中国家在美国投资的主要动机，就是在竞争日益激烈的世界市场上保持自己的市场份额。有的拉美国家不愿走兼并的路子而宁愿直接投资，以避免保护主义的进口壁垒。在国际市场上，不一定是在工业生产领域，各个国家只要善于发挥自己的比较优势，都可以在竞争中，在不同的市场领域占有一席之地。例如，泰国的农业综合企业尤尼科德公司，四年来一直为美国的班布尔比公司供应金枪鱼。后者是美国境内居第三位的经销商，占有这方面的市场份额约17%。1989年8月，尤尼科德公司，在包括日本三菱公司在内的14家投标者的竞购战中，以2.69亿美元买下了班布尔比公司。这样把供应商和经销商二者相结合，可以大大提高双方的资产价值。这不仅确保了尤尼科德公司在美国的经销商，而且还排除了其他供应商买下班布尔比公司的可能性而稳住了自己占有的市场。这一事例充分反映了跨国公司在当代国际市场中竞争行为的特点。此外，各国政府的政策也能对打开国际门户发挥重要作用。上述尤尼科德公司买下班布尔比公司的交易，创造了泰国输出外汇额的最高纪录，因为过去泰国政府从来未批准过这么大的外汇额度。

　　外国公司在美国的投资，造成了美国一些人士与企业家的忧虑。美国费城联邦储备银行前副总裁兼研究部副主任斯蒂芬·A.达耶为此曾对美国成为债务国的原因及前景作了分析。他指出在1988年年底，外国在美国拥有的资产比美国拥有的外国资产多五千三百亿美元，美国需要向外国投资者支付利息和股息。但他认为，如果流入资本用于增加额外投资，还有可能提高美国未来的生活水平。

因为如在工厂的设备方面增加新的投资，可以提高工人的劳动生产率，也会创造出新的就业机会，这会带来更高的产出和收入。在增加的产出和收入中，只有一部分是以利息和股息的形式支付给外国投资者的；增大收入中的剩余部分，将会以工资形式转为美国工人的收入，以税收形式成为美国政府的收入。

第五节　深入研究跨国公司机制，做好引进外资及向国外投资的工作

　　本章中，我们仅能对跨国公司的基本概念、组织情况及基本运行特点做一概貌性的介绍。从产业组织的理论与实践看，跨国公司的出现，是经济发展中的自然产物。它对市场的结构与行为起着重大的影响。因此，有必要对跨国公司的实践与理论作更深入的研究。

　　我国自改革开放以来，在引进外资方面是有成绩的。至1988年年底，外商投资企业协议总数为15977项，金额达281.65亿美元。这些直接投资按行业的分布情况，见图10-8。

　　这些外商投资，如果按上述联合国的定义，他们在其母国有公司时，也可以称作是跨国公司。但如果按前面经济学辞典的定义，那么在中国投资的真正跨国公司并不多。从图10-8中的协议数与金额可以看出，平均单项协议的投资额仅17万美元，在工业部门的单项协议平均投资数仅126.7万美元，即外商的投资都是以中小型企业为主，真正属于国际性跨国企业的合资项目并不多。不少属于试探开拓性质，投入的资金以至技术都极有限。如果要吸引真正跨国公司的投资，并从中获取其有益方面，尽可能限制其不利方面，还必须要对跨国公司和我们自身的政策进行认真的研究。国际商业公司举行的一次亚太区行政总裁的研讨会上，不少跨国公司都抱怨在中国投资困难，跨国公司对中国投资的顾虑有外汇、基本设施不足、人才缺乏、法制不健全、劳动及生产成本高、资料不详及中方合资者缺乏积极性等问题。在这些意见方面，有的我国已经作了改善。但更好地改善投资环境，做好与外商企业的合作工作以引

进技术、引进管理与引进资金，仍有继续深化的必要。

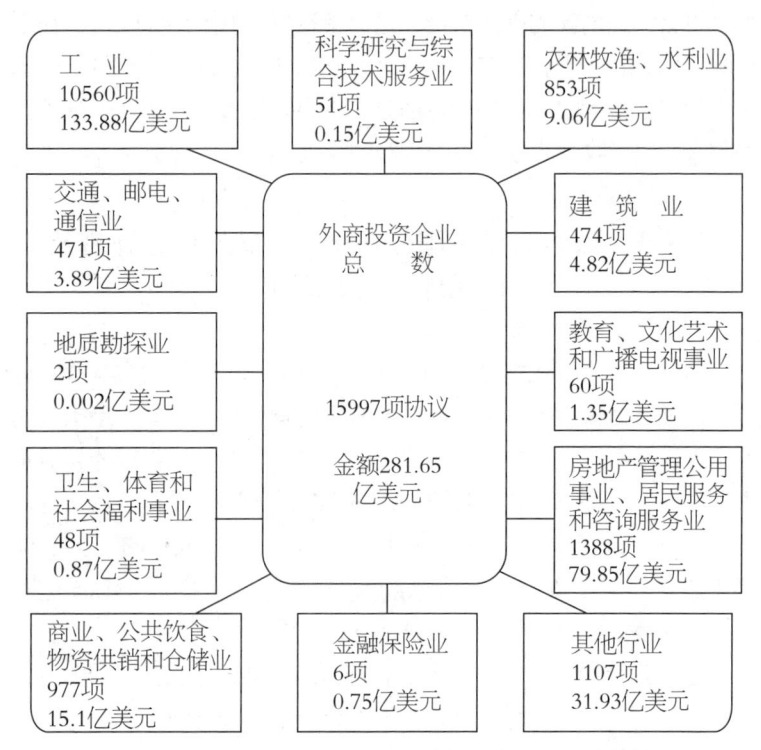

```
┌─────────────────┐  ┌─────────────────┐  ┌─────────────────┐
│ 工　业          │  │ 科学研究与综合  │  │ 农林牧渔、水利业│
│ 10560项         │  │ 技术服务业      │  │ 853项           │
│ 133.88亿美元    │  │ 51项            │  │ 9.06亿美元      │
│                 │  │ 0.15亿美元      │  │                 │
└─────────────────┘  └─────────────────┘  └─────────────────┘

┌─────────────────┐                        ┌─────────────────┐
│ 交通、邮电、    │                        │ 建　筑　业      │
│ 通信业          │     ┌───────────┐      │ 474项           │
│ 471项           │     │外商投资企业│      │ 4.82亿美元      │
│ 3.89亿美元      │     │  总　数   │      │                 │
└─────────────────┘     │           │      └─────────────────┘
                        │           │
┌─────────────────┐     │           │      ┌─────────────────┐
│ 地质勘探业      │     │           │      │ 教育、文化艺术  │
│ 2项             │     │15997项协议│      │ 和广播电视事业  │
│ 0.002亿美元     │     │           │      │ 60项            │
│                 │     │ 金额281.65│      │ 1.35亿美元      │
└─────────────────┘     │ 亿美元    │      └─────────────────┘
                        │           │
┌─────────────────┐     │           │      ┌─────────────────┐
│ 卫生、体育和    │     │           │      │ 房地产管理公用  │
│ 社会福利事业    │     │           │      │ 事业、居民服务  │
│ 48项            │     └───────────┘      │ 和咨询服务业    │
│ 0.87亿美元      │                        │ 1388项          │
└─────────────────┘                        │ 79.85亿美元     │
                                           └─────────────────┘
┌─────────────────┐  ┌─────────────────┐  ┌─────────────────┐
│ 商业、公共饮食、│  │ 金融保险业      │  │ 其他行业        │
│ 物资供销和仓储业│  │ 6项             │  │ 1107项          │
│ 977项           │  │ 0.75亿美元      │  │ 31.93亿美元     │
│ 15.1亿美元      │  │                 │  │                 │
└─────────────────┘  └─────────────────┘  └─────────────────┘
```

图10-8　外商在我国直接投资项目按行业分布情况

资料来源：1989年外商投资企业展览。

此外，向海外投资开拓市场已成为当代国际经济不可缺少的部分。上面我们已引述了泰国尤尼科德跨国公司的事例。当前很多发展中国家都在从事跨国公司的开拓工作。向海外投资不一定局限于工业领域，关键在于发挥自身比较优势，善于开拓并占领市场。快餐行业生意兴隆，1986年，麦当劳公司、汉堡王和肯德基炸鸡店这3家世界最大的快餐企业在全球的销售额达到了204亿美元。麦当劳公司在全世界拥有10500家分店。中国菜是名闻世界的，中国菜馆遍布世界各国各地。难道我们不能从麦当劳公司的经营中，获得启示吗？

第三篇

3

部门研究篇

第十一章　纤维业产业组织研究*

第一节　基本情况

1. 发展概况和现状

在中国工业化的道路上，纤维业①长期居于重要地位。中华人民共和国成立前，纤维业（主要是纺织业）是我国最重要的工业，1949年其产值占我国工业总产值的比例高达35.5%。中华人民共和国成立后，与其他一些产业相比，纤维业发展速度相对较慢，但总的来看，发展速度仍然很快，对我国经济建设和人民生活，尤其是对资金积累、出口创汇、就业等贡献很大。到1988年，按独立核算企业口径，我国纤维业的产值、固定资产原值、实现利税、创汇和就业人数分别为2133亿元、480亿元、253亿元、113亿元和1067万人，占全国工业总产值、固定资产原值、实现利税、出口总额和工业就业人员的比例分别为14.6%、4.5%、11.0%、23.8%和14.6%。纤维业主要产品产量为：纱465.7万吨，布187.9亿米，呢绒2.9亿米，化纤130.1万吨（其中合纤112.5万吨）。我国已成为居世界领先地位的纺织工业大国。

2. 行业分类和流程

1988年，纺织、服装、化纤三个产业的产值（现价），按全国企业口径为2195.8亿元，按独立核算企业口径为2132.8亿元。

三个产业占纤维业产值的比例，按独立核算企业口径分别为81.0%、10.9%和8.1%，其中棉纺织占纤维业的43.6%，占纺织业的53.8%。此外，合纤单体业的产值按上述两个口径都为24.9亿

---

* 本章得到纺织工业部经济研究中心张国和等的指导。

元。包括合纤单体、纤维业及其有关产业共39个小类行业，即合纤单体和化纤（7个，按国家标准分类的小类行业数，后同）、纤维初加工（3个）、棉纺织印染（简称棉纺织，7个）、毛纺织（6个）、麻纺织（4个）、丝绢纺织（6个）、针织（4个）、服装（1个）。纤维业是按流程加工纤维原料的产业群。如图11-1所示，

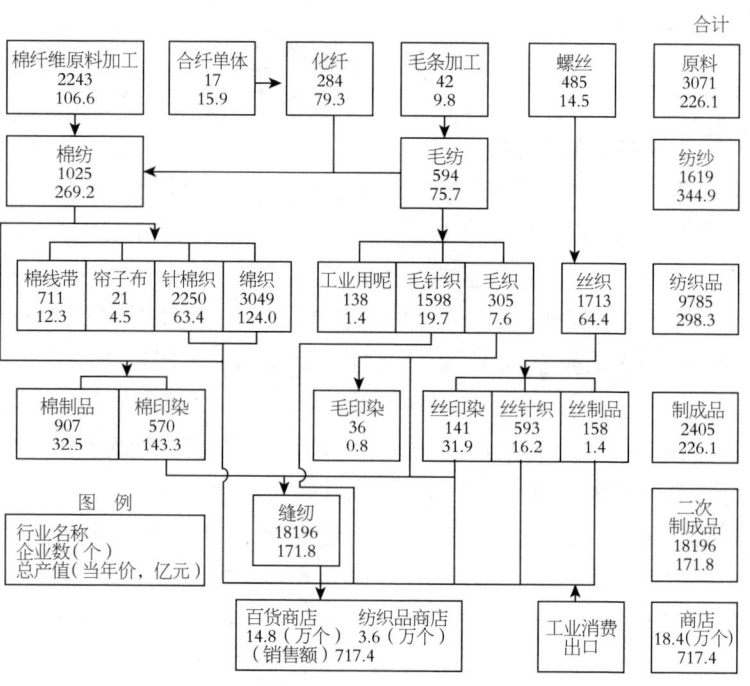

图11-1 纤维业生产、消费流程及企业分布

说明：①工业和商业均为1985年数据。

②工业为独立核算企业（略去了一些行业）。本图中行业的企业数和产值数分别占纤维业（包括合纤单体业）总数的93.9%和95.8%。

③本图未说明进出口情况。1985年，纤维和纺织品出口额分别为11.5亿美元和32.4亿美元；进口额分别为11.2亿美元和16.1亿美元。

④商业销售额为社会衣着类零售销售数。

资料来源：工业数据见《1985年工业普查资料第3册》，商业和贸易数据见《中国统计年鉴1986》。

纤维业按流程加工可以分为三个基本阶段。第一阶段为原料初步加工和原料生产阶段，包括动、植物纤维原料的初加工，合纤单体和化纤生产，纺纱。第二阶段为纺织制品加工阶段，主要指织造、印染。第三阶段是二次制成品加工阶段，包括缝纫、针织品等。上述三阶段又可称为纺织工业的上游、中游和下游阶段。从产品用途看，上游产品基本为原料品；中游产品部分是原料品，部分是消费品；下游产品以消费品为主。

3. 管理体制的若干特点

纤维工业的管理体制几经变化，大体经过三个阶段。第一阶段从1943年到1957年。纤维业的主体部分（纺织加工各行业的国有工厂），在没收官僚资本主义企业、公私合营企业、新建企业的基础上，采取纺织工业部直接管理企业的体制，中央集权较多，产供销、投资、价格、原料、技术都由纺织工业部直接管理或与有关部门协商共同管理。第二阶段从1958年到20世纪70年代末。除化纤、纺机部分企业外，企业都下放给省、市、自治区，但纺织工业部在各个方面仍有较大的管理权限，企业基本没有自主权。第三阶段是改革以后。从形式上看，这一阶段纤维业的工业管理体制基本与第二阶段相同，但企业自主权提高，地方（包括产棉区的省、市以下的地方）的实际管理权明显上升。

受传统的管理体制和现行体制政策的影响，目前的纤维业管理体制有下述三个特点。

第一，按管理系统看，纤维业企业分为主管部门系统内企业和系统外企业两大类。以纺织企业为例，纺织部系统内企业是指直属各级纺织管理部门的企业，这些企业的产值如表11-1所示，占纺织工业产值的70%以上。系统外企业指隶属军工、商业、外贸、民政、农垦等部门的企业和乡镇企业，系统外企业数已占纺织企业的大多数，但产值不到30%，乡镇企业数目最大，产值比例已达20%左右。

第二，多种所有制并存，就业和产值以全民所有制企业为主，服装业非全民所有制企业比例较高。到1988年，全国独立核算企业中，全民所有制企业在纺织、服装、化纤三业所占的比例：企业数比例分别为 16.2%、3.3% 和 32.2%，合计后平均比例为 11.7%；就业比例分别为 59.6%、8.8% 和 87.1%，合计后平均比例为 61.3%，产值比例分别为 60.1%、15.6% 和 87.0%，合计后平均比例为 57.5%。

表 11-1 纺织企业按部门分属情况（1986 年）

	总数	系统内	乡办	村办
企业数/个	38232	6224	9912	14926
总产值/亿元	1281.59	933.55	148.20	83.05
企业比例（%）	100.00	16.28	25.93	39.04
产值比例（%）	100.00	72.84	11.56	6.48

资料来源：根据《中国统计年鉴1988》和《纺织工业统计资料1986》整理。

第三，对纤维业原料及产品的价格、流通及生产的计划管理一直较强。自 20 世纪 50 年代初到 20 世纪 80 年代初，对纤维原料基本上实行由纺织部和商业部外贸部协调、主管部门分级归口管理，统购统销、统一调配的办法，对纺织产品根据类别实行分级管理。目前对于原料和棉纱、坯布等中间品及大部分制成品（如针织品）的管理仍然以计划管理为主，服装部分小针织品、高支纱及其产品主要靠市场调节。

第二节　纤维业的市场结构

1. 企业规模结构和集中度

如表 11-2 所示，按我国的企业规模标准，纤维业大中企业的比例在上游（合纤单体、化纤）较高，在中游（狭义的纺织业）与全国平均水平接近，在下游（缝纫业）较低。不同产业大中小企业规模分类标准不尽一致。若按固定资产原值分类，大中企业的比例在上游更高，而在中、下游将更低。

表 11-2　大中企业比例和大中企业的规模分布（1986 年）

	大中企业数/个	大中企业占行业比例（%）企业数	大中企业占行业比例（%）产值	大中企业的固定资产原值构成（%）>3 亿元	1 亿~3 亿元	0.5 亿~1 亿元	0.1 亿~0.5 亿元	<0.1 亿元
纺织	882	3.8	45.4	—	1.5	11.2	12.3	15.0
缝纫	30	0.1	6.4	—	0.1	3.3	76.6	20.0
化纤	58	14.2	91.8	31.0	15.5	20.7	32.8	—
全国	8665	1.7	42.3	2.6	4.8	9.0	62.1	16.9

资料来源：根据《中国统计年鉴 1988》数据计算。

反映产业竞争垄断程度和大中企业市场控制力的较合适的指标是集中度指标，而不是常用的大中企业的比例指标。初步研究表明，纤维业的集中度有下述四个特点。

第一，根据原料不同，产值集中度的行业分布有所不同，多数行业集中度较低（见表 11-3），以动植物纤维为原料的行业，集中度从上游到下游，先升高而后有所下降，其中工业织物较高（如帘子布）；以石化产品为原料的行业，集中度从上游到下游基本是顺减的；除合纤单体和化纤外，纤维业大多数行业集中度较低，属分散竞争型。

表 11-3　纺织工业的产值集中度（C_8）

单位：%

产业	1980 年	1985 年	1988 年
棉纤维原料加工	4.9	3.2	
合纤单体	100.0	99.8	
化纤涤纶	82.0	69.8	55.7
粘胶	74.3	68.5	66.6
棉纺	7.7	7.0	5.1
棉织	7.2	6.1	
帘子布	93.7	97.5	
棉印染	16.1	11.8	10.7
棉针织	13.7	9.0	
棉制品	8.8	8.3	
毛条加工	96.6	69.0	

续表

产业	1980年	1985年	1988年
毛纺	20.3（11.8）	12.5（7.5）	（6.1）
毛织	67.9	29.6	
缫丝	16.1	12.9	
丝织	17.0	9.0	
丝印染	48.0	32.0	
丝针织	21.3	15.4	
服装	4.6	3.8	5.4

说明：①由于棉纺业包括棉纺织印染联合企业，毛纺织包括毛纺织联合企业，所以棉织、棉印染、毛织业的实际集中度低于表中数值。

②括号内数据为 C_4 值。

资料来源：1980年、1985年数据根据《1985年工业普查资料第3册》计算；1988年数据根据统计局有关资料计算。

第二，实物产量集中度相对较高，但总体上看，纤维业大多数行业分散竞争型的特点未变。根据工业普查资料估算，按产量计算的前4位企业的集中度，1985年棉布、印染布、毛线分别为8.9%、10.5%、25.2%，明显高于同年的行业产值集中度。出现这种差异既有计算集中度的方法原因，也与各业企业产品分工及联合加工等情况有关。

第三，与国外相比，中国纤维业集中度较低。如表11-4所示，中国纤维业集中度显著低于美国、日本，尤其是棉纺、棉织。化纤与美、日差别较小，但表11-5数据表明，中国有不少小化纤厂，而国外基本是大化纤厂。

第四，改革以来，从总体上看，纤维业集中度呈下降趋势，但服装业因价格放开，骨干企业有名牌产品等原因，集中度近年有所上升。如表11-3所示，从1980年到1988年，化纤、棉纺、棉印染、毛纺等产业集中度都有所下降，其中棉纺业1985年以来集中度下降速度明显加快。棉纺业产值 C_8 值，从1980年到1985年，5年下降9%；1985年到1988年，3年下降27.1%。服装业仍然是低集中度产业。但由于服装业价格放开，一些骨干企业或能控制原

表 11-4　纤维业集中度（C_4 值）的国际比较

单位：%

	棉纺	棉织	毛纺	化纤
中国（1985 年）	4	4	8	61.6
美国（1982 年）	44	40（宽幅）	—	78
日本（1980 年）	28	12	33	54

说明：中国为行业产值集中度，其中化纤为产值加权平均集中度。美国为销售额集中度，日本为生产额集中度。

资料来源：中国数据根据工业普查资料估算。美国数据见《美国工业年鉴1983》，美国商业部工业经济局，1983 年。日本数据见妹尾明编，《现代日本的产业集中》，日本经济新闻社，1983 年。

表 11-5　中国和日本化纤生产集中度

纤维类	中国产值集中度（1985 年）				日本生产额集中度（1980 年）		
		C_4（%）	C_8（%）	HI（‰）		C_4（%）	C_8（%）	HI（‰）
聚酰胺纤维	锦纶（尼龙6）	59	78	1204	尼龙	84	100（7）	2094
聚酯纤维	涤纶	62	70	1814	聚酯纤维	73	100	1653
聚丙烯腈纤维	腈纶	90	100	2555	阿克利纶	78	100（7）	1804
聚烯纤维	维纶	66	93	4652	维纶	100（3）	—	5803

说明：①括号内数字为实际厂家数。例如，日本生产尼龙的企业只有 7 家。

②根据 C_4、C_8 和 HI 的性质，本表中数据表明中国涤纶和腈纶业有几家大厂，但涤纶业还有许多小厂，腈纶业小厂很少，两个产业的企业规模不均匀程度较大。而在日本，涤纶和腈纶都只有几家大厂，而且规模比较均匀。

资料来源：中国数据根据工业普查资料计算，日本数据为日本公平交易委员会数据，见妹尾明编，《现代日本的产业集中》，日本经济新闻社，1983 年。

料，或因有名牌产品而销售额大的企业集团发展较快，使1985年后集中度呈上升趋势，其C_8值已由3.8%上升到5.4%。如著名的江西共青羽绒厂，有名牌产品，能控制原料，进行系列加工，近几年发展很快，其销售额1985年为0.85亿元，1988年上升到2.87亿元，3年增长了2.4倍，在服装业的位次从第4位上升到第1位。

2. 管理体制对实际集中程度的影响

在中国，按企业口径计算的集中度不能完全反映产业的实际集中程度。原因之一是管理体制对市场结构影响很大。例如，棉纤维初加工业相对于棉纺业集中度明显要低，但由于棉纤维初加工业归负责棉花统购统销的商业部管理，因此，经过初步加工的棉纤维，其实际的供应集中程度大于分散管理的棉纺业；1983年将原属纺织部管理的四大化纤等企业划归该年成立的实行统一核算的中国石化总公司，化纤供应集中度实际上已有较大提高；纺织品消费分散，但由于负责销售的商业系统行政垄断性较强，因此纺织品和服装的收购市场在一定程度上具有卖方分散、买方集中的结构特点。

上述情况表明，严格的计划体制会影响纤维业实际的市场结构。但在引入竞争机制后，由于纤维业市场结构的固有特点，这种影响必然减弱。因此，按企业口径计算的集中度指标将日益成为反映市场竞争程度的基本指标。

3. 产品差别程度

在不同流程阶段纤维业的产品差别程度不同，但从总体上看，纤维业是产品差别较大的产业。我国和国外各类纤维制品产品差别的一般情况及其比较见表11-6。纤维制品的产品差别有两种类型：一是使用差别，反映使用的替代性差异（包括使用性能、质量等），这种差异主要源于产品的物理差别；二是消费差别，反映消费的替代性差异，产生这种差别，既有物理原因，又有服务、广告、主观偏好等多种原因。从表11-6可以看出，从纤维业的上游到下游，产品差别程度逐渐增大；与国外相比，我国纤维品的产品差别程度较小。过去，由于我国消费水平较低，设备和设计水平落后，企业吃大锅饭，我国纤维制品中大路货多，产品差别较小。改革开放以来，随着消费水平提高，企业技术进步，纤维业竞争日趋激烈，纤维制品的产品差别日趋明显。目前，首先是在服装业，产品差别已相当明显，由服装业往后，包括各种面料在内的纺织品的产品差别也逐渐扩大。此外各种非衣料类的纺织品也发展较快。

表 11-6　纤维制品产品差别程度

		使用差别		消费差别	
		国外	中国	国外	中国
第一段	化纤类	中	低		
	纱类	中	低		
	坯布类	中	低		
第二段	加工布	高	中	中	低
	面料	高	中	高	中
	复制品	高	高	高	中
第三段	低档服装	高	高	低	低
	中档服装	高	高	中	低
	高档服装	高	高	高	中
	纺织机械	高	高	高	低

资料来源：根据有关数据整理。

4. 进入障碍

同国外相比，中国纤维业的进入障碍较低。本节将以棉纺织业为例，对纤维业进入障碍做综合分析。这里仅指出经济规模、资金、技术和人力资源对纤维业进入障碍的影响。

表 11-7 给出了我国纤维业一些代表行业经济规模的数据和 MES 企业的规模占市场的比例值 dm[②]。可以看出纤维业的 dm 值除化纤业较高外，一般较小。有关研究还指出，纤维业多数行业（特别是棉纺业）非 MES 企业的成本上升率相对较小。因此，可以认为，除化纤业外，对纤维业多数行业，经济规模不构成重要的进入障碍。

表 11-7　纤维业的 MES 和 dm

		棉纺/万锭	织布/台	印染/万米	色织/台	精毛纺/锭	腈纶纱/万锭	涤纶/万吨
MES	a	3～5		500	150～200	4800		
	b	5	500				2	2～3
dm（%）		0.2	0.1	0.1	0.1	0.3		4.2

资料来源：dm 根据 1987 年数据计算。a 栏数据见《咨询与决策》1988 年第 3 期，b 栏数据见《中国纺织报》1989 年 4 月 3 日，其中涤纶为估计数。

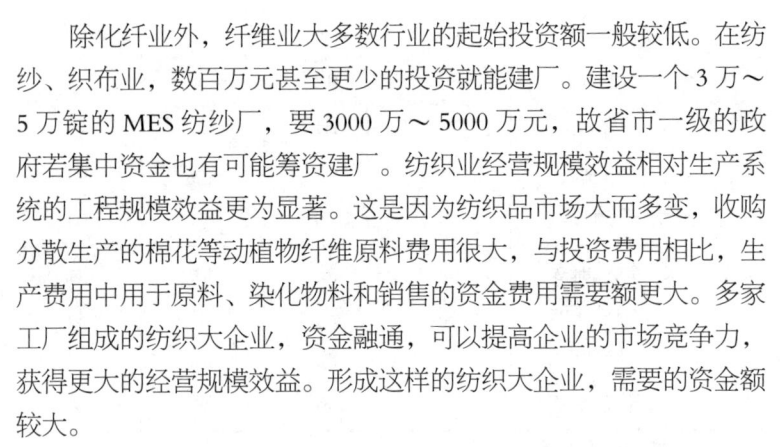

除化纤业外，纤维业大多数行业的起始投资额一般较低。在纺纱、织布业，数百万元甚至更少的投资就能建厂。建设一个 3 万～5 万锭的 MES 纺纱厂，要 3000 万～5000 万元，故省市一级的政府若集中资金也有可能筹建厂。纺织业经营规模效益相对生产系统的工程规模效益更为显著。这是因为纺织品市场大而多变，收购分散生产的棉花等动植物纤维原料费用很大，与投资费用相比，生产费用中用于原料、染化物料和销售的资金费用需要额更大。多家工厂组成的纺织大企业，资金融通，可以提高企业的市场竞争力，获得更大的经营规模效益。形成这样的纺织大企业，需要的资金额较大。

中国纤维业历史长，基础较好。中华人民共和国成立后，纺织工业设备制造业发展很快（1988 年其产值在全部工业专用设备制造业位居第 1 位，达 21.8%），国内能够成套地提供纺织印染设备。因此对纤维业大多数行业来说，新办一个企业，获得基本的技术（含设备）和人才不太困难。但要提高技术档次和竞争力，要获得较先进的技术、较高级的技术人才和管理营销人才则有较大的困难。

第三节　政府政策和企业行为

纤维业的产品和原料涉及国计民生各方面，至今政府的管理仍然较严，企业行为与政府政策关系特别密切。本节从价格、流通与销售、企业集团三方面进行考察。考察的重点是占纤维业产值92%的纺织业和服装业。

1. 价格

（1）价格管理

目前棉花仍是我国纤维业最主要的原料。自1954年对棉花实行统购统销后，棉花价格一直由政府统一制定和管理。20世纪70年代末开始调整政策。1979年开始实行超购加价，以1976年到1978年三年平均收购量为基数，超购部分加价30%或奖商品粮。1985年政策做了较大调整：取消棉花统购，改为计划合同定购，定购的棉花执行国家的定价、加价和奖售政策，其余的棉花农民可以上市场自销；棉花经营部门可以议购议销，价格随行就市；工厂可以直接从农民和经营部门选购生产计划外的棉纱。1985年后棉花减产，又出现抢购等问题，1987年国务院规定在未完成定购合同任务以前，关闭棉花市场，除供销社外，任何部门和个人不得经营棉花。1988年以来，中国经济进入治理整顿阶段，针对存在的抬价抢购等问题，有关部门再次规定严格限价，禁止抢购，棉花市场基本关闭。棉花收购价由商业部门会同物价部门根据棉花生产成本、棉粮比价、棉花质量等确定，调拨价由收购价加调储费用和利润确定，省级调拨价由商业部核定，省内调拨价由省、市、自治区规定。

从总体上看，目前纺织品价格基本上仍由国家统一管理。纺织品及其原料的出厂价分为三种：国家定价，主要包括纱、坯布和染色布、帆布、帘子布、出口纺织品和针织品、毛毯、呢绒、人造丝和合纤（含合纤单体），其中部分产品，如纯棉布、涤纶混纺布可以优质加价；国家指导价，一般是需求变化快、产品更新周期短的产品，允许上下浮动的幅度多数为10%，主要包括多类花布和色织布、灯芯绒、各类绸缎、毛线、绒毯、蚊帐、各种汗衫、背心、卫生衫裤等；市场定价，主要包括60支以上的棉纱及其织物、各种服装、毛巾、袜子和各种针织小商品。纺织品批发价等于购进价加购销差价，再加批零差价等于零售价，购销差价和批零差价包括流通费用和一定的利税,由物价部门会同业务主管部门核定。

纺织品也有双轨价。纱、布基本上是国家定价。但由于国家允许计划外产品可根据原料价格高进高出,生产企业用流通企业(商业企业、外贸企业)提供的原料加工生产纱、布等,因此,纱、布实际上也有双轨价。

实行双轨价的程度与企业规模有关。市价产品比例大企业低、小企业高。根据工业普查资料,1985年独立核算企业产品销量中国家定价、浮动价、其他价的比例是:纱,大企业分别为89.5%、5.5%和5.0%,小企业分别为84.2%、7.3%和8.5%;布,大企业分别为88.8%、6.0%和5.2%,小企业分别为73.3%、11.7%和15.0%。

(2)价格水平和比价

如表11-8所示,纺织品(及其原料)、服装的价格水平[③]变化受政策影响大,在不同时期,因不同产品有所不同。棉花价格改革前上升慢,其收购价从1952年到1978年,26年上升22.5%;改革后上升快,从1978年到1988年,10年上升76.2%。1978年后,棉花价先是大幅度提高,1984年到1986年持平略降,以后因棉花减产、需求增加而迅速上升。化纤价格受政府管制较严,改革初期价格有所下降,1985年后又有所上升。纺织品价格改革前基本未动,被称作30年一贯制。1981年和1983年两次调低化纤布价,1983年提高棉布价,有升有降,价格总水平变化不大。1985年以后因需求拉动及纤维原料(棉花、羊毛及化纤等)涨价推动,纺织品价格急升,1989年总需求受到控制后,纺织品价格涨势逐渐停止。服装价格水平基本上随着纺织面料价格变动,价格水平也渐趋上升。

这里仅以棉花和白布的比价为例,说明政府管制较严的原料及纺织品比价变化的若干特点。第一,改革以来,传统体制下形成的原料价低、制成品价高的畸形比价关系已有所变化。皮棉和白布的比价指数从1978年开始上升较快。第二,需求变化对比价变化有明显影响。比价指数1988年比1985年显著下降,与包括棉花、棉制品出口在内的棉花需求的急速上升有关。第三,政府政策特别是

表 11-8 价格指数和比价指数

		1957年	1977年	1978年	1980年	1985年	1987年	1988年	1988年/1985年(%)
棉花收购价		82	100	107	147	165	176	196	119
衣着零售价		100	100	100	100	97	104	117	121
皮棉（百公斤）价		73	—	100	—	110	106	85	77
白棉布（米）价									
平减价格指数的变化	合纤（涤纶）	—		100	79	—	84	106	
	棉纺			100	89		111	125	
	棉织			100	76		95	125	
	服装			100	98		111	113	

资料来源：棉花收购价、衣着零售价、皮棉和白棉布比价均根据《中国统计年鉴 1989》计算。

价格管制政策对比价关系影响很大。1978 年及其以后数年比价指数迅速上升的主要原因是政府的棉花提价政策。而 1985 年以后棉纺织品需求急增，比价指数却下降，这与政府用行政手段加财政补贴控制棉花价格的政策有关。但这种政策的结果将是导致农民少种或惜售棉花，或宁愿自办乡镇棉纺企业加工自产棉花。

（3）价格变化与集中度及政府政策

在市场经济国家，集中度高的产业，若需求增长快，一般价格上升较快，利税率较高，反之亦然。在中国受改革及政府管制因素的复杂影响，纤维业这种关系不十分明显，但也有相似迹象。

比较表 11-9 所示的 4 个行业的有关数据：化纤业集中度高，需求上升也快，但因价格管制，价格上升并不太高，成本利税率有所下降；棉纺和棉织业集中度低，需求发展速度低于化纤业，但价格水平上升却高于化纤和服装业，主要原因是政府调价及允许价格浮动；服装业 20 世纪 80 年代初以后价格已逐渐放开，需求也增加较快，但 1985 年以后价格上涨幅度明显低于棉纺、棉织业，成本利税率并不高。这种状况与服装业进入障碍低、市场竞争性强有关。要指出的是,服装业产品因名牌效应,高低档服装的价格和利税率水平已明显拉开。服装业的情况似乎说明,尽管存在基本体制差异,若进一步放开价格,中国同大多数市场经济国家的企业的价格行为与产业市场结构的关系方面会有明显的共性。

表11-9 纤维业的价格指数、集中度和成本利税率

行业	集中度 C_8 (%)	市场类型	平减价格指数 1980年	平减价格指数 1985年	平减价格指数 1988年	平减价格指数 1988年/1985年	成本利税率 1985年	成本利税率 1988年	产值增加倍数(1988年/1985年)
合纤(涤纶)	55.7		100	79	84	1.06	35.8	25.1	6.7
棉纺	5.1	分散竞争	100	89	111	1.25	25.9	17.8	1.8
棉印染	10.7	一般分散	100	76	95	1.25	14.9	9.8	1.5
服装	5.4	分散竞争	100	98	111	1.13	14.5	11.5	2.4

说明:①集中度数据同表11-3。
②平减价格指数同表11-8。
③利税率根据部门统计资料估算。
④用1980年不变价产值的增加倍数反映了各产业的市场需求增长情况。

(4)企业价格行为的几个特点

一是由于政府对纺织品及原料价格的计划管理较强,因此,通过与政府协商,获得有利的价格是企业最重视的价格行为。在协商纺织业内部各行业企业间的产品价格时,纺织管理部门是企业最重要的协商对象。在协商与非纺织部门有关的原料、产品价格时,纺织管理部门是企业最重要的代言人,而讨价还价的主要对象是商业、外贸、财政和物价等部门。

二是由于实行优质优价、花色差价政策,企业很重视提高管理

水平、开发新产品及其他一切有利于企业产品获奖、调价的各种合理和未必合理的活动。

三是日益重视市场价格。在计划程度高的行业,企业重视能够扩大市场销售的产品的生产,包括用增加高支纱产品、增加新花色等办法突破目前的统一定价。在市场定价为主的服装业,企业重视通过开发名牌和新产品及各种促销活动获得较高市价。

2. 流通和销售

(1)流通体制

中华人民共和国成立初期至20世纪80年代初,纤维品及其原料的流通体制曾几经变化④。但与其有关的流通体制基本上是一种依托国家财政的行政性购销调拨分配体制。在这个体制中,政府的商业部门,通过其所属的棉花专业公司及其下属公司和收购站统购棉花,并根据计划进行初次调运分配;通过纺织品公司及其下属公司收购纺织品,而后通过三级批发站、销售公司和零售公司销售到市场;外贸部门负责按计划组织纺织品出口和有关的原料等进口;纺织企业只管生产,不管经营和销售,原料靠政府分配,产品由商业包销。这种体制曾对纺织品供应的稳定增长起过积极作用,但同时存在产销脱节、流通环节多、吃大锅饭等弊端。

改革以后,上述局面已经变化:随着三类纺织品实行市价,一类、二类纺织品及棉花实际上部分实行市价(双轨制),可以进行多种来源的来料加工,纺织企业已有了一定的购、销自主权;工商关系基本上已从商业包销变为统购统销、计划收购、订购、选购四种形式并存,经销纺织品的批发公司和零售商店可以跨系统、跨区域经销三类纺织品和部分计划外的一类、二类纺织品;允许纺织企业在一定范围内自选出口渠道,部分纺织品在一定范围内实行出口代理制,给予一些企业外贸出口权,兴办合资纺织企业等,纺织企业的出口渠道有所增加。

(2)自销扩大和纺织企业的市场地位

取消商业包销,使企业自销比例日益增加。不仅小针织品和服装主要靠自销,计划比例高的纱、布等实际的自销比例也已不低。

以布为例：根据工业普查资料，1985年布的自销比例因品种和企业规模不同而有所不同，自销比例大企业低，约为5%；小企业高，约为15%。到1987年，根据纺织部资料估计，棉布和涤纶混纺布的工业自销比例均已在40%以上，深加工产品的自销比例更高。1989年纺织部得到的计划分配棉花只占国内产量的56%左右，加上化纤和计划内进口纤维，计划分配的原料估计只占纺锭能力的60%强，在这种情况下，计划外加工的纱、布数量必然不少，相应的工业自销比例必然较高。

纺织企业在纺织品及其原料流通体制中的地位受纺织企业规模与能力、工商双方集中程度及纺织企业是否有独立的购销体系等因素的制约。工商双方，谁的地位高，谁对市场和价格的主导权就大。由于国情和历史不同，各国纺织企业在流通中的地位不尽相同。表11-10为几个国家的情况。美国纺织业集中度相对较高，大纺织公司规模较大，实力较强（如美国最大的纺织公司柏林顿公司1980年资产额为21亿美元），有自己独立的购销系统，市场以比较熟悉的国内市场为主。韩国大纺织企业，多为财阀下属的大企业，并且通过财阀系统对化纤业和商业都有投资。因此，美国、韩国的纺织企业（主要是其中的大纺织公司），对市场的控制力较强。日本情况较复杂：一方面存在诸如钟纺、东洋纺、大和纺等对化纤业有巨额投资和有独立销售系统的大纺织企业，另一方面众多

表11-10 纺织业工商关系和定价主导者的国际比较

	美国	日本	韩国	中国
集中度比较	高	较高	高	低
生产与流通	一体化	一体化程度较低	一体化	非一体化
定价主导者	生产者	多样	生产者	流通者较多

说明：集中度比较是指四个国家纺织业的集中度比较，而不是纺织业与其他产业比较。

资料来源：根据《日本产业的流通机构》（日本流通规格协会，1980年6月）等资料整理。

中小纺织企业实际上受大流通企业控制，加上纺织品出口比例高，纤维原料进口比例高，约60%的进出口通过十大综合商社进行。因此流通和价格主导者因不同产品及流向情况而多样化。

在中国，随着商业和纺织品流通体制的改革，纺织企业的购销自主权增加，与商业企业的议价能力增强。但从企业层次看，纺织企业对流通和价格的影响力仍相对较小。具体地说，主要有三个原因：一是市场结构原因。纺织业集中度低，企业规模较小，而商业企业依托行政体系，实际的集中程度较高，有些品种，如棉花采购供应和基本纺织品供应，甚至是垄断性的。二是体制原因。目前国家对纺织品及原料的计划管理程度仍然较高，因此相对于生产企业，担负国家计划购销任务的商业企业在进行议购议销和来料加工协商时仍处于较有利的地位。三是资源配置的历史影响。目前的工商关系是历史的产物。过去纺织企业管生产，商业企业管购销（含进出口），因此国家把大规模购销所需要的流动资金（含周转外汇），主要给商业企业（含外贸企业），而不给工业企业，相应的购、销网点也归商业企业掌握，而与工业企业无关。这种资源配置格局一旦形成，短期内无法改变。这是过去历次"棉花大战""羊毛大战"中，主角多为商业企业而纺织企业总是被动的基本经济原因。长期的分工，使纺织企业缺乏商业（含外贸）渠道和人才。这种历史的格局，不可仅靠给自销权和外贸权等在短期内发生较大的变化而勉强为之，也有可能会损害纺织企业的利益。

（3）企业销售行为

目前纺织企业日益重视各种促销活动，因为这有利于纺织企业增加销售，了解市场和消费者，提高其与流通企业进行交易时的地位。根据初步观察，我们认为纺织企业的销售活动有下述几个特点。

第一，不断增加对销售活动的投资。根据工业普查资料估计，企业销售费占全部销售收入的比例：按纺织业及其大、中、小企业四个口径，1980年分别为0.16%、0.02%、0.01%和0.38%，1985年迅速上升到0.89%、0.31%、0.28%和1.40%；按缝纫业及其大、中、小企业口径，1980年分别为0.24%、0%、0.01%和0.27%，1985年上升到0.86%、0.02%、0.23%和0.92%（1985年服装业产值占缝纫业的82.2%，以中小企业为主，大企业不少是军用被服厂，所以缝纫业的情况能反映服装业的情况）。

第二，重视各种广告、展销活动。服装业的大中企业（如羽绒服、风雨衣、高级衬衣和西服）及骨干针织品企业的广告活动最为活跃。各种纺织厂重视通过展销和时装模特表演带动其面料的推销。

第三，重视通过产品更新、创名牌促销。产品更新包括款式更新、面料更新等。一些纺织厂不仅注意扩大高支纱、高级面料、装饰用料的生产，还搞前向延伸发展，如通过办服装厂增加本厂的产品系列。

第四，纺织企业采取联营、合资及在大商店设立专柜、设立代销店等多种办法扩大其对销售企业的影响力。此外，一些大销售企业（特别是外贸和省市级以上的纺织公司）也注意用加工订货乃至联营投资等办法增加其对纺织业，首先是中小企业的影响力。

第五，纺织业管理部门作用仍然重要。纺织业主管部门组织的各种纺织品评奖活动、设计花色和服装的名设计师的命名、协调纺织业组织各种展销活动等，支持和促进了纺织企业的销售。由于多数纺织企业规模较小，资金有限，各级纺织部门及其下属机构的积极组织是推动各种展销活动发展的重要因素。

3. 企业联合和企业集团

纺织业是专业化分工协调极为重要的产业。改革前，纺织业的专业化分工协调有两种基本的组织形式：一是建立多工序如包括纺、织、印染的联合企业；二是通过行政调拨维系单纺厂、织布厂、印染厂前后工序企业的专业化分工和协作。中国的纺织联合企业主要分布在棉纺织业，在针织、棉制品等业较少。联合企业的比例，在内地新纺织工业基地（如郑州、石家庄、西安、咸阳等）较大，在小企业较多的沿海老基地（如上海）相对较小。因此中国纺织业的联合企业比例低于其他主要制造业。如表11-11所示，和国外比较,中国纺织联合企业的比例低于美国、韩国,略高于日本。日本纺织联合企业的比例也较低,这是由于日本织、印业根据需求生产,因而生产批量较小,小企业较多,纱主要靠外购,且纱厂规模较大、外销纱比例大。

表 11-11 单纺厂与纺织厂比例的国际比较

单位:%

	日本	美国	韩国	中国
单纺厂	68	24	大部分为联合厂	63
纺织厂	32	76	(纺织厂、纺针织厂)	37

说明:中国为20世纪80年代中期数,外国为20世纪80年代初期数。

资料来源:根据有关数据整理。

改革后,出于财政分级包干,在行政管理体制下形成的企业利益关系不合理等多种原因,原有的纺织企业及原料供应、销售的专业化分工关系,在很多情况下已不能维持,需要重新调整。在这种背景下,企业为了协调原料供应、加工与销售的关系,企业集团形式的企业联合发展较快。根据纺织部门的不完全统计,到1987年5月底,已有纺织联合公司、集团80~90家(含纺机),参加集团的企业(不含协作厂)已有1000多家。

纺织业企业集团的成员,既有工业企业,也有商业企业。以生产企业为主体的企业集团可以分为两大类。一类以垂直工艺联合为基础,实行纺织染直至最终成品的配套生产经营。这种合作形式,使前后工艺衔接,有利于原料半成品的稳定供应及扩大深加工。这类企业集团多以骨干纺织企业、印染厂为主体,如以上海国棉17厂、常州灯芯绒厂、杭州丝绸厂为主体的企业集团。为保证基本原料的供应,这类企业集团注意吸收原料基地的企业参加或参与对原料基地企业的投资。另一类企业集团多以生产名牌针织品、服装的骨干企业为主体。这类企业也注意通过垂直联合稳定原料来源,同时比较注意水平分工联合,开发和生产同类或同大类的不同品种、不同规格的系列产品,其中的低档或初级产品常扩散给集团内的中小企业、乡镇企业生产。属于这类企业集团的代表有江西共青羽绒企业集团、上海友谊(提花)毛巾联合公司、北京长城风雨衣企业集团等。

还有一类企业集团以商业企业,主要是以大纺织品公司和外贸出口公司为主体,组织众多中小纺织企业包括乡镇企业乃至农民兼业者参加。作为集团核心的商业企业负责组织订货和原料供应,中小企业以生产为主。如广州针织品采购公司(原为全国三个针织品一级批发站之一),不仅搞针织品购销、代理出口,而且直接投资扶持85个中小针织、成衣厂,销售额由10年前的3.4亿元上升到1989年的9亿元左右。

企业联合和企业集团的发展,有利于获得规模效益、扩散技术、打破部门和地区封锁及防止过度竞争。但目前仍存在许多问题,妨碍企业集团健康发展。主要有:纺织业企业集团主体企业的规模和能力一般偏小,因此企业集团的稳定性较差;现行的财税分级承包体制及不合理的价格体系,妨碍企业集团进一步发展;原料产地和非产地的企业联合关系最为不稳定;存在"拉郎配"式的企业集团,多数具有明显的行政性公司的特点。

第四节 资源配置效益

本节仅从资金利税率、规模结构、集中度变化三个方面考察纤维业的资源配置效益及影响效益的原因。初步考察表明:影响纤维业资源配置效益的因素是多方面的;市场机制引入和政府政策调整是导致资源配置效益变化的重要原因;现行的政策体制与已形成的资源配置格局及生产力的进一步发展,在客观上存在尖锐矛盾。

1. 纤维业资金利税率及其平均化

表11-12反映了纤维业主要行业及全国制造业1980年到1988年资金利税率[5]的基本情况,从中可以看出下述三点。

表 11-12　纤维各业及纺机业的资金利税率

单位：%

年份	制造业	纺织 a	纤维初加工 b	棉纺织 b	棉纺 c	棉织 c	棉印染 c
1980	23.8	61.3	7.6	73.8	81.2	42.9	96.0
1985	22.2	22.2	5.3	23.4	18.0	15.9	24.3
1988	22.5	20.0	11.2	22.7	26.8	14.9	19.8
年份	麻纺织 b	针织 b	丝绸 b	毛纺织 b	毛条 c	毛纺 c	毛织 c
1980	63.5	59.0	63.4	111.0	80.0	109.0	123.1
1985	20.7	19.3	23.3	34.5	17.0	35.6	27.6
1988	11.0	17.5	17.9	21.1	16.3	21.6	14.6
年份	缝纫 a	服装 b	化纤 a	合纤 b	合纤单体 c	纺机 c	标准差 I	标准差 II
1980	56.7	58.3	60.5	64.3	27.0	21.4	27.2	14.2
1985	19.7	19.8	23.5	23.5	20.3	23.8	7.1	1.5
1988	18.4	19.2	21.5	21.5	20.1	25.6	4.0	1.1

说明：①按全部独立核算工业口径计算。

②产业上标 a、b、c 分别表示该产业按中国行业分类标准的大类、中类、小类产业。

③1988 年流动资金为定额流动资金平均余额，因此 1988 年实际的资金利税率比本表中的数据更小。

④标准差 I 的计算口径为 3 个大类产业和合纤单体业；标准差 II 的计算口径为 8 个中类产业和合纤单体业。

资料来源：1980 年、1985 年数据根据《1985 年全国工业普查资料第 3 册》计算。1988 年大类产业和棉纺织、合纤、服装业数据根据《中国统计年鉴 1989》计算；其余根据有关资料计算。

第一，改革以来，纤维业各行业的资金利税率从显著高于全国制造业的水平变为接近并略低于全国制造业的水平。纺织、缝纫、化纤、合纤单体 1980 年的资金利税率分别为制造业的 258%、238%、254%、113%，1985 年分别降为 100%、90%、106% 和 91%，到 1988 年再降为 89%、82%、96% 和 89%，低于全国水平。这种变化与政府政策关系密切。1980 年到 1985 年的变化，主要受 20 世纪 80 年代初政府数次调低化纤纺织品价格、提高棉花价格政策的影响。1985 年以后的变化则与"六五"以后，小纺织厂的迅速发展和

1985年以后的棉花减产的关系更为直接,而这两方面的变化既与纤维业的特点有关,也与政府的各种政策有关。

第二,纤维业内各行业资金利税率差别缩小,利税率平均化趋势明显。如表11-12所示,按2级行业和3级行业两个口径计算的各行业资金利税率标准差(分别称为标准差Ⅰ和标准差Ⅱ),1980年分别为27.2%和14.2%,1985年分别降到为7.1%和1.5%,1988年再降到4.0%和1.1%。两个标准差值都显著下降,表明不仅纤维业各大类行业,而且纤维业内各中类行业的资金利税率都呈平均化趋势。计算纤维业小类行业(4级)的资金利税率的标准差,结果亦然。要指出的是,资金利税率平均化原因在化纤原料业和纺织业有所不同。在化纤原料业及合纤单体业,因计划管理较强,其资金利税率水平主要受政府价格政策影响。而在集中度低的纺织业,引入市场机制、分级财政承包、价格政策等都是使资金利税率水平降低的基本因素。棉纤维初加工业资金利税率在1985年以后的迅速上升,集中反映了诸项政策及棉花供应不足等状况的综合影响。

第三,纤维业资金利税率下降与产业组织变动带来的企业管理水平的下降有关。"六五"以来,管理水平较低的小纺织厂大量涌现,占用好料,管理水平较高的骨干企业负担重又常常原料不足。1980年到1988年,重点棉纺织企业千锭纱产量和织机利用率分别下降了11.5%和5.1%(其他技术经济指标见表11-13)。产业组织的这种变化,使纤维业,特别是纺织业总体的管理水平有所下降。这也是纺织业资金利税率下降的重要原因。

表11-13 重点棉纺织企业的技术经济指标指数(以1980年为100)

	平均纱支	每件棉纱通扯净用量	每吨棉纱用电量	棉布入库一等品率	每百米棉布用电量	每百米印染布棉布用纱量	印染布入库一等品率	每百米印染布用碱量	每百米印染布耗标煤
1988年	97	101	108	99	113	101	94	114	119

资料来源:根据《1985年工业普查资料第3册》和《中国统计年鉴1989》数据计算。

2. 规模经济水平

产业规模经济水平是影响产业经济效益的基本因素，也是反映产业组织资源配置效益的基本指标。反映产业规模经济水平的基本指标首先是产业内达到最小经济规模的企业（简称 MES 企业）的生产能力或产量占全产业生产能力或产量的比例值（简记 D 值），其次是 MES 企业生产能力的利用率。对纺织业 D 值的初步分析表明，除主要靠引进设备发展的化纤工业，尤其是涤纶及合纤单体的规模经济水平较高外[6]，纺织业多数行业的规模经济水平不太高。本节仅以棉纺业为例，说明我国纺织业多数行业规模经济水平方面的三个突出问题。

第一，相对国外，我国棉纺业规模经济水平不太高。如表 11-14 所示，1986 年纺织系统棉纺织企业的 D 值，以 3 万锭为 MES，为 79.5%；以 5 万锭为 MES，则为 60.2%。如果考虑到：系统外的棉纺企业，多数企业规模较小；近年发展很快的地方小纺织，尤其是乡镇小纺织厂，其规模多数为 1 万锭左右或更低；1989 年棉纺锭能力已超过 3000 万锭（纺织部一些同志认为已有 3200 万锭，商业部一些同志认为已达 3500 万锭）。则仍以 3 万锭或 5 万锭为 MES，估计 D 值已降到 65% 或 50% 左右。与日本、韩国相比，中国棉纺业的规模经济水平显著偏低。

表 11-14 棉纺企业规模结构的国际比较

	1 万锭以下（%）	1 万~3 万锭（%）	3 万~5 万锭（%）	5 万~10 万锭（%）	10 万锭以上（%）	总锭数/万锭
中国（1986 年）	4.7	15.8	19.3	39.5	20.7	2399
日本（1984 年）	20.9		6.5	12.7	60.2	1148
韩国（1980 年）	0.9		5.5	32.2	61.5	325

资料来源：中国数据见《纺织工业统计年鉴（1986）》，不包括系统外及大部分乡镇棉纺企业。日本、韩国数据见日本化纤协会《调查资料》。

第二，总体上看，特别是20世纪70年代末以来，工业基础较好的中国棉纺业规模经济水平在不断下降。1949年中国棉纺业已有500万纱锭（超过韩国20世纪80年代的总锭数），主要集中在沿海城市，以中小企业为主，企业平均纱锭为2万锭，5万锭以上的大中企业纺锭占全国纺锭总数的53%（在纺织业，5万～10万锭的企业为中型企业，10万锭以上的为大型企业，后同）。"一五"时期，按"大分散、小集中"原则在华北、西北新建了一批大中型棉纺厂，加上老棉纺基地改造，到1957年企业平均纺锭上升到3.9万锭，大中企业纺锭比重上升到60%。"大跃进"时上了一批3万锭以下的小项目，后经调整多数下马。"三五""四五"时期，5万锭以上的大项目和3万锭以下的小项目都建了一批。20世纪70年代末以后，建棉纺厂主要靠地方投资，加上财政分级包干，乡镇棉纺企业迅速发展，企业平均规模和大中企业纺锭比重呈下降趋势。1987年，棉纺企业平均规模，按纺织系统口径约为2.8万锭，按全国口径估计已降至2.5万锭左右或更低，大中企业纺锭比重降至50%左右。基础较好的棉纺工业，经过30～40年的发展，其规模经济水平反而下降，这是世界各国纺织工业发展史上没有的反常现象。

第三，近几年一些大中棉纺厂常常原料短缺，开工不足。高效低耗的大中企业得不到原料，会降低整个产业的效益。1989年开始治理整顿后，政府采取了一些措施，保证大中棉纺厂的原料供应，但出于经济关系不顺等原因，效果很有限。

3. 规模经济水平和集中度下降的原因分析

棉纺业是纺织业最大的行业。麻纺、毛纺、丝纺也存在与棉纺业规模经济水平下降类似的问题。因此对棉纺业的分析，可以反映对纺织业一些共性问题的分析。棉纺业规模经济水平下降和集中度下降是一个问题的两个方面，因为近10年各地发展的棉纺企业绝大多数是低于规模经济水平的小企业。导致这种状况的原因很多、很复杂。我们仅从需求增长、进入障碍、体制政策三个方面进行概要的考察。

（1）直接原因：需求增加很快

首先，改革以来，由于人均收入水平迅速提高，对各类纺织品和服装的社会需求增加很快，衣料类社会零售额的增长反映了这种趋势。衣料类社会零售额1980年为413.7亿元，到1988年上升到1108.8亿元，年均增加13.1%，超过同期国民收入的年均增加速度。

其次，由于成本低、政策鼓励，中国纺织品和服装的国际价格竞争力较强，出口增加很快。纺织品和服装的出口额1980年为36.1亿美元，1985年增到67.3亿美元，1988年急增到113.3亿美元，出口额相当于全国纺织和服装业产值的19.8%，占全国出口额的比例也从1980年的19.9%上升到1988年的23.8%。

上述两方面需求的迅速增加，使纺织和服装业发展很快，按独立核算企业口径，其产值由1980年的822亿美元上升到1988年的2133亿美元，年均增长速度为11.2%。对于我们这样一个纺织大国来说，这个速度是较高的。

需求迅速增加，诱使各地发展大量小棉纺厂。利用1980年到1987年的数据进行相关分析，结论是棉纺业产值集中度与总产值是负相关的。这表明需求增加是棉纺集中度和规模经济水平下降的直接原因。

（2）较低的进入障碍

有需求，但进入障碍高，也不会出现大量新企业。而我国的情况是：容易获得办小棉纺厂所需要的资金和技术装备，生产的规模经济不足以成为较高的进入障碍；相对生产的规模效益，需要较多的资金才能支持一个能获得经营规模效益的大棉纺公司。现行体制阻碍这种大棉纺公司的形成和发展，因此现有的大中棉纺企业不会成为大量新建小棉纺厂的障碍。

棉花是棉纺业的主要原料，是分散生产的农业产品。至今，中国的棉花购销体制仍是统购统销、分级管理。隶属于各级商业部门的棉花收购部门，能控制95%以上的棉花产量。在这种体制下，如果全国计划和财政统一，则地方很难发展计划外的小棉纺厂；如果财政分级，行政分权，则有利于棉区发展小棉纺厂，而不利于集中在大中城市的大中棉纺厂。10年的改革,使中国处于后一种状况。

（3）深层原因:在已有资源配置格局下,现行体制、政策导致无法有效利用棉纺业的已有资源

对各国产业组织的研究指出:当产业基础较差时,集中度往往随市场发展而降低,但规模经济水平将逐渐提高;当产业基础较好时,由于产业内骨干企业可以随市场扩展而率先发展,因此集中度往往不随市场发展而降低,同时规模经济水平会有较快的提高。由技术、资金、资源决定的进入障碍的高低,会影响上述变量间的关系,但不会改变变化的基本趋势。

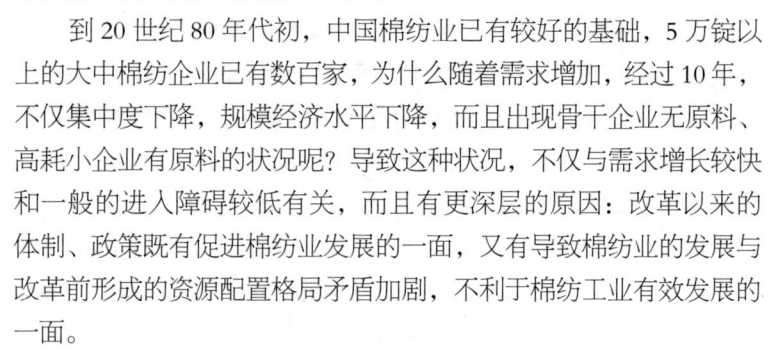

到20世纪80年代初,中国棉纺业已有较好的基础,5万锭以上的大中棉纺企业已有数百家,为什么随着需求增加,经过10年,不仅集中度下降,规模经济水平下降,而且出现骨干企业无原料、高耗小企业有原料的状况呢? 导致这种状况,不仅与需求增长较快和一般的进入障碍较低有关,而且有更深层的原因:改革以来的体制、政策既有促进棉纺业发展的一面,又有导致棉纺业的发展与改革前形成的资源配置格局矛盾加剧,不利于棉纺工业有效发展的一面。

到20世纪80年代初,中国棉纺业及有关产业资源配置格局的基本特点是:从生产力方面看,大中棉纺企业主要分布在若干大中城市,其原料和产品的购销主要通过行政性的商业部门进行。从经济关系上看,政府通过统购统销和直接管理生产,发展棉纺业,以积累建设资金和稳定纺织品供应。从收入分配方面看,棉农收入和棉区财政收入较稳定,较一般种植业要高,但与工人收入和国家通过棉纺业获得的工业利税相比,仍然不高。

改革后,调整有关政策,中国的经济生活和经济关系发生了显著变化:一是提高人民收入和生活水平成为经济发展的基本目标和人们的普遍要求;二是行政性分权和财政、外贸分级包干导致形成"诸侯经济",地方权力和财力显著上升;三是引入市场机制和各种经济调控手段,同时仍普遍使用各种行政管理手段及对各地区、部门、企业的差别管理政策;四是对外日益开放,但国际和国内在

市场和资源方面的连通呈一种扭曲状况。如纤维原料低价出口和高价进口并存,抬价抢购棉花、纱、布而后低价出口等。

这样,在上述背景下,第一,按目前的价格体系,棉花纺纱净增的工业利税约为出售棉花收入的60%以上,其中30%~40%可以转化为地方财政收入,棉花出口离岸价高于收购价10%~30%,棉纱出口又比棉花出口创汇额可提高50%~100%(均根据1986—1988年的资料估算)。因此棉区地方政府为增加当地财政收入、创汇和就业,极力支持在当地发展棉纺业。第二,在20世纪80年代初期,有关部门决定,今后棉纺厂建设以地方投资为主,审批权下放。第三,建设3万~5万锭的棉纺厂需要数千万元投资,中国资金分配按条块分割,又没有融资市场,省级以下的地方政府财力有限,地方只得建较小的棉纺厂。第四,由于地方企业特别是乡镇企业税负低,价格放开,新棉区(主要是某些北方棉区)棉花收购的计划比例低,财政补贴高,沿海特区财政上交少,外汇留成高,能抬价收购等原因,棉区小厂高耗低效也有销路、有利润、能生存。第五,规模经济和质量水平较高的大中棉纺企业,多地处城市,上交多,负担重,企业经营规模不大,资金有限,无棉花收购资金和收购网点。而长期的棉花统购统销,分级管理,使实行财政、外贸包干后的地方政府同时有控制棉花购销、供应地方企业的强烈愿望和有利条件。这种状况不利于地处城市的骨干棉纺厂的发展,导致棉纺业规模经济水平下降。

第五节 小结及建议

纤维业产业组织方面存在的突出问题有三个:一是除化纤业外,随着集中度下降,规模经济水平也下降,并且专业化水平不太高;二是行政管理较严,但市场秩序仍然较乱;三是除化纤业外,纺织企业对流通的影响力较低。这种易使生产企业脱离市场,并且因商业部门及其企业对流通的高度集中控制,妨碍形成有效竞争。

要充分利用已形成的生产力和资源,改善纤维业产业组织,形成有效竞争，必须理顺基本的经济关系。即必须综合调整价格、税收政策，同时辅之以合理而有力的行政指导。解决这些问题，需要综合部门和工、商等专业部门相互协调，综合治理。

从纺织部门和纺织企业的角度看，应当积极推进下述几方面的工作。

第一，构造有效竞争的市场结构。主要体现在两个方面：一是组建较大的纺织企业集团，以解决过于分散，无法获得经营规模效益，对市场影响力太小的问题；二是建立与纺织企业关系更为密切的购销体系，以改变商业部门对纺织原料及成品集中程度过高的市场结构。从目前的情况看，要在上述两方面有所作为，需要纺织主管部门加强指导协调，可以用股份制共建财务公司、销售公司的办法，密切不同纺织企业与工商企业的关系。进行上述工作时，主管部门的指导应符合经济规律，一个地区至少应有数家较大的纺织企业集团。

第二，形成大小企业合理分工的体制。从生产角度看，纺纱工厂和部分大批量印染工厂的规模可以大些，有利于获得规模效益，保证产品质量，提高精度。但织造工厂和特殊印染工厂及针织、服装工厂可以小些，以适应小批量、多品种的市场需要。大企业可以通过控股、供应原料及办子公司的办法协调纺织业大小企业的关系，可与不同的企业组成企业集团。纺织、服装企业和商业企业可以有两种基本的分工组织形式。一种是大纺织企业和服装企业直接建立自己的销售子公司或与商业企业建立稳定的代销关系。另一种是以大商业企业（含外贸企业）为龙头，由其供应原料和订货，组织小纺织企业、服装企业生产。

第三，要处理好工业与外贸的关系。要围绕理顺有关的经济关系，着重解决好工资分工模式和企业出口统一协调这两个问题。由于我国纺织企业规模较小，国际市场不熟，在今后相当长一段时间内，协调工、贸企业关系的基本形式将是出口代理制，同时增加一些有出口权的基础较好的纺纱、服装企业，并辅以出口收购制。

第四，面对国际竞争，纺织业必须产业升级同时充分利用较低的劳动成本。因此纺织业未来的趋势将是大中城市的骨干企业技术升级与棉区企业发展并存。应该鼓励骨干企业在开发技术、引进国外先进技术的同时,向棉区企业扩散和转让技术。这个问题与区域布局调整和区域分工组织的问题有关,系统地解决这个问题需要综合调整政策。其中理顺价格和工商关系,通过政策提高老棉纺基地骨干企业的实力,发展企业集团和下包制,合理评估技术知识产权的价值并保护其权益,及在经济关系未理顺时,用好财政补贴,实行合理的行政调控措施,都将是重要的基本政策。

注释

①本章所说的纤维业即纤维加工业,主要指纺织业(行业代码22,后同)、服装业(241)及化纤业(40)。纤维加工业的发展离不开纤维原料,我们还适当考察了合纤单体业(3725)和棉花种植业的有关情况。鉴于纺织业和服装业的大多数企业及部分化纤企业归纺织部管理,以及人们的习惯,本章有时也称纤维业为纺织业。

② MES 为经济规模工厂的生产能力或产量规模,dm 为 MES 企业的市场份额,dm=MES/ 产业总产量。

③平减价格指数等于行业当年价产值与1980年不变价产值之比,以1980年为100。用此方法估计物价指数无法剔除产品结构变化对价格水平的影响,但是能反映行业价格水平变动的趋势。

④关于流通体制变化的具体情况见第九章。

⑤资金利税率 = 利税总额 /(固定资产净值 + 全年流动资金平均余额)。

⑥根据1988年的数据,我国涤纶的企业平均规模约为3.4万吨/年,与日本、美国4万~5万吨/年的平均规模差别较小;但锦纶、腈纶的企业平均规模分别只有0.4万吨/年和0.8万吨/年,与美国、日本3万~5万吨/年的企业平均规模差别很大。

第十二章　钢铁生产和流通的产业组织*

经过几十年的努力，我国钢铁工业发展很快。到1989年，我国钢产量已突破6000万吨①，成为仅次于苏、日、美的世界第四大产钢国。回顾历史，我国钢铁工业发展可分为两个阶段。1979年以前，钢铁工业发展几经曲折，时起时落，在这个阶段后期，钢产量长期徘徊在2000万吨左右。这一时期，钢铁工业发展的体制和运行机制特点是：政府直接推动产业发展，政企合一和条块分割的行政管理模式。1979年后，由于执行了比较正确的政策，钢铁工业发展较快。自1983年以来，每年钢产量增长都在300万吨左右，不到10年，钢产量翻了一番。这一时期钢铁工业的管理体制和运行机制也有较大的变化：企业自主权有所增加，开始引入市场调节机制，政府、企业、银行同时成为钢铁工业发展的推动力量，但出于历史和现行体制、政策等多种原因，钢铁工业产业组织状况还不够理想，存在诸如规模不经济、价格关系不顺、市场秩序不好、经济效益不佳等问题。

和钢铁生产发展相对应，钢铁流通的发展也经历了两个阶段。1979年以前，经过几次调整形成的钢铁流通业的体制特点是：行政分配、产品调拨、集中订货、统一定价，生产企业是没有销售权的。1979年以后，传统的高度集中的钢铁流通体制有所变化；生产企业有了一定的自主销售权，出现了钢铁多渠道流通的局面，钢铁流通市场正在逐步形成。但是，出于存在双轨价格、缺乏市场规则等原因，也出现了许多问题。从目前情况来看，虽然已经开始了治理整顿，符合有计划商品经济的钢铁流通体系仍尚未形成。

---

*本章得到冶金部杨小宁的指导。

本章借鉴产业组织理论的分析框架，对钢铁生产和流通的产业组织状况进行了初步考察，在实证描述的基础上，对现状形成的原因做一些初步分析。

第一节 钢铁生产和流通的市场结构

1. 钢铁生产的市场结构

第一，钢铁企业主要归冶金部系统管理，以全民所有制企业为主；目前以地方管理为主，但计划控制程度较高。

钢铁生产企业可分为冶金部系统内企业和系统外企业两大类。钢铁企业主要归冶金部系统管理。根据冶金部的资料，1987年冶金部系统内企业和系统内重点企业的企业数占全国的比例分别为89.2%和10.0%，当年价产值为97.3%和61.2%，矿产量为79.7%和63.3%，铁产量为95.9%和64.4%，钢产量为92.9%和71.2%，钢材产量为97.1%和63.0%。铁矿产量比例较低与地方特别是乡镇小矿的发展和政府、大企业对矿山投资不足有关。

钢铁企业一般规模较大、投资较大，以全民所有制企业为主。1987年冶金部系统内企业数1308个，产值756.3亿元（当年价），全民所有制企业数和产值分别占82.0%和96.3%。

按财务隶属关系，钢铁企业分为中央企业和地方企业。非重点企业一般为地方企业。重点企业隶属关系多次变化。到1989年，财务和业务都归冶金部管的中央企业只有攀钢、宝钢、舞钢（舞阳）三家；其余的，包括鞍钢、武钢、首钢等在内的大型重点企业都是中央、地方双重管理，财务归地方管，业务和计划归冶金部管。两类企业合计，重点企业的产值、铁矿、铁、钢和钢材占全国的比例，1987年分别为65.2%、63.3%、64.4%、71.2%和63.0%。

第二，我国已有一批大型钢铁联合企业，但与国外相比，中国的钢铁生产集中度偏低。

中华人民共和国成立以来，钢铁工业历程曲折，但由于政策一直较重视，主要靠国家及地方政府投资，我国已建成一批大中型钢铁联合企业。中国钢铁工业大企业较多,1988年按销售额排列的全国工矿业最大的100家企业中,钢铁企业有25家,其中重点企业20家,地方骨干企业5家②。如表12-1所示,到1987年,重点钢铁企业中钢产量200万吨以上的已有6家(含上钢一厂,表中未单列其产量),100万吨以上的已有13家。地方骨干钢铁企业也有少数接近或达到100万吨,如邯郸钢铁公司(1988年)。

表12-1 全国和重点钢铁企业的产出、集中度估算(1987年)

	产值/亿元	铁矿/万吨	铁/万吨	钢/万吨	钢材/万吨
鞍钢	46.74	2514.46	753.11	771.72	491.05
武钢	35.78	481.42	445.79	456.92	405.61
首钢	26.05	1888.22	329.40	324.69	283.13
太钢	15.45	311.00	110.32	152.92	84.92
上钢各厂	58.65	—	33.24	519.06	464.66
宝钢	15.33	749.31	307.79	322.92	9.07
本钢	13.31	1266.92	310.87	185.95	28.52
包钢	11.66	733.67	237.66	201.67	104.21
马钢	9.97	749.31	211.92	177.29	132.21
鞍钢	8.78	2.90	213.91	182.76	71.33
重钢	7.01	—	56.71	65.32	87.01
唐钢	6.76	110.27	32.43	132.49	100.83
重点企业	348.78	10220.93	3543.24	4046.02	2762.43
全国	534.70	16142.50	5503.18	5627.61	4385.57
重点企业比重(%)	65.2	63.3	64.4	71.2	63.0
集中度 C_4(%)	24.6	39.9	33.4	33.3	31.0
集中度 C_8(%)	36.7	54.7	51.1	47.1	42.6
集中度 HI(‰)	226	540	437	433	356

说明:①铁矿产量较高的重点企业还有几家独立的矿山公司和钢铁联合企业,如攀枝花矿山公司(攀矿)、海南铁矿、酒钢,其1987年铁矿产量分别为774.49万吨、417.69万吨、285.82万吨。
②计算集中度时,分解了上钢一厂、三厂、五厂的指标。
资料来源:根据《中国钢铁工业年鉴1988》数据计算。

表 12-1 还给出了 1987 年钢铁业的生产集中度，有三个特点：（1）产值、铁矿、铁、钢、钢材的 C_8 值分别为 36.7%、54.7%、51.1%、47.1%、42.6%，与大多数制造业相比，钢铁业产值和基本产品的集中度还是较高的。（2）从铁矿到钢材，集中度顺次递减。这与大企业拥有大矿、大高炉、大平炉和转炉有关，还与钢材品种多有关。要指出的是尽管铁矿的 C_8 值最高，但重点企业的铁矿生产比例却不太高，而且非冶金部系统企业的铁矿产量占全国产量的 20% 左右，远高于铁、钢、钢材所占的比例。这种情况与近年乡镇企业小矿发展较快（包括靠挖国家大矿发展）、政府和大企业对矿山投资不足等都有关系。（3）有部分重点企业由于能力不配套，其不同项目产量的排序位次差异很大。如武钢在铁、钢、钢材中都位居第二，但在铁矿中位居第六；本钢在铁矿、铁中分别位居第三、第四，但在钢中位居第六，在钢材中名落孙山；上钢各厂钢和钢材产量不小，但几乎"手无寸铁"，产生这种情况至少有三个原因：一是一些企业正在建设之中，如宝钢。二是各企业铁矿、铁、钢、钢材的生产能力原来是在全国范围内配套投资的，有的主要产铁，如本钢、过去的首钢；有的主要产钢和钢材，如上钢各厂；有的矿山的产品分配给全国主要企业，如海南铁矿。三是进口部分铁矿和铁。钢铁企业各流程能力结构的差异，在集中计划体制下可以靠计划协调；而在改革放权、价格又未理顺的情况下，就可能成为继续执行计划的约束因素。

与国外相比，中国钢铁业的生产集中度是相当低的。如表 12-2 所示，1987 年中国钢的生产集中度远低于美国、日本、联邦德国 20 世纪六七十年代的水平，并且钢的总产量只约为美国、日本的一半。这既说明我国钢铁业二重结构明显（相对于国外），小钢铁企业偏多分散；又表明位居我国钢铁业前列的大钢铁企业的规模一般还小于发达国家 15～20 年前的水平。根据产业组织理论有关市场结构的分类标准[③]，中国钢铁业的卖方为较高寡占型。

表 12-2　钢生产集中度的国际比较

	C_1 (%)	C_3 (%)	C_4 (%)	C_{10} (%)	钢产量/亿吨
美国（1969年）	24.6	47.6	53.9	79.7	0.99
日本（1975年）	31.8	59.2	72.3	80.3	0.95
联邦德国（1969年）	27.0	51.4	58.9	85.2	0.34
中国（1987年）	13.7	27.6	33.3	53.7	0.56

资料来源：日本数据根据《战后日本钢铁工业》的数据估算。美国、联邦德国数据根据《The Steel Industry：International Comparisons of Industry Structure and Performance》。中国数据根据《中国钢铁工业年鉴1988》的数据估算。

第三，不同品种、规格的钢铁产品集中度不同，相差很大，有的集中度很高。

钢铁业是产品差别不大的产业，但产品品种、规格很多，按产品分类的生产集中度不尽相同。产品集中度差异突出反映在钢材上，突出特点有二：其一，产品集中度可能差别很大，如表12-3 的 C_5 值，重轨为100%（实际上只有4家生产），线材只有32.8%；其二，集中度高的是生产技术要求高、装备复杂、投资大的品种，如重轨、厚板、薄板、无缝钢管、带钢、合金钢材，而生产较易、技术要求较低的品种，集中度较低，如小型钢材、线材、焊管等。

如表12-3所示，中国和日本相比，似乎可做出下述判断：一是不同产品的集中度差异表明存在大小企业合理分工的客观规律。中国大型钢铁企业生产小型钢材比例不高，日本五大公司基本不生产小型钢材。二是除适于小钢铁厂生产的品种外，日本大钢铁厂一般生产的品种更多更全，同时市场占有率较高。中国除鞍钢外，一般大企业有生产分工，各厂品种相对较少。三是日本大钢铁企业通过控制系列企业，集中度明显上升。在中国钢铁业，这种情况已经出现，但尚处于萌芽阶段[4]。

表12–3　中国、日本按品种划分的钢材生产集中度

单位：%

	铁	钢	钢材	重轨	大型钢材	小型钢材	线材	厚板	薄板	带钢	无缝钢管	焊管	合金钢材
I	33.4	33.3a	31.0a	100.0	44.9	34.9	32.8	100.0	88.2	52.5	59.2	36.7	49.7b
II	64.4	71.2	63.6	100.0	96.5	40.9	48.2	100.0	91.1	56.7	72.0	43.4	89.4b
III	95.4	79.8	80.1c	83.4	79.8	0	74.3	96.8	87.8	83.1	64.1d		56.0
IV	99.5	99.5	86.0c	91.6	92.6	51.8	99.0	98.6	99.9	83.5	66.8d		96.2

说明：①I栏为中国C_5值（1987年）。计算时，上钢各厂和天津各厂各算一个企业。

②II栏为重点企业产量占全国的比例。

③III栏为日本五大公司（新日铁、日本钢管、川崎制铁、住友金属、神户制钢）的产量集中度（1979年）。

④IV栏为日本五大公司包括其下属系列企业的产量集中度。

⑤a为C_4值，b为优质合金钢材，c为普通钢热轧钢材，d为普通钢钢管。

资料来源：中国数据根据《中国钢铁工业年鉴1988》及有关资料计算。日本数据见《战后日本钢铁工业》第167页。

第四，从总体上看，集中度仍呈下降趋势。

如表12-4所示，从1981年到1984年，铁矿、铁、钢、钢材集中度都呈明显下降趋势。分品种看，重轨集中度未降，而适于小钢厂生产的小型钢材、线材、焊管下降明显。

表12-4　钢铁工业生产集中度的变化（1981—1987年）

单位：%

		铁矿	铁	钢	钢材	重轨	小型钢材	线材
C_4	1981年	49.2	41.9	44.2	37.8	100.0	36.7	36.5
	1987年	39.9	33.4	33.3	31.0	100.0	30.5	32.8
C_8	1981年	64.6	61.3	58.3	48.5			
	1987年	54.7	51.1	47.1	42.6			

资料来源：根据《中国钢铁工业年鉴1988》计算。

2. 钢铁流通、消费的集中状况

很难有准确数字说明钢铁流通的集中状况。如果把隶属各级物资部门执行国家钢材调拨计划和经营钢材销售的物资企业（主要指金属公司）视为一个企业，可以用物资企业销售量占社会流通量比例来近似说明。1981年到1986年，此项指标平均值约为48.5%。由于物资企业销售中有相互销售的重复计算部分，除去这部分，估计流通环节 C_1 值在28%～35%。实际上，物资企业控制的钢材流通比例大于这个数值。这是因为在生产企业直接给用户的钢铁产品中，有很大部分是通过物资部门根据计划调拨、直达供货的。如1987年，国家计划和地方计划调拨的钢材约占钢材销售量的57.8%，加上物资企业计划外购进，估计经物资企业流通的钢材约占总量的73%。相对于生产来说，流通的集中程度是相当高的。

受资料限制，我们只能通过考察钢铁消费集中状况来估计钢铁买方集中度。

钢材主要用于生产和基建。1986年生产用钢材比例为73.27%，基建为26.73%。工业生产用材占整个生产用材的93.65%，其中重工业占76%。因此，重工业用材内部结构对钢材消费集中状况有很大影响。机械、电子、电气设备制造业生产用材占整个生产用材、工业用材和重工业用材的50.55%、53.98%和66.52%，是钢材使用的主要行业。金属制品业、黑色金属冶炼及压延业、建筑材料及其他非金属矿物品业分别占全部生产用材的13.3%、6.79%和3.93%，名列第二、第三、第四位。以上四个行业生产用材都超过了百万吨，其行业集中状况对钢材消费集中状况有很大影响。按产业组织理论的分类指标，根据不同的买方和卖方，我国钢铁行业市场结构特点可归纳成表12-5。如果分品种，有些钢铁产品的生产和消费的市场结构与表12-5不完全一致。如重轨，生产和消费都很集中，市场是双方寡占型的。

表 12-5 钢铁业市场结构特点

卖方 \ 买方	物资部门 集中度高，C_1 为 30% 左右	消费企业 集中度低，βC_4 为 10% 左右
生产企业 集中度较高，C_4 为 33%	买方寡占型	卖方寡占型
物资部门	—	高卖方寡占型

钢铁生产、流通沿流程的市场结构如图 12-1 所示。

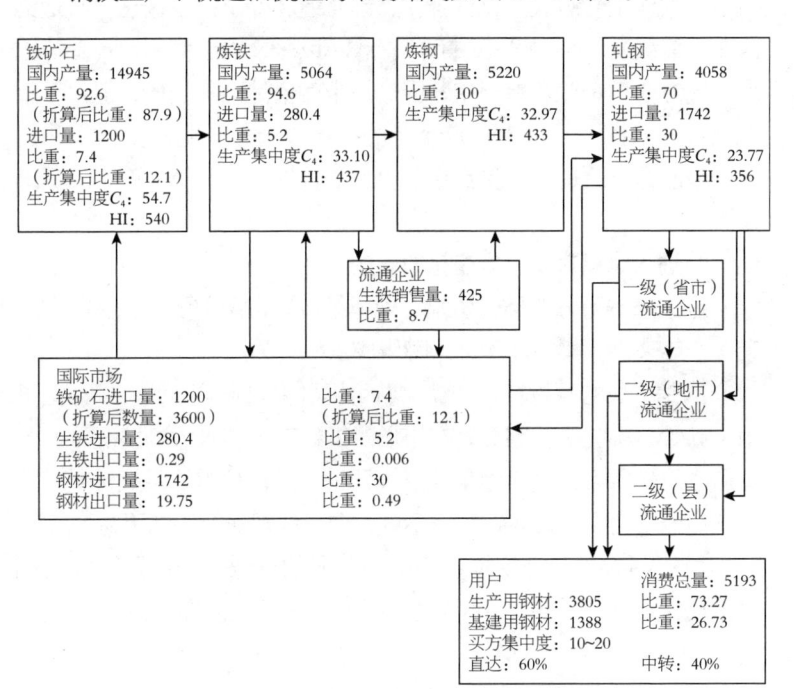

铁矿石
国内产量：14945
比重：92.6
（折算后比重：87.9）
进口量：1200
比重：7.4
（折算后比重：12.1）
生产集中度 C_4：54.7
HI：540

炼铁
国内产量：5064
比重：94.6
进口量：280.4
比重：5.2
生产集中度 C_4：33.10
HI：437

炼钢
国内产量：5220
比重：100
生产集中度 C_4：32.97
HI：433

轧钢
国内产量：4058
比重：70
进口量：1742
比重：30
生产集中度 C_4：23.77
HI：356

流通企业
生铁销售量：425
比重：8.7

国际市场
铁矿石进口量：1200
（折算后数量：3600）
生铁进口量：280.4
生铁出口量：0.29
钢材进口量：1742
钢材出口量：19.75

比重：7.4
（折算后比重：12.1）
比重：5.2
比重：0.006
比重：30
比重：0.49

一级（省市）流通企业
二级（地市）流通企业
二级（县）流通企业

用户
生产用钢材：3805
基建用钢材：1388
买方集中度：10~20
直达：60%
消费总量：5193
比重：73.27
比重：26.73
中转：40%

图 12-1 钢铁生产、流通沿流程的市场结构

说明：①均为 1986 年数据。数量单位：万吨，比重单位：%，集中度单位：%，HI 单位：‰。
②国内和进口矿石换算比例为 2.5∶1。

资料来源：《中国钢铁工业年鉴 1987》。

3. 发展过程与集中度的关系

可以从钢铁业发展过程和进入障碍两个角度来分析影响钢铁业市场结构的基本因素。表 12-6 给出了中华人民共和国成立以来钢铁生产集中度的变化情况。从整体上来说，集中度呈下降趋势。分阶段来看，1949 年到 1956 年，钢铁工业主要靠扩建和新建大型联合企业发展，因此 C_1 虽有所下降，但重点企业产量占总产量比例却在上升。1957 年到 1960 年，全民办钢铁，集中度明显下降。1962 年到 1966 年，通过调整，集中度逐渐回升。"文革"期间，新建、改建了一些大中钢铁企业，同时继续办小钢铁，这一时期钢铁业发展缓慢，集中度稳中有降。改革以来，出于体制、资金等原因，地方中小企业发展很快，因此集中度仍是下降趋势，但由于重视鞍钢、武钢、首钢等重点企业的技术改造；企业资金自筹和自我发展能力有所提高，重点企业也发展较快，因此集中度下降不算太快。

4. 进入障碍对集中度变化的影响

进入障碍可分四类：资源、规模经济、资金和技术、体制和政策。一般来讲，集中度和进入障碍成正相关关系。

钢铁工业的原材料——铁矿石可用群采或小矿山开采，加工可用小高炉、小轧机。因此，在市场对钢铁产品需求大的情况下，资源造成的障碍不太高。但是大规模开采大矿，却需要巨额资金。因此从资源角度看，进入钢铁业不难，要形成规模经济则不易。

虽然钢铁行业是规模经济比较明显的行业，但由于我国的钢铁市场很大（据估算，我国铁、钢、一般钢材的经济规模产量分别占我国总产量的 3.6%、3.6% 和 1.1%，1987 年数），因此除薄板、厚板、无缝管、重轨等部分产品外，钢铁业因规模经济形成的进入障碍是不高的，特别是小型钢材、线材、焊管等。此外因需求旺盛带来的高利润率，还可以进一步降低因规模经济形成的进入障碍。

表 12-6 中华人民共和国成立后钢铁生产集中度变化

单位：%

年份	C_1	重点企业产量占总产量比例
1949	63.1	91.77（100.0）
1952	58.4	92.44（100.7）
1957	54.4	92.23（101.6）
1960	30.1	79.41（86.5）
1962	43.2	90.11（98.2）
1965	36.2	88.45（96.4）
1970	28.6	82.92（90.4）
1975	23.1	79.86（87.0）
1978	21.6	78.82（85.9）
1980	18.8	78.04（85.0）
1982	18.2	76.24（83.1）
1985	15.5	71.39（77.8）
1986	14.4	72.65（79.2）
1987	13.7	71.85（78.1）

说明：括号内为指数，以 1949 年为 100。

资料来源：根据历年《中国钢铁工业年鉴》和《鞍钢年鉴》计算。

　　钢铁工业的主体设备是资金和技术密集型的。因此，资金和技术是进入钢铁工业，特别是实现规模经济的主要障碍。一个达到规模经济、年产钢铁 200 万吨以上的联合企业，需要上十亿或更多的投资。由于钢铁生产不同流程要求的规模经济批量不同，市场对各种产品需求批量也不同，因此在不同的流程阶段或生产不同的产品，经济规模的装置或企业的规模是不同的。一般来说，由铁到钢材，经济批量顺减。薄板、厚板、重轨适合大规模生产，投资大，技术要求高。而普通型材，特别是小型型钢、线材、焊管，生产规模可以相对较小。因此，不考虑规模经济因素，从一般产品入手，进入钢铁行业的资金和技术障碍并不高，但要形成大规模的联合企业则不易。这是平均固定资产净值分别为7.50亿元、1.05亿元和0.042亿元（根据冶金部资料估算）的重点企业、中小骨干企业和地方中小企业之所以并存的技术组织原因。

包括财税、金融、价格、投资、计划、行政管理在内的体制政策因素对钢铁的进入障碍影响也很大。本章仅从四个方面概要说明体制政策因素的影响。

（1）总量管理政策。出于体制原因，还由于宏观总量管理政策失误，长期总需求大于总供给，带来了钢铁产品不正常的高价，降低了进入障碍，刺激了小钢铁的发展。

（2）财政体制。现行的分级财政包干制度，是刺激小钢铁发展并限制大企业跨地区发展的重要原因。如表12-7所示，"六五"以来，重点钢铁企业除实行特殊优惠政策的首钢发展较快外，一般发展速度明显低于地方骨干企业。主要原因是现行财政体制扩大了地方财力比重，地方能支持地方骨干企业较快发展，因此集中度下降。尽管现行政策使首钢和地方骨干企业发展较快，但很难靠这些企业提高集中程度，获得规模效益。因无法与地方利益协调，资金、技术实力雄厚的首钢只得放弃进一步开发冀东铁矿、扩大发展的打算。由于财政层层包干，一些基础较好但实力仍然有限的地方骨干企业也因地方无法协调有关的关系，难以互相合作、联合发展。

表12-7 重点企业和地方骨干企业钢产量的发展和产量占有率

	钢产量增加倍率（1987年/1981年）					前8家产量占有率（%）	
重点企业	鞍钢 1.15	上钢各厂 1.06	武钢 1.79	首钢 2.20	前8家 1.28	1981年 58.3	1987年 47.1
地方骨干企业	邯钢 2.06	安钢 1.88	济钢 2.26	江钢 1.78	前8家 1.75	1981年 7.3	1987年 12.3

说明：1987年钢产量最大的前8家重点企业是鞍钢、上钢各厂、武钢、首钢、宝钢、包钢、本钢、攀钢；前8家地方骨干企业是邯郸钢厂、安阳钢铁公司、济南钢厂、江西钢厂、昆明钢厂、涟源钢厂、青岛钢厂、南京钢厂。

资料来源：根据《中国钢铁工业年鉴1988》和《钢铁经济统计1981—1982》计算。

（3）价格政策。改革以来的价格体系的特点是：铁、钢价格低，钢材价格高；双轨价格，并且大企业计划价比例高，小企业价格放开较多。因此一是双轨价提高了钢铁产品价，尤其是小企业价，使消耗水平高的小钢厂能发展，而大企业反而受限制较多；二是钢和铁的生产集中度较高，大企业生产较多，在价格较低并且大企业计划价比例较高的情况下，许多大企业愿通过各种理由、方式将钢和铁以计划外高价卖出（包括卖给小钢厂、小轧钢厂或各种钢铁制品厂），而这些小厂可以市场价出售，因而能较快发展。

（4）发展战略。20世纪50年代末大办钢铁和20世纪70年代初发展地方小钢铁，使各地有了办小钢铁的经验和基础。改革以来，实行开放政策，允许各地和企业从国外进口包括二手货在内的各种轧机，为地方发展小轧钢提供了新的技术来源。

第二节　政府和企业行为

1. 价格行为和政府政策

我国的钢铁价格管理体系发展可以分为两个阶段。

在改革以前，钢铁产品价格都是由国家规定的。钢铁企业的钢材出厂价根据品种不同分别由中央和地方分级管理，分为国家统一定价、部定价和地方定价，企业只是执行单位，无定价权。当时价格体系的基本特点是：与其他产品相同，钢铁产品价偏低；在钢铁产品中，铁矿、铁价偏低，钢材价偏高（表12-8中1980年黑色金属矿和钢铁各业资金利率的行业分布可以反映当时价格体系畸高畸低的特点）。在流通领域，钢铁的作价原则是："以收抵支、收支平衡"，不包括利润。这种价格也称为物资供应价[5]。对于经营管理费，国家也做了严格规定，1963年国家统一规定钢材经营管理费标准为出厂价的2.5%。对于物资企业系统内部之间的调拨中转经营物资，则采用内部调拨价，即在供应价基础上，倒扣一定管理费和利润计算，避免管理费的重收。对于管理费在不同环节上的分配也规定了具体办法，一般是第一道环节占三分之一，最终环节不低于三分之一，试图用这种方法减少中间环节。这一时期，钢铁产品价格体系的主要特征是定价权的高度集中统一和价格长期稳定。

表 12-8 资金利润率的行业分布

	黑色金属矿	黑色冶炼	炼铁	炼钢
1980 年	7.7（7.9）	13.6（17.9）	−2.0（−0.07）	13.7（17.5）
1985 年	14.3（16.1）	15.1（24.4）	10.6（14.0）	14.5（23.9）
1988 年	（12.3）	（23.5）		

	压延	金属制品	全部工业
1980 年	34.7（47.7）	18.2（24.6）	16.2（24.0）
1985 年	22.9（36.5）	17.6（24.5）	12.9（21.8）
1988 年		（20.5）	

说明：括号内为资金利税率。

资料来源：1980 年、1985 年数据根据《中国工业普查资料第 2 卷》计算，1988 年数据根据《中国统计年鉴 1989》计算。

改革以后，随着价格体制的改革，价格的制定发生了很大变化。1980 年，压缩基本建设，钢铁产品供大于求的矛盾有所缓和，使某些品种、规格的钢铁产品出现了买方市场，加上各种改革措施，出现了多条物资供应渠道。供应单位除物资企业外，还有乡镇企业自营、生产企业自销和集体企业经营等，直接计划开始缩小。这时，价格体制也开始发生变化。首先是占绝对统治地位的国家定价一部分被浮动价、议价和自由价所代替，企业定价权增大。1982 年基建投资增加，钢铁产品再度紧张，价格上涨严重。1983 年，国家规定全民所有制企业生产的钢材都必须执行国家规定价格。1984 年 5 月国务院在《关于进一步扩大国营工业企业自主权暂行规定》中规定，属于国家计划内钢材可自销 2%，超产可全部自销；生铁超产可全部自销。超产和自销产品，企业一般有权在计划价上下 20% 的幅度内自定价格，或由供需双方协定。1985 年 1 月，进一步取消了 20% 的限制。在实行上述政策后，钢铁价格体系出现了下述特点：（1）钢铁产品价格有所上升，如表12-9所示。（2）钢铁产品价格体系有所变化，铁矿、铁与钢材的比价有所上升。（3）钢铁产品企业自销增加，计划价和市场价并存，双轨制合法化、扩大化。（4）对不同企业，双轨价实行程度不同。据冶金部门估计，大型钢铁企业、中型钢铁企业和小型钢铁企业到1988年为止，实行市场价比例分别为15%、50%和95%。（5）计划价格全国也不统一，存在特殊政策。如规定宝钢钢锭的计划价可以比一般企业计划价高数百元。（6）流通部门可以通过加手续费（顺加），提高钢铁产品价格。

表12-9 冶金产品、钢材价价格指数和钢铁厂自销比例

年份		1977	1979	1981	1983	1985	1986	1987
出厂价	冶金工业产品					100.0	107.4	114.9
	钢材					100.0	106.4	115.3
购进价	黑色金属	100.0				127.7	137.1	151.4
						100.0	110.6	122.1
	钢材					100.0	111.0	125.9
钢材自销比例（%）			3.6	19.9	3.5		22.6	21.6

资料来源：价格指数根据统计局有关资料计算。自销比例数据，1979—1983年见《当代中国的经济体制改变》第357页；其余根据统计局资料估算。

钢铁产品这种企业和政府共同定价，并以双轨价为特点的价格体系，对钢铁业是利弊皆有。有利的影响主要表现在两个方面：一是引入价格机制，使企业注重按市场信号生产；二是客观上使明显不合理的比价关系有所转变。弊端主要有：（1）价格体系仍然扭曲。1985年，据测算，铁矿、生铁（炼钢生铁）实际价仍比生产价格分别低5.9%和11.3%，而钢材高60.5%[⑥]。到1988年，我国生铁与钢材比价为1∶2.6，而国际市场为1∶1.8[⑦]。此外国家管得较

严的，为重点项目配套的异型钢材（如磁极钢）也因原料上涨由盈利变为低利或亏损，因而企业不愿生产，需求缺口加大；（2）企业利益受政府价格政策影响很大，不利于企业自主经营、自我发展；（3）国家计划价比例高的大企业，既采取各种方法要求政府提价，又以各种理由拖延完成计划。结果计划兑现率不高，而企业意见仍然很大；（4）双轨价的巨大差异，诱发各种非法、违法行为，严重破坏市场秩序；（5）双轨价是钢铁业难以合理集中的主要原因。

为了避免双轨制的上述弊病，不少地方采取了一些补充措施，如：（1）制定协调指导价。即由物价、物资、计委、工商行政管理和有关业务部门等单位组成价格协调小组，对市场趋势进行预测，共同协商议定计划外钢铁产品指导价格，作为买卖双方成交价格依据，并允许在一定范围内浮动。（2）制定平均市场价格。即物资企业对同一种品种、规格的计划外钢铁产品制定平均市场价，报主管部门审批，物价部门监督执行，可在一定范围内浮动。（3）计划内外实行统一价格，并返还计划内价差（即石家庄方法）。

但是，上述政策作用有限，1985年以来，市场秩序混乱、价格持续上升问题日益严重，因此，1988年下半年，国务院决定整顿治理经济秩序后，有关部门先后推出了一系列有关政策。如规定一些钢铁产品最高限价，对薄板等四种供需矛盾较大的钢铁产品实行了专营（1990年8月取消），整顿了流通组织，准备实行公开销售制度。

从双轨制实施后的实际状况来看，越是短线产品，市场价和计划价的差别越大，如薄板、市场价比计划价高54.2%，而发展较快的焊管，市场价只比计划价高30.5%。大部分钢铁产品是计划内上涨幅度大于计划外上涨幅度，平均价上涨幅度并不大。从地区上来说，南方沿海地区价格总是领先，是带动全国钢铁产品价格上涨的主要因素之一。

2. 投资主体和投资倾向

改革前，投资主体以政府为主，对钢铁工业的投资以基建投资为主,投资过程中各单位的关系基本上是行政性的。

改革以后,情况发生了较大变化,有两个显著的特点:一是以现有企业为对象的更改投资比例迅速上升。从1981年到1987年,更改投资占全部投资的比例已由20%左右上升到54.2%;二是投资主体多元化,企业和银行的作用日益上升。如表12-10所示,到1987年,预算内资金(含拨改贷)与统借统还的外资合计的比例仅占23.9%,自筹和贷款资金比例已高达62.7%。在更改投资中,自筹和贷款资金比例更高,已达96.1%,其中企业自筹资金比例高达63.8%。改革以来,钢材长期供不应求和各项改革措施使钢铁企业利润率增加,资金充裕,这种社会财力分布的变化使企业逐渐成为最重要的投资主体。

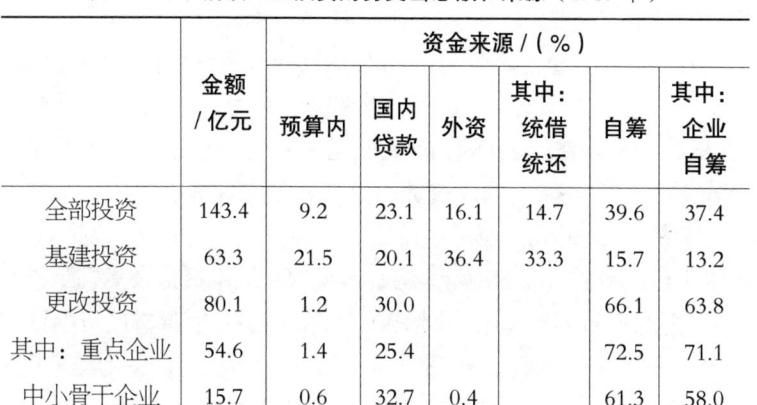

表12-10 钢铁工业投资财务支出总额和来源(1987年)

	金额/亿元	资金来源/(%)					
		预算内	国内贷款	外资	其中:统借统还	自筹	其中:企业自筹
全部投资	143.4	9.2	23.1	16.1	14.7	39.6	37.4
基建投资	63.3	21.5	20.1	36.4	33.3	15.7	13.2
更改投资	80.1	1.2	30.0			66.1	63.8
其中:重点企业	54.6	1.4	25.4			72.5	71.1
中小骨干企业	15.7	0.6	32.7	0.4		61.3	58.0

说明:投资为完成工作量的金额。
资料来源:根据《中国钢铁工业年鉴1988》整理。

政府的投资倾向主要反映在基本建设上,改革以来,政府对基建投资的影响已有所下降,但仍居主要地位。如表12-10所示,到1987年基建中的政府财政性投资与政府统借统还的外资合计额仍占全部基建投资的53.4%,此外政府投资还能吸引和组织一部分企业资金和贷款投向。但政府投资主要用于大中型项目。近几年国家对钢铁业的基建投资主要用于宝钢,而地方政府投资主要用于地方骨干钢铁企业。

企业的投资倾向集中反映在更改投资上。从企业更改投资使用方向和内容上看，企业投资有以下特点：（1）在更改投资中，增产是企业生产性投资的重点。1985年到1987年三年合计的162.3亿更改投资中37.3%用于增产。（2）从投资内容上看，生产性投资的重点是轧钢、炼钢和炼铁。1985年到1987年合计的更改投资中，三类投资的比例分别为21.8%、14.1%和8.7%，铁矿投资比例仅为4%~5%。企业的这种安排与企业不同环节的生产能力有关，还与这三类产品及铁矿的价格利润水平有关。（3）企业有扩大非生产性投资的倾向。（4）不同企业的投资倾向似乎有所不同。重点企业比中小骨干企业非生产性投资的比例略大，而中小骨干企业生产性投资中增产投资比例较高。1985年到1987年，更改投资中非生产性投资的比例，重点企业约占15%，而中小企业为10%；增产性投资比例，重点企业约为36%，中小企业约为44%。

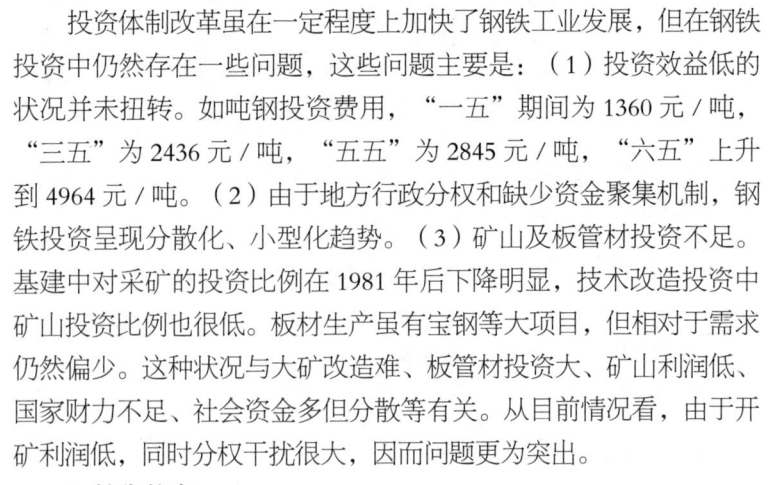

投资体制改革虽在一定程度上加快了钢铁工业发展，但在钢铁投资中仍然存在一些问题，这些问题主要是：（1）投资效益低的状况并未扭转。如吨钢投资费用，"一五"期间为1360元/吨，"三五"为2436元/吨，"五五"为2845元/吨，"六五"上升到4964元/吨。（2）由于地方行政分权和缺少资金聚集机制，钢铁投资呈现分散化、小型化趋势。（3）矿山及板管材投资不足。基建中对采矿的投资比例在1981年后下降明显，技术改造投资中矿山投资比例也很低。板材生产虽有宝钢等大项目，但相对于需求仍然偏少。这种状况与大矿改造难、板管材投资大、矿山利润低、国家财力不足、社会资金多但分散等有关。从目前情况看，由于开矿利润低，同时分权干扰很大，因而问题更为突出。

3. 销售特点

在市场经济条件下，销售是企业最重要的经营活动。由于市场结构、现行体制政策和供需情况的制约，钢铁生产和流通企业的销售活动有下述几个特点。

第一，企业日益重视销售。改革以后生产企业销售费用的增加可以证明这一点。我们根据工业普查资料估算，1987年黑色冶金和压延业销售费用占销售收入的比例从1980年的0.02%上升到0.30%，其中大企业从0.01%上升到0.17%，小企业从0.11%上升到0.37%。流通企业旨在推销的广告活动也极为活跃。

第二，计划销售和自销并存，但仍以计划销售为主，不同企业销售受计划控制的程度不同。根据物资部的统计，1987年国家和地方计划调拨的钢材量合计仍占全部销售量的57.7%，企业自销比例为38.6%，国家和地方骨干企业的自销比例为37.5%，国家骨干企业的自销比例低于20%。

第三，企业计划销售以直达供货为主，自销主要通过流通企业进行。根据物价部门的典型抽样调查，1987年钢铁产品用户企业从钢铁厂直接进货的比例占购进总量的45.2%，在计划分配量中占64.7%，在计划外自购量中占28.0%。出现这种状况主要有两个原因：其一，钢铁产品在计划分配时其价格是固定的，不易随便变动，计划外销售时出厂价可以浮动，流通可以加费，因此直达供货比例计划内的高、计划外的低；其二，钢铁产品的最终消费者很分散，当钢铁厂自己没有强大的销售体系时，靠自己销售给最终消费者的费用很高，不如靠流通企业销售。此外，一些非经济因素也有作用。

第四，钢材最终销价与流通渠道有关，反映存在少环节流通的效益和大规模流通的效益。表12—11反映了物资部门对126个大中企业1987年钢材购进价的调查，可以看出无论是计划内的还是计划外的，钢材购进价都是按钢厂直供、物资部门所属金属公司、部门供应机构递增的。这表明中转环节越少、价格越低。还表明，由于钢铁产品用户分散，通过物资企业（金属公司）的大规模流通也能带来效益。

第五，出于存在价格双轨制及其他体制政策原因，企业还有一些特殊的销售活动。最主要的是为了获得资金（特别是现金），钢铁厂用钢换电、换米等，进行以物易物，其次是计划内倒计划外。最后还存在其他一些非法的交易活动。

表 12-11　钢材购进价状况

	直达供货价/（元/吨）	价格指数		
		直达供货	金属公司	其他供应机构
国家计划内	1099	100.0	100.6	102.0
国家计划外	1695	100.0	106.1	110.4

4. 企业集团

改革前，钢铁企业的关系基本上是一种行政关系，即使有经济联系，也必须通过行政渠道安排。企业的分割或停、并、转都是靠行政办法实施。改革以后，企业关系已逐步变为正常的经济关系。其中企业集团的发展是有利于获得规模效益的最重要的一种企业组织形式，对钢铁业企业关系影响很大。骨干企业都很重视通过组织企业集团获得发展。据冶金部有关部门的统计，1988 年钢铁行业已有 26 家企业集团，根据经营特点，可分为以下几类。

（1）多角化经营。代表企业如首钢。其下设包括钢铁、电子、船运、机械、经济开发、第三产业在内的六大公司。这些公司或以为钢铁企业服务为主，或经营钢铁业后续业务，也有些完全是跨行业的。

（2）转包经营。代表企业如鞍钢、太钢。这些大企业将适于小企业生产的产品转包出去，委托小企业生产，自己集中力量生产效益更高或技术要求较高的产品。

（3）生产开发型。代表企业如宝钢、重钢。这些企业基建任务重，为工程方便，联合设计、施工、设备制造等企业，形成企业集团，既为本企业基建服务，又可对外服务。

（4）一条龙经营型。代表企业如上钢十厂。这类企业以骨干企业为核心，以其名优产品为龙头，与相关协作配套的生产企业、销售企业、科研机构乃至用户组成企业集团。通过联合，集中集团成员的资金、原料、设备、技术扩大开发龙头产品。

但是由于大多数企业集团维持所有制、隶属关系和财务关系三不变，因此企业集团关系比较松散，特别是跨地区的企业集团难以发展。

第三节 钢铁业生产和流通的效益

1. 经济效益与集中度和政策

表12-12给出了中华人民共和国成立以来钢铁业产值利税率和集中度的数据，可以看出下述特点。

表12-12 钢铁业经济效益与集中度

年份	产值利税率（%）	集中度（%）
1949	15.85（100.0）	91.77
1952	52.49（331.2）	92.44
1957	34.18（215.6）	93.23
1960	8.23（51.9）	79.41
1962	10.02（64.4）	90.11
1965	31.42（198.2）	88.45
1970	24.29（153.2）	82.92
1975	12.36（78.0）	79.86
1978	19.60（123.7）	78.82
1980	24.08（151.9）	78.04
1982	23.17（146.2）	76.24
1985	32.30（203.8）	71.39
1986	32.41（204.5）	72.65
1987	32.84（207.2）	71.85

说明：①括号内为产值利税率指数，以1949年为100。
②集中度为重点企业占全部产量比例。
资料来源：根据《中国钢铁工业年鉴1988》数据计算。

第一，钢铁业的产值利税率变化比较复杂，与集中度、经济政策和发展速度都有密切关系。

第二，集中度对产值利税率的影响基本上是正相关的，二者相关系数为 0.351。但集中度对产值利税率的影响，在三个不同时期有不同特点。1965 年以前，集中度低，产值利税率则低，反之则高。1970 年到 1977 年，集中度稳中有降，但产值利税率明显下降。1978 年后，集中度稳中有降，但产值利税率却逐步上升。

第三，集中度与产值利税率呈现的上述复杂关系，与各时期政策有较大关系。1965 年以前，在"一五"期间和调整时期的后期，产值利税率比较高，集中度也高。这两个时期，宏观经济政策和钢铁业的发展政策都比较合理，工业较为集中，效益也较好。1958 年大办钢铁，企业分散，集中度下降，效益也不好，1970 年到 1977 年，总体宏观经济政策不合理，又办了许多小钢铁，集中度下降，效益也不好。1978 年以后，总的经济发展政策比较合理，钢铁工业已有一定基础，加上经济体制改革，特别是价格改革，因此集中度虽然有所下降，但效益明显上升。

2. 要素流动障碍

尽管钢铁产品供应不足，钢铁业内铁矿供应不足，但钢铁业特别是矿山利用率偏低，仍无法吸引足够的资金。这是存在生产要素流动障碍的突出表现。国外生产要素流动障碍与企业垄断程度关系较大，与之不同的是，中国的要素流动障碍主要源于政府，源于政府管制程度较高的价格体系不合理，使要素难以靠市场机制合理流动，同时在政企不分条件下的财政分级包干体制，又使中央无力直接调动资源。

3. 钢铁业的规模结构

钢铁工业是规模经济效益十分显著的产业。反映钢铁业规模经济利用程度的指标是，钢铁业内达到最小经济规模企业（简称 MES 企业）的产量、产值、能力占全部产业累计数的比例（D 值）。冶金部有关专家认为，我国钢铁工业合理经济规模是：炼铁两炉 70 万吨，炼钢 30 万吨，电炉 50 万吨，线材 20 万吨，板材 200 万吨。国外有关资料[®]认为钢铁业合理经济规模是：炼铁两炉 600 万吨，炼钢 200 万吨，电炉 200 万吨，大型型材 600 万吨，中小型材

20～50万吨，中厚板240万吨，薄板200万吨。我们利用工业普查资料进行计算，认为我国钢铁业MES企业炼铁为200万吨，粗钢200万吨。

表12-13给出了我国钢铁工业D值与日本、韩国的比较。很明显，我国钢铁工业D值是很低的。D值小，MES企业所占份额少，行业的经济效益必然受到影响。根据我们的计算，MES企业吨钢、吨铁、吨材的成本分别比只有其一半产量的企业低21.3%、42.4%和28.2%。MES企业资金利润率在炼铁、炼钢和钢压延阶段比平均水平分别高39.2%、83.0%和24.8%，劳动生产率分别高50.1%、81.8%和87.7%。

表12-13　钢铁业规模经济水平比较（D值）

单位：%

	中国（1987年）	日本（1973年）	韩国（1981年）
生铁	51.3	100.0	—
粗钢	43.1	81.5	70.2

说明：D值为达到MES企业产量之和与钢铁业总产量的比值。
资料来源：中国数据是国务院发展研究中心根据有关资料估算的；韩国和日本数据分别根据《战后南朝鲜经济》[*]和《日本钢铁工业》有关数据估算。

4. 技术进步

改革以来，钢铁业的技术进步有两个特点：一是技术进步明显。如表12-14所示，与1980年相比，1986年钢铁业技术指标有明显提高。但与国外发达国家相比尚有一定差距。此外，较高水平的钢材品种较少，仍然大量进口；二是大中骨干企业比一般中小企业技术进步能力要强，技术水平要高。如表12-15所示，除利用系数外，其余技术指标都是重点企业优于中小骨干企业，中小骨干企业优于小企业。

---

[*] 编者注：因原书名为《战后南朝鲜经济》，故此处保留原书名，不改。

表 12-14　钢铁业技术进步状况

	国内状况		国外状况	
	1980 年	1986 年	日本	美国
氧气顶吹钢比例（%）	40.7	54.1	80.8a	56.0a
连铸比例（%）	6.2	11.9	31.1b	9.1b
高炉平均产量/万吨	57.1	55.6	155.9a	53.7a
板管带材比例（%）	29.7	33.7	67.2c	62.6c

说明：a 数据时间为 1974 年，b 数据时间为 1975 年，c 数据时间为 1981 年。

资料来源：国内数据见《中国钢铁工业年鉴 1987》，国外数据见《战后日本钢铁工业》和《中国钢铁工业结构》。

表 12-15　钢铁业主要技术经济指标结构状况（1989 年）

	全国平均	重点企业	中小骨干企业	地方小企业
高炉：				
利用系数/（吨/立方米·日）	1.700	1.738	1.574	1.820
综合焦比/（公斤/吨）	594	556	650	785
入炉焦比/（公斤/吨）	570	513	632	777
入炉矿品位（%）	53.03	53.61		
合格率（%）	99.87	99.97	99.81	98.19
顶吹转炉：				
利用系数/（吨/公称吨·日）	22.08	19.46	24.14	29.30
钢铁料耗/（公斤/吨）	1148	1146	1173	1184
合格率（%）	98.96	99.12	98.20	98.52
轧钢：				
合格率（%）	98.31	98.70	97.95	95.79

资料来源：《中国钢铁工业年鉴 1987》。

导致上述状况的主要原因是：（1）钢铁工业已有一定基础，而体制改革又在一定程度上强化了企业技术进步的动力，因此钢铁工业能有比较明显的技术进步。（2）企业技术进步的实力不足。钢铁工业技术进步往往需要较多资金。这几年钢铁企业资金较充裕，但资金分散在大中小上千家企业，无法合理集中，而国家财力又不足，因此除少数能得到特殊政策支持的企业外，多数企业无法在提高连铸比例、增加板管材等方面有较大进展。（3）骨干企业素质较好、技术进步能力较强，因此技术水平较高，技术进步较快。地方中小企业素质相对较差，现行的财政、价格体系和长期的旺盛需求又使小企业能生存，甚至以劣驱优，加上规模经济原因，其与骨干企业的技术水平差距必然长期存在。

5. 钢铁流通业的效益和效率

表 12-16 列出了金属公司和生产企业的几项效益指标。可以看出：（1）如果以人均利税作为效益指标，省级金属公司高于市级金属公司再高于生产企业。（2）这种差别与通过金属公司的流通规模有较大关系，因此流通公司级别越高，人均利税越高。还与流通公司人均资金占用量有关，人均资金占用量也是省级公司高于市级公司再高于生产企业。（3）由于流通公司人均资金占用量大，因此资金利税率则是生产企业高于市级金属公司再高于省级金属公司。（4）由于允许钢铁流通加费，同时钢铁厂计划外销售主要通过物资企业进行，因此 1984 年以后，流通企业人均利税增加很快。这是 1985 年以后到 1988 年年末，各种钢材流通企业激增的重要原因之一。

表 12-16　钢铁生产和流通企业的效益指标

	1985 年人均利税 / 万元	1985 年人均利税比 1984 年增长百分比（%）	人均资金 / 万元	资金利税率（%）
省级金属公司	3.3	105.3	26.4	12.5
市级金属公司	1.4	88.2	8.3	16.7
钢铁生产企业	0.5	9.2	2.1	23.7

资料来源：金属公司数据由物资部提供，生产企业数据根据工业普查资料计算。

尽管钢铁流通企业的人均利税率较高,但其流通效率并不高。钢材流通周转天数,中国为237天(1986年),而日本为39天(1976年),美国为81天(1978年),中国是日本的6倍,是美国的3倍。钢材在流通企业、用户和生产企业的分布比例,中国为40.1∶57.2∶2.7(1986年),美国为27.5∶40.8∶31.7(20世纪80年代初),日本为17.1∶0∶82.9(20世纪80年代初)。如果说中国因钢材短缺而用户库存较高、生产企业库存较少是可以理解的,那么垄断程度比日本、美国高得多的物资企业的高库存率至少应被认为是效率不高的表现。看来物资流通企业高垄断和流通小企业过多一样,都会降低流通效率。

第四节 结论和政策思路

1. 钢铁业产业组织特点及问题

出于工业基础薄弱和体制原因,改革前,我国钢铁生产和流通的发展主要靠国家计划安排,重要产品多为统配物资,地方还有一批中小企业,钢铁业的产业组织实际上是条块分割的行政性的生产组织。改革后,钢铁生产发展较快,企业活力和自主发展能力增强,具有商品经济特点的产业组织正在形成。现阶段钢铁业产业组织有以下特点。

第一,钢铁业的市场结构从总体上看生产集中度不高,但某些产品的集中度较高;相对于生产,流通集中度高,而最终消费者分散;进入钢铁业的生产和流通不难,但形成规模经济不易;在中国,除资源和技术因素外,现行的体制政策,主要是财税政策、价格政策和投资体制同时是降低进入障碍和阻碍形成规模经济的最重要的因素。

第二,企业行为同时受政府政策、供求状况和市场结构的制约。双轨体制使市场对钢铁企业的导向机制加强,但因财政包干体制和价格仍然扭曲,使企业难以增加对矿山和发展板管材的投资,竞争动力和实力仍然不足。进行大规模销售的流通企业,主要是隶属物资部的金属公司,其活动能降低流通费用,有利于组织对分散用户的供货,由于其控制了钢材流通的大部分,故其行为对市场秩序影响较大。企业日益重视通过企业集团获得发展,但受体制约束,进一步发展,特别是跨地区发展仍有较大障碍。

第三,从经济效益和产量指标看,改革以来,钢铁业发展快,效益明显。目前存在的主要问题是规模不经济、技术进步的动力和实力不足;从流通方面看是垄断性的流通企业和过多小企业并存,导致流通效率不高。

钢铁生产和流通的产业组织状况,与现行体制政策有关,又受传统体制和已形成的资源格局的制约。改革以来,钢铁业发展较快,但由于钢铁业作为自然资源开采加工业,具有资源空间分布不均匀、规模效益明显和最终产品品种规格多样的技术经济特点,要进一步发展,从产业组织的现状出发,必须解决矿山、加工和流通三方面的问题。

一是矿山建设落后和滥采资源的问题。关键是要解决铁矿价太低、资源税费不合理、资源分散、组织管理不力的问题。开发大矿需要投资,但不解决上述问题,将难以得到资金,同时因利益关系不顺及与地方的纠葛,将使大矿难以经济有效地开发,且无法合理利用分散的资源。

二是冶炼和制材加工方面要着重解决规模不经济和大小企业合理分工的问题。改革以来,钢铁工业的发展过程同时是产业分散的过程。由于供给不足,加上中小钢铁厂也有一定规模,使得人们忽视钢铁工业的规模不经济问题。但10年后我们将面临产业组织调整的问题,钢铁业将无法获得规模效益。解决这方面问题的主要障碍是财政分级包干制、金融行政切割制、价格不合理、企业法人独立地位不完备。主管部门指导乏力也是重要原因。

三是要解决流通集中程度过多、效益不高和流通秩序混乱的问题。这个问题的解决牵涉到计划体制改革、工商关系、市场发展、生产者和最终消费者关系等各个方面。

2. 产业组织合理化的政策思路

根据建立社会主义的有计划的商品经济的方向，以及改革以来的发展经验，钢铁业产业组织政策的基本目标应是促使钢铁的生产和流通能形成兼得规模效益和竞争效益的有效竞争。要使钢铁业形成有效竞争，归根结底应靠系统政策，理顺经济关系，促使企业提高进行竞争的动力和能力。为此，需要明确产权、政企分家、改革企业制度，同时加强行业管理；通过调整不合理的差别待遇政策，进行价格改革，制定和实施各项健全市场秩序的措施，使企业能有一个比较公平合理的竞争发展的市场经济环境；需要进行包括财政、金融、计划体制在内的宏观调控体系的改革，以利于企业在可调控的市场上竞争发展。

根据上述指导思想和钢铁业存在的主要问题，我们认为还需要具体明确下述几点。

第一，明确大小企业的合理分工。产品上，大企业以开发大矿和生产适于大量生产的产品为主，小企业以开发小矿和生产适于小批量生产的产品为主。劳力上，大企业应重视提高企业职工素质，本企业职工主要安排在关键工序和岗位，而将劳动密集型业务转包给乡镇企业等中小企业进行。

第二，以骨干企业为核心发展企业集团。开展这项工作的意义已为各方面所承认，关键是要结合财税体制改革和发展股份制，推进这项工作。否则跨地区的合作难以推进，引入海外资金建设沿海钢铁基地也会受到各方面牵制。

第三，进行钢铁产品价格的系统改革。需要明确三点：一是必须有控制地与国际价格挂钩。考虑到铁矿资源在中国和世界空间分布的不均匀性、铁矿进口量将日益增加、沿海钢铁基地的发展、外贸代理制的逐步实施等因素，钢铁产品价格与国际价格挂钩是必然趋势。问题是要根据国内外资源的具体情况和钢铁业生产力配置的具体特点，确定挂钩的步骤和程度。二是先调后放，理顺钢铁产品价格体系。调价应保证各类基本产品的合理比价，价格上限为国际价加关税，下限是产品的生产价格（含平均利润）。三是对垄断程度过高的产品，国家可以适当管制价格，防止价格垄断。判断产品价格垄断可能性程度的指标是产品集中度。

第四，建立合理的资源税费制。资源税费可分为资源税和资源费两类，应按资源销售额提取，税费将进入成本和价格。资源税归国家征收，中央和地方分成，具有资源地租的性质。资源费应归开矿企业所得，专项列支用于矿山的再开发。地方分成，有利于引导地方重视合理开发资源。企业得费，可能使地方更倾向支持地方企业开发，因此应加强矿山开发的许可证管理。资源税费率应根据矿山寿命期的费用变化特点和矿藏的国民经济核算价合理确定。

第五，从流通方面看，主要应明确四点：一是建立合理的流通管理体系。合理的流通体系由三部分组成：进行行业管理的政府部门，以执行政策目标和组织市场交易为基本职能的机构（如国家订货储运机构、专营流通机构、物资交流中心等），经营性的流通企业（含生产企业的流通机构）。经营性的流通企业应是流通的主体。二是建立有效竞争的市场结构。这里有两方面的含义。一方面是要充分考虑现有资源的配置状况，发挥现有流通主渠道大规模流通的规模效益；另一方面是应逐步改变流通高度集中的局面，除国家订货或专营产品外，应通过允许金属公司和外贸公司业务交叉、组织数家流通企业集团、企业自销等办法，合理降低流通集中程度。三是要合理分工，理顺工商关系。流通企业和钢铁企业在销售方面分工的大致格局是：大宗直达供货，允许企业自销，也可让流通企业代销。代销可替钢铁企业和用户代办各种手续，节约双方的流通资金，能获得大规模销售的效益，将成为一种基本的销售分工和组织方式；大量生产、分散流通的产品主要通过流通企业订货组织销售，价格双方协定；特殊订货（如小批量特殊钢种、异型钢材等），企业直接销售给订货者；国家订货由国家专门机构订货销售。今后前两种分工方式将是主要的方式。四是逐步建立与有计划的商品经济相适应的流通市场规则和秩序。

注释

①本章数据,凡未注明来源者,均根据国家统计局、冶金部、物资部等部门有关资料整理。

②参见管理世界杂志社中国企业评价中心(1989)。

③参见陈小洪、金忠义(1990),第2章。

④参见本章第二节关于企业集团的论述。

⑤具体算式为:物资供应价格=出厂价+经营管理费用+进货运输费+仓储费。

⑥参见国务院工业普查办公室(1989),第137页,第140-142页。

⑦参见王振之等(1988),第121页。

⑧参见谭承栋(1986)。

第十三章　机电工业产业组织的若干特点

本章在概要说明中国机电工业基本特点的基础上，说明中国机电工业市场结构的一般特点及其对资源配置的影响，初步分析导致上述状况的体制、政策原因。

第一节　机电工业的技术组织特点及发展

1. 机电工业的行业分类和技术组织特点

（1）机电工业的行业分类

根据国民经济行业分类标准（GB4754—81），机电工业包括6个大类行业、56个中类行业、202个小类行业，即金属制品业（10、27分别表示中类和小类行业数目，后同）、机械工业（15、86）、交通运输设备制造业（8、24）、电气机械及器材制造业（7、28）、电子及通信设备制造业（9、19）、仪器仪表及其他计量器具制造业（7、21）。机电行业小类行业多，6个大类行业占全部38个工业大类行业（除去电力和自来水两个行业）的15.8%，但其所包括的小类行业却占全部工业小类行业的38.5%。机电工业的产品，根据用途可以分为生产性产品与消费性产品两大类，并可以进一步划分为中间品（如金属结构、模具、轴承、电子器件、铸锻件及修理业等）、投资品（锅炉、内燃机、金属加工机械、通用设备、专用设备、电机、通信设备、汽车、仪器等）、非耐用消费品（日用金属制品、电池、灯泡等日用小电器等）、耐用消费品（自行车、电冰箱、电视机等）。若根据小类行业的主要产品属性对小类行业分类，202个小类行业中投资品、中间品、非耐用消费品和耐用消费品的小类行业数分别为138、37、15和12[①]。这表明大多数机电行业是为国民经济各部门提供装备的行业。

（2）机电产业的技术组织特点

第一，产品品种多、规格多。这与机电产业要为国民经济各部门提供装备和中间品，要为人民提供多种消费品有关。据原国家机械委的不完全统计，仅农机、仪器仪表、石化和通用设备、重型机械、工程机械、机床工具、电器、通用基础件、汽车、纺织机械、医疗器械行业在1985年就生产了52000种产品以上[②]，若加上其他行业，还考虑到机电工业的进一步发展，机电工业的产品品种数量将会更多。

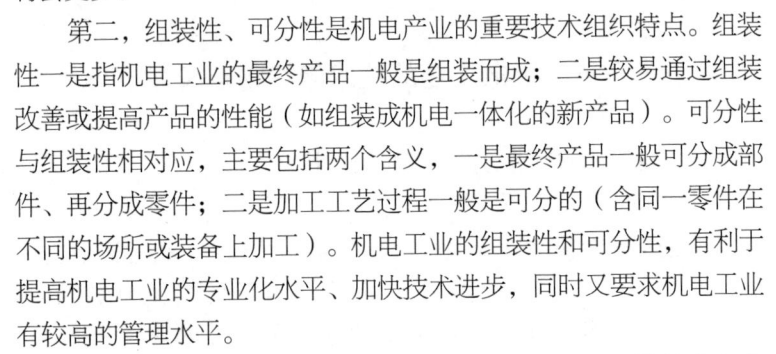

第二，组装性、可分性是机电产业的重要技术组织特点。组装性一是指机电工业的最终产品一般是组装而成；二是较易通过组装改善或提高产品的性能（如组装成机电一体化的新产品）。可分性与组装性相对应，主要包括两个含义，一是最终产品一般可分成部件、再分成零件；二是加工工艺过程一般是可分的（含同一零件在不同的场所或装备上加工）。机电工业的组装性和可分性，有利于提高机电工业的专业化水平、加快技术进步，同时又要求机电工业有较高的管理水平。

第三，根据产业的技术经济组织特点，机电工业的基本生产组织形式包括多种类型。主要有三类：一是大批量生产类型（如汽车、轴承、电冰箱）；二是成批轮番生产类型（一般的机床）；三是单件小批量生产类型。不同产品，根据其批量不同，适于不同的生产类型。前两种生产类型，生产批量较大，规模效益明显。单件小批量的生产，组织得好也可以获得规模经济和范围经济效益（如通过标准化工作，生产系列产品，可以提高技术和零部件的共用性）。

2. 机电工业的发展及其在国民经济中的地位

（1）机电工业的发展及其地位

中华人民共和国成立前，中国的机电工业极其落后。中华人民共和国成立后，基于机电工业的重要性，在各级政府和企业的努力下，机电工业发展很快。到1988年，按独立核算企业口径，机电工业的当年价总产值为3805.7亿元，总资产（固定资产净值加年末流动资金）为3778.0亿元。如表13-1所示，从20世纪50年代到1988年，机电工业企业数增加很快，产值增加速度快于其他产业，其产值占全部工业的比例也从1952年的约11.4%上升到1988年的29.8%。

表13-1 机电工业的发展及其在国民经济中的地位

年份	1952	1957	1959	1962	1975	1980	1985	1988
企业数/万个		3.6		5.7	8.2	10.7	11.1	12.1
企业数比例(%)		21.0		29.0	31.2	28.4	24.0	24.2
产值比例(%)	11.4	18.2	24.3	20.2	27.7	25.5	26.4	29.8

年均发展速度（%）		
1953—1980年	1979—1988年	1953—1988年
工业　　11.1	11.4	11.2
重工业　13.1	11.4	13.0
机电工业 15.3	13.3	15.5

说明：①比例为占全部工业的比例。
　　　②发展速度按可比价格计算。
资料来源：根据国家统计局工交司编《中国工业经济统计年鉴1989》，中国统计出版社，1990年版。

几十年来，机电工业的发展呈现明显的周期。第一次大发展时期是"一五"时期直至1959年。这个时期，在苏联的帮助下，我国的机电工业体系开始形成，建成和发展了一批骨干机电企业。在"大跃进"时期（1958年、1959年），建立了一大批中小企业；第二次大的高潮主要是"四五"时期，大搞三线建设和"五小工业"增加了一部分骨干机电企业（如湖北的二汽、四川的第二重型机械厂和锅炉、汽机、电机三大动力厂），同时地方又发展了一批中小企业，不少乡镇企业开始进入机电产业；第三次高潮是在20世纪80年代以后，机电工业持续十年稳定增长，骨干企业进一步发展，同时出现更多的中小企业，其中乡镇企业的发展尤其引人注目。

研究表明，由于机电工业的大多数产品为投资类产品，因此机电工业的发展波动幅度一般大于其他工业的波动幅度③。但随着机电工业中消费类产品份额的增加和出口份额的增加，今后机电工业的波动幅度不一定仍会明显大于其他产业。

（2）20世纪80年代以后机电工业的产业结构

20世纪80年代以前，在机电工业的各业中，发展较快的是一般装备工业（包括为机电工业提供装备的机床工业）和一般消费品工业（包括老的耐用消费品、建筑金属和日用制品等）。20世纪80年代以后，发展战略调整、引入市场机制和对外开放，使机电工业的发展机制发生变化，机电业的产业结构也发生明显变化（见表13-2）。机电工业产业结构变化的大体特征如下。

第一，新兴的而又有较大市场的机电产业发展较快。其结果是电气机械、电子设备及汽车工业的市场份额明显上升，而一般的机械工业、金属制品业市场份额明显下降。仪器仪表产业，由于其技术水平要求较高，市场面相对较小，用户可以靠进口获得，因此受直接需求和技术水平限制，其发展速度相对较慢，在机电工业中的市场份额下降。

第二，消费需求导向使得消费品产出的份额从1980年的13.2%上升到1985年的16.0%，再上升到1988年的19.7%（按独立核算企业产值计，按机械委口径包括建筑金属制品、农用金属制品、日用金属制品、医疗机械、文办机械、日用机器、摩托车、日用电器、照明器具、日用电子等中类行业），其中传统消费品份额有所下降，新兴的家用电器（如电冰箱）和日用电子业的产值份额从3.5%猛升到12.1%④。

第三，投资扩张也是机电业产业结构变化的重要动因。如表13-2所示，作为重要的投资品业的汽车业市场份额上升明显，工业专用设备业的发展速度高于机械工业的发展速度，因此在"六五"时期其占全部机电业的份额仅略有下降，在"七五"前三年份额稳定。对小类产业的进一步分析表明，发展较快的工业专用设备行业多面向扩张较快的其他产业（多为消费品产业）。如纺机业受地方棉纺业发展的拉动，其发展也很快，按独立核算企业口径，其产值占全部机电工业的比例从1980年的1.0%上升到1985年的1.7%，再上升到1988年的1.8%[⑤]。

第四，出口已成为影响机电工业产业结构变化的重要因素。机电产品（不含电子）出口额占全国出口额的比例，1986年为5.6%，1989年已达10%。由于国家鼓励出口，因此生产能走入世界市场的产品已成为影响机电工业发展的重要因素。

第二节　机电工业的市场结构

1. 机电工业的大企业和小企业

从表13-2可以看出，按独立核算企业口径，机电工业各行业大企业（即大中企业）和小企业的比例的一些特点：第一，各业大、小企业比例不同。金属制品业大企业很少，所占的产值比例也低，而交通设备和电子设备业的大企业的数量较多，所占的产值比例也高。大、小企业的比例差异，或大企业和小企业在该行业中的地位与各行业的规模经济、产业发展过程等都有关系。第二，多数产业的大企业的产值比例在"六五"期间都是下降的，而在1985年以后，除仪器仪表业外都有所上升。导致这种状况的主要原因可能是在需求牵动下，较易运作的小企业在"六五"期间大量出现并有较快发展，随着"六五"期间大中企业技术改造投资项目的逐步完成与改革的深入，新兴产业（如日用电器）[⑥]的中小企业迅速变为大企业，大中企业的活力有所增加，大企业的份额开始上升。仪器仪表行业大企业产值比例持续下降可能和该行业的技术水平与需求脱节较大、市场面相对较窄因而较难得到支持、进口数量较大等有关。第三，如果按机电业全部企业和单位的口径计算（包括大量乡镇企业），估计在1985年以后多数机电行业大中企业的产值比例不会有表13-3中数据那样明显的增长。

表13-2 机电工业各行业的产值和比例（独立核算企业）

	金属制品	日用制品a	机械	工业专用a	日用机械a	交通设备	汽车a	电气机械
1980年 产值/亿元	124.8	37.7	467.3	91.3	61.9	172.3	39.3	152.3
比例（%）	12.1	3.7	45.3	8.8	6.0	16.7	3.8	14.8
1985年 产值/亿元	233.6	62.8	935.3	185.3	107.3	380.1	95.8	355.3
比例（%）	10.5	2.8	42.2	8.4	4.8	17.1	4.3	16.0
1988年 产值/亿元	411.5	119.2	1554.3	317.8	169.7	575.5	334.5	665.8
比例（%）	10.8	3.1	40.8	8.4	4.5	15.1	8.8	17.5

	日用电器a	电子设备	日用电子a	电视机b	仪器仪表	纺织设备b	合计
1980年 产值/亿元	15.0	76.1	20.7	10.4	40.0	18.6	1032.8
比例（%）	1.5	7.4	2.0	1.0	3.9	1.0	100.0
1985年 产值/亿元	80.5	243.9	104.8	65.0	70.0	37.1	2218.2
比例（%）	3.6	11.0	4.8	2.9	3.2	1.7	100.0
1988年 产值/亿元	225.8	497.5	237.3	171.0	101.1	67.4	3805.7
比例（%）	5.9	13.1	6.2	4.5	2.7	1.8	100.0

说明：a为中类产业，b为小类产业，余为大类产业。独立核算企业占全国企业产值的比例，金属制品为94.7%；机械为97.6%；交通设备为96.1%，电气机械为98.0%；电子为91.7%；仪器为96.6%；平均为96.3%。

资料来源：《中华人民共和国1985年工业普查资料·第三册》《中国工业经济统计年鉴1989》，中国统计出版社。

表13-3 大中企业的产值比例和企业数

	金属制品	机械工业	运输设备	汽车	电气机械	日用电器a	电子设备	仪器仪表
产值比例（%）1980年	13.3	57.5	71.6	63.9	45.6	21.6	53.1	46.9
1985年	11.5	52.7	63.8	58.5	37.8	26.2	58.2	44.6
1988年	16.4	54.3	67.9		50.9	63.2	70.8	42.7
1985年全部企业数	26,097	37,352	9300	3627	11,379	2085	3522	3091
大中企业数	120	1855	499	162	305	29	367	159

说明：按独立核算企业口径计算。a为中类行业。

资料来源：根据《中华人民共和国1985年工业普查资料》和《中国工业经济统计年鉴1989》计算。

国外的大、小企业划分通常是根据人数或资产等，而在中国，一般是根据生产能力划分，有些产业根据资产划分。如果根据资产划分，如表13-4所示，固定资产原值5000万元以上的企业，金属制品业几乎没有，而交通设备业却高达1.4%。

表13-4　机电工业企业按固定资产原值的分布（1988年）

单位：%

固定资产原值	金属制品	机械工业	交通设备	电气机械	电子设备	仪器仪表
5000万元以上	0	1.0	1.4	0.4	1.3	0.4
1000万～5000万元	0.6	5.8	4.2	3.0	10.2	4.7
100万～1000万元	12.0	33.1	19.2	18.3	30.5	23.8
100万元以下	87.3	60.1	75.2	78.2	57.9	71.1

说明：按独立核算企业口径。
资料来源：《中国工业经济统计年鉴1989》。

需要强调指出，机电工业大企业和小企业的发展并不是对立的，合理的分工有利于双方共同发展。如纺机业，骨干企业产值迅速上升的重要原因是得到了众多小企业（含乡镇企业）的支持。

2. 机电工业的集中度

由于大企业数量可能很多，因此大小企业比例并不能较好地反映产业的分散和集中程度。根据产业组织理论，较合适的指标是集中度指标。在现有条件下，很难利用现有的数据比较准确地计算中国机电工业的集中度。因此我们只利用工业普查的企业数据及国家统计局的数据对中国机电工业的集中度做一些初步估算。由于数据来源问题，对多数机电行业来说，我们的集中度估算值可能略为偏高，但根据分析，我们的估计数能够反映大致情况，能够作为进一步分析的基础。归纳我们的初步研究，有关机电工业的集中度的主要结论如下。

第一，中国机电工业的市场结构多数为竞争型和集中型的。参照国外的分类标准，可以根据集中度CR_8值将产业或市场分为分散竞争型（$CR_8 \leq 20\%$）、一般竞争型（$20\% < CR_8 \leq 40\%$）、

集中型（40%＜CR_8≤70%）、集中寡占型（CR_8＞70%）四类。如表13-5所示，按1985年的产值集中度对小类行业分类，除交通设备业外，其他各业属于竞争型的行业产值所占的份额都在70%以上。交通设备业集中度高的行业较多，但属于寡占型的行业的产值也只占30%。整个机电行业，产值集中度高于70%的小类行业数在1985年只有30个，占行业总数的14.9%。机电工业的小类行业往往生产差别很大的不同类型产品。同属一个小类行业的企业出于历史原因（如计划安排）往往集中生产某类产品（如机床厂分别主要生产车床、铣床等），因此按产品产量（或销售收入）计算的集中度多数明显高于按小类行业产值计算的集中度（国外企业由于历史较长、多角化经营，按两种口径计算的集中度差异较小[⑦]），一些产品的市场是寡占型的。但对代表产品的分析表明，市场为寡占型（CR_8＞70%）的产品仍占少数。表13-6给出了一些产品的产量集中度范围。

表13-5 机电工业产值集中度 CR_8 值的分布和平均值（1985年）

单位：%

CR_8	金属制品	机械	交通设备	电气机械	电子设备	仪器仪表
20以下	76.8	50.4	33.5	9.7	20.0	0
20～40	18.8	46.0	2.9	77.0	53.3	77.4
40～70	3.9	1.6	33.6	13.3	18.5	18.9
70～100	0.5	2.0	30.0	0	8.2	3.7
平均值	17.6	25.3	42.0	28.5	33.5	34.7
平均值*	22.0	32.3	47.2	34.3	33.0	38.0

说明：①按独立核算企业口径估算；平均值为产值加权平均集中度值。

②*栏为1980年数。

资料来源：根据工业普查的企业数据估算。

表 13-6　不同集中度市场的若干代表产品（1985 年）

CR_8（%）	代表产品	小计
小于 20	日用铝制品、工业锅炉、泵、切削机床 a	4
20～40	轴承、矿山设备、纺机 b、拖拉机、电风扇、半导体分立器件、电视机 c、（黑白电视机）c1、电冰箱、车床 a1	8（10）
40～70	化纤机械、自行车、手表、照相机、货车 d、发电机、洗衣机、数字计算机、集成电路、收音机（彩色电视机 c1）	10（11）
70 以上	电站锅炉、汽轮机、（NC 机床）a1、（镗床）a1、（棉织布机）b1、复印机、缝纫机、（中型货车）d1、摩托车、电话机	6（10）

说明：CR_8 为产量集中度；a1、b1、c1、d1 分别为 a、b、c、d 的子类产品；括号内数为包括子类产品的小计数。

资料来源：根据工业普查的企业数据估算。

第二，1980 年以来，机电产业的集中度变化呈一种复杂态势。在"六五"期间，集中度下降的产业占多数，以后情况有所变化。1980 年到 1985 年，小类行业产值平均集中度，五个大类产业是明显下降，仅电子装备业持平（原因是通信设备、雷达、电子器件等产业集中度上升）；按行业数计，产值集中度下降的行业大约占 3/4。对 15 个小类行业 1980 年、1985 年、1988 年三年产值集中度的计算表明，有 8 个行业的集中度持续下降，其余 7 个行业的 CR_1、CR_4、CR_8 三个指标中至少有一个指标在 1985 年以后是上升的，见表 13-7。根据对 37 种产品的产量集中度的分析，43% 的产品的产量集中度有所上升，因此我们估计按细分的产品市场考察，机电产业集中度上升的比例要更大些。如"六五"期间切削机床行业的产值集中度 CR_8 值从 21% 降到 19%，但车床和镗床的产量集中度分别从 21% 和 67% 上升到 37% 和 78%。货车业情况也是如此，"六五"期间货车业产值集中度 CR_8 从 61.2% 降到 56.8%，但中吨位货车产量集中度从 84% 上升到 94%。

表 13-7　中国、日本和美国的集中度 CR$_4$

单位：%

		焊条	内燃机	轴承	拖拉机	自行车	载重汽车	造船
中国	1980 年	34.3	22.6	36.9	39.8	31.2	61.2	28.4
	1985 年	30.4	15.9	30.9	25.4	23.7	56.8	26.7
	1988 年	34.6	16.2b	26.9b	25.8	23.0	55.8	28.8
日本	1980 年	89	60	86	73	42	64	42
美国	1982 年						66	

		电缆	电冰箱	电视机	收录机	半导体	纺机
中国	1980 年	19.3	35.7	35.8	15.1	3.7a	4.8a
	1985 年	15.4	42.3	21.2	12.2	8.3a	3.0a
	1988 年	14.2	26.1	19.8	15.8b	11.0a	3.2a
日本	1980 年	64	73	59	52c	77	80
美国	1982 年		82				

说明：①中国为产值集中度，日本为生产额集中度，美国为销售额集中度。

②各国的行业、品种口径不完全可比，但能反映集中度的差异程度。

③ a 为 CR$_1$ 值，b 为 CR$_3$ 值，c 为收音机。

资料来源：中国根据工业普查数据和国家统计局数据估算。日本数据见妹尾明编《现代日本的产业集中》，日本经济新闻社，1983 年。美国数据见《美国产业年鉴·1983》，美国商务部工业经济局，1983 年。

第三，尽管有些行业及产品的集中度在"六五"期间或 1985 年以后有所上升，但中国机电工业大多数行业的集中度显著低于美国、日本，并且具有消费类产品差距更大（如电冰箱、电视机），生产类产品尤其是重型产品（如电站锅炉、汽轮机等）差距较小的特点[⑧]。

3. 产品差别

国外的产业组织研究表明，从总体上看，机电工业是产品差别大和较大的产业。对中国机电工业的初步考察，使我们感到中国的机电工业也是产品差别较大的产业，集中表现在以下两个方面。

第一，产品种类、规格多，并且存在明显的技术性能差异。如前所述 11 个小行业就有 5 万多种产品，同一产品还有多种规格。种类多、差异大既有利于优势企业扩大自己的市场份额，也可能为新企业进入和发展提供机会。车床业是第一种情况。该行业骨干厂实力强、产品好、价高也俏，因此"六五"期间在车床总产量从 6 万多台上升到 10 万多台的同时，产量 CR_8 值也从 21% 上升到 32%。自行车业属后一种情况。尽管该行业有一些实力雄厚的骨干企业，但过去主要生产普通车，因此一些新厂主要通过开发新产品（如新型女车、跑车等）也能成功地进入市场，其结果是"六五"期间尽管普通车由于已有骨干企业的较快发展，其产量 CR_8 从 56% 上升到 84%，但按全部自行车的产量 CR_8 值却是下降的。

第二，日益增加的销售投入已逐渐成为扩大机电工业产品差别的重要因素。改革前，企业按国家计划生产，产品由物资或商业部门包销，企业销售投入很少。改革后，包销取消，企业开始重视销售服务，如建立分布在主要市场的销售维修中心和代销系统，重视各种类型的宣传（包括参加各种展销会）和广告（特别是消费类产品）以提高知名度。在这种情况下，机电各业的企业销售投入普遍迅速增加。如表 13-8 所示，机电工业的销售费占销售收入的比例在"六五"期间迅速上升，在"七五"期间继续上升。表 13-8 中数据表明一些产业大企业的销售费比例低于中小企业。我们估计这

表 13-8 机电工业销售费占销售收入的比例

单位：%

	金属制品 a	金属制品 b	机械 a	机械 b	电气机械 a	电气机械 b	交通设备 a	交通设备 b	电子设备 a	电子设备 b	仪器仪表 a	仪器仪表 b
1980 年	0.4	0.1	0.2	0	0.1	0	0.1	0	0.1	0	0.1	0.1
1985 年	1.0	0.8	0.9	0.7	1.0	1.1	0.5	0.3	0.8	0.7	1.3	1.1
1989 年	—	1.3	—	0.8	—	1.2	—	0.8	—	1.0	—	1.6

说明：a 为按全行业企业计算，b 为按大型企业计算。

资料来源：根据《中华人民共和国 1985 年工业普查资料》和国家统计局资料计算。

可能与这些产业中小企业促销活动更积极有关,还可能是因为大企业销售的绝对额很大,但由于销售投资有规模效益,因而相对比例不太大。我们认为随着改革的深入、经济的发展,竞争会更激烈,销售投入和技能将日益成为影响机电工业产品差别的重要因素。

4. 进入障碍

进入障碍既包括一般的技术经济组织及资源因素,也包括体制、政策因素。本节仅概要说明前一类因素的影响。对后一类因素将在后面考察。

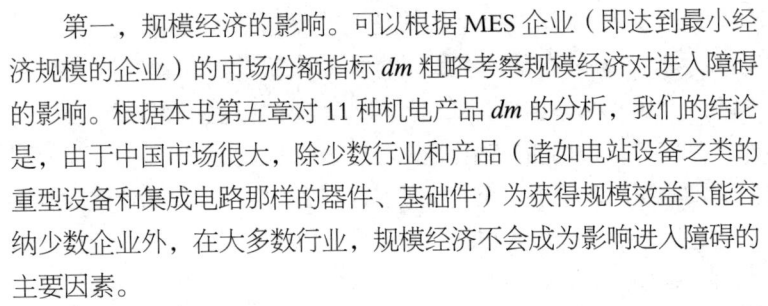

第一,规模经济的影响。可以根据 MES 企业(即达到最小经济规模的企业)的市场份额指标 dm 粗略考察规模经济对进入障碍的影响。根据本书第五章对 11 种机电产品 dm 的分析,我们的结论是,由于中国市场很大,除少数行业和产品(诸如电站设备之类的重型设备和集成电路那样的器件、基础件)为获得规模效益只能容纳少数企业外,在大多数行业,规模经济不会成为影响进入障碍的主要因素。

第二,必要资金的影响。不同行业的 MES 企业和大中企业所需的资金量是不同的。从中国的资金总供给能力来看,在多数行业,资金不应成为形成 MES 企业和大中企业发展的障碍。但实际上,由于资金供应体系条块分割,资金是限制企业发展的重要因素。如果只考虑进入市场,而不考虑是否成为 MES 企业,则资金的需要量可以显著减少。如办一个达到规模经济水平的机床厂,要 0.3 亿~0.6 亿元投资,而从进入的角度看,有数百万元或更少的资金也可以办一个小车床厂。

第三,技术(含技术人才)的影响。机电产业是技术进步较快的产业,技术是影响进入障碍的重要因素。由于中国已有一定的工业基础,改革开放增加了技术人才的流动性,也使技术引进成为可能,因此技术对进入障碍的影响有所降低。"六五"期间大量新企业的发展就是靠引进技术和人才而成功的。但是随着产业发展和企业技术水平的日益提高,特别是在技术较复杂的行业和产品市场上,能否系统掌握较高水平的技术(含产品、工艺及推销、生产组织、市场预测等管理技术）已成为影响进入障碍的重要因素。这一点在市场疲软时表现尤为明显。掌握明显领先的系统技术是一些产业或市场集中度上升的重要因素（如车床、镗床业）。

第四，如前所述，日益突出的产品差别将成为影响市场进入障碍的重要因素。

综合关于集中度、产品差别和影响进入障碍的技术经济组织因素的考察，可以认为由于机电产业多数行业集中度并不太高、产品差别较大、技术进步较快，机电工业是市场竞争比较激烈的行业。机电工业各产业中，有少数产业，如电站设备、中型货车等产业集中度较高，这些产业一般是寡占竞争型的。

第三节　机电工业的市场绩效

仅从资金利税率、规模经济水平、技术进步三个方面做一些概要考察。

1. 资金利税率的状况

在有效的市场上，资金要素应能比较自由地向收益率较高的行业流动，行业收益率不应长期畸高畸低。在中国，改革前的传统体制使机电工业也存在各业收益率长期畸高畸低的问题。这种状况，不利于调动企业的积极性，是传统体制阻碍要素合理流动和配置的突出表现。

改革后，由于：（1）价格逐步改革。通过允许市场定价和扩大指导性价格的范围，价格机制已成为影响机电工业发展的基本机制。相对于能源、原材料及以农产品为原料的许多轻工、纺织部门，机电工业企业的实际定价权较大。目前政府对价格管得较严的机电产品，主要是发电设备、农用产品及部分耐用消费品、部分交通运输设备。即使在这些行业，企业也有许多自己掌握价格的变通办法。（2）社会财力分布变化使银行、地方政府、企业已逐渐成为重要的投资主体。这些投资主体有与中央政府不同的行为特征。银行比较关心投资收益，地方政府比较关心投资带来的地方财政收入，企业比较关心与职工福利及企业长远发展有关的留利。三者的目标不尽一致，但也存在共同点，即投资必须有较高的收益，投资方向必须是市场所需。（3）至今中国税制仍然较乱，企业税利不分。因此我们认为可以通过比较机电工业不同行业的资金利税率，对资金要素在机电工业部门的配置状况做一些初步考察。

根据对机电工业6个大类行业、53个中类行业及部分小类行业1990年、1985年、1986年三年的资金利税率的比较，我们的主要结论有两条：第一，机电工业资金利税率平均化的趋势极为明显。如表13-9所示，6个大类行业资金利税率的标准差从1980年到1988年是逐步减小的。对各大类行业内中类行业的资金利税率的标准差分析表明，从1980年到1985年，标准差也都在减小，1985年以后金属制品、机械、电气机械的标准差继续减小，交通设备业和电子设备业由于投资和消费需求热使汽车、日用电子业收益率相对其他的运输设备、电子产品，其上升幅度较大，因而标准差有所扩大。第二，政府的价格控制仍是影响收益率平均化的首要因素。在1980年中类行业收益率标准差最大的是机械工业，以后由于其价格放开和浮动的行业较多，因此标准差大幅度减小，但由于属于该业的电站设备、农业机械等的价格仍较多受到政府控制，因而在1985年以后标准差下降幅度明显减小。在金属制品业，受政府价格控制较多的行业最少，因而标准差较低。在交通设备业，由于既包括收益水平较高的汽车业（这既与市场有关，又与政府定价有关），又包括受国际价格水平影响较大的船舶工业，还包括价格受到严格控制、收益率较低的铁道车辆工业，因此标准差基本没有减小。

根据对32个产品种类较少或产品较接近的小类行业的集中度与资金利税率的比较，我们关于集中度与收益率的关系的初步结论是：由于不同行业（或产品）受政府的价格干预不同，不经过更细致、更全面的分析，还无法说明收益率与集中度到底呈何种关系。如表13-10所示，汽轮机、客车集中度都较高，但由于政府的价格控制较严，其收益率并不太高；在价格管制较松的行业，似乎存在集中度与收益率正相关的关系；现阶段中国许多行业还处于扩张阶

表 13-9　机电工业的资金利税率及其标准差

项目、时间	大类行业	金属制品	机械	交通设备	电气机械	电子设备	仪器仪表	标准差 a
资金利税率（%）	1980 年	23.5	12.1	9.5	23.8	12.7	19.0	33.6
	1985 年	22.9	17.0	18.4	29.0	20.8	20.2	18.2
	1988 年	20.5	15.9	17.8	24.4	22.2	16.1	16.2
标准差 b（%）	1980 年	51.8	108.6	46.7	43.7	33.6		
	1985 年	44.0	46.9	46.6	26.6	28.0		
	1988 年	24.3	38.4	52.9	24.3	34.0		
中类行业数		10	15	6	7	8	7	

说明：①标准差＝均方差 ÷ 平均值。

②a 为 6 个大类行业资金利税率的标准差，b 为同一大类行业的中类行业资金利税率的标准差。

③交通设备业中未计入飞机和电车制造业。

资料来源：根据《中华人民共和国 1985 年工业普查资料·第三册》《中国统计年鉴 1989》及统计局有关数据计算。

段，市场需求似乎比集中度对收益率的影响更大，例如，电视机集中度不太高，但收益率相当高。

表 13-10　若干行业的集中度 CR_8 和收益率

单位：%

		铁道客车	机车	汽轮机	复印机	打印机	货车	理发器具	电冰箱
集中度	1985 年	100.0	98.2	98.2	84.4	79.5	70.4	70.8	49.7
资金利税率	1985 年	19.8	20.6	17.1	40.3	59.7	40.5	50.0	32.2
	1988 年	6.0	14.0	8.6	23.1	85.9	32.7	40.0	57.9
		焊条	洗衣机	蓄电池	自行车	电视机	变压器	搪瓷制品	紧固件
集中度	1985 年	46.0	38.9	36.3	35.0	33.8	29.0	24.4	13.3
资金利税率	1985 年	40.8	30.0	33.9	44.8	26.0	22.5	40.7	26.6
	1988 年	41.3	23.0	17.5	37.3	45.4	22.8	41.9	18.5

说明：集中度为小类行业的产值集中度。

资料来源：集中度根据工业普查的企业数据计算。1985 年的资金利税率根据《中华人民共和国 1985 年工业普查资料·第三册》计算，1988 年的根据国家统计局资料估算。

2. 机电工业的规模经济水平和专业化生产水平

判断产业规模经济水平最重要、最基本的指标是经济规模企业（MES 企业）的数量、累计产量、累计能力分别占企业总数和总产量、总能力的比例。这些比值越大，产业规模经济水平越高。其中，MES 企业累计产量占全部产量的比例（简记 D）是更有价值的反映产业规模经济水平的指标。

表 13-11 反映了 23 种机电工业产品 D 值的大致情况。其中 D 值在 50%以下的产品占 60.1%，D 值在 70%以下的产品占 91.3%。这是由于：（1）国外 D 值一般在 80%以上[⑨]。（2）发达国家因为已经有了一批有实力的大企业，后发展的国家因为可以通过引进技术获得发展，因此"二战"以后的历史表明，从一种产品商品化到该产品市场的 D 值较快地达到较高的水平所要的时间已越来越短，一般只要有 3～5 年或 7～8 年即可[⑩]。而表 13-11 中的产品一般都已有 10 年甚至 20 年以上的发展历史。（3）表中 14 种产品（标有"a"）的 D 值被高估了[⑪]。我们的结论是，中国机电工业的规模经济水平还相当低。

表 13-11 机电工业若干代表产品的 D 值

D 值（%）	代表产品	种数
10 以下	轻货车、轿车	2
10～30	圆锥轴承 a（7 字头）、单缸柴油机、电冰箱、彩电	4
30～50	滚动轴承 a（0 字头）、通用集成块、钻床 a、电磁线 a、洗衣机 a、摩托车 a、磨床 a、铣床 a	8
50～70	车床 a、液压机 a、泵 a、缝纫机、自行车 a、风机 a、电扇 a	7
70 以上	普通货车、电站设备	2

说明：a 为机电部政策研究所计算的 1985 年的 D 值。其余为国务院发展研究中心计算的 1987 年的 D 值。

观察可知，D 值在 50% 以上的产品多为工业基础较好的产品，如机床、中型货车、电站设备等。此外，改革以来发展较快的电冰箱、集成电路等产业规模经济水平也有所提高。

由于缺乏资料，要比较系统地估计中国机电工业的专业化水平，存在很多困难。我们只能根据工业普查资料及一些企业的典型资料对中国机电工业的专业化水平及动态做一些描述，主要的结论有以下两条。

第一，中国机电工业的专业化水平仍然较低。突出表现在零部件专业化水平和工艺专业化水平不高两个方面。可以用外购件价值占总产值的比例估计零部件专业化水平。如表 13-12 所示，1985 年，机电工业的比例值为 45.5%，扣除进口散件比例大的日用电子和材料购量大的农机具业，比例值则为 27.6%，远低于国外 50%～60% 的水平。可以用全能厂（即同时具有铸、锻热加工和切削、冷冲压等冷加工车间或工段的工厂）的比例及铸、锻件外销比例估计工艺专业化水平。据原机械委估计，20 世纪 80 年代中期，机械工业的全能厂约占企业总数的 80%，作为商品的协作加工量，铸锻件只占 20%～30%、热处理占 10%、电镀占 35%、模具占 10% 左右，与国外工艺专业化水平差距很大[12]。

表 13-12　中国机电工业外购件价值占总产值的比例（1985 年）

单位：%

产业	全部	全部 a	锅炉及原动机	金属加工机械	通用设备	工业专用设备	农林牧设备
比例	45.0	27.6	30.9	15.8	26.8	16.4	87.6
产业	建筑机械	日用机械	电机	计算机	日用电子	通信设备	仪器仪表	汽车
比例	26.9	28.5	14.3	37.7	66.2	46.2	27.4	39.7

说明：①全部 a 为扣除日用电子和农林牧机械后的计算值。
　　　②表中所列行业均为中类行业。

资料来源：根据《中华人民共和国 1985 年工业普查资料·第三册》计算。

第二,"六五"以来计划指导和市场机制相结合,已经使机电工业的专业化水平有所提高。主要表现在两个方面:一是通过计划安排,促使重要的基础零部件骨干企业较快发展,形成多品种的大批量生产能力。这包括建设一批新厂(如彩管厂)、重点投资改造一批骨干企业(如轴承厂、集成电路厂),指导过去由主机行业分散安排生产的零部件企业(如液压件、密封件等)合理调整和分工,形成力量。二是有计划地调整政策、深化改革,借助商品经济机制提高专业化水平。如通过专业化定点项目的竞争招标,允许价格竞争优胜劣汰,引导一些中小企业向小而专、小而精、大批量、低成本的专业化方向发展。鼓励骨干企业搞横向联合,扩散零部件,既有利于骨干企业迅速增加主导产品的产量,又能通过扩散零部件促使一批中小企业提高专业化水平[13]。

3. 技术进步

改革以来,在需求、竞争压力和国家政策的引导下,机电工业的技术进步速度明显加快。表13-13和表13-14反映了机电工业大中企业技术进步的一些情况:一是企业普遍建立专门的研究开发机构,到1989年除金属制品业,其他机电产业65%以上的大中企业都有研究开发机构,其比例高于全国的比例。这些机构多数成立于1980年以后,1986年以后(含1986年)成立的比例最大。二是研究经费有明显增加。到1989年,大类机电产业研究开发费占销售收入的比例已接近和超过1.0%。但和国外相比,中国企业的技术开发投入还是很少的。表13-14中日本1969年比例数为全行业数,但显著高于中国大中企业在1989年的比例。三是经费来源已由企业自筹为辅变为企业自筹为主。四是新产品开发费占研究开发费的40%~50%。这表明企业非常重视开发新产品,同时也重视工艺技术的开发。即开发活动主要面向新市场和保持及扩大已有市场。五是企业相当重视技术引进。技术引进费用的数额很大,在技术水平与国外差距较大的电气机械、电子、仪表业,受"六五"期间大量引进的影响,1985年的技术引进费大于技术开发费。1986年以后,各产业技术开发费显著高于技术引进费。这既与"七五"

期间外汇较紧张有关，也与大中企业日益重视技术开发有关。

表13-13 机电工业大中企业研究开发机构的比例

单位：%

	机构数/企业数		按成立时间各机构的比例		
	1985年	1989年	1980年以前	"六五"	1986—1989年
金属制品	27.4	53.5	8.8	42.6	48.6
机械	34.6	70.1	14.1	35.3	50.6
交通设备	17.6	65.7	4.4	22.4	73.2
电气机械	37.6	70.0	25.7	28.0	46.3
电子设备	37.7	86.7	13.7	28.9	57.4
仪器仪表	44.6	78.7	29.1	27.6	44.3
全国工业	31.7	41.8	20.4	33.3	46.3

资料来源：根据科技普查和有关部门数据估算。

表13-14 机电工业的技术开发费（大中企业）

	自筹比例		其中新产品开发费比例		与技术引进费之比		占销售收入比例		产值加权平均集中度
	1985年	1989年	1985年	1989年	1985年	1989年	1989年	1969年（日本）	CR_8 1985年
金属制品	29.5	63.5	40.2	36.2	85.3	146.2	0.5	0.8	17.6
机械	37.4	70.9	54.8	48.6	141.0	312.9	1.4	1.5	25.3
交通设备	64.4	70.0	51.4	53.0	253.9	263.7	1.0	1.6a	42.0
电气机械	20.2	57.2	36.4	45.7	66.1	140.6	0.8	3.0	28.6
电子设备	20.8	63.2	40.7	51.1	56.0	171.8	1.2	2.8b	33.5
仪器仪表	22.0	62.8	35.7	49.0	54.5	166.6	2.3	3.2	34.7
全国工业	30.8	60.1	37.5	39.0	113.4	150.5		1.4	

说明：①日本数据中a为汽车工业（1.7）和运输机械（铁道车辆和船舶1.5）的平均值，b为电气机械器具工业，此外精密机械为1.9。
②技术开发费不包括技术引进费。技术引进费包括购买技术软件和进口必要的设备、材料，不包括用于生产的装备。

资料来源：中国数据根据科技普查和有关部门数据估算。日本数据见日本总理府统计局《科学技术调查报告1970》，转自植草益（1985），第376页。

关于机电工业技术进步和市场结构、市场行为的关系，尚缺乏比较系统的资料。根据一些典型调查和部门性的资料，我们仅指出以下两点：第一，由于企业基础和所处的体制政策环境不同，大企业和小企业追求技术进步的行为及结果均有所不同：小企业由于实力较弱，比较注意借助外来力量求得进步，如外购技术、高薪聘才（含星期日工程师），大企业较重视靠自己的力量开发技术；在引进技术时，小企业注意引进设备，大企业注重引进技术软件；大企业一般都设有专门的研究开发机构，而小企业设立较少。大中企业研究开发机构设置比例在一定程度上反映了上述差异等（见表13-15）。

表 13-15　按企业规模计算的研究机构比例（1985 年）

企业规模（职工人数）/人	小于 500	500~1000	1000~2500	2500~5000	5000~7500	7500~10000	10000~50000	50000以上
研究机构数/企业数（%）	9.2	16.7	30.2	41.4	52.9	53.5	83.7	241.2

资料来源：根据 1985 年科技普查对 6493 个大中企业的调查资料计算。

第二，关于市场结构与产业技术开发的关系，我们的初步判断是：只要有竞争压力，产品差别较大、集中度较高或者企业规模较大，就不会妨碍甚至有利于比较系统的技术进步。如集中度很高的普通货车市场上占据优势地位的一汽、二汽都很重视开发技术。有些人指出在靠引进技术发展起来的电冰箱行业，真正能进行系统的技术开发的企业只有稳居市场第 1 位的万宝集团公司[14]。另外一些靠创新发展起来的中小企业，也有一定的追求技术进步的动力和能力，凭借其独有的技术，可以在一个较小的市场范围建立自己的领先地位。

第四节　机电工业产业组织影响因素浅析

1. 若干一般的结论及体制、政策的影响

机电部经济研究所等单位的研究报告在指出中国机电工业存在过分分散、规模经济水平较低、有效竞争不足、不当竞争严重等问题后，认为导致机电工业产业组织现状的主要原因[15]是：

（1）生产力水平低和商品经济不发达；（2）许多市场需大于供；（3）近几年财政分灶吃饭，"块块"割据严重，加剧市场割据和扭曲；（4）市场发育不成熟、市场未全面开放；（5）政企分家进展滞后，使投资者不承担或不完全承担投资风险；（6）原有宏观调控体系失效，而新的宏观体系又不健全，为不充分竞争的滋生提供了条件；（7）受隶属关系、财政上交渠道、所有制关系的制约，大型企业集团不能正常成长和建立，跨地区的全国性的企业集团发育困难；（8）劳力过剩，农业劳动力向非农产业转化的压力和地区的投资冲动相互作用以及双重同向作用，更助长了低水平的重复生产。

上述8项可以归纳成三个方面的问题：生产力和市场发育水平，即（1）、（2）、（4）、（8）项；体制和调控政策，即（3）、（5）、（6）、（7）、（8）项；经济发展战略，即如何处理中国这样的后发展大国面临的种种发展问题，即第（8）项。

本文不详细讨论上述问题，仅从以下三个方面进行概要的考察。

（1）需求变化是重要原因。集中度下降的重要的直接原因是需求和产业的增长，诱使新企业进入和部分中小企业较快发展。表13-16为"六五"期间机电工业的平均集中度和产值指数，可以看出，总体上产业增长和集中度下降是对应的。对"七五"前3年机电工业15个小类行业的考察也可以看到这个关系。典型调查和分析也证明需求急剧增加是集中度下降的重要因素：电线电缆业是

一个有 30 多年历史的产业，但"六五"以来由于投资热、家电业的发展、出口行情好，因而需求大利润高，企业总数从 1979 年的 200 多家猛增到 1986 年的 1793 家，产值集中度 CR_8 从 1980 年的 28.3% 下降到 1985 年的 23.3%（按独立核算企业口径计算，若计入众多乡镇企业，估计 CR_8 已降到 20% 以下）[16]；电冰箱是另一个例子，电冰箱年产量从 1982 年的约 80 万台上升到 1987 年的 401 万台，企业数从 42 家增加到 95 家。产量集中度 CR_4 从 1983 年的 78% 下降到 1987 年的 32%[17]。

表 13-16　1985 年产值平均加权集中度 CR_8 和产值指数

（以 1980 年为 100）

行业	金属制品	机械	交通设备	电气机械	电子	仪器仪表
集中度	80.0	78.3	89.0	83.4	101.5	91.3
产值（不变价）	175.0	187.3	198.6	207.4	332.4	180.0

说明：电子业产值平均集中度上升的主要原因是通信设备、雷达、电子器件等产业集中度上升。

资料来源：根据工业普查的企业数据估算。

（2）发展战略调整和管理权限变化是直接原因。20 世纪 80 年代初以后实行开放发展战略使从国外获得技术和设备的可能性增加，降低了产业的进入障碍。加上"六五"期间下放项目和进口审批权，以及部门分口管理，导致"六五"期间许多新兴产业及增长率较高产业集中度的下降。如据调查"六五"期间批准引进的 113 条电视机生产线中，24 条为 6 个政府部门批准，63 条为省、直辖市批准，20 条为省辖市批准，6 条未经批准由企业自进[18]。

（3）企业实力不足和行政性的条块分割体制是根本性的原因。国外也有需求增加导致集中度下降的情况，但是如果有骨干企业，如果企业能获得必要的发展资源，集中度下降幅度将较小，而且下降的时间不会太长[19]。在中国，不仅新兴产业（如电冰箱），即使是有骨干企业，有 30 多年历史的产业（如电缆业），集中度仍然下降。因此我们认为更深刻的原因是企业实力不足和行政条块分割体制。中华人民共和国成立以来，靠国家投资，在各业都建立了一批骨干企业。这些企业相对实力较强,但多数企业自我发展能力仍然不足,因此不可能随市场扩张率先发展。行政条块分割的体制也是重要原因。长期以来中国工业主要靠行政计划体制推动。这种体制在工业不太复杂的中华人民共和国成立之初,由于能迅速集中资源,有较大的积极作用。但随着经济发展,这种体制的弊端开始出现。即随着经济发展,行业分化,不断增设管理工业的科、处、局(厅、司)、部等行政部门,多头多层管理(即使这样,仍然管不胜管),最后导致行业和市场分割,企业重复建设。改革以后,市场机制的引入冲击了传统的行政计划体制,但行政条块分割体制依然存在,甚至影响更大。主要表现在三个方面:一是原有管理体制带来的行业多头管理的问题仍未解决,如表13-17所示;二是20世纪80年代初开始实行的财政分级包干体制使地方干预企业的动力和能力加强(包括干预市场和企业);三是资金供应仍是条块分割。由于企业投资至今仍大部分靠银行贷款和政府资金(如1988年更新改造投资中企业自筹的比例只占38.8%),因此企业的发展离不开政府的安排。资金市场条块分割,使需要资金的骨干企业难以较快发展,而小企业反而较易生存和发展。

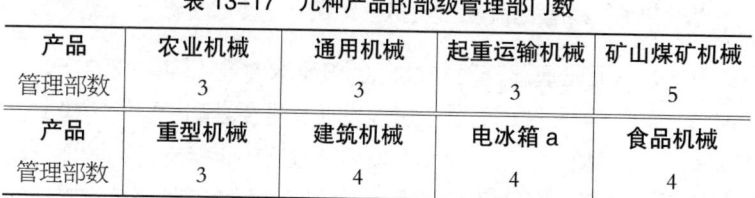

表13-17 几种产品的部级管理部门数

产品	农业机械	通用机械	起重运输机械	矿山煤矿机械
管理部数	3	3	3	5
产品	重型机械	建筑机械	电冰箱a	食品机械
管理部数	3	4	4	4

说明:电冰箱的情况为国家计委技术经济所李洪帆提供。轻工部1988年推荐的22种电冰箱产品的生产厂家,至少有7家是原军工厂(航天、航空、兵器等),至少有6家是集体或由大乡镇企业发展,也有轻工行业的老企业。

资料来源:除a外,均根据《中国机械工业年鉴1988》附表1计算。

2.产业规模经济水平和集中度提高的若干原因和经验

改革以来也有些产业、企业规模经济水平有较明显的提高,集中度有所上升。考察这些产业,我们认为下述因素起了重要作用。

（1）在已有一定工业基础的产业，企业自主经营、市场竞争是重要的因素。通信设备、机床业（按车床、镗床品种）、收录机业的集中度（产量集中度或产值集中度）在"六五"期间或在"七五"期间已有所上升（见表13-18）。这些产业一般已有一批实力雄厚的骨干企业，技术进入障碍较高，价格允许浮动或放开，因此尽管产量或产值增长明显，但骨干企业积极竞争，发展更快。事实上在新兴产业，如果政策环境有利，也会有企业较快发展（如广州的万宝公司）。政府对这些骨干企业也有一定支持，如贷款支持骨干机床厂发展出口，适当的贸易保护等。

表 13-18　几种产品的集中度 CR_8 值

单位：%

产品（行业）		车床	中型货车	收音机	电子通信测量仪器	传输设备 a
CR_8	1980 年	21.0	84.0	16.1	17.3	43.9
	1985 年	37.1	94.4	46.3	51.5	60.7

说明：a 为小类行业，且为产值集中度；其余为行业代表产品，为产品产量集中度。

资料来源：根据工业普查企业数据计算。

（2）在工业基础较差并且资金和技术的进入障碍高的产业，政府的直接支持和协调对骨干企业发展有重要影响。彩管、集成电路在"六五"和"七五"期间的发展与政府的直接支持和协调行动（包括进出口管理等）是分不开的。政府出面协调甚至直接支持的意义：一是有利于打破条块分割，二是重大项目风险大、与国外差距大、进入的资金和技术障碍高，即使今后市场机制发挥作用较好，仍然需要政府的直接支持和协调。但是我们主张，政策的重点应放在扶持和与骨干企业协商发展上，而不是代替企业决策和安排；直接安排的项目应是企业无力组织的项目，多数项目应以企业组织为主，政府辅以间接诱导政策适当直接支持。

（3）信息指导。这方面的作用已程度不同地有所发挥，并且影响将越来越大。

（4）企业集团发展有重要意义。关于这个问题在第五章和第六章已有较详细的讨论，这里不再赘述。

针对存在的问题，总结积极的经验，我们认为提高机电产业组织效率的政策应当是：第一，分类指导。对大多数有一定工业基础的产业，主要应支持骨干企业，并通过它们组织众多中小企业竞争发展，辅以必要的直接支持。对技术复杂、资金需要量大的重要产业的关键环节，政府应当直接协调产业发展，但立足点应放在尽快培育企业发展上。第二，推进财税、金融体制改革，真正形成有利于企业有效竞争的制度环境。第三，机电产业价格改革进展较快，目前更要注意加快市场公平交易和竞争规则的建立和完善，要限制企业搞价格卡特尔及不当竞争。第四，适当、有限地保护国内市场，做好技术引进的协调工作。第五，加强行业管理，搞好信息和规划引导，改进必要的行政管理。第六，支持企业集团发展，但不应通过企业集团搞垄断。

注释

①机电部认为建筑金属结构、农用金属结构、医疗机械、文办设备（均为中类行业）也属消费资料，而我们则仅将这些行业中的某些小类行业（如建筑小五金）划为消费品类，其余列为投资品或中间品类。我们的划分标准是个人直接购买用于个人消费，按小类行业统计。

②根据原国家机械委2000年规划研究办公室1987年7月编《中国机械工业2000年发展规划研究报告集》的资料估算。

③关于中国经济周期波动的许多研究指出，工业波动超过农业波动，工业波动中的主要来源是重工业波动，重工业波动的主要来源是制造业波动。见陈越"中国经济周期问题研究"，转自张风波主编，《中国宏观经济结构与政策》，中国财经出版社，1988年版。

④如果按机电部的口径（见注释①），消费类产品产值比重按独立核算企业口径从1980年的17.2%上升到1988年的24.2%。文中及本注释的数据均根据工业普查及国家统计局数据计算。

⑤纺机业产值比重的迅速上升与大量非独立核算企业和单位的发展有关。这类企业和单位与独立核算企业既有一定的竞争关系，更多的是提供零件加工服务的支持关系。1988年独立核算企业占全部企业和单位的产值比例，纺机业（小类行业）为77.6%，远低于工业专用设备业（中类行业）98.1%和机械业（大类行业）97.6%的比例。

⑥如万宝电器公司，1982年还是一个小型集体企业，但由于该企业能利用有利的政策环境，迅速进入新兴产业，到1988年其电冰箱年产量已过百万台，成为世界八大电冰箱企业之一。

⑦如日本工业1980年的CR_8值，货车为95.6%，其子类普通货车为99.9%；电视机为92.7%，其子类黑白电视机和彩色电视机分别为99.0%和91.2%，均见妹尾明编（1983）。与表13-5所示中国的情况差距甚大。

⑧中国的产量CR_8值，电站锅炉为98%，汽轮机为99%（均为1985年数），而日本的生产额CR_8值分别为94%（锅炉）和97%（均为1980年数）。日本数据见妹尾明编（1983）。

⑨参见贝恩（1959、1968）第10章，或见陈小洪、金忠义（1990）第4章。

⑩贺德尤等（1989）曾讨论过这个问题。

⑪机电部政策研究所认为，受数据限制，他们估计的MES值偏低，因此D值偏高。参见贺德尤等（1989）。

⑫李企瑾等曾论述了国内外有关专业化的状况和差距，参见李企瑾等（1987）。事实上，20世纪70年代末以来，国内已有许多文献注意到这个问题。

⑬这方面实例很多。如中原轧辊厂通过价格竞争，扩大批量，提高专业化水平，获得效益，1978年到1984年，产量和利润翻了数番，占领国内市场25%，见孙致良（1985）。浙江萧山机械厂获得国家指标项目，按专业化方向组织生产，万向节产量占全国1/4～1/3。

⑭关于我国电冰箱企业的系统技术开发能力的估计，为轻工部科技司有关同志提供。

⑮见贺德龙等（1989）、曹金彪（1990）等文。

⑯关于电线电缆业的分析见曹金彪（1990），其中对该业产值集中度

变化的估计为我们所做。

⑰国家计委技术经济研究所1989年的研究。

⑱原机电部电子科学研究院王福海等的调查,见国家科委综合局（1987）,第309页。

⑲植草益指出日本20世纪五六十年代一些产业集中度下降与经济迅速增长有关,见植草益（1985）第41-43页。而近年来的研究指出,由于大企业实力大,实行多角化战略,可以有准备地进入新产业,因此集中度往往不随产业增长而下降,或下降时间很短。见Schmalensee（1988）。

第十三章 机电工业产业组织的若干特点

第十四章　汽车工业产业组织结构和发展政策分析

本章对我国汽车工业产业组织结构的静态和动态特点进行了实证分析。结合汽车工业的发展过程，以国家汽车工业发展政策为线索进行了比较研究，并对影响产业组织结构的因素及改善思路进行了分析和探讨。

第一节　汽车工业产业组织结构及特点

1. 汽车工业产业组织结构的发展变化

经过几十年的发展，我国汽车工业现已成为拥有150万职工、3000家企业的独立产业（见表14-1）。其间，汽车工业产业组织结构发生了很大变化，按其特点大致可分为三个阶段。

（1）创建期（1953—1967年）

这15年中，我国汽车工业从无到有，经历了1958年的"大跃进"时期、"三年困难"和"三年调整"时期以及"文化大革命"时期，这些经济、政治形势的剧变，对汽车工业产生了巨大的影响。中国第一次大办"汽车热"就是在"大跃进"中兴起的，由此导致了汽车工业"小土群"遍布全国。后来在"备战"思想指导下，又"靠山隐蔽"建设了二汽等企业。

这一时期产业组织结构发展的特征是：第一，企业数量增加较快，1956—1967年，11年平均年增长率高达15.3%，"三年困难""三年调整"和"文化大革命"都没有影响汽车工业企业数量的增

表 14-1 汽车工业产业发展情况

	创建期（1953—1967年）		稳定期（1968—1982年）		发展期（1983—1987年）	
	1967年数	平均增长率	1982年数	平均增长率	1987年数	平均增长率
企业总数	678	15.3%	2456	9.0%	2873	3.1%
配件企业数	576	15.6%	2136	9.1%	2292	1.4%
汽车生产企业数	22	13.5%	58	6.7%	116	14.9%
专用车生产企业数	68	16.5%	202	7.5%	317	11.4%
汽车年产量（辆）	33780a	9.8%	203945b	12.7%	472538	18.3%

说明：① a 为 1966 年、1967 年、1968 年三年平均数；b 为 1981 年、1982 年、1983 年三年平均数。
②创建期平均增长率按 1958—1967 年计算。
③发展期数据按 1986 年前的统计口径做了调整。
资料来源：《中国汽车工业年鉴》1983 年、1986 年、1988 年。

加。第二，总的来看，汽车配件企业、汽车生产企业及专用车生产企业数量增长得比较均衡，增长率仅相差两个百分点。第三，增长率波动很大。用标准差估计波动系数，1956—1967 年汽车工业企业增长率波动系数达到 0.222，而 1968—1982 年为 0.083，1983—1985 年仅为 0.037。第四，与企业数量的高增长率形成对照的是汽车产量增长相对较慢，产量增长速度仅为企业数增长速度的 60%。

（2）稳定期（1968—1982 年）

这一期间，我国经历了"文化大革命"、粉碎"四人帮"，开始了经济体制改革。其间出现了第二次大办"汽车热"。1970 年，汽车工业企业总数增长速度高达 37%，汽车厂数量增长速度高达 36.4%，专用车厂数量达到 37.3%。此后汽车工业进入了持续十年的相对平稳的发展时期。

这一时期，汽车工业产业组织结构发展的特征是：第一，企业数量的增长速度明显降低，只有 9.0%；第二，企业数量结构发生了很大变化，汽车生产企业和专用车生产企业的比重稳定下降，

1976年分别占企业总数的3.2%和10%，1982年则进一步下降为2.4%和8.2%；第三，企业数量增加比较平稳，汽车生产企业在1970—1982年的12年间，平均增长速度仅为2.1%；第四，汽车年产量增长速度加快，1968—1982年，年产量增长率为12.7%，几乎是企业数增长率的2倍。

（3）发展期（1983年至今）

改革开放后，汽车工业进入了中华人民共和国成立以来发展最快的时期。1983年，许多地方和部门纷纷从国外引进技术，利用CKD方式生产汽车，触发了第三次"汽车热"，全国出现了大量的"小洋群"。1982—1987年的5年间，全国汽车制造厂总数翻了一番，达到116家。同时，随着汽车需求结构的改变，全国对轻型车、微型车和轿车的需求急剧上升，从而促进了汽车工业产品结构的改观。

这一时期，汽车工业产业组织结构的发展特征是：第一，企业总数增长速度继续降低，为3.1%；第二，汽车生产企业和专用车生产企业比重迅速增大，1987年分别占企业总数的4.0%和12.1%，而汽车零配件厂数量增长率显著下降；第三，汽车产量增长很快，平均年增长率为20%，1985年甚至比1984年增加40%，是中华人民共和国成立以来增长最快的年份。

（4）三个阶段综述

纵观三个阶段汽车工业产业组织结构的变化，可以看出以下几点。

第一，汽车工业企业总数的平均增长速度在三个阶段依次降低，其中配件企业下降尤为显著，但汽车生产企业和专用车生产企业数却一直保持了高增长率态势，占企业总数的比重越来越大。在这种零配件企业发展滞后于整车厂的情况下，为了维持企业的发展，整车厂只有趋向"大而全""小而全"，或者增加对国外零配件的依赖程度，不增大汽车配件的企业规模，我国汽车工业的发展是难以为继的。

第二，汽车产量增长速度一直处于递增状态，但汽车生产企业的平均规模仍然很小，说明我国汽车工业主要是依靠大量建新厂而发展的。

第三，三次"汽车热"对我国汽车工业的发展影响很大，特别对产业组织结构影响更大。三次"汽车热"对零配件企业影响较小，说明"汽车热"是热在汽车厂和专用车厂，而不是热在整个汽车工业上。

2. 汽车工业产业组织结构的发展特点——集中度分析

我国汽车工业产业组织结构的发展特点，一是企业数量刚性增长，二是企业数量周期性扩张，三是结构呈恶化趋势。

（1）企业数量刚性增长

"大跃进"期间，我国各行业企业数量曾有过一个猛增，但在接踵而来的"三年困难"时期和"三年调整"时期，工业企业数量剧减，1965年全国工业企业数量只相当于1958年的60%，直到1975年才恢复到1958年水平（见表14-2）。机械工业也出现了类似的马鞍形变化，唯独汽车工业没有出现负增长现象。即使在全国汽车产量大幅度下降（1961年年产量仅为3589辆，为1958年的22.4%，下降幅度远大于全国工业和机械工业）的1961年和1962年，汽车工业企业数量仍以7.8%和12.8%的速度继续增长。无论国家经济社会形势如何变动，无论汽车产量如何增减，汽车工业企业数量总是有增无减，这种刚性增长现象在其他行业是少见的。

（2）企业数量周期性扩张

我国汽车工业企业数量的增加是在波动中实现的，呈"脉动"变化。汽车工业企业数量的增长有两种周期现象，即短周期和长周期。

先看短周期。以两个波（谷）之间为一周期，汽车工业企业数量增长过程可分为6个周期，即1956—1961年，1962—1967年，1968—1974年，1975—1977年，1978—1982年，1983—1986年，平均周期长度为5年。汽车工业企业数量增长率曲线与国民经济增长率曲线有着相似的周期和波形（见图14-1），可以推测它们的成因是相同的，或者说汽车工业增长的短周期现象是由国民经济的

表 14-2　企业数增长指数比较（以 1958 年为 100）

	1958年	1960年（1958—1960年平均增长率）	1965年（1960—1965年平均增长率）	1970年（1965—1970年平均增长率）	1975年（1970—1975年平均增长率）	1980年（1975—1980年平均增长率）	1987年（1980—1987年平均增长率）	1958—1987年平均增长率
全国工业	100	96.6（-1.7%）	60.0（-9.1%）	74.2（4.3%）	100.0（6.1%）	143.5（7.5%）	186.7（3.8%）	2.18%
机械工业	100（1957年）	146.3（1959年）	118.2a（-3.5%）	126.7（1.4%）	230.6（12.8%）	301.4（5.5%）	318.7（0.8%）	4.1%
汽车工业	100	123.9（11.3%）	240.6（14.2%）	565.9（18.7%）	853.4（8.6%）	1096.3（5.1%）	1324.0（2.7%）	9.32%
其中：汽车	100	200.0（41.4%）	262.5（5.6%）	562.9（16.5%）	650.0（2.9%）	700.0（1.5%）	1450（11.0%）	9.66%
专用汽车	100	140.0（18.3%）	305.0（16.9%）	515.0（11.0%）	790.0（8.9%）	1147.0（7.7%）	1735（8.8%）	10.35%
汽车配件	100	119.3（9.2%）	235.9（14.6%）	575.4（19.5%）	883.4（9.0%）	11470.0（5.4%）	1266.3（1.4%）	9.15%

说明：a 为 1959—1965 年平均增长率。

资料来源：汽车工业数据取自《中国汽车工业年鉴》，其余取自《中国工业经济统计资料》（1949—1984）及《中国统计年鉴》。

波动而引起的。

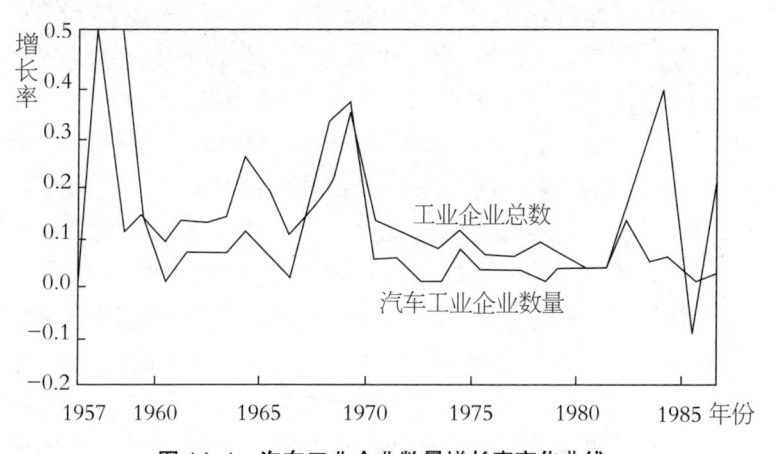

图 14-1　汽车工业企业数量增长率变化曲线

资料来源：《中国汽车工业年鉴》1988年。

再看长周期。从图 14-1 可以看出，大致每经过 2～3 个短周期，就会出现一次增长率幅值特别高的波峰。汽车工业史上出现了 1958 年、1970 年、1982 年三次高增长率峰值，间隔都是 12 年。在这三个年份，企业数量猛增，增长率高达临近年份的几倍。这种"长"周期与企业数量增长刚性叠加，使企业数量增长曲线出现了"阶梯形"。这一现象在汽车生产企业表现得特别显著。汽车生产企业经过 1956—1958 年的高速发展后，出现了 1959—1967 年相对缓慢的发展阶段，全国汽车生产企业大致维持在 20 家上下，出现了第一个台阶。1968—1970 年汽车生产企业第二次高速增长后，接着出现了 1971—1982 年的平稳发展阶段，汽车生产企业数量大致保持在 50 家左右，出现了第二个台阶。1983 年以后，汽车生产企业出现第三次猛增，第三次台阶目前正在形成中，估计在 120 家左右会保持一段时间。三次"汽车热"出现的时间，都对应着我国经济过热的年份，又是我国经济管理体制进行改革尝试、大办地方工业、下放管理权限的时期。可以推测，二者的重合作用造成了汽车工业的长周期。

（3）结构呈恶化趋势

图14-2是我国汽车工业1981年和1985年集中度（$C_1 \sim C_{10}$）的变化情况。作为比较，也画出了日本1970年汽车工业的集中度（日本是世界主要汽车生产国中集中度较低的国家）。表14-3列出了1984年世界主要汽车生产国的集中度。可以看出，中国的集中度是很低的，特别是C_3和C_5更低；中国20世纪80年代与日本20世纪70年代的差别，在$C_6 \sim C_{10}$更为突出。1981—1989年，中国汽车工业整个集中度序列都在下降，说明由小厂生产的汽车比重增大了，即分散更趋严重，这种趋势与世界绝大多数国家是背道而驰的。日本在20世纪60年代汽车工业高速发展期，集中度$C_1 \sim C_3$变化不大，而$C_5 \sim C_{10}$都迅速提高，反映了日本汽车工业走向规模经济的事实。1981—1985年，我国汽车产量从18万辆增加到44万辆，而$C_3 \sim C_{10}$下降，说明产量的增加主要靠建新厂，而不是生产规模的扩大。这就是中日两国汽车工业企业组织的差异所在。

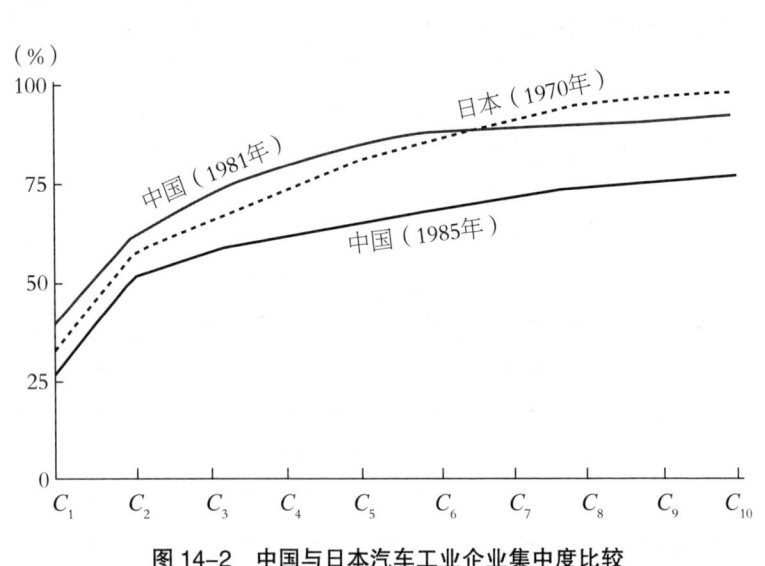

图14-2　中国与日本汽车工业企业集中度比较

表 14-3　1984 年世界主要汽车生产国生产集中度比较

单位：%

	C_2	C_3	C_5
中国	35.4	40.0	47.0
日本	51.5	61.4	79.6
美国	79.0	92.4	97.2
加拿大	77.4	97.3	99.2
英国	72.7	87.2	98.5
联邦德国	59.9	74.8	68.3
法国	99.9	—	—
意大利	98.0	—	—
西班牙	42.0	61.9	96.1
墨西哥	46.4	62.7	90.5
*澳大利亚	64.8	74.8	92.6
*巴西	61.7	80.2	99.2
*韩国	77.6	93.5	—
*苏联	46.2	53.0	58.9

说明：① * 为 1983 年数据。

② 1988 年中国 C_2 为 34.4%，C_3 为 40.5%，C_5 为 47.5%。

资料来源：李浩，《世界汽车工业的比较研究与中国汽车工业的发展战略》。

零部件工业同样也存在布点重复、生产分散的情况。据统计①，35 种汽车主要零部件中，除高压油泵和喷油嘴外，绝大多数产品 C_3 低于 50%，C_5 低于 60%。一些产品，如缸盖 C_3 仅为 15% ~ 20%。

除火花塞外，我国企业数大多是日本同类企业的 7 ~ 10 倍，而生产规模却小得多。表 14-4 是 6 种汽车零部件生产规模的比较情况。

3. 相对集中度分析

图 14-3 是我国汽车工业产量与汽车生产企业数的洛伦兹曲线，可以看出，偏离对角线程度比日本大得多，表明我国汽车生产企业规模差别比日本要大。考虑到我国汽车生产企业达到经济规模

表 14-4 中国（1985年）和日本（1981年）零部件生产规模比较

产品	企业数/个 中国	企业数/个 日本	平均每厂产量/万件 中国	平均每厂产量/万件 日本	中国平均每厂产量/日本厂均产量
活塞	37	6	18.5	1528	0.012
化油器	23	7	5.79	203.7	0.028
气门	32	4	52.5	6450	0.008
刮水器	36	3	4.23	584	0.007
减震器	30	3	4.59	2246	0.002
火花塞	6	3	386.6	12051	0.032

资料来源：莫瑞森《关于加速发展我国汽车零部件工业的探讨》，《汽车工业研究》1990年第4期。

的厂家很少，说明我国汽车制造厂主要是由未成熟的小企业构成的。图14-3中1985年和1979年对应的基尼系数[②]分别为0.7227和0.7102。1979年到1985年，基尼系数增大，说明这6年中，我国汽车生产企业的规模差距进一步拉大。而日本1979年基尼系数只有0.4560，相当于我国的63.1%。

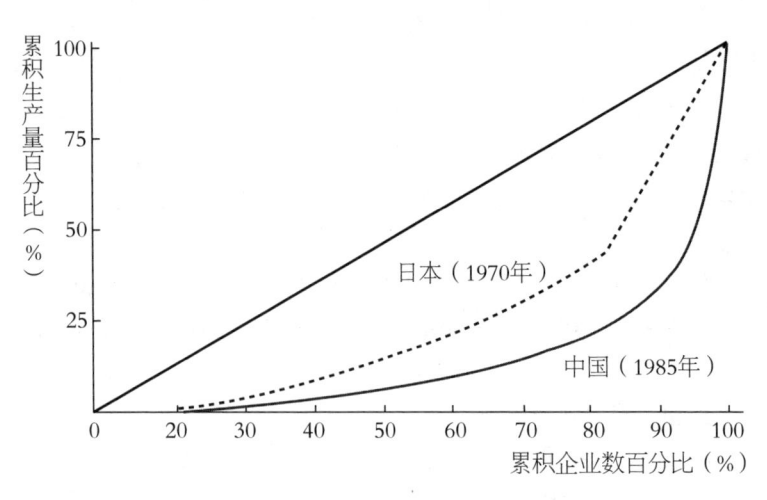

图 14-3 中国和日本汽车工业洛伦兹曲线

表征相对集中度的另一指数是哈菲德尔指数③HI，我国1979年HI指数为0.2393，1980年到1985年分别为0.1847、0.2474、0.2183、0.2149、0.1423、0.1432。HI指数总的趋向是减少，说明即使忽略产量很小的汽车厂影响，我国汽车工业仍是趋向分散的。此外，HI指数波动很大，波动幅度比（峰值与谷值之比）高达1.74，表明汽车工业企业组织结构发展很不稳定。

把集中度的变化情况与汽车工业企业数量增长周期对照起来，可以发现，集中度变化与"长"周期有密切的对应关系。集中度最低时，正对应着企业数增长率的峰点；而集中度较高时，又对应着企业数增长率的谷点。说明"汽车热"中，尽管大汽车厂的产量也大幅度增长，但远不能弥补大量新生小企业对集中度减小的影响。

弹性值的比较，也可以更形象地说明这一现象。1958—1987年我国工业总产值平均增长速度为9.1%，汽车工业总产值平均增长速度为12.4%，汽车产量平均增长速度为13.1%。汽车工业发展速度明显高于全国工业水平。但产值对企业数量增长的弹性值，汽车工业却低得多。1958—1987年我国工业产值对企业数量变动的弹性值为4.17，即企业数量每增加一个百分点，对应的工业总产值增加约4个百分点。而汽车工业总产值对企业数的弹性值为1.41，汽车产量对汽车制造厂数量弹性值为1.28，仅为全国工业的1/3左右。汽车产量和汽车厂几乎是同步增长状态，说明汽车工业发展对新企业的依赖高于全国工业，汽车产量对企业规模的依赖小于对企业数量的依赖。

4. 企业组织结构对汽车工业的影响

（1）汽车产量增长的重要因素

汽车生产企业数量对汽车产量有重大影响。从集中度的计算就可看出，1988年我国60%以上的汽车是一汽、二汽以外的厂家生产的，30%以上的汽车是八大汽车制造厂以外的厂家生产的。对汽车产量影响因素的相关分析也证明了同一结论。

1956—1987年，我国汽车产量与汽车生产企业数量的相关关系可用以下回归方程表示：

$$Y=-54861.49+4165.67X \qquad (14-1)$$
$$(22.4736)$$

式中，Y 为汽车年产量（辆）；X 为汽车生产企业数（个）。

$R^2=0.9439$　　　　$D.W=0.3976$　　　　$SE=30756.89$

从式（14-1）中可以看出，我国每增加一个汽车生产企业，大致可增产 4200 辆汽车。

对我国汽车产量影响较大的相关因素是固定资产投资额、人均国民收入及汽车厂数。

1958—1987 年有如下回归方程：
$$Y=-75329+1283.9X_1+358.8X_2+74.7X_3 \qquad (14-2)$$
$$(4.8665)(3.4168)(2.1278)$$

式（14-2）中，Y 为汽车年产量（辆）；X_1 为汽车生产企业数（个）；X_2 为人均国民收入（元）；X_3 为全民所有制单位固定资产投资总额（亿元）。

$R^2=0.9856$　　　　$D.W=1.4642$　　　　$SE=13188$

汽车厂数作为一个相关因素，与国民收入、固定资产投资总额同样影响汽车产量，是我国特有的现象。三个因素弹性系数以国民收入最高，汽车厂次之，也反映了汽车厂数量对汽车产量举足轻重的影响。

（2）汽车工业落后的重要原因

汽车工业是具有经济规模效应的产业，在目前技术水平条件下，一般认为卡车最小经济规模为 10 万～15 万辆，轿车为 30 万辆。以此衡量我国汽车工业，差距之大，十分惊人。只有一汽、二汽达到 10 万辆水平。包括一汽、二汽在内，具有万辆以上生产能力的汽车厂有 6 家，5000 至 1 万辆生产能力的厂家有 9 个。其他 100 多个厂生产能力低于 3000 辆。其中大多数生产不足 1000 辆。因而生产成本差距十分大，1979 年日本丰田花冠轿车约 2300 美元，我国上海牌轿车每辆成本按当时比价折合约 9000 美元。我国劳动力成本低廉的优势不能补偿偏离经济规模的效益低下。据统计，国内生产解放载重车的厂家，产量规模小于 3000 辆时，生产成本约为一汽的2倍，按照统计数据得出的经验公式证明，汽车企业生产规模每扩大1倍，生产成本可降低14%。这种规律在劳动生产率上也反映出来。1985年，我国汽车生产企业劳动生产率为1.13辆/人，而1980年美国为12辆/人，日本为41辆/人。即使扣除掉不可比因素，差距也是很大的。汽车工业企业组织的不合理状态，实质是资源配置不合理。我国资金和技术力量都很短缺，又分散到120个汽车制造厂、300多个专用车制造厂、3000个零部件厂，加之条块分割，无法获得专业化协作的收益，这就是我国汽车工业落后的重要原因。

5. 汽车工业企业组织的形成原因

形成我国汽车工业企业组织现状的原因，可以从以下几个方面分析。

（1）市场需求状况

首先看供求状况。世界汽车市场已趋饱和，汽车产量和保有量都处在低速增长状态。1977—1987年的十年间，世界汽车产量和保有量年平均增长率分别仅为1.25%和3.79%。但同期中国汽车产量和保有量年平均增长率却分别高达12.5%和12.6%。中国汽车工业正在迅速发展，中国汽车市场规模正在迅速扩大。尽管我国汽车保有量只占世界的0.79%，总的市场规模还很小，但它的潜力之大却是不容忽视的。

我国汽车工业几十年的发展始终没有跟上需求的增长，长期处于供不应求的状态。汽车工业落后，带来两个方面的不良后果。一是导致大量汽车进口，中华人民共和国成立以来，我国进口汽车所用外汇达130亿美元以上，超过了我国汽车工业总投资2～3倍。二是巨大的需求压力给汽车工业带来畸高的收益和政绩效应，构成了"汽车热"的原动力。从1985年工业普查材料看，汽车工业属高收益行业，其中地方汽车制造业的经济效益和投资效果更佳。以载货汽车为例，1985年全民所有制企业中，地方企业资金利税率达到了41.5%（其中省属企业为51.7%，县属企业为60.83%），高于中央企业的39.63%。因此，只要一有适宜的环境和条件，汽车厂数量就会自发膨胀起来。

其次看市场特点。汽车工业是一个成熟产业，汽车作为耐用消费品在许多国家已进入家庭。但我国汽车工业尚处于发展中，与世界各国汽车市场相比，特点显著。

第一，我国汽车市场为卖方市场，汽车产品长期供不应求，用户对产品的选择性很小。

第二，汽车销售对象主要是厂矿、企事业单位和机关，私人汽车拥有量很低（1987年只占10.4%），私人轿车拥有量更低。这就使得对汽车价格、质量、型式等的"挑剔"大大减弱，汽车厂所受的市场压力很小。

第三，长期以来，我国汽车市场与世界市场是隔绝的，汽车工业面对着一个封闭的国内市场，既无占领国际市场的机会和必要，也无国外汽车冲击之虞。

第四，汽车市场受政策影响很大。我国长期以来实行高度集中的计划经济管理体制，国家的政策直接左右着汽车市场的变化、影响着汽车市场规模，如节油封车、压缩集团购买力、进口政策等都使汽车需求规模发生波动。一些政策还直接影响着汽车需求结构，如轿车的使用政策。

（2）汽车工业技术经济特点

影响汽车工业企业组织结构的技术经济特点主要有以下几点。

第一，产业关联性强。汽车工业纵向关联性和横向关联性都很强。纵向关联性要求汽车制造企业必须搞好包括设计、产品开发、生产、测试、销售及售后服务等各个环节，任一环节的薄弱都会削弱产品的竞争能力。横向关联性是指汽车制造业对零部件、原材料、机械设备及相关技术的促进和依赖。横向关联性要求相关产业配套发展，技术和物资能合理流动。产业关联性要求汽车工业集中化和专业化协作。

第二，规模经济效应显著。汽车工业是资本密集和规模效应显著的产业，只有扩大规模，才可以增强开发能力，降低生产成本。

第三，技术密集。汽车工业对包括设计、制造等"硬"技术和管理、销售等"软"技术的要求都很高,而且涉及的技术门类繁多,并进入许多高、新技术领域,从而形成了很高的技术进入"门槛"。

显然,这些技术经济特点都会促使汽车制造业向集中化和专业化方向发展,世界汽车工业的发展过程就是走向集中的过程。问题是,这些技术经济特点在我国汽车工业中似乎并不明显。我国汽车工业大企业发展缓慢,小企业也发展不起来;专业化协作举步维艰,而"大而全""小而全"却依然故我。只能说,我国的市场特点及管理体制弊端阻碍了这些技术经济特点发挥作用。我国的用户难以对产品和售后服务提出严格要求,市场不能对企业形成竞争压力,在供不应求的情况下,企业可以仿造或满足于生产老产品,产品照样"抢手"。在条块分割的管理体制下,"大而全""小而全"比专业化协作更容易管理,零部件供应更容易得到保证,汽车工业的纵向关联性和横向关联性都被削弱和扭曲。小厂、新厂没有开发能力和测试能力,同样可以生产并盈利。这样,技术和关联性都难以构成新企业的技术进入障碍和集中化的推动力。我国汽车工业单位产量投资额和投资利润率也反映了这一趋向。据1985年工业普查资料,汽车工业绝大部分小厂单位产量投资低而收益高,如一汽单位产量投资为1.2万元/辆,二汽为2.8万元/辆,而同样生产中型卡车的石家庄汽车厂仅为0.6万元/辆(生产能力为3000辆),凌河汽车厂为0.5万元/辆(生产能力为6500辆),而投资利税率却为2.75和4.05,低于一汽的6.06,高于二汽的0.87。规模经济的效益并不明显,投资低、上马快的小厂收益反而更显著。

(3)发展政策

世界各国为改善汽车工业的企业组织结构,都进行了不同程度的政策干预,这些政策主要有以下几种。

第一,促进集中化的政策。从政策的干预方式看,世界主要汽车生产国可分为两类。一类是法国、日本以及韩国等新兴汽车生产国,由国家直接出面推动企业的合并和集中。如法国的"国有化运动"推动法国形成大生产集团;韩国的"汽车工业合理化措施"限制汽车厂数，促进企业向集中化发展。另一类是美国、联邦德国、意大利等汽车工业发展较早的国家，主要通过政策促进竞争而实现了汽车工业的高度集中化。

第二，有效保护和鼓励出口的政策。限制外国汽车对本国汽车工业的冲击几乎是各汽车生产国的一致政策。日本通过关税、物品税和外汇配额制限制汽车进口，通过限制直接投资防止外商在日本建厂与本国汽车工业竞争。韩国、巴西、墨西哥等新兴汽车生产国都采取了限制进口的政策，而印度长期以来一直禁止进口轿车，禁止外商在印度装配汽车。即使是美国，也通过迫使日本等国采取"自愿出口限制"办法保护本国汽车市场。

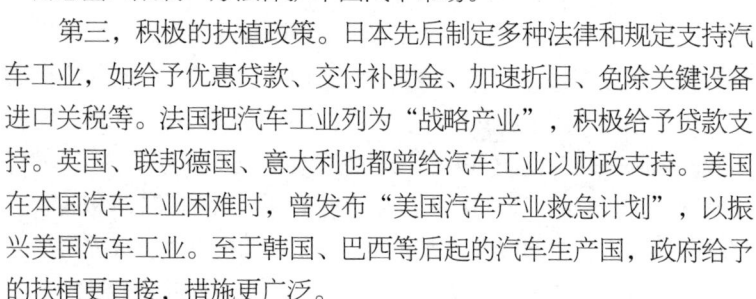

第三，积极的扶植政策。日本先后制定多种法律和规定支持汽车工业，如给予优惠贷款、交付补助金、加速折旧、免除关键设备进口关税等。法国把汽车工业列为"战略产业"，积极给予贷款支持。英国、联邦德国、意大利也都曾给汽车工业以财政支持。美国在本国汽车工业困难时，曾发布"美国汽车产业救急计划"，以振兴美国汽车工业。至于韩国、巴西等后起的汽车生产国，政府给予的扶植更直接，措施更广泛。

这些政策不仅保证了汽车工业的发展，也创造了汽车工业企业组织合理化的条件。与这些国家相比，我国汽车工业发展政策的差距主要是缺乏稳定性，缺乏力度，效果不理想。特别是缺乏有力地促进集中化的政策及必要的行政手段和经济措施，对新生的汽车厂缺乏必要的限制，一些措施难以落实，以致今日积重难返。

（4）管理体制

企业组织结构分散化的本质是资源配置的不合理。我国经济管理体制一直存在着条块分割的弊病，不利于资源的合理配置和改善。历史上几次管理体制的变革，并没使条块分割发生实质的改变，只是改变权限的分配比例。在这样的管理体制下，投资主体和利益主体多元化使汽车工业资产增量分散，尽管全国对汽车工业投入总量不少，却分散到大大小小的上百个整车厂和数千个零部件厂中，谁也成不了气候。资产存量的调整更为困难，生产要素至今仍无法流动，资产很难进行重组。地区、部门和企业的利益刚性使资产也刚性化，不能发生增强集中程度所必需的企业关停并转。财政体制、金融体制、价格管理体制及企业管理和运行机制在目前仍不利于集中化和专业化协作的进展。可以说，没有经济管理体制改革的进一步深化，我国汽车工业企业组织合理化是难以完成的。

第二节　汽车工业发展政策比较分析

对我国汽车工业的发展历程和企业组织做进一步分析，可以发现：第一，我国汽车工业不同产品的企业组织结构不同。以 1988 年为例，中型卡车集中度 C_3 为 90%，重型卡车为 67%，轿车为 98%；但轻型卡车、微型卡车却不足 46% 和 56%。第二，这几种产品是在不同时期发展起来的。大致是，20 世纪五六十年代，我国重点发展中型卡车和重型卡车；20 世纪 70 年代，这两种车型的基本格局定形；进入 20 世纪 80 年代以后，中型车和重型车进入稳定阶段，轻型车和微型车迅猛发展，轿车工业开始起步。这两个现象为我们提供了一条分析汽车工业企业组织结构的思路：我国不同时期的经济发展目标、发展方针、汽车工业发展政策都不相同，几种汽车产品企业组织的差异体现了不同时期的政策结果。在这一节，我们将以这几种车型的发展为脉络，从我国发展目标、发展政策和经济管理体制的变化对市场状况（规模、供求形势、市场特点）、发展状况（布局、投资特点、技术水平、企业组织状况）及其结果的影响入手，具体分析讨论我国汽车工业企业组织的形成和影响因素。

1. 中型卡车和重型卡车

早在 1950 年酝酿第一个五年计划时，汽车工业就受到党和国家的高度重视。毛主席和周总理向斯大林提出，希望把建设汽车厂列入苏联援建的首批重点建设项目，这一建议得到了苏联的支持。1953 年第一汽车制造厂在长春破土动工，拉开了我国现代汽车工业发展的序幕。20 世纪 60 年代，我国在国家腹地建设了四川汽车厂和陕西汽车厂，这两个厂后来与济南汽车厂一齐发展成为我国重型汽车生产基地。20世纪60年代末，第二汽车制造厂在湖北动工兴建。至此，我国中型和重型卡车的基本布局形成。

从这一时期汽车工业发展的过程，可以看出这样几个特点。

（1）国家集中投资，统一规划，建设大型汽车制造厂。这一期间建设的汽车厂一般都是规模较大，配套能力较强的全能型企业。由于国家集中全国人力、物力、财力，一般来说，建设周期短，可以很快形成大规模生产能力。如一汽三年即建成投产，并很快达到了设计能力。在国家统一规划下，生产布局比较容易得到保证。但一旦决策不当，造成的失误也严重。例如，目前二汽被围于山区，重型车生产三足鼎立等都是值得探讨的。

（2）这一时期，我国汽车工业的市场是完全内向的，汽车工业作为一个产业部门，其发展目标是为了满足国内军用和民用运输之需。这样的市场方向和发展目标从两个方面影响了汽车工业的发展。一是决定了汽车工业的发展速度不可能太快，规模不可能太大。相对狭小的国内市场容量制约了汽车工业的发展，因此，每当国家因经济"冷""热"转换和政策变换时，总会给汽车工业以冲击，使汽车工业的发展大起大落。二是导致形成以中型卡车为主的独特产品结构。由于交通运输政策和经济结构的影响，我国对重型卡车、轻型卡车及轿车的使用没有给予应有的重视，使这些车型的发展受到影响，国内汽车市场畸形发展，形成了汽车工业"缺重少轻、轿车近乎空白"的局面。

（3）这一期间，我国汽车工业基本是在封闭状态下自我发展起来的，在高度集中管理体制下，企业既无机会，也无能力引进技术和开发新产品，造成了大厂生产老产品（如一汽"解放"三十年一贯制），小厂仿造老产品，产品差别小，全行业技术水平日益落后的状态。1958年和1970年两次汽车热中，大批新建的汽车厂主要是拼装和仿制中型卡车，形成厂家多、品种少的局面。

（4）在国家的支持下，中型卡车和重型卡车骨干企业发展较快，而其他小厂与之相比，相对弱小。因此，一旦产品接近供求平衡，大量地方小厂就被迫转产或与骨干大厂联合，给中型和重型卡车的企业组织结构改善创造了一定的条件，这是两种车型集中程度较高的重要原因。两种车型基本饱和后，很少有新汽车厂生产中型和重型卡车。

2. 轻型车和微型车

我国轻型车是在第一次"汽车热"中起步的，1958年，在"大跃进"气氛中，地方国营上海汽车装配厂（现上海汽车厂）开始装配生产我国第一批轻型车，接着南京汽车厂生产出跃进牌轻型卡车，北京第二汽车厂制造出北京牌轻型卡车。与中型卡车相比，轻型车的发展不仅起步晚，发展速度相对也慢一些。轻型车真正迅猛发展，是在第三次"汽车热"中。由于市场对轻型车的需求剧增，同时由于我国经济管理体制改革和对外开放，使地方具有更大的经济实力和从外引进技术的机会。因此，许多省、直辖市、自治区纷纷建设轻型车厂，一些军工企业也加入轻型车的生产行列，使轻型车生产企业迅速增加。1988年，全国轻型车厂多达65家，而达到年产量1万辆的仅6家，产量不足1000辆的却高达31家。轻型车规划产量远远超过预计的需求量。轻型车成为汽车工业中企业组织结构最差的车型。

我国微型车是在第三次"汽车热"中诞生的。1982年，吉林微型车厂率先推出了微型货车，这种车机动灵活，特别适合城市商业、服务业、机关和工厂短途运输少量货物的需要。因此，微型车一进入市场，立即受到用户的青睐，成为抢手车型。于是，一些地方和部门群起效仿，微型车厂迅速增多。1983年，全国仅6家生产微型车的企业，一年之后，即1984年达到了13家，1986年又超过20家。

据统计，仅6家主要厂家1990年规划产量就超过43万辆，几乎是中汽公司预测需求量的2倍。与中型车比较，轻型车与微型车的发展有许多独特之处。

（1）中型车和重型车的骨干厂基本是国家集中投资建设的，属中央直属企业，它们一般是规模大，装备率高，开发和生产水平都比其他同类产品生产厂高得多。其他厂或者靠供求差额，或者依赖条块分割的市场和保护才能生存下去。但轻型车和微型车却是由各地方、部门筹资和配套，通过修配厂或零配件厂转产而发展起来的。一般地说，除20世纪50年代末建立的几个汽车厂外，大多规模小，开发能力弱，由于地方和部门财力有限，各轻型车厂和微型车厂规模差别要远小于中型车和重型车。这种"群龙无首"的状况，微型车更为显著，企业组织结构的整顿困难比轻型车更大。

（2）轻型车和微型车主要是在20世纪80年代发展起来的，这个时期，正是我国体制转轨阶段，与放权搞活相对应的是宏观调控措施不健全，行业管理无力，干预能力脆弱。汽车行业管理归口单位有过布点规划设想，如轻型车曾设想布点4处，微型车布点2处。但实际发展结果，却相去甚远。控制汽车厂家增加，走"大批量集中化、专业化"发展道路已成为全国上下的共识，但国内既无竞争和优胜劣汰的机制和可能，行业管理部门掌握的经济手段和行政手段也十分有限，对不合理的企业组织结构基本处于无能为力的状态。

（3）轻型车和微型车是在我国开放的环境中迅猛发展起来的，各个厂家为了提高竞争力、尽早占领市场，大多是采取技术引进或CKD方式，出现了多头重复引进现象。再加上组装轻型车和微型车要求起始投资和技术水平相对较低，组装车可以卖高价获利，大大降低了进入壁垒。目前，绝大部分厂家国产化进展缓慢，对国外厂商依赖性很大，不少厂处于欲上无力、欲罢不能的状态，改善企业组织结构的难度相当大。

3. 轿车及吉普车

新中国第一辆国产轿车是在"大跃进"中诞生的，1958年5月，第一汽车制造厂首先试制出"东风"牌轿车。随后，北京、上海也相继生产轿车，经过调整，形成了一南一北两个轿车生产基地，即南方的上海牌和北方的红旗牌轿车两个生产点，但生产能力都很低。红旗牌高级轿车年产能力仅200～300辆，30多年累计产量不超过2000辆；上海牌年产能力为6000～7000辆，累计生产量 2 万多辆；而 1985 年一年轿车进口量就达到 10.5 万辆。无论是产量，还是生产能力，我国轿车工业水平都十分低下。称中国轿车工业"近乎空白"并非夸大之词。我国轿车工业真正起步是 20 世纪 80 年代，1983 年，上海汽车厂与德国大众汽车公司合作，采用 CKD 方式，装配桑塔纳轿车。接着天津、广州也以 CKD 方式装配轿车。1986 年，国家决定在一汽和二汽建设大规模轿车厂，轿车工业开始加速发展。1986 年 6 月，美国独资的"熊猫"汽车厂在广东惠州奠基，计划 1994 年达到年产 30 万辆，产品全部出口。熊猫厂是中国最大的外商独资项目，它对中国汽车工业的影响是不能低估的。

吉普车（轻型越野车）一直是作为轿车的代用品而得到了广泛的使用，我国 1987 年吉普车与轿车保有量之比大致为 5 ∶ 3，比轿车更为普及，生产能力也比轿车大得多。北京汽车厂是吉普车的主要生产厂家，同时有一些汽车厂也仿制和拼装吉普车。1984 年北京汽车厂与美国 AMC 合资，以 CKD 方式生产第二代北京吉普。作为乘用车，我国把第二代北京吉普划入轿车范围，将北京吉普有限公司，与广州、天津合称"三小"轿车生产基地，而将上海和建设中的一汽、二汽轿车生产基地合称"三大"。"三大三小"形象地勾画出了中国轿车工业的布局。

与卡车相比，轿车集中度是比较高的，除了因一汽、二汽大规模轿车厂尚未投产，只有上海"一大"和"三小"生产轿车，轿车产量和生产厂家都较少外，还因为以下几点。

（1）轿车（包括吉普）在相当长的时间内，一直被视为"官员用车"，是高档奢侈品。它的生产规模受到了限制，生产能力不可能扩大。它的销售受配车规定的制约和必需的审批手续限制，国内实际市场十分狭小。再加之要求的技术水平和配套能力比卡车高，在 30 多年中，轿车和吉普车生产厂家一直是国家指定的几个企业，没有出现卡车那样的分散情形。进入 20 世纪 80 年代后，随着对外开放、对内搞活和商品经济的发展，各级政府和企业事业单位自主权扩大，人民收入水平提高，使轿车（包括吉普车）需求迅速增大，中国潜在的市场开始向现实的市场转变。1980—1987年全国轿车保有量年平均增长率高达28%，远远高于汽车平均增长速度。1986年，为了改变我国轿车生产的落后状态，改变轿车依靠进口的不合理情形，我国汽车工业的发展重点开始由卡车逐步向轿车转移。为了防止卡车的分散化倾向在轿车工业重演，国家明确规定除"三大三小"外，任何部门、任何地方不得再布新点。这些政策对限制轿车分散化起到了作用。

（2）建设轿车厂需要巨额资金，必须有大量的技术人才，需要有完善的机械设备和配套零部件供应，需要引进国外技术。因此，没有国家的支持和扶植，是很难建成的。国家对定点的"三大"轿车生产基地实行倾斜政策，给予了政策优惠和方便，统筹安排原材料供应和零部件配套项目。这些条件，任何一个部门和地区是很难独立提供的。从国内现有生产轿车的厂家也可以看出，国家支持的上海大众和北京吉普产量都达到了一万辆以上，而主要由地方经营的广州、天津产量都不高。

（3）建设轿车厂的资金来源，主要是采取扶植实力较强的汽车工业企业集团，通过政策，增强它们的筹资能力，拓宽筹资渠道，企业成为筹资和投资主体。

为了引进技术和外资，三大轿车生产基地都采取了合资的方式，这就为扩大资金来源、生产高水平产品及出口创造了条件。

（4）过去30年，我国轿车主要是供公用的中高档轿车，它的市场是有限的。而建设中的一汽和二汽大规模轿车厂，产品是适于家用和商用的普及型轿车，它的市场销售量在世界上是最大的，在中国也将是销售量最大的车种。因此，有可能达到经济规模，成为中国未来轿车生产的"首领"。任何打算上轿车厂的地方和部门都要冒与之竞争的风险，这样的形势，对轿车分散化是一种有力的制约因素。

从这几种车型发展过程的比较，我们可以得到改善我国汽车工业企业组织结构的思路，这就是，要利用国家掌握的财力、行政权力、物力支持重点企业，走"扶强抑弱"之路；要采取各种可能的手段，坚决阻止新汽车制造厂的建立；通过深化改革，加强行业管理，增强国家宏观管理能力，促进资产的重组，为调整企业组织结构准备条件；完善汽车产品市场、生产资料及资金市场，创造有效竞争的市场条件，促进企业改善经营，造成企业向规模经济和专业化协作发展的环境。事实将说明，改善我国汽车工业企业组织结构不仅是必需的，也是可能的。关键在于我们的工作。

注释

①参见莫瑞荪（1990），第16页。

②基尼系数为洛伦兹曲线和对角线所围的面积与对角线下总面积的比值。

③哈菲德尔指数是各企业产量占总量比重的平方和。

第四篇

4

国外研究篇

第十五章　国外产业组织理论：框架、发展及借鉴意义*

本章包括三方面内容：概要介绍国外产业组织理论的基本框架及主要概念；20世纪70年代以来国外产业组织理论的发展线索及其与企业理论、规制经济学的相互影响；探讨国外产业组织理论对中国产业组织研究的借鉴意义。

第一节　产业组织理论的框架及概念

1. 产业组织理论的产生及有效竞争的概念

产业组织理论是分析企业经济关系（主要是企业市场关系的基本特点和变化规律）、分析和指导产业组织政策设计的应用经济理论。在产业组织理论中，产业组织就是企业市场关系的集合。从理论内核看，产业组织理论属于价格理论的范围，是一种应用垄断价格理论。与一般的纯粹价格理论不同，它以竞争与垄断、经济规模的矛盾关系为基本线索，提出了一套描绘和说明现实的企业市场关系的方法，着重研究发挥和制约价格机制效用的现实条件。因此，作为应用价格理论，它又可以被当作一门分析实际企业市场关系的方法性理论。

系统经典的产业组织理论（Theory of Industrial Organization）

---

* 日本东京大学植草益教授于1990年9月在国务院发展研究中心做的"产业组织理论和企业理论的发展"与"规制经济学和日本的政府干预"两个学术报告对撰写本章提供了重要的线索。

的框架是到20世纪50年代末才形成的。但产业组织理论的一些基本概念可以上溯到亚当·斯密关于竞争和垄断的一些论述，之后的不少经济学家（如库尔诺）也论述过这个问题。对产业组织理论形成贡献最大者当推马歇尔（A.Marshall）和张伯伦（E.Chamberlin）。马歇尔在其1890年出版的著名的《经济学原理》一书中，最早提出了含义比较广泛的产业组织的概念：作为企业的组织，产业内企业的组织，相关产业间的组织和国家组织（见该书第一篇第一章）。他认为规模经济和垄断难分难解，分析由于企业位置、商业信誉、销售费用等造成的市场的不完全性，指出垄断和自由竞争在观念上相悖，在实际上则可以相互联系和变化。在20世纪30年代，价格理论进入了一个新时期，即围绕竞争和垄断的关系进行更接近实际的全面研究，形成了垄断价格和寡占价格理论。1933年，几乎同时问世的张伯伦的《垄断价格理论》和罗宾逊（Joan Robinson）的《不完全竞争经济学》奠定了垄断价格理论的基础。张伯伦提出的一些观点和概念成了现代产业组织理论的重要来源[①]。如张伯伦指出，市场包括从完全竞争到独家垄断的多种类型，产品差别可以使供给者对各自产品实行垄断，存在垄断竞争，存在集团内企业相互协调对付非集团企业的问题，市场进入和退出是正常的，集团和非集团企业可能在某一点上平衡，产品差别的竞争可能比一般的价格竞争更重要等。

20世纪30年代以后有关产业组织的理论和实证研究日益深入。在大量研究的基础上，克拉克（J.M.Clark）1940年6月发表在《美国经济评论》上的《有效竞争的概念》一文，首先提出了"有效竞争"（Workable Competition）的概念。他指出长期均衡是一种动态发展的概念，是随着产业成长、经济规模发展的长期成本下降和长期供给能力增加，从而保证长期供给的均衡；而短期均衡是一种静态概念，它依靠在现有生产条件下（完全竞争）价格的自动调节来实现供需平衡。克拉克认为两者实现的条件往往不协调，为了研究现实条件下缩小这种不协调的手段和方法，有必要明确"有效竞争"的概念。所谓"有效竞争"，就是应当形成对长期均衡有利的竞争格局，将竞争与经济规模联系起来。但是克拉克没有解决实现有效竞争的客观条件和度量标准问题。在许多学者为解决这个问题进行的大量研究的基础上，美国哈佛大学梅森（E.S.Mason）教授在1957年提出了两个具有一定可操作性的有效竞争的标准。一是有效竞争的市场结构标准，即（1）市场上存在相当多的买者和卖者，（2）谁也不能占领市场的大部分，（3）任何企业和集团不存在共谋，（4）新企业能够进入市场；二是根据期望的绩效反求市场有效性的市场绩效标准，即（1）存在不断改善产品和工艺过程的市场压力，（2）生产费用下降时价格可以下降，（3）生产主要在大小适应，但有效率的规模单位中进行，有时未必是在最低费用规模下生产，（4）没有慢性设备过剩，（5）能避免销售中的资源浪费。

有效竞争概念的提出和有效竞争客观标准的研究，促进了产业组织研究的发展。在这样的背景下，1959年，美国加州大学（伯克利）经济学教授贝恩（J.S.Bain）发表了著名的《产业组织》一书。这是第一本系统论述产业组织理论的专著，标志着产业组织理论体系的基本形成。贝恩是梅森的学生，哈佛大学博士，曾先后在哈佛大学、斯坦福大学任教，曾任《美国经济评论》主编（1952—1955年），长期研究产业组织的理论和实际，发表过许多有影响的著作和文章。长期的系统研究，使贝恩教授成了产业组织理论的集大成者，《产业组织》成了美国哈佛学派有关产业组织理论的代表作。

2. 产业组织理论的框架体系

产业组织理论的框架[②]，由市场结构、市场行为、市场绩效三个基本部分组成。三部分的关系，如图15-1所示。基本的经济条件、技术进步、企业组织及公共政策也是影响产业组织的基本因素。有些项目，如企业兼并和垂直结合，既可以视为影响市场结构的基本因素，又可以从企业市场行为的角度加以考察。

三个基本部分的关系是复杂的。过去的一般看法是：市场结构是决定市场行为和市场绩效的基础；市场行为受市场结构的影响，反过来又影响市场结构，同时是市场结构和市场绩效的中介；市场绩效受市场结构和市场行为的共同制约，是市场关系或资源配置

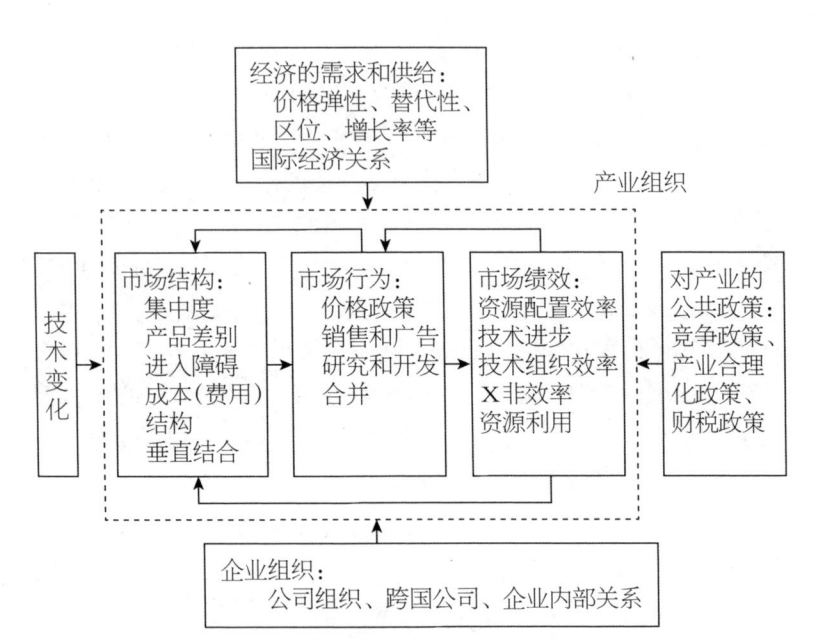

图 15-1 产业组织基本部分和影响因素框架

资料来源:根据植草益《产业组织论》,放送出版协会,1987年,图1.1 和 F.M Scherer《Industrial Market Structure and Economic Performance》, 2nd. Ed. Chicago: Rand Mc Nally 1980, F 1.1 等编绘。

"好坏"的最终结果标志,同时市场绩效的状况又影响未来的市场结构和市场行为。

  之后的人们对这三个部分的关系提出了不同的观点(见本章第二节)。因此有些学者这样概括三部分的关系:从短时间看,市场结构不易变化(当然有时会出现影响市场结构的重大兼并)。这时先分析市场结构,再考察特定市场结构下的市场行为和市场绩效是合理的。但是从长期看,市场结构会因各种因素(包括技术和经济环境变化)而变化,并且常常受企业市场行为,如各种价格竞争和非价格竞争(技术开发等)行为及市场绩效的影响而发生变化[③]。这种关系的实质是市场结构会受企业家创新活动的影响。

3. 产业组织理论的基本概念

（1）市场结构（Market Structure）

市场结构即企业的市场联系特征，主要反映企业之间及企业和消费者之间的商品交易关系和地位，反映市场的竞争和垄断程度。它主要通过三个概念（指标）表示：市场集中度、产品差别和进入障碍。

市场集中度（Degree of Market Concentration）**或集中率**（Rate of Concentration）。企业的集中状况能反映市场的竞争和垄断程度，因此集中度一直是产业组织的研究重点。集中度可以分为销售集中度、生产集中度、劳动集中度、资产集中度，前两种集中度用得较多。市场由买卖双方构成，因此集中度被分为买方和卖方集中度。最基本的集中度指标有绝对集中度、相对集中度、HI 指数。三种指标各有特点，其具体定义及计算方法详见第八章。

产品差别（Product Differenciation）。产品差别又称产品差别程度，是指买者因产品不具有完全的代替性而对产品的偏好差别。产品差别小，对卖方不利，反之亦反。产品的差别化与企业的技术基础有关，又可视为企业经营战略。

理论上，产品差别程度可用需求交叉弹性测量。但因偏好主观性较大，且又与企业战略有关，因此难以实测。研究中，常根据差别化原因和企业的有关行动分析差别化程度。一般认为，主要应注意：一是产品性能、质量、外观的差别；二是推销活动的差别；三是地理位置及各种辅助费用（如运输费）的差别；四是买方对产品认识程度的差别。

进入障碍（Barriers to Entry）。进入障碍是指现有企业对企图进入市场的企业（潜在竞争者）的优越地位。进入障碍对市场结构的变化影响很大。

形成进入障碍的主要因素：一是现有企业在资源（原材料、技术、人才等）占用和费用上的有利地位；二是在产品差别和销售（含广告、销售系统）上的有利地位，如了解市场和顾客；三是经济规模；四是法律、行政的制度障碍，如各种许可证制度。一般可根据资本、流通和广告费、专利、技术开发条件及政策规定等说明进入障碍的状况。

经济规模是否会成为进入障碍阻碍竞争，一直是基本的产业组织研究课题。产业组织理论分析这个问题的基本方法是：首先用技术法、会计费用法或适者生存法估计最小经济规模（MES，即 Minimum Efficient Scale）；而后，以此为基础，根据市场规模与 MES 企业费用变化特点进行分析，即计算 MES 占市场总规模的比例，比例值大，则进入障碍高；分析 MES 企业开工不足时的成本变化特点，若随开工率下降，单位成本上升幅度大，则进入障碍高。

费用结构过去是作为影响进入障碍的一项因素加以研究的。自鲍莫尔（W. J. Baumol）提出滞留费用（Sunk Cost）概念后，考虑到这个因素对进入障碍及市场结构的特殊影响，许多研究开始强调在分析经济规模等对市场进入障碍的影响时，必须分析滞留费用的影响，除非滞留费用很大，经济规模不会成为重要的进入障碍。

根据集中度（企业数和对应相对集中度指标的企业规模差别）、产品差别、进入障碍三项因素，将市场分成不同的市场结构类型，如表 15-1 所示。

表 15-1　市场结构分类和影响因素

竞争状态	企业数	企业规模差别	进入难易	产品差别
独占	1	可以忽视	不可能进入	没有
寡占	少	一般有	一般较难	一般有
支配企业型	?	大	?	大
协调寡占	极少	小	难	小
竞争寡占	比较多	?	?	?
独占的竞争	多	可以忽视	容易	有
完全竞争	多	可以忽视	自由	没有

说明："?"为原表所列。

资料来源：W. G. Shepher《The Economics of Industrial Organization》，P62. 转自新庄浩二等著《新产业经济学》，昭和堂 1989 年，第 72 页。

（2）市场行为（Market Behavior 或 Market Conduct）

有关市场行为的研究有三个特点：一是重点研究有限竞争或不完全竞争条件下的企业行为特点；二是注意探讨市场行为与市场结构（如集中度、产品差别等）的关系；三是没有像集中度那样既综合又较易测量的指标，因此重视对市场行为的分类研究和影响因素的研究。各种卖方行为、买方行为和企业的合并、集团化行为是研究的重点。

价格行为（企业价格竞争和控制价格的策略、手段）是卖方行为的研究重点。主要研究三类问题：第一，企业定价的主要原则，特别是企业如何确定目标价格，以保证既获得较大的利润，又尽可能限制更多的企业进入。研究表明影响企业定价的主要因素有：企业数及规模差别、企业市场份额、产品差别、进入障碍、生产费用条件、新技术开发、目标利润率、需求成长率和价格弹性。其中前四项是市场结构因素，这表明企业市场行为受市场结构影响，第五、六项是技术或技术经济因素，第七项是由股东利益、金融业利益、内部利益及传统等多方面原因形成的综合因素，第八项是市场需求和经济环境因素。第二，寡占价格的实现形式主要有三种形式：价格协定、领导价格、默契价格。第三，价格使用策略和条件，如价格和产量如何配合。

非价格行为，主要指企业的技术和产品开发行为、销售行为（广告宣传、促销活动等）。企业各种非价格行为的宗旨是要扩大有利于本企业的产品差别和形成限制其他企业进入的障碍。企业的这类行为，有些可以促进技术进步、扩大消费者利益，有些则不会。由于非价格竞争的重要性日益提高，这方面的研究日益成为产业组织研究的重点。

企业的卡特尔行为也是重要的研究内容：一是对各种卡特尔的内容、实现形式进行分类研究，如价格卡特尔、销售卡特尔、贸易卡特尔、防止不景气卡特尔、国际卡特尔等；二是研究影响卡特尔实现形式的因素，主要研究市场结构、技术条件、法律制度等的影响，如研究表明形成默契卡特尔的主要因素是：企业较少、规模均匀、费用曲线接近、情报交换方便、卡特尔的内部限制严格、需求弹性小。

对买方行为的研究内容与对卖方行为的研究内容大致类似。对买、卖双方行为的研究可以勾画出企业市场行为的总体图像。研究多集中在对中间产品市场上企业行为的分析上，如研究生产最终产品的大企业如何处理为其生产零部件的企业，特别是中小企业的关系。

关于企业合并和企业集团化行为，主要研究三个问题：一是实现形式，如各种企业合并的形式和企业的多种结合方式；二是行为动机和策略，如水平合并通常是为了扩大企业的市场影响力，而垂直合并常常是为了控制从原材料到最终产品的全部环节；三是影响企业合并的因素，通常包括市场结构、需求、技术、法律制度等。

（3）市场绩效（Market Performance）

重点研究两个问题，一是市场绩效的表现，二是市场绩效与市场结构、市场行为及其他经济因素的关系。

市场绩效主要表现在以下诸方面。

资源配置效益。西方经济学认为，如果要素不能合理流动，资源配置效益就不可能好。而要素合理流动的结果是利润趋于平均化，因此可以用资本税后利润率的大小及其分布来反映资源配置的有效性。

技术进步。主要从发明、革新的数量及技术转移和劳动生产率两个方面来考察产业组织的技术进步状况。技术进步的过程很复杂，通常只能根据专利数量、技术开发费等对技术进步的产出进行初步的估计。劳动生产率较易测量，尽管其变化包括资本数量的影响，但仍被视为衡量技术进步的基本指标。

产业组织的技术效率。又称产业的规模结构效率，反映产生规模经济的实现程度。主要通过三个方面表现：一是根据 MES 企业的供给占市场总供给的比例反映产业规模经济水平；二是合理的、有经济根据的垂直结合水平；三是企业或 MES 企业的利用率。在商品经济发达的国家，一般情况是：在多数产业，MES 企业是市场的主要供给者；在垂直结合经济性高的产业，最终产品或阶段产品主要来自垂直结合程度高并且阶段规模经济水平高的大公司、大企业；在相当多的产业，存在超经济规模的过度集中，存在生产能力过剩。

X非效率。即企业经营和内部组织的低效率，导致企业利润费用化，企业内部资源配置效率很低。其主要原因：一是大企业两权分离后产生的经理特殊利益；二是由于企业市场地位优越，使大企业职员、工人有可能低效率、高工资；三是大公司内信息的组织传输损失。描述X非效率的主要指标是包括企业各集团的工资、经营费在内的经营成本和成本结构。经营者、劳动者行为和企业组织关系的考察是这方面的研究重点之一。

此外，管理价格、销售费规模、产品成果、资源利用等也能反映产业组织的资源配置效益和市场机制的运行状况。

4. 产业组织理论对产业组织政策的影响

如上所述，产业组织理论提出了一套具有可操作性特点的分析方法体系，是一种具有"工程学特点"的应用经济理论。因而该理论与一般的抽象理论不同，能直接和间接地对产业组织政策的规定、实施发生重要的指导作用。主要表现在两个方面：第一，它是分析现实经济关系的有力工具。特别是关于市场结构及其与市场行为关系的理论，使人们对企业垄断或进行不正当的竞争基本条件有了更深刻更具体的了解，从而影响了有关的公共政策的设计思想：政策的力点应放在控制导致垄断和不当市场行为的经济条件上。第二，它是制定和实施政策的直接依据。首先制定政策的前提是正确地认识现实的经济关系，因此分析实际市场关系的工具自然就是制定政策的工具。其次制定政策需要瞻望未来、预见效果，因此必须了解有关的经济关系变化规律，产业组织理论可以对此提供帮助。最后发达国家的有关法律和政策实践，已经直接证明了产业组织理论的指导作用。

举一个例子。早期美国的反垄断政策认为企业市场份额再大，只要无违法行为，就不必干预企业的发展。

20世纪30年代以后,经济学家的研究指出,企业市场份额过大,会形成垄断性的市场结构;市场行为与市场结构密切相关,市场行为不容易把握控制,因此有必要通过控制市场结构以防止不正当和不公平的市场行为。1945年,美国联邦最高法院仅以美国铝业公司铝的市场份额高达90%,裁决该公司违反托拉斯法。过去美国联邦最高法院也裁决过一些市场份额很高的企业违法,但这些公司一般还有其他违法行为。因此美国铝业公司案标志着美国政府和公众接受了经济学家的研究结论,将市场结构控制政策引入反托拉斯的政策体系,并成为政策体系的基本原则。美国司法部在1968年公布的企业合并指南中,就详细规定了根据产业的CR_4值,兼并和被兼并企业不得超过的市场份额[4]。

第二节 产业组织理论的发展及其与企业理论、规制经济学的相互促进

1. 一般回顾

自贝恩提出系统的产业组织理论以后,产业组织理论或产业经济学[5](Industrial Economics)一直是最活跃的经济学研究领域。大量的研究向以SBP(或SCP,即结构—行为—绩效)为框架的产业组织理论发起了挑战,同时推动了产业组织理论的发展。美国麻省理工学院经济学教授斯克姆莱西(R.Schmalensee,曾为布什政府总统经济顾问委员会成员)1988年在《经济学杂志》上著文,回顾了贝恩以来的研究进展,强调了产业组织研究的三个特点:研究的目的是要搞清市场上企业或公司结构的状况、成因,企业市场行为的机制,市场绩效状况和成因;研究的重点是不完全竞争市场;重视从合理政策设计、政策实施、政策形成机制所反映的利益三个方面研究有关产业组织的公共政策。他还指出,基于供给研究的重要性,至今这个领域仍是最重要、最活跃的领域,研究在深入,但是分歧仍然存在,甚至更多。根据这篇文章及其他文献,可以了解产业组织理论在20世纪60年代以后发展的基本线索。

(1) 研究工具和方法

信息尤为产业组织研究中的一个基本概念。如利用信息的不完全概念解释企业结合动机，利用信息的不对称概念解释企业卡特尔协调、协调的稳定性以及企业的进入和退出。承认信息的不完全，使基于贝叶斯规则的主观概率概念及分析方法成为分析企业行为的主要工具。

企业理论中的代理关系和代理人（Agency）概念，也成了产业组织研究的重要概念。引入代理人概念还意味承认企业不一定简单地按利润最大化准则行事，导致修改一些基本模型，提出对企业合并、X非效率的新解释。

广泛应用博弈论分析企业的市场行为（包括价格行为和非价格行为）、企业的寡占协调乃至政府的政策⑥。

十分重视和强调经济研究。在20世纪50年代以前，有关产业组织的经验研究主要是对个别产业或企业违反反托拉斯法案例的研究。通过贝恩的工作，经验研究的重点转向对不同产业的综合研究和比较研究（如贝恩1956年对20个产业的产业组织研究）。但出于使用多部门资料必然较粗疏等原因，因而研究的兴趣又渐渐转向以特定的行业为主要对象的个案研究。这种研究能获得更系统的全面资料，能深入较小的企业组织和公司，能够提供更可靠的结论。斯克姆莱西教授指出，目前的状况是理论太多，关键在于能否通过经验研究证实理论。进行深入的经验研究很重要，但很艰苦，又往往得不到学术界的较高评价，还需要资金支持，这已经成为深入研究的障碍。

(2) 市场结构

关于规模经济及集中度的状况已有大量成果：长期费用曲线一般是L形的，可以用工程法、会计法、维斯方法等估计产业的MES；各国集中度的等级相关系数很高，表明存在能起共性作用的技术因素；规模经济越重要的产业，一般集中度越高；长期费用曲线是L形的，有利于多工厂企业的发展，会影响企业结合和集中度。

日益重视研究范围经济⑦。企业生产总费用可以通过生产多种产品而减少。范围经济是企业多角化经营和垂直结合的重要原因,与交易费用有关,牵涉代理人对市场交易或企业结合的选择问题。

贝恩有关进入障碍的研究仍然值得重视。新的研究表明应当重视信息的不完全性对企业进入和退出的影响,原有企业可以利用自己对信息的较多掌握阻止新企业进入或诱其退出。鲍莫尔(W.J.Baumol)提出应当根据沉没费用(Sunk Cost),而不是根据一般的固定费用判断市场的进入障碍,如果沉没费用低,即使市场是一家垄断,但由于存在潜在进入压力,市场仍然是可竞争的。

关于自然垄断与规模经济关系的研究也有些重要的新成果:学者们发现电信等产业的MES并没有想象的那么大;可以用次叠加性解释这些产业的自然垄断;规模经济对于次叠加性,既非必要条件,亦非充分条件等⑧。

(3)市场行为和市场绩效

产业组织研究的一个中心问题是设计、发展利用可观测的指标预测市场行为和绩效的技术。梅森、贝恩用市场结构作为基本的观测指标。但研究表明情况相当复杂。

对企业定价特别是垄断和寡占企业的定价,一直是研究的重点。企业的市场力量集中表现在价格歧视上。人们一直重视对庇格(A.C.Pigou)提出的三种价格歧视的研究,特别重视分析价格歧视对国民福利的影响。⑨

寡占协调和卡特尔仍然是重要的研究内容。已经有几十个模型用于分析寡占企业的行为,但是假设和结果往往多种多样。利用信息的不对称,是诱使一些企业退出市场的重要机制和手段。一些学者(如斯蒂格勒)强调寡占理论应以卡特尔理论为基础,尤其应重视对可能导致卡特尔不稳定的行为的研究。博弈论对研究卡特尔的稳定性提供了有意义的分析工具。

实践表明,企业的非价格行为更为常见。已经提出了一些基本的产品差别选择模型和广告竞争模型用于分析相应的企业行为。产品差别模型表明很难有恰当的产品系列能同时较好地保证供给者和消费者的福利。对广告是提高还是降低进入障碍及其对福利的影响的争论仍然存在。理解这个问题的关键之一是要了解广告如何转换人们的需求兴趣。实证研究表明：在消费品产业，广告强度（用广告费占销售收入的比例表示）先随集中度的提高而提高，以后则有所下降；在制造业，广告强度常与会计利润率正相关，但对有关研究的结论及解释还存在不同的看法。

贝恩曾认真分析过集中度与利润率的关系。这曾被认为是反映结构和绩效关系的一个重要方面。包括贝恩在内的很多学者认为集中度与利润率是正相关的，但相关函数的形态比较复杂。同时，美国在20世纪60年代也有些研究，认为二者弱正相关，20世纪70年代一些研究又认为二者负相关。英国的一些研究认为二者是正相关的。日本的研究认为二者的正相关关系只有在集中度达到一定水平后才可以观测到[10]。对于集中度与利润率负相关的结果，人们提出了各种解释，如认为各产业都存在一些低效率的经常进入和退出的小企业（因此，有必要使研究深入公司一级的水平，而不是简单的平均）。与进口关税保护有关，与高集中度产业的代理人行为有关，企业的垄断利润被职工，特别是有组织的职工所掌握等。这种情况在政府干预较多的产业也存在，如一项研究指出政府干预使卡车业获得的超额利益被职工掌握了2/3。

技术竞争模型表明，经费水平将影响研究开发的成功程度，连续的成功有利于获得重要的专利，竞争导致革新加快，大公司能有更多的研究经费和研究成果。对垄断者的研究表明，大企业可以通过控制专利限制进入。垄断者常用高价获得研究专利的先买权。但如果研究不一定得到专利，有各种专利可以影响进入时，大企业不一定强调获得先买权。经验研究可以帮助搞清理论研究的局限性，经验研究指出大多数研究开发是关于产品的而不是工艺的，发展经费多于研究经费，专利是否是阻碍进入的重要工具与产业有关，在一些产业发明转让费是发明奖励的主要来源。

（4）产业组织公共政策

产业组织研究的进展使学者在一些领域已能较好地描述产业组

织政策，在另一些领域仍然很困难。政府部门的政策实施程序，如控制企业合并的程序已比过去更合理、更有效。政策研究中的经济分析水平也有明显提高。但是研究对过去认为合理、有效的政策提出了怀疑。如现在一般都认为卖方集中度不是度量市场竞争程度的一个好指标[11]，市场行为与很多因素有关，因此不能仅根据结构—市场关系设计政策。在这种情况下，人们进一步认识到将次优作为政策设计目标的意义。研究揭示了已有政策和政策设计依据的局限性，这既使人痛苦又使人激动。

2. 产业组织理论的发展及其与企业理论、规制经济学的相互影响

上面实际上已指出许多重要的理论研究成果对产业组织理论，甚至对产业组织理论的体系、内容、概念及研究方向已经产生了重要的影响。下面进一步做一些介绍。

（1）芝加哥学派的理论和鲍莫尔的理论

20世纪70年代以后，以芝加哥大学教授斯蒂格勒（G.J.Stigler）、布罗兹恩（Y.Brofen）、德姆斯兹（H.Demttz）为首的产业组织研究的芝加哥学派对以梅森、贝恩体系为代表的哈佛学派的产业组织理论提出了针锋相对的挑战[12]。芝加哥学派认为如果高集中度的市场有高利润率，企业必然大量进入，集中度就会下降，企业就会丧失市场控制力。因此与哈佛学派强调市场结构→市场行为→市场绩效的因果关系不同，芝加哥学派或认为三者之间没有必然的因果关系，或者强调市场绩效→市场行为→市场结构的逆向因果关系。芝加哥学派还在许多基本的分析模型方面提出了不同的见解，如斯蒂格勒用生命周期理论解释专业化分工和垂直结合的变化[13]，并且对用微观经济学的方法更精细地分析产业组织问题做出了重要的贡献。芝加哥学派的挑战是体系性的挑战，这与该学派同哈佛学派的政策分歧有关。针对美国政府的结构和行为控制并重的产业组织政策，芝加哥学派提出一系列批评意见：高集中度的市场能有高利润率，是企业效率高的表现，否则必然引入大量企业使利润率和集中度下降；如果因此限制企业发展甚至分割企业，将会导致产业组织

的低效；在规模效益要求企业垄断的情况下，政府管制产业也不会有好的效果；在某种意义上，政府对产业的管制，是一些企业企图形成人为垄断，结果导致低效率。

美国经济学界公认芝加哥学派的研究无论对产业组织理论的发展，还是对美国20世纪70年代末开始的放松规制（deregulation）的改革都起了重大的促进作用。芝加哥学派关于结构、行为、绩效存在复杂的多向关系的见解也已被对立派接受或者部分接受。有些学者还提出了综合两派之说的见解，如认为从短时间看，是结构影响行为再影响绩效，从长时间看，因果关系则是逆向的。但是芝加哥学派也不能完全证实自己的观点，无法否认市场结构的重要作用，哈佛学派可以用修改完善的办法应对芝加哥学派的挑战。此外哈佛学派强调市场结构重要性的重要原因是方法论性质的，即通过较易识别的市场结构把握基本的产业组织关系。

鲍莫尔的可竞争市场（Contestable Market）理论对强调维持市场竞争性的传统的哈佛学派也提出了尖锐的批评[⑲]。哈佛学派认为进入障碍高的市场，往往企业少、集中度高，为了有好的绩效，需要一个竞争者较多的市场结构。但鲍莫尔认为，不要有较多的企业，只要存在潜在的进入压力，即存在一个可竞争的市场结构就能有好的市场绩效。为说明可竞争的市场，鲍莫尔提出了沉没费用的概念。沉没费用是企业进入市场又退出市场后不能回收的费用。固定费用是生产时不随产量变化而变化的费用（如设备投资费和折旧费）。固定费用在进入市场时可能很高，但在退出市场时由于大部分费用回收（如出售设备，或改变用途），并不一定全部损失。沉没费用往往只是固定费用的一部分。根据这个理论，只要沉没费用不大，就存在新企业随时可能进入市场的潜在压力，即使市场上只有一家或少数几家企业，也可能因有潜在进入压力而获得较好的资源配置效益和福利。

根据鲍莫尔的理论，集中度只是个次要的市场结构的竞争性指标，关键要看影响进入障碍的沉没费用的状况。许多研究承认鲍莫尔理论的重大创新价值，同时指出在资产专用性较强的产业，如制造业，符合可竞争市场的特点的产业和市场较少。

（2）交易费用理论和内部经济学理论

这两种理论都与制度经济学有密切关系，是现代企业理论的重要内容[15]，直接受惠于美国经济学家科斯（R.H.Coase）1937年发表但到20世纪60年代才引起重视的一篇著名文章《企业的性质》。在这篇文章中，科斯提出了一些重要的观点：企业的产生与企业家减少不确定性的企图有关；企业靠企业家直接组织和协调，市场靠价格协调；企业和市场存在相互替代性，都是可供选择的组织手段；企业规模的变化和扩大，企业家选择企业还是市场，与企业的内部组织费用和市场交易费用的大小比较有关等。

系统的交易费用理论（Economics of Transaction Cost）是美国经济学家威廉森（O.E.Williamson）在1975年提出的。这个理论系统地探讨了交易费用的性质、影响因素等，分析了交易费用对各种交易契约关系的影响。交易费用是在交易中发生的费用，这种费用是一种寻找交易、反复交涉、最后达成契约的费用。这种费用与新古典经济学一直关注的生产费用不同，是一种类似系统摩擦消耗的契约社会的"经济系统的运行费用"（诺贝尔经济学奖获得者阿罗语）。影响交易费用和交易契约的基本因素有三项：经济活动人受有限理性制约，因此它排除了无所不包的事前安排；经济活动人为追求自己的利益，是机会主义的，因此它限制了承诺的可靠性；描述交易最关键的因素是资产的专用性条件，如果交易是由具有不可忽视的专用性资产支持，那么交易参与人实际上存在一种相互的双边关系，因而限制了可能危及这种双边关系的竞争的现实可行性。根据这个理论，对各种企业行为提出了新的解释。如威廉森认为有条件的交易并非不合理。为进行需要有专用资产的交易时，由于存在机会主义，为减少风险，双方可能在有地区、客户限制的条件下达成交易契约，这并非一定是反竞争的。此外交易费用理论还可以用于分析和解释各类与产业组织有关的问题，如企业垂直一体化、跨国公司行为，中间产品市场的非规范契约，寡头垄断行为等。

内部组织经济学（Economics of Internal Organization）几乎是

与交易费用理论同时提出的。1974年9月在美国宾夕法尼亚大学召开了一次主题为内部组织经济学的讨论会，1975年春季号的《贝尔经济学杂志》(Bell Journal of Economics) 是讨论会的论文专集。根据斯佩斯 (M.M.Spence) 教授在论文集序言中的说法，内部组织经济学实质上是企业理论的新名称，其特点是用情报和交易的概念，围绕企业组织的内部、内部和外部（市场）的边界讨论企业内的资源配置和决策过程。内部组织经济学有三组基本概念：**雇用关系和权限**。雇用关系反映一种参加和归属关系，被雇者在一定范围内要按照雇主基于权限发出的命令行事，雇主可在一定范围内行使权限。权限和雇用关系互为表里。根据雇用关系和权限决定企业边界。实质性的权限归掌握最稀缺的资源的所有者所有，如资本、技术的所有者。**情报交换**。情报交换是需要交易费用的。组织内部如何分工、如何设计，要根据情报交换的效率决定。**代理关系**（Agency）。组织内分工意味需要权限委托，由此引入和雇用关系相并列的代理关系和代理人概念。代理关系理论是内部组织经济学的基本理论。代理关系理论的基本框架有四条：所有者对代理者的选择和委托，双方利害关系不完全一致，环境的不确定，所有者观察代理人行为和环境状态的成本。代理关系理论可用于分析所有者和经理及职工的关系、上级和下级的关系。虽然由于存在不确定性及监督、观察成本，所有者不得不承认代理人的独立权利和行为。根据这个理论，企业，特别是大企业不是一个单一的以利润极大化为目标的经济人，而是一个存在内部组织及内部劳动市场、资金市场的组织，还会存在诸如企业集团、下包制之类的介于市场和企业之间的中间组织。

　　这些充分说明以交易费用理论、内部组织经济学为主要内容的现代企业理论必然会与产业组织理论发生交叉、融合，有互补作用。正因为如此，国外在1989年出版的《产业组织手册》（这是产业组织理论已成体系的重要标志），要设专章介绍企业理论[16]。上述企业理论与产业组织理论的交叉结合主要表现在企业（含企业合并）和市场及中间组织的选择及选择机制；企业行为目标和特点；企业内部资源配置效率（如 X 效率、积极性和费用）及其与产业组织的关系等方面。

（3）规制经济学

在市场经济国家，政府对企业和市场的干预被称为规制（regulation，有些著作将其译为管制）。政府规制政策的法律表现是立法机构制定的各种规制法规。规制政策或规制法规可被分为两类：一类是以维持市场竞争秩序、限制私人垄断为主要内容的法规，代表性的法规是反垄断法，主要针对竞争性的产业（包括分散竞争、垄断竞争、寡占竞争等各种类型的产业）；另一类规制法规常常是针对具体的产业或具体的企业行为，具体规定产业进入、价格、投资等的管理办法。这些产业一般是具有"公共性"和自然垄断特点的公益、公共产业及与人民健康、安全关系密切的产业。通常，称前一类规制为一般规制或间接规制，称后一类规制为直接规制。

规制经济学就是研究政府规制的经济理论。20 世纪 50 年代以前，有关政府规制的研究一般属于公共经济政策和公共经济学的研究范畴。基于政府规制对产业组织的重要影响，贝恩在 1959 年发表的《产业组织》一书中曾专设两章分别讨论反垄断政策和直接规制政策。尽管贝恩的讨论，只是一般地说明了规制政策的内容和作用，但从此形成了西方经济学界从产业组织政策的角度讨论规制政策的学术传统[17]。斯蒂格勒是分析政府规制的开先河者。1964 年他发表了《管制者能管制什么？》一文，指出规制政策并不一定能有政策提出者所说的效果，他还通过案例给出了自己的分析方法。这篇文章对以后规制经济学的形成产生了重要影响。20 世纪 70 年代初是规制经济学正式诞生之时。凯恩（A.E.Kahn）在 1970 年出版了《规制经济学》一书，提出了分析政府规制的系统理论。斯蒂格勒在 1971 年发表了"经济规制论"一文，首次用经济学的基本范畴和方法分析了规制的产生机制，即政府规制的利益机制[18]。20 世纪 70 年代以后，随着世界性的技术革新和经济国际化的进展，政府规制过滥、企业竞争不足等日益成为必须解决的问题，为此西方主要资本主义国家开始调整有关的规制政策,基本方向和趋势是加强反垄断措施和放松规制。在这样的背景下,20世纪70年代以后,在西方经济学界,有关规制经济学的文献大量出现,有关研究日益深入。

规制经济学属于应用经济学的范畴,其理论基础是微观经济学以及现代经济学中的规模经济、网络经济、范围经济及信息经济学理论,主要从规制对资源配置和社会福利影响的角度,研究规制的经济依据、规制政策的设计和效果分析、规制政策的形成机制。规制经济学既研究直接规制,也研究间接规制,但多数文献视直接规制为研究重点。

在市场经济国家,政府直接规制广泛存在。据估计,有明确法律规定的规制性产业的比例,在美国按GNP计约为27.7%(1973年),在日本按附加价值计约为40.8%(1989年)[19]。市场经济国家为什么需要包括直接规制在内的政府规制?主要是因为存在"市场失效"。"市场失效"主要指这样的情况,某些产业或事业由于规模经济性或网络经济性适于独占经营(如电力)、存在显著的外部经济(如基础科研)或外部不经济(如工业污染)、信息对供需双方显著不均衡(如金融、医药),因此主要靠市场调节难以形成合理的价格及供给,或能靠市场调节实现供需平衡,但平衡过程中的不稳定性带来的社会问题较大(如金融、农业),因此政府有必要针对"市场失效"实行旨在合理配置资源的"经济性规制"或为确保国民安全、健康的"社会性规制"。此外在产业发展、调整的某些特殊场合及体制转换时期,也需要适当的政府规制。

规制经济学的研究重点是规制政策的设计和效果分析。按照该理论,直接规制可以分为进入规制、价格规制、投资和生产规制等几类。进入规制指政府对产业的企业数量及企业经营或生产的范围进行管理,价格规制指政府对产品和服务的价格的规定和管理。这两种规制是最重要的直接规制,是规制经济学的研究重点。在自然垄断产业,进入规制和价格规制的必要性比较明显,规制政策设计的难点之一是如何根据合理配置资源和公平性的原则确定规制产业的价格水平和价格体系。在竞争性产业，主要依据信息的不对称、外部效果等情况确定产业的进入规制政策；对价格规制政策，西方经济学家多持否定态度，他们认为，在竞争性产业，政府一般应充分发挥价格机制的作用，由于存在企业费用曲线和企业市场份额差别，统一规制价格难度很大，如果确有必要规制价格，以在企业自主定价的基础上，通过认可和申报规制为宜，即实行"卡特尔"规制[20]。

规制经济学从理论上分析了直接规制的利弊，指出既有"市场失效"，也有"规制失效"。如根据著名的 A-J 模型[21]，当假定只有资本和劳动投入时，实行公正报酬率规制（即政府根据企业应有适当的自有资本收益率的原则实行价格规制），允许企业追求最大利润，则企业必然追求增大资本使用量。公正报酬率规制是对价格规制基本原则的一种近似描述，因此 A-J 模型及其理论和实证分析提出了一个尖锐的问题：直接规制有利于稳定市场秩序、保证供给、提高资源配置效率，但可能降低企业内部效率（如不当地追求增大资本）。

规制经济学的发展对产业组织研究的促进作用至少表现在三个方面：第一，规制经济学和产业组织理论同属应用微观经济学的范畴，因此产业组织理论必然可以从规制经济学的理论、方法中获得借鉴，丰富自己的工具库。第二，规制经济学可以帮助产业组织理论扩展研究视野。具体地说，一是有利于产业组织理论深入研究竞争性产业存在的各种政府规制（就规制手段而言，包括禁止特定行为、许认可制、政府与企业的合同、财政补贴和税收、政府融资、行政指导、提供信息等），这是以竞争性产业为主要研究对象的产业组织理论的薄弱环节；二是促使产业组织理论的研究领域在一定的程度上扩展到规制性产业，这与鲍莫尔的"可竞争市场"的理论修改了人们对企业垄断的传统理解等情况有关。第三，过去产业组织理论对产业组织政策（包括旨在反垄断的间接规制政策）及政策形成机制的经济分析是比较薄弱的。而规制经济学恰好是一种政策分析理论，因而能够直接帮助产业组织理论深入有关产业组织政策的研究。

第三节　研究国外产业组织理论的借鉴意义

1. 研究意义

作为西方主流派的应用经济理论，产业组织理论回避垄断与私有制的关系问题，不可能真正揭示垄断的根源和社会本质，同时如前所述理论本身也还有许多未解决的问题。但由于该理论的"工程学"和"工具学"特点，我们认为，了解和研究国外的产业组织理论及与其有关的企业理论、规制经济学，对解决我们面临的社会主义商品经济条件下的企业关系问题，即产业组织问题，制定和完善有关政策，建立和发展社会主义的商品经济理论和经济发展理论，是有现实意义和理论意义的。

这种借鉴意义主要表现在四个方面。

第一，它有助于帮助我们更好地分析我国的产业组织实际。我们面临许多亟待解决的、与改革和发展关系密切的产业组织问题，如限制竞争与过度竞争、不当竞争并存，阻碍各种形式的企业联合的发展与联合涨价、分割市场之类的垄断行为并存，规模结构偏轻、专业化生产难以发展和市场交易秩序混乱等问题。产业组织理论可以为我们认识这类问题提供值得借鉴的分析工具。

第二，它有利于帮助我们更好地分析和设计我国的产业组织政策。产业组织政策是产业政策的两块基石之一，是发展社会主义商品经济、解决前述问题的基本政策，是关系在社会主义有计划的商品经济条件下计划经济和市场调节相结合的操作政策。我国的有关政策零散不协调，效果欠佳，如发展经济规模的政策与鼓励竞争的政策不够协调，基本原因之一是缺乏有效的政策分析和设计工具，产业组织理论可以帮助我们分析和预见实际产业组织的变化，说明产业组织政策的适用条件和估计政策效用，因此是政策设计并使之系统化的有力工具。

第三，它有助于指导企业更好地经营和发展。产业组织理论研究制约企业经营战略方向和效用的企业市场关系变化的基本规律，研究政府产业组织政策对企业发展的影响。因此产业组织理论对提高企业经营战略的水平有指导意义，使企业在制定经营战略时，视野更广、层次更高，保证基本经营战略的合理性和有效性。

第四，国外产业组织理论对我国产业经济理论的发展具有直接的借鉴和参考价值。商品经济和生产力发展的基本规律决定了社会主义商品经济条件下的大多数企业的关系就是市场关系，产业发展和经济增长的过程同时也是企业市场关系的发展和调整过程，也会遇到任何一个商品经济国家都会遇到的竞争与垄断、规模经济的矛盾问题。因此分析、揭示发达国家商品经济条件下实际的企业市场关系的产业组织理论，必然对反映社会主义商品经济规律的应用经济理论——包括产业组织理论在内的产业经济理论的形成和发展具有重要的参考和借鉴价值。

2. 要结合国情借鉴国外理论为我所用

根据中国的国情和国内的研究基础，我们认为在借鉴国外的产业组织理论及有关的产业组织问题研究中，应当考虑和注意以下几点。

第一，对中国产业组织的系统研究应当从比较客观地描述中国产业组织的现状开始。借鉴国外产业组织理论的指标和体系为我们进行比较客观的描述提供了可能。而这种比较客观的描述将有利于我们展开分析，进行国际比较，使研究能够真正深入。

第二，应特别重视分析中国的经济制度、基本政策对中国产业组织的影响。具体地说，应当特别重视分析中国的企业制度、计划体制（牵涉政府对市场和企业的干预及管理）对中国产业的市场结构、企业市场行为及市场绩效的影响。结合中国的制度，如条块分割体制和价格体制，分析中国产业集中度的变化、进入障碍、企业行为（包括各种形式的企业联合）将成为中国产业组织研究的特点，其成果还会对国际学术界有所贡献。

第三，要重视研究中国的经济发展阶段及基础（含历史）与中国产业组织的关系。国外有关研究也注意探索这两者的关系。而在中国认真探索这两者的关系，则有更明显的现实意义。原因之一就是中国是个发展中国家，追求发展在今后很长一段时间内将仍然是中国经济政策的主题。

第四，将对产业组织的实际研究与对产业组织政策的研究结合起来。要想使这种结合有现实意义，就应当在操作性的政策研究上下功夫，应当研究政策合理、有效的经济条件而不是仅仅按照合理的"设想"研究政策。

第五，要加强基础研究。主要包括两个方面：一是要加强对国外理论的研究；二是要加强对中国产业组织的实证研究。从目前情况看，这两个方面都极为薄弱。实证研究既应有跨部门的综合研究，以便勾勒中国产业组织的轮廓，发现问题，更应有部门性的深入研究。从国外经验看，深入的部门性的专题研究可能更能说明问题，而且本身也具有综合性。如对棉纺织业规模经济水平和集中度变化的研究就需要研究从棉花到最终纺织品的价格（含国内价和出口价）、财税体制、资源配置的市场结构、进入障碍、政府管理等诸项因素。

第六，应当注意从不同的角度理解和把握国外产业组织理论中的已有概念。如集中度，国外主要从市场控制力的角度研究这个指标，而在中国，这个指标还成为反映中国条块分割的体制对中国产业组织影响的一个观测指标。认真研究产业组织理论中的重要概念的一般含义和在不同条件下可能反映的特殊信息，将有助于对中国产业组织的深入研究，还可能由此对国际学术界有所贡献，同时是形成反映社会主义的有计划的商品经济条件下产业经济理论体系的必要环节。

注释

①关于产业组织理论发展过程的较详细的介绍参见陈小洪、金忠义（1990）第1章。

②参见贝恩（J.S.Bain，1959、1968），克勒（F.M.Scherer，1980）、

植草益（1982、1987），以及陈小洪、金忠义（1990）等。

③参见植草益（1987），第 13-14 页。

④参见 Scherer（1980），第 550-551 页。

⑤在西方经济学中，产业经济学和产业组织理论同义。

⑥用博弈论系统研究产业组织的代表性文献是 Tirole（1988）的著作。伊藤元重等曾用博弈论中的"囚犯难题"模型分析了日本政府指导企业退出市场的政策的意义，参见小宫隆太郎等（1984），第 260-261 页。

⑦范围经济或称聚集经济，指尽管产出不同，但在某一环节（如原料、设备、销售）上有共同指向和关联而产生的经济性。关于这个概念，国外著述很多。中文可参见周起业著《西方生产布局学原理》，中国人民大学出版社 1987 年版，第 74-83 页。

⑧具有一个公司的生产成本能低于两个或两个以上公司的生产成本性质的成本函数，被称为具有次叠加性的成本函数。参见 W.J.Baumol（1982）。

⑨关于 Pigou 的三种价格歧视的概念可参见 D.S. 沃森等著、闵庆全等译《价格理论及其应用》第 17 章，中国财政经济出版社 1983 年版。

⑩参见植草益（1982），第 312 页。

⑪但目前尚无更好的指标，只得将其视为一个初步的判断指标。

⑫详见 Bro zen（1975）、Stephen（1988）第 1 章。

⑬生命周期理论是斯蒂格勒于 1951 年在《市场容量限制劳动分工》一文中提出的，根据这个理论，专业化和垂直结合的水平与产业的发展周期有关。见斯蒂格勒（1989），第 22-37 页。

⑭关于可竞争市场的理论见 W.J.Baumol 等（1982）。也有批评的文献，如 Connor 等（1985）认为对食品业的多数行业来说，可竞争市场理论得不出有价值的新结论。今井贤一（1984）认为该理论对分析计算机服务业及运输业有一定价值，对分析钢铁、石油、化工、汽车业的价值较小。

⑮交易费用理论和内部经济学理论都可以归入企业理论的范畴，比较重要的文献有科斯（Coase，1937）、威廉森（Williamson，1975）、Spence 等（1975）的著作。钱颖一的《企业理论》是一篇综述企业理论现

状的出色文献,见汤敏等(1989)。

⑯即 Schmalensee(1989)。

⑰参见 Bain(1968)和 Scherer(1980)的有关章节。

⑱斯蒂格勒(1964、1971)的两篇文献见斯蒂格勒(1989)。Kahn(1970)的《规制经济学》是反映规制经济学理论的名著。

⑲美国的数据见费尔德斯坦编《转变中的美国经济》下册,商务印书馆 1990 年版,第 522 页。日本的数据见鹤田俊正编《政府规制缓和和竞争政策》,东京 giaose 出版社 1989 年版,第 220-221 页。如果按强规制口径(即同时包括进入、价格、投资规制)计算,日本规制性产业的比例按附加价值计,1989 年为 24.1%。美国的数据未注明计算口径,我们分析认为是按强规制或准强规制的口径计算的。

⑳政府定价的卡特尔规制的概念是 J.L.Wenders 在 1987 年提出的,转自植草益(1991),第 61 页。

㉑A-J 模型见 H.Arerch L.L.Johnson(1962)《Behavior of the Firm under Regulatory Constraint》,American Economic Review,52,第 1053-1069 页,转自植草益(1991),第 87-91 页。

第十六章　国外产业组织政策简介

第一节　产业组织政策的意义与基本内容

1. 反垄断、促进竞争政策的必要性

在资本主义各国，产业组织政策作为政府对产业公共政策的一个重要组成部分，其目的在于维护市场经济的顺利运行，维持并促进企业间的有效竞争。

在资本主义这种以自由企业体制为基本前提的经济社会中，从原则上和观念上，人们信奉的是各个经济活动的主体追求其自身利益最大化的行为，在总体上会导致整个社会利益的最大化；他们相信竞争性的价格机制本身所发挥的机能可实现资源的有效配置。然而，在实际中，出于各种原因，各个产业并不一定总能够保持有效竞争的状态，这就会影响竞争机制发挥作用，甚至影响整个市场经济的有效运行。

（1）显著的规模经济的存在、技术进步的某些因素、消费者对某种牌号产品的强烈的特殊偏好等有可能导致卖方集中度的加强，形成独家垄断或寡头垄断。同时，专利的存在、企业合并所引起的市场集中，以及由控股、企业领导干部兼任等因素所导致的自主决策的企业数的减少等，也都有可能使市场中存在的各企业处于一种强烈的相互依赖关系。这些因素将妨碍竞争机制发挥其本来作用。

（2）无论在何种竞争状态下（垄断竞争、寡头垄断乃至竞争性相当强的市场），都有可能发生卖方厂家通过串谋（卡特尔等）对价格、产量等进行一定控制，从而限制竞争的现象。

（3）如果某些厂家在某一市场中设置某种障碍阻止其他厂家

进入该市场，某些厂家用某些不当手段排挤已存在于该市场的竞争厂家，或利用某些方法对其他企业在该市场中的交易活动形成实质性限制，也会严重地影响竞争机能的发挥。

主要由于上述问题的存在，市场经济并不是总能实现资源的最佳配置和社会剩余的最大化。于是，就产生了由政府出面维护市场经济秩序、维持并促进有效竞争的需要。因此，在资本主义各国，都在不同程度上开展了禁止垄断（状态与行为）、促进竞争的政策。然而，由于在资本主义自由企业体制下，政府无权对民间企业及一般产业进行干预，而必须借助法律，因此，在各主要资本主义国家，都制定了有关禁止垄断、维持公正交易的法律。各国政府的产业组织政策（或称竞争促进政策），就是以这些法律为依据展开的。各主要资本主义国家的有关法律体系及其执行机构大致如表16-1所示。

各国有关法律所包括的基本内容主要有：（1）禁止竞争者之间通过共谋等对竞争形成实质性限制；（2）排除在市场中形成的垄断状态，防止出现经济力量过分集中的现象；（3）禁止利用不公正的手段对交易对象进行限制，或对竞争者进行不正当的干涉，等等。

除以上限制性条款外，各国有关法律还根据不同情况规定了一些反垄断法"适用除外"的领域。在西方主要国家，一些公益性、网络性较强，带有自然垄断性质或对人民生活财产极其重要的产业，如运输、通信、电力、银行保险业等，（至少在相当长一段时间内）为保证政府对其实行某种管制的权利，一般被列在不适用反垄断法的范围。

2. 产业组织政策的理论基础

各国的反垄断法从历史沿革来看并不是一成不变的，而且在执法过程中也存在一些裁量余地。产业组织政策作为维护、促进有效竞争的政策，除反垄断、维护公正交易的内容外，也还包括其他方面的内容。如日本、韩国等国，曾在某些领域采取了促进生产协作化的政策。实际上，某一产业是否处于"有效竞争"状态，并不是

表 16-1　主要资本主义国家反垄断法的体系与执行机构

国家	主要法律	执行机构
法国	《价格法》《限制经济集中及惩罚违法卡特尔》《滥用支配地位法》《关于商业及制造管制的法律》	竞争委员会，经济主管部长
联邦德国	《禁止限制竞争法》	联邦卡特尔厅，联邦经济部
日本	《禁止私人垄断及确保公正交易法》	公正交易委员会
英国	《限制性交易惯行法》《公正交易法》《再销价格法》	物价、消费者保护部，公正交易厅，限制性惯行法院，垄断及合并委员会，消费者保护咨询委员会
美国	《谢尔曼法》《克雷顿法》《联邦商务委员会法》《罗宾逊-帕特曼法》（价格差别法）	司法部反托拉斯局，联邦商务委员会

资料来源：《Comparative Summary of Legislations on Restrictive Business Practices》（OECD，1978）。

靠法律条文来判断的。在这方面，更需运用经济学理论进行分析。而产业组织政策（或称竞争政策）所依据的经济学理论，便是属于应用微观经济学范畴的"产业组织论"。

所谓"产业组织论"的最重要的课题，"是将产业分解为各个市场单位，分析通过市场组织实现的资源分配是否有效率"。按照贝恩（Bain）以来形成的产业组织分析的基本框架，产业组织论从"结构、行为、成果"这三个侧面对各个市场进行分析。"市场结构"分析，主要是通过对某一市场中卖方厂商的数量及其规模分布（卖方集中度）、产品差别的程度、进入该市场的难易度、成本结构、买方厂商数量及其规模分布（买方集中度）等的分析来判断该市场处于何种竞争状态。"市场行为"分析，主要指对厂商的价格形成、产量决定、促进销售活动、设备投资、研究开发等进行的分析。从理论上讲，某一市场所处的竞争状态决定了在这一市场结构下厂商所采取的市场行为。而各厂商的市场行为又必然带来某种效果。如何评价这种效果，则是"市场成果"分析的课题。按照贝恩的说明，考察"市场成果"是否良好，可根据这样几个标准[①]。

（1）产业内部工厂、企业的规模及设备利用率等技术效率指标。即各企业及工厂是否实现了最佳规模，适合连续生产的工序是否实现了一体化连续生产，企业是否最有效地利用了生产设备而没有出现慢性的过剩生产能力等。

（2）利润率指标。即是否存在慢性的超额利润或慢性的纯损失。各产业的利润，从长期来看，应与投资的基本利息报酬基本一致。

（3）推销费用指标。厂家的推销活动分"信息提供性"的与"说服性"的两种。"信息提供性"的推销活动及为此所花费的费用对于市场机制发挥作用是不可少的。但如果由于"说服性"的推销活动费用过大而导致推销费用在销售额中占很大比重，则可视为一种社会性浪费。

（4）技术进步标准。即产业能否不断改善现有技术、开发新技术并将其应用于生产。

（5）产品成果标准。即产业所提供的产品的质量、产品设计的一般水准如何，产品的改善及花样翻新是否适度进行，是否存在各种可供选择的同类产品等。

（6）有效保护、利用资源的标准。如果为开发资源所采用的技术使开发费用超过可能达到的最低水准，或者使可能回收和利用的资源量减少，以及由于过分急于开发而造成将来开发、利用资源的困难，则应被视为没有有效地保护、利用资源。

（7）价格的伸缩性。即某一产业的产品销售价格在短期内是否对需求与费用的变化做出敏感反应，是否随长期的成本下降而出现下降。

产业组织论主要根据以上标准对各产业进行分析[②]。在发现某些产业未达到理想状态时,就要提出改善这些产业公共政策的建议,以便通过对其市场行为乃至市场结构的政策性改善措施而达到维持、促进有效竞争的目的。

3. 反垄断、促进竞争政策的体系

既然产业组织政策主要是以反垄断法的形式对有可能导致不良市场成果的市场行为乃至市场结构加以排除或限制,对于何种市场行为或市场结构属于违法范围,各国法律尽量做出了具体规定。前面已经介绍了各国有关法律一般包括的基本内容,下面再根据经济合作开发组织(OECD)1978年出版的《Comparative Summary of Legislations on Restrictive Business Practices》一书,就各主要资本主义国家的若干有关规定做进一步说明。

第一,在禁止对竞争形成实质性限制的共谋(卡特尔)行为方面,大致包括:(1)水平协议及协调行为;(2)信息协议;(3)协议投标;(4)合理化及专业化协议;(5)中小企业合作化;(6)出口卡特尔及紧急避难卡特尔;(7)有关工业及商业所有权(专利等)的协议等有关规定。一般来讲,对于前三项,各国在原则上禁止,但对于后四项,则在一定条件下(如不阻碍竞争、不违背公共利益等)允许存在,但一般需履行一定的法律手续(登记或申请等)。

第二,在排除垄断、防止经济力量过分集中方面,大致有:(1)市场支配或垄断的判断标准;(2)合并;(3)合营事业等方面的规定。由于各国历史条件、文化背景等的不同,各国在这些方面的规定差异较大。如对于第一项,有的国家(如联邦德国、日本、英国等)提出了具体的市场占有率指标,但所提出的指标又各不相同(日本为$C_1 > 50\%$或$C_2 > 3/2$,联邦德国为$C_1 > 1/3$或$C_3 > 50\%$或$C_5 > 2/3$);有的国家(如美国、法国等)则没有提出具体的市场占有率指标,而是根据各产业的不同情况参考以前案例来作判断。对于企业合并亦是如此。根据法国、联邦德国、英国等国的法律,合并后企业的市场占有率超过一定指标,或参加合并的企业本身达到一定的市场占有率,就有可能被禁止。而在日本、

美国等国，则没有在市场占有率方面作具体规定，而主要以是否对竞争形成实质性限制或是否采取不公正的交易手段等为判断标准。但对于有可能促进一般集中的股票所有（控股），美国与日本都有所限制，特别是日本明确规定金融机构的持股不得超过该公司已发行股票总数的5%。

第三，在限制不公正交易手段方面，各国有关规定主要涉及（1）拒绝交易；（2）差别价格或有差别的交易条件；（3）拒绝销售；（4）有选择的交易制度；（5）排他性交易协定；（6）再销价格等各项。由于社会历史背景、以往习惯做法以及文化、观念方面的不同，各国法律所做的具体规定不尽相同。在原则上，各国都禁止妨碍公正竞争的交易手段，但有些国家（如英国）显得松一些，而另一些国家（如日本）则显得严一些。

对于以上各种有可能限制竞争机制发挥作用的行为，各国反垄断司法、行政当局根据情况不同而采取不同的处理方法。有些做法需向当局报告或登记，必要时由行政、司法当局出面做调查，或提出劝告。对于明显妨碍竞争的违法行为，则采取必要措施加以禁止，排除业已形成的阻碍竞争的状态，强制地在该领域恢复竞争状态。

第二节 直接管制政策

1. 直接管制的目的

以反垄断法为中心展开的竞争促进政策，是为维持市场经济的顺利运行而对企业的垄断行为和不公正竞争手段加以限制的政策，但这种政策并不覆盖全部产业。在这些未覆盖的领域，所实行的是另一类政策，即直接管制③政策。具体地讲，这类政策指"为消除资本主义经济中在社会基础设施部门（金融、运输、通信、公共事业等）中易出现的自然垄断及过度竞争的弊端，而在价格、进入、退出、合并、投资、财务会计、事业计划等方面对企业决策活动进行直接干预的行为。此外，直接管制政策中也包括以防止外部不经济的发生、保证公共服务等为目的的有关健康、安全环境等方面的政策"。④

在某些长期平均成本递减的产业,如果规模经济效益使企业的长期平均成本能够递减,达到该企业规模的扩大足以使其占有全部或大部分市场的程度,这类企业就被称为"自然垄断"(或"自然寡头垄断")领域。在这类产业,建立政策性的垄断体制被认为更合理。从而,在很多国家,一般都制定一些针对管制产业的专门法律,将提供该类物品或服务的企业限制为一家或少数几家,并对其价格(收费标准)等进行管制。

例如,在电力、煤气、自来水、广播电视、通信等产业,一般来说,在某一地区内只有一家或少数几家企业提供服务便足够了。为了维护规模经济,避免重复投资造成的外部不经济或浪费,政府只批准一家或极少几家产业从事该类业务。然而,如果只给予这些企业以营业方面的特权,允许这些企业自主决定价格,那么,由于其处于垄断地位,必然将其价格定在很高的水准(即垄断价格),以便获取垄断超额利润。因此,政府必然要对这类企业实行某种管制,这就是直接管制政策的目的之一。

另外,在运输(如铁路、公共汽车、出租汽车、卡车、航空)及金融(如银行、证券、保险)等部门,其市场结构并不一定完全是垄断性的。特别是在金融业,也存在多家企业相互竞争的情况。对于这些领域,政府亦进行某种管制。在此,管制的目的主要不是防止垄断价格的形成,而是要防止所谓"过度竞争"。也就是说,"如果在这些领域发生过度竞争,就很有可能出现国民不可缺少的交通手段的供给减少,或人民财产不能充分受到保护的情况。特别是在这些领域,从过去的历史来看,出现过在萧条期展开激烈竞争的现象"。"因此,在这些领域实行直接管制的目的,可以说是要通过限制过度竞争而保证国民不可缺少的服务的稳定供给。"⑤

此外,像垃圾处理、下水道等公共卫生事业,以及初级教育、公路、公园、消防、警察、国防等项服务,也基本上是由政府或官方部门提供的。但它们与供水、供电、煤气等公益产业不同,具有

"排除的不可能性"（不能由于某个人不愿接受该项服务就停止提供）和"消费的共同性"（各消费者都可享受等量服务，而不存在相互争夺的余地）。这类服务属于经济学上所说的"公共性物品"（public goods）或"集合性物品"（collective goods），并不根据每个人的消费量收取费用。它们虽在形式上与上述的"直接管制领域"有些相似，其性质却是不同的。

2. 管制领域的设定与管制方式

根据经济发展阶段及社会历史条件的不同，直接管制领域的设定及管制方式也有可能不同。如在一些发达国家，钢铁产业一般作为私营企业而存在，并不受政府太多管制。但在一些发展中国家，由于市场规模尚未扩大，只能允许一两家能发挥规模经济的钢铁企业存在，这就有可能将钢铁产业列入直接管制的范围内（当然，对钢铁业进行直接管制也有可能出于其他目的，如认为它应该以国家资金进行重点发展等）。电信业在各国以往基本上是由公营企业经营的，但在最近几年，随着高技术的发展及人民消费需求的多样化，在一些国家已改为由民间企业来经营。

总的来说，政府的直接管制大致是在这样两个层次实施的：（1）在该领域设立国营或公营企业[①]；（2）允许个别民间企业（私营企业）经营，但由政府在价格、企业进入与退出等方面进行管制（当然也有在同一领域公企业、私企业同时并存的现象）。

主要资本主义国家公营企业的范围在20世纪70年代末以前大概是这样的。

英国。主要有邮电产业（第一次世界大战以前开始）、运输产业、电力产业、煤炭产业（均为第二次世界大战以后）、钢铁产业（1951年国有化，1953年保守党政府上台后解除，1967年再度由工党政府国有化）、造船产业、航空和宇航产业（均为20世纪70年代）等。

美国。在传统上拥护私营企业体制。对于某些公共性较强的产业，基本上由私营企业来经营，并由政府对其加以某种程度的管制。

联邦德国。公企业遍布电力、煤气、供水、交通、煤炭、银行以及制造业等领域。

法国。在保险、金融业、煤炭、石油、煤气、运输、国防产业、飞机、海运、通信、汽车制造等很多领域，都有公企业或国有企业，它们在整个国民经济中占有相当大的比重。

日本。邮政、电信电话、供水以及金融、保险、铁路、电力的一部分由公企业经营。

公营或国有企业作为企业，具有一定的经营自由权，但对于一些重大决策，如领导干部任免、价格（或收费标准）决定、财务、业务范围等，一般需由国会或主管部门领导批准。

与公营或国有企业相比，受管制的民间企业（私营企业）的自主权要大些。政府仅是根据法律对某些被认为必要的方面进行管制。如在日本，对于石油产业，政府根据《石油业法》所实行的管制主要包括：营业须得到主管大臣批准；从事石油进口、销售或停止营业须向主管大臣报告；石油精炼业某些设备的安装、增设、改造须得到主管大臣的批准；由主管大臣决定石油供给计划和石油制品的标准售价等。对于银行业，根据《银行法》规定经营银行业必须得到主管大臣的批准，领取营业执照，根据《临时利率调整法》规定，由日本银行政策委员会决定或变更利率的上限，等等。在美国，政府一般设立一些委员会来对自然垄断领域进行管制。如负责铁路、卡车运输等的州际商业委员会（ICC），对电力、天然气等进行管制的联邦电力委员会（FPC），以及证券交易委员会（SEC）等。这些委员会具有较强的权限，可自主地对进入、设备、供给数量、价格等进行管制。

此外，在市场经济中，某些国家的政府还在另一类产业如农业、零售商业等产业实行价格、进入等方面的管制。但这种管制与其说是出于其自然垄断性或公共性等原因，还不如说是为了维护现存企业者的既得权益，一般是出于某种政治（或社会稳定）目的。这与对公益领域的管制是不同的，此处不做过多介绍。

3. 放松管制

20世纪80年代以来，以国有企业的私有化或民营化为标志，资本主义各国出现了放松管制的趋势。

　　国有企业的私有化首先从英国开始。1979年撒切尔夫人领导的保守党政府一上台，就着手制订、实施私有化计划，将一些重要产业中规模巨大的公司如英国电信公司、英国航空公司、英国天然气公司等出售。国有化程度较高的法国也从1986年起开始实施私有化计划，将作为国有企业的宇航、军火工业集团、大银行、保险公司、电子公司、计算机公司等出售。美国也从1986年将联邦政府所拥有的部分电力系统、石油储备设施等出售给私人。在日本，1981年政府通过修改法律将原属中央直接掌管的"五现业"（即造币、印刷、邮政、国有林、酒精专卖）之一的酒精专卖事业移交给能源综合开发机构（特殊法人）管理。此后，日本先后对日本电信电话公社、日本国有铁道、日本航空公司等大型公有企业实现了民营化。

　　各主要资本主义国家掀起的私有化浪潮并波及一些发展中国家的主要原因，被认为是由于很多国有企业经营效率不高，一些企业甚至出现严重亏损，从而造成巨大的财政负担。实际上，国有企业的亏损也有其客观原因。如日本小宫隆太郎教授认为，一些公企业所承担的领域本来就是作为私营企业肯定要亏损的事业，所以公企业不能像私营企业那样赚钱，仅从这一点来看是理所当然的⑦。

　　然而，既然当代资本主义经济以自由企业体制作为基本制度，人们将国有企业（或公企业）的效率与私营企业做比较也是很自然的。正因为人们对公企业的批评及舆论压力，对公企业的效率和服务质量多少起到了一些监督作用。在资本主义国家，与私营企业相比，公企业的确存在着一些先天性的缺陷，如缺乏竞争企业、没有利润刺激、对经营者和职工缺乏报酬方面的激励，等等。这是很多公企业低效率的重要原因。

　　但是，公企业效率不高的问题并不是通过私有化或民营化就能够立即得到解决的。即使名义上转为私营企业，由于其内部机构调整需要时间，留在企业的管理人员及广大职工的习惯及思想意识的转变需要一定过程，在国内不一定马上出现有力量与之竞争的多家企业等原因,实际上,由名义上的私营企业转变为真正有活力、有效率的企业,仍需要一个相当长的过程。特别是在以往公企业所占据的领域,即使实现了民营化,政府也可能仍保留对其的某种管制,这也在很大程度上影响这些领域的竞争状态。

当然,放松管制并不仅表现在公企业的私有化、民营化这一个方面。近年来,资本主义主要国家对受政府直接管制的某些民间企业领域也放松了管制,或正在研究放宽管制的问题。如在美国,自20世纪70年代以来,在通信、交通运输、能源、金融等行业的管制已有较大程度的放宽。日本也于20世纪80年代在一定程度上放宽了对银行利率等的管制。

与管制领域的设定一样,放松管制的范围与方式也往往因国情而异。如在美国,甚至在垃圾收集、养路、公园管理等"公共性物品"领域,亦在很大程度上推行了私有化。从总的趋势来看,随着各国的经济发展、经济结构的变化和科技革命的进展,将不断在政府直接管制的对象设定、方式方法等方面产生新的调整需要。

第三节 反垄断政策的形成——美国早期的反托拉斯政策

1. 反托拉斯政策产生的背景

美国的反垄断——竞争促进政策,主要依据三个联邦法律:1890年制定的《谢尔曼法》(Sherman Antitrust Act)、1914年制定的《克雷顿法》(Clayton Act)和《联邦商务委员会法》(FTC Act)。

在美国,反垄断政策被习惯性地称为反托拉斯政策。这是由于,1890年制定的第一个有关反垄断的法律——《谢尔曼法》,在当时主要是以限制托拉斯为目的的。

19世纪40年代以后,特别是在南北战争之后,随着交通、通信网的建立和改善,逐渐形成了全国的统一市场,这样,以往只在区域性市场活动的企业必然被卷入更大范围的竞争。另外,在很多产业出现的技术革新，促进了生产规模的扩大，使传统的小规模经营受到了进一步挑战。在这种情况下，企业必然企图通过某种方法来缓和巨大的竞争压力。当时经营石油精炼业的洛克菲勒一世发明了一种名为"trust"（原义为信托，音译为托拉斯）的企业集中方式。所谓托拉斯，指一个企业将其经营权转让给另一个企业，并领取信托证券（trust certificate），而发行信托证券的公司则作为受托人派其代表组成该公司的董事会，控制公司的经营权。通过这种方式，某一个企业可作为受托人将本产业内很多企业的经营权收入自己手中，从而限制产业内竞争，获取垄断利润。

当时很多产业陆续形成的"托拉斯"及其在市场中的垄断行为，引起了公众的不满。在1890年，联邦议会通过了《谢尔曼反托拉斯法》。该法规定，"任何足以妨碍州际或国际贸易、商业的契约，托拉斯及其他形态的结合或共谋，都被视为违法"（第一条）。"对州际或国际贸易、商业的任何部分实行垄断或企图垄断，以及以此为目的而与一人或数人结合或共谋者，被视为犯有轻罪"。然而，该法律所做的规定一般来说很不具体，在相当大的程度上取决于执法者本身的判断。因此，虽然《谢尔曼法》作为第一个反托拉斯法反映了公众的要求，但其内容及执法情况在立法后的二十多年时间中并没有能够令其支持者满意。从而，在美国国内，产生了进一步强化反托拉斯法的压力。在这种背景下，联邦议会于1914年通过了《克雷顿法》，将"实质上削弱竞争或造成垄断"的价格差别、"实质上是在削弱竞争"或"企图造成垄断"的约束性契约及排他性交易要求，"实质上削弱竞争或企图造成垄断"的公司间相互持股、干部兼任等视为违法。同年还通过了《联邦商务委员会法》，其主旨为"商业中任何不公平的竞争方式皆为违法"，并设立了在执行反托拉斯法有关条款方面与美国司法部具有同等权力的联邦商务委员会。

美国的反托拉斯政策经历了一个较长期的历史形成过程。产业的发展与自由、公平竞争的原则和观念发生了冲突，在公众压力下，政府以市场经济秩序维护者的身份出现。以此为背景，制定了维护公平竞争、限制垄断及不公正交易行为的法律。由于有这样的历史形成过程，美国的反托拉斯政策并不是一个全面、综合的法律，而是由几个不同的法律组成的。除上面列举的《谢尔曼法》《克雷顿法》和《联邦商务委员会法》这三个主要法律外，还有1936年关于连锁商店的《罗宾逊－帕特曼法》（The Robinson—Patman Act），1938年制定的旨在保护消费者、限制虚假广告的《惠勒·李法》（The Wheeler Lea Act）及1950年制定的《席勒反合并法》（The Celler Antimerger Act）等。美国这一系列法律在某些方面的规定有一定程度上的交叉，后制定的法律的某些条款往往成为先制定的法律的某些方面的补充或修正。而作为主要法律的《谢尔曼法》《克雷顿法》与《联邦商务委员会法》也经历了几次大的修改。

2. 反托拉斯法的执行

在执行《谢尔曼法》时，首先由美国司法官员在联邦法院对违法者提出起诉，这种诉讼有时是刑事性的，有时是民事性的。而《联邦商务委员会法》对不公平竞争所做的实质性禁止规定，可由作为准行政及准司法机构的联邦商务委员会执行，该委员会有权对违法案件进行审理，召开听证会，并对违法者发出要求其停止违法行为的命令。《克雷顿法》的实质性禁止条款，一般来说，既可由司法官员直接向法院提出诉讼，又可通过联邦商务委员会进行审理。

从法律的执行情况来看，一方面由于"政府对执行法律的热情在各个时期有很大不同"⑧；另一方面由于法律本身存在一些不明确之处，给执法者留有较大的回旋余地。这一点明显地体现在对《谢尔曼法》第二条中所说的"垄断"一词的解释上。对于这究竟是指市场结构意义上的"垄断"状态违法，还是指在市场中的"垄断"行为违法，在不同时期出现了不同的解释和运用。因此，人们在研究美国反托拉斯政策时，不仅研究法律体系本身，还需研究一些典型案例，以此来考察不同时期在执行政策方面的具体特点⑨。

关于《谢尔曼法》第二条，在1911年左右出现过两个著名的诉讼案，即美孚石油公司案与美国烟草公司案。这两家公司几乎垄断了当时美国这两个重要产业。其中石油精炼产业的91%由美孚石油公司直接或间接控制，而除卷烟之外的烟草制品市场的75%～90%则由美国烟草公司所占有。经过审判，联邦最高法院判定这两个公司触犯了《谢尔曼法》第一、二条，命其各自分割为几家独立的公司。然而，法院做出这种判决的根据，并不是由于这两个公司因其独家垄断地位而妨碍了该领域的交易活动，而是由于这两家公司都采取了以"不正当"手段限制交易的行为。也就是说，当时的司法当局实际上并不将市场中卖方集中度本身作为判决标准，而是将其是否采取恶劣手段使小规模竞争企业陷入困境作为标准。这也就意味着，即使某企业在市场中处于准独家垄断地位，只要它不对竞争者的交易活动加以不正当的限制或侵犯，就不一定判其为有罪。在1911年这两个诉讼案之后，相当长一段时间内有关《谢尔曼法》诉讼案的判决都是根据这种所谓"理由法则"（rule of reason）做出的。在此期间，一些公司尽管因处于准独家垄断地位而被起诉，但由于这些企业没有对同一产业中的竞争企业采取明显的压迫、攻击政策，在法庭上终被判为无罪。其中最为著名的是美国钢铁公司诉讼案。联邦最高法院对该案判决所作的解释称："本法律不能单纯将规模及没有行使的支配能力本身视为违法。"美国反托拉斯政策当局的这一立场和态度，直到20世纪30年代末40年代初才改变。

1945年的美国铝业公司诉讼案，是表明美国反托拉斯政策当局态度及判决方法转变的一个重要案件。当时该公司占据美国铝块生产的90%，法庭认为该公司已"充分构成了垄断"，从而判决其违法。这实际上是将卖方集中度这一市场结构因素作为判断其是否违法的根据，从而改变了以往仅靠市场行为做出判决的方式。

3. 早期反托拉斯政策的效果

根据贝恩的说明，在1890年至1905年，每年送交法庭受理的违反《谢尔曼法》案件平均不足两起；从1906年至1910年，平均每年约10起；从1911年至1930年平均每年有14起。在20世纪

30年代初"大萧条"时期,反托拉斯法未能很好实施。但在1937年以后,司法部每年受理的有关《谢尔曼法》和《克雷顿法》的诉讼案平均达到50起左右。在所有这些案件中,大部分是有关竞争者之间的共谋协议的。此外,在司法部所受理的反托拉斯法诉讼案中,有一半左右发生在食品加工销售业、建材生产销售业以及服务业(包括运输业)这三个产业,而对金属、化工、机械等重要产业的诉讼案并不很多。这与人们关于反托拉斯法即是反垄断法的印象形成了对照。根据贝恩的解释,诉讼案之所以主要集中在食品、建材、服务等产业,主要是由于:(1)司法部的调查,很多是由受害人提出申诉开始的,这类申诉一般来自与消费者或零售商直接打交道较多的产业;(2)这些产业都是关系到普通人生活的领域,具有广泛的群众基础,而反托拉斯政策与其他政府部门的活动一样,需要得到广大群众的支持;(3)与集中度较高、不必采取共谋手段即可获取垄断利润的产业相比,在集中度较低的产业,各企业积极参加共谋的可能性更大些。⑩

实际上,反托拉斯政策的实施还受到了执法机关经费的限制。到20世纪30年代中期为止,美国最重要的反托拉斯执行机构——司法部反托拉斯局每年的经费仅30万美元。这笔经费仅够对已发现的违法案件中的很小一部分进行调查审理。20世纪30年代末以后,反托拉斯局的经费有所增加,但仍不足以处理所有或大部分违法案件。当然,这并不一定说明美国的反托拉斯政策没有起到太大效果。凯维斯(Caves)教授认为,反托拉斯法的实际效果与地方交通法规十分相像,"交通法的效果并不在于它能够灭绝超速行驶,而在于可能将超速行驶控制在人们可以忍受的范围内","同样,很明显,反托拉斯法也并没有杜绝违法现象","反托拉斯法的存在和实施与其说是针对被告发的少数人,不如说是对没有被发现的其他人的行为起到了更大的预防作用"。第二次世界大战以后,美国式的"反托拉斯"政策作为反垄断、维持竞争政策传播到各主要资本主义国家,这固然与美国当时在世界上的地位及罗斯福新政的影响等历史背景有关,但可以说,的确也是由于这种政策在维持市场经济秩序及其正常运行方面，可起到类似交通规则那样的维护公共秩序的作用。

第四节 第二次世界大战后日本的产业组织政策
——后进资本主义国家经济的特殊问题

1. 日本反垄断法的制定

第二次世界大战结束后，资本主义各国在美国的影响下纷纷制定了有关反垄断与维持竞争的法律。但由于各国经济、社会、历史背景不同，这方面的法律各有其特点。本书之所以选择日本作为一个重点来介绍，主要是由于，一方面，日本作为战败国被美国所占领，日本的反垄断法律便是作为当时美国占领军推行"经济民主化"政策的一个环节而引进的，日本的反垄断法在某种程度上综合了美国《谢尔曼法》《克雷顿法》和《联邦商务委员会法》这三个主要法律的体系，不仅在资本主义各国的有关法律中是比较周密、系统的一部，而且在制定初期极为严格。另一方面，由于"二战"后日本面临尽快赶超发达国家的迫切课题，日本政府利用自"二战"前建立起来的较大的影响力和较特殊的政府与企业关系而推行了一系列旨在促进产业发展、提高产业结构层次、加强产业国际竞争力的政策。从而，"二战"后日本的产业组织政策不仅作为反垄断政策展开，也作为整个产业政策的一个组成部分而展开，这样就形成了它与美国等国不同的特点。这种政策又自然与最初引进的纯美国式反垄断政策发生了一定冲突。

"二战"前日本的经济与产业几乎完全由三井、三菱等大财阀所支配。日本战败后，美国占领军当局认为，财阀组织为军事侵略提供了重要的经济基础，为保证日本不再走上侵略他国的道路，必须实行"经济民主化"。在美军的指令下，三井、三菱等财阀企业（控股公司）被解体。一些规模巨大的企业，如日本制铁、三菱重工业等也被分割。为使通过解散财阀等建立的"自由竞争体制"长久维持下去，占领军总司令部反托拉斯课的官员们提出了反垄断法草案。以此为基础,日本制定了"关于禁止私人垄断及确保公正交易的法律案",并于1947年3月在议会通过,同年7月开始实施。

这个被称为"原始反垄断法"的法律,具有这样两个特点:(1)事先将某些侵犯反垄断法权益的行为一律规定为非法行为,并通过认可制度事先阻止违法可能性较大的行为;(2)阻止或彻底排除企业间支配关系及人员、资本结合关系的形成,防止经济力量的过分集中。作为禁止垄断法的补充立法,又于1948年制定了《事业者团体法》。

此后,日本方面认为过于严格的反垄断法阻碍了为恢复经济所需的外资引进和证券吸收,提出修改反垄断法的要求。在美国占领军当局的认可下,反垄断法于1949年第一次得到修改。其主要内容包括:放松了有关国际协定的限制;放宽企业间持股及个人持股的限制;放宽企业购买公司债券的限制;放宽对公司干部兼任的限制;将企业合并的事先认可制改为事先申报制,等等。尽管有以上修改,日本的反垄断法在当时仍是比较严格的。

2. 后进资本主义国家中产业政策的课题

"第二次世界大战以后,特别是在50年代到60年代,日本政府为促进产业发展建立了复杂的产业政策系统,为了发展产业,政府与私营企业紧密合作"。[①]这种产业政策的中心课题,被认为是要解决在资源分配过程中出现的"市场的失败"。日本一些学者认为,对于产业政策存在的必要性,可在传统的经济学理论框架内给以解释,如规模经济、外部经济效果、幼小产业的扶植、研究开发、技术进步的鼓励、公共基础设施的建设、经济发展过程中的不确定性、公害的防治与限制等。这实际上就是说,"二战"后日本产业政策所要解决的课题,基本上是存在于资本主义经济的一般问题。

但是,参与制定、实施产业政策的人们最初似乎并不是出于这种想法。这些人的基本主张是:在"二战"后日本取得自立并基本恢复后,日本仍面临着赶超发达国家的课题。但因日本是一个资源贫乏的国家,很多原料能源需要从国外进口,由于日本产业的出口创汇能力不足，经济发展常常要受到外汇短缺和国际收支问题的制约。因此，要尽快地将本国产业搞上去并以此带动出口贸易的扩大，必须更有效地利用资源，为此又需要政府采取措施保证资源有重点的合理配置。这也就是要推行以产业结构和贸易结构的"高度化"为目标的产业政策的理由。

在20世纪60年代中期以前，日本所面临的赶超课题及资源短缺、外汇紧缺现象的确是客观存在的。仅以此为根据来说明产业政策的存在理由固然不够充分，但无论如何，当时日本所要应对的，并不单纯是已经发达起来的资本主义经济所要面临的问题，还包括一些带有某种特殊性的问题。这仅用以发达资本主义经济为对象的新古典微观经济学理论，并不能完全解释清楚。但"二战"后日本作为后进的资本主义经济所体现出来的"特殊"问题，实际上与大量不发达经济所面临的问题有更多的共同点。因此，经济分析本身应与历史分析结合起来，同时，对于不发达经济赶超的一般问题，也还应在经济学自身的理论框架内做进一步解释。近年来在发展经济学领域似乎在以上方面出现了一些进展，如日本石川滋教授从"市场主体""市场环境""社会环境"这三个角度对"不发达市场"问题所做的研究，为研究不发达赶超型经济的产业政策问题提供了某种思路。⑫

可以认为，"二战"后日本的产业政策所要解决的课题包括以下三个层次：（1）对付现代经济学理论所解释的市场经济一般存在的"市场的失败"问题；（2）处于赶超阶段的不发达经济所要解决的尽快促进产业和出口贸易发展的问题；（3）作为"不发达市场"经济所要解决的培育、健全市场体系的问题。

不论是有意还是无意，也不论其效果究竟如何，"二战"后日本的产业政策可以说正是包括了这三个层次的内容。通过限制进口保护国内尚未成熟的产业、利用财政及政策金融资金从事公共基础设施建设、在某些领域鼓励组织产业研究开发组合等，可以说是属于第一层次的政策；设定产业结构贸易结构目标、制定"金融机构融资准则"等做法，则在更大程度上属于第二层次的问题；而日本政府在促进产品规格标准化、提供信息交流场所等方面所做的工作，又与第三层次的课题有关。

3. 日本的反垄断政策在对产业的公共政策中的地位

在"二战"后相当长一段时间内，日本政府对产业的公共政策，以通产省等推行的旨在促进产业发展、实现产业结构和贸易结构高度化的政策为中心而展开，这就使在美国等国的产业公共政策中居主角地位的反垄断、促进竞争政策退居配角地位。不仅如此，在作为"产业政策当局"的通产省与作为"反垄断政策当局"的公正交易委员会之间，不断地出现了一些矛盾和意见冲突。

1949年9月，日本内阁会议通过了"关于产业合理化问题"文件。同年12月，正式成立了产业合理化审议会。该审议会于1951年2月提交了题为"关于我国产业合理化的方针政策"的政策答询。从20世纪50年代初开始，政府根据这一答询精神在金融、税制、立法等方面采取了一系列推动产业发展的措施。重要的是，在这一过程中，还对《禁止垄断法》做了较大修改。

1951年6月，政令咨询委员会提出了大幅度松动《禁止垄断法》、废除《事业者团体法》的答询。以此为根据，政府于同年7月提出了"关于经济法令修改废除的意见"，并制定了《禁止垄断法》与《事业者团体法》的修改草案。但由于占领军当局的反对，未能得到实施，只是精简了公正交易委员会的机构，部分修改了《事业者团体法》。在《旧金山合约》正式生效后，修改反垄断法的问题再一次被提上议事日程。1953年9月，日本第二次对反垄断法做了修改。这次修改的主要内容包括：删除禁止共同行为的条款，容许企业在必要时组织萧条卡特尔和合理化卡特尔；删除关于排除不正当事业能力差距的条款，缓和了对持股、干部兼任、合并的限制；将禁止不公正竞争方法的规定改为禁止不公正交易方法的规定；取消了《事业者团体法》，将其中对事业者团体的有关规定并入《禁止垄断法》。这次修改后，以往个别实施的反垄断法适用除外制度被一般化，为加强企业间联系创造了条件。

1958年2月，作为内阁总理大臣咨询机构的"禁止垄断法审议会"又提交了包括放松对卡特尔限制等内容的答询。

到20世纪60年代,围绕着如何使产业结构和产业的国际竞争力适应贸易、资本自由化的问题,在日本展开了争论。代表通产省政策立场的企业局企业第一课课长两角良彦于1963年发表的论文《产业体制论——通产省方面的建议》认为,日本产业组织的特征是规模过小和竞争过度。因此,在进一步开放的情况下,为了增强日本产业的国际竞争力,必须使"过度竞争"转变为"有效竞争",促进企业间联合、协作化,为此有必要推行产业寡头垄断化政策。此外,由于日本产业组织的这一"弱点"与产业金融方式有关,就必须由政府发挥更大作用,也就是说,要通过"官民协调方式"对产业体制进行整顿。

通产省的这一"新产业体制"思想体现在"特定产业振兴临时措施法案"中,于1963年3月由内阁会议决定提交国会讨论。但是,对于这个法案,产业界出于对政府过多干预的戒心而坚决反对,在野党也指责该法案违背反垄断法的原则,最终使其未获通过。

然而,这种"新产业体制"思想却体现在20世纪60年代的产业政策中。在一些主要产业部门,通产省曾企图推行促进寡头化的政策,如提出在汽车产业组织两三个大生产集团的设想,在石油化工等产业进行"设备投资调整"等。此外,在20世纪60年代后期出现的一系列大规模企业合并,被认为都与通产省的赞许甚至鼓励有关。而公正交易委员会在限制合并方面,则显得无能为力。

这种大规模企业合并,特别是1970年新日铁的成立,引起了学者、消费者团体、中小企业团体等的不满,特别是在1973年石油危机以后,严重通货膨胀卡特尔的泛滥使人们产生了加强反垄断法的要求。以此为背景,日本的《禁止垄断法》终于在1977年第一次作了强化的修改。其主要内容包括:(1)对通过卡特尔获取的不正当利润课以征收金;(2)对市场占有率过高的企业采取分割措施;(3)给公正交易委员会对高度集中寡头垄断企业的提价行为进行调查的权限;(4)加强对银行及大规模非金融企业持股的限制；（5）提高对一切违法行为的罚款等。

尽管反垄断政策在"二战"后日本经济高速发展时期没有得到更好的贯彻执行。但由于解散财阀后各主要产业旧的寡头垄断体制遭到基本瓦解，企业间竞争开展得异常激烈。正是这种竞争推动了日本的产业发展和技术进步。这远比通产省所推行的产业政策甚至公正交易委员会的反垄断、维护竞争政策都更为重要。人们对"二战"后日本产业政策的评价可能会各有不同，但有一点恐怕是谁也无法否认的：在"二战"后日本产业发展过程中，真正的主角不是政府，而是那些充满进取精神的民间企业。

第五节　产业组织政策与不发达市场——韩国的政策

1. 韩国的工业发展政策与反垄断政策

韩国作为新近发达起来的发展中经济，其初期发展条件与后起资本主义国家日本又有所不同。"二战"后的日本毕竟经历过战前的资本主义发展阶段，尽管在"二战"后一段时间曾显露出不发达市场的某些迹象，但实际上民间企业作为市场主体已具有相当强的经营能力和资本积累能力，基本能够担负起产业发展的重任。而韩国在基本恢复的20世纪50年代后期，民间企业的资本积累能力还较弱，被认为难以完全充当工业化的主角。主要出于这一原因，韩国的产业组织在"二战"后工业发展初期呈现出这样两个特点：（1）政府在产业发展过程中所扮演的角色更为重要，由国家资金设立的国有企业在某些重要产业甚至居主要地位，代替民间企业发挥了一部分市场主体职能；（2）由于民间资本积累力量相对薄弱，政府有重点地扶植了一些大的财阀组织，使之成为产业发展中的主力。从另一角度讲，反垄断政策则在相当长一段时间内被忽视。

韩国产业的迅速发展，是在进入20世纪60年代之后。20世纪60年代初靠军事政变上台的朴正熙政权，制订并推行了一系列经济发展和工业开发计划。在1962年开始的第一个五年计划期间，为建立自立发展经济的基础，采取了鼓励进口替代的工业化政策，并努力建立国内产业资金筹集、分配体制，将资金有重点地投入炼油、肥料、水泥等基干产业及社会基础设施建设中。在以产业结构的现代化和自立经济的确立为主要政策目标的第二个五年计划（1967—1971年）期间，采取了实现生产资料的进口替代及扩大消费资料出口的发展战略。1966年8月，韩国制定了《引进外资法》，以便利用外资发展本国产业。在此期间，政府将钢铁、石油化工、机械工业作为战略部门加以重点扶植。1972年至1976年的第三个五年计划及1977年至1981年的第四个五年计划，都将发展重、化学工业作为其目标，将钢铁、有色金属、造船、机械、电子、化学工业选定为六大战略产业部门。在积极引进外资的同时，建立了大型重、化学工业基地，对于到这些基地投资建厂的企业，政府给予了各种优惠待遇，如允许其优先利用低息外资贷款、享受减免税待遇、提供低息政策性融资等。进入20世纪80年代以后，以往追求以重化学工业为中心的高速发展所带来的国内经济结构、产业结构的不平衡显露出严重弊病，再加上第二次石油危机的影响与政局动荡，迫使韩国当局进行了经济调整，制定了"稳定、均衡、效率"的基本方针，并提出要将"政府主导型"产业发展逐渐向"民间主导型"过渡。在这种情况下，韩国当局开始对反垄断、促进竞争政策有所重视，并于1980年12月制定了"关于限制垄断以及公正交易的法律"。可以说，在20世纪80年代以前，韩国的产业组织政策基本上只是一些围绕着产业、贸易发展目标而调整国内生产组织形态的政策，而不是真正意义上的竞争促进政策。

2. 公企业与扶植财阀企业

在1961年，新上台的朴正熙政权为了推行其工业化政策，首先公布了"金融机构临时措施法"，将民间银行收于政府手中。并于同年设立了统管经济的"经济企划院"，它不仅负责制订五年计划，还负责编制预算、统制物价、管理外资引进，具有极大的权限。通过1962年公布的有关中央银行的法律，使中央银行成为在财政方面支持政府五年计划的辅助机构。以此为背景，政府相继在铁路、通信、电力、钢铁、石油、肥料等社会基础设施或基干产业部门设立了公企业。从1963年至1972年，公企业的粗投资在整个粗投资总额中所占的比重高达30%。从表16-2中可看出，在20世纪60年代设立的公企业，分布在重化学工业、运输通信、水利电力、金融各个主要领域。这些企业在充实社会基础设施、奠定产业发展基础方面起了重要作用。

表16-2 韩国20世纪60年代创立的主要公企业

设立时期		企业名称
1962年	2月	国民银行
	4月	成业公社
	6月	KOTRA（贸易振兴公社）
	7月	大韩住宅公社
	10月	大韩石油公社
1963年	2月	大韩通运
	3月	大韩损害再保险公社
	5月	韩国机械公社
	7月	韩国水产开发公社
1965年	8月	岭南化学
	9月	镇海化学
	10月	海外开发公社
1966年	12月	窑业中心
1967年	4月	KDFC（韩国开发金融）
	6月	大韩矿业振兴公社
	8月	大韩疏浚公社
	11月	韩国水资源开发公社
	12月	农渔村开发公社
1968年	3月	浦项综合制铁股份公司
	12月	韩国投资开发公社
1969年	2月	地下水开发公社
		韩国道路公社
1970年	2月	农业振兴公社

资料来源：日本经济评论增刊（1988），第95页。

政府除在重要产业部门设立公企业外,还采取了扶植民间大企业的方针。由于韩国在外资、技术引进方面实行各种许可、认可制,只要被指定为扶植对象企业,便可在这方面享受各种优惠,此外,还可得到政府的直接资金援助。同时,由于金融机构掌握在政府手中,在资金供给方面,政府进行了较严格的管理,使其必须与政策目标相一致。在这种情况下,企业为争取各种优惠,必然努力使其自身的发展战略与政策目标尽量保持一致。能够利用其自身资本积累基础以及特权"关系"等而得到政府支持、享受各种优惠待遇的企业,在竞争中处于明显优势。这类企业逐渐发展扩大,便成为在韩国经济发展中扮演重要角色的财阀。

实际上,在经济发展的每一阶段,都有一些企业进入政府所指定的战略产业,成为这些产业中生产力形成的主力。其自身也在政府各种优惠措施的扶植下很快地成长扩大并不断向新的领域扩张。可以说,韩国产业迅速发展、产业结构和贸易结构层次提高的过程,同时也就是那些财阀集团不断扩大、发展的过程。

韩国政府对战略产业给予各种优惠的政策,实际上就是一种促进产业垄断化或寡头垄断化的政策。作为这种政策的结果,必然导致产业卖方集中度的提高。根据1977年的统计数字来看,在制造业各产业中,最大五家企业的集中度按出厂额计算在70%~100%的产业所占的比重高达48.3%。从出口方面来看,在20世纪80年代初期,最大的20家企业的出口额在出口贸易总额中所占的比重达到40%~50%[13]。

3.韩国的中小企业政策

20世纪60年代以来韩国产业的发展过程中,进入政府指定的战略产业并得到政府支持和优惠待遇的企业不断发展壮大,对产业和出口贸易的发展起了重要作用。但这些战略产业的进入壁垒一般来说也较高。由于韩国产业从发展初期起就必须面对比它们更强大的外国企业,政府在挑选扶植对象方面规定了一些条件。如1970年公布的《钢铁工业育成法》规定,只有粗钢年产量超过100万吨的钢铁联合厂家,其资本额的1/2以上由政府或政府指定者出资时,才能在长期低息外资引进、原料购买、机器设备供给、港湾设施、用水设施、电力设施、道路、铁路、其他配套事业这九个方面得到政府援助。并且,由于韩国作为一个发展中经济社会还存在一些诸如利用裙带关系等弊端,这样就使某些产业的进入壁垒比发达国家更多一些制度性因素。同时,在战略产业中得到政府支持并靠引进国外先进技术而建立了大量生产体制的大企业,如果没有为其生产配套产品的中小企业,就不得不依靠从国外进口零配件,这对提高国产化率十分不利。为此,政府有必要对本来基础很薄弱的中小企业实行一些专门政策。

韩国实行中小企业政策实际上从1961年就已开始,这一年制定了三部有关中小企业的法律。但只是在1966年《中小企业基本法》公布后,才明确了中小企业的发展方向。该法做出了关于"促进专业化、系列化"的规定。所谓"专业化",指要把普通中小企业改造为生产多品种小批量产品的特殊厂家,而"系列化"则是指使大企业与中小企业间形成相互补充关系,即小企业为大企业的生产配套服务[14]。此后,为了与重点发展重化学工业的政策相适应,又于1975年制定了《中小企业系列化促进法》,1978年制定了《中小企业振兴法》。

根据《中小企业系列化促进法》制定的系列化政策包括:(1)指定系列化行业、品种;(2)鼓励"接受订货"企业(即配套企业)的生产;(3)停止母公司自己生产系列化品种;(4)缔结母公司与配套公司间的长期合同;(5)由政府出面调解母公司与配套公司之间的纠纷,等等。也就是说,韩国政府希望通过《中小企业系列化促进法》的实施,在加工组装型产业中建立日本式的企业间生产承包关系(外包制)。

总的来看,20世纪60年代以来韩国推行的工业化政策与"二战"后日本的某些政策十分相像。只是在韩国政府干预的程度要更强些。并且,虽然韩国产业的迅速发展主要还是依靠企业自身的努力，但从政府这方面讲更多地重视了对企业的扶植而不是促进企业间竞争。在这种背景下成长起来的财阀企业及企业集团不免带有一些非现代化因素，如利用特权及家族统治等。这不仅为它们作为现代化企业的发展带来制约，而且还加深了社会矛盾。财阀型企业集团的膨胀引起了整个社会的不满。在20世纪80年代以来的调整过程中，韩国当局不得不采取措施来限制大企业的垄断行为，以建立正常的市场经济秩序。1986年，韩国对"关于限制垄断以及公正交易的法律"做了较大修改，严格了对控股等方面的限制。可以说，这是向成熟市场经济发展的一个进步。

注释

①参见Bain（1959），第10章。

②Bain认为，这几项标准中，对于技术性效率、利润率、销售费用、产品成果、资源保护几方面，存在一般性、先验性的评价指标；但在价格伸缩性和技术进步性方面则不存在现成的指标。参见Bain（1959），第404页。

③"管制"即英文"Regulation"一词。日文中使用的汉字为"规制"，即法规性管理或限制之意。中文译为"管制"似乎过于强硬，但考虑到我国经济学界现有的译法，仍沿用"管制"一词。

④参见植草益（1988），第327页。

⑤参见植草益（1987），第116页，但最近从"信息不对称性"的角度讨论此问题更多一些。

⑥所谓"国有企业"或"公营企业"，实际上其形态甚为复杂。既有政府直接经营的企业，又有政府参股的企业。其经营方式也往往因国情而异。本书不做过多叙述。

⑦参见冈野行秀、植草益编（1983），第27页。

⑧本章内所引用的凯维斯（Caves）教授有关反托拉斯执行及其效果的评价，均引自Caves（1964），第4章。

⑨有关文献可参见Bain（1959），Caves（1964），Kaysen and Turner（1959），Stocking（1961）等。

⑩参见 Bain（1959），第 14 章。
⑪参见小宫隆太郎、奥野正宽、铃村兴太郎编（1984）序章。
⑫参见石川滋（1990）。
⑬参见日本经济评论增刊（1988），第 120-121 页。
⑭所谓"系列化"一词来自日本。但在日本，一般指大企业通过控股等资本关系而将小企业收为其属下，而并不是单纯的生产分工配套或"下包"关系。

参考文献

[1] Bain J S. Industrial Organization[M]. New York: Harvard University Press, 1959.

[2] Baumol W J, Bailey E E, Willig R D. Weak Invisible Hand Theorems on Pricing and Entry in a Multi-Product Natural Monopoly [J]. American Economic Review, 1977, 67.

[3] Baumol W J, Panzar J C, Willig R D. Contestable Markets and The Theory of Industry Structure[M]. San Diego: Harcourt Brace Jovanovich, 1982.

[4] Brozen Y. The Competitive Economy: Selected Readings[M]. Morristown, N.J: General Learning Press, 1975.

[5] Caves R E. American Industry: Structure, Conduct, Performance[M]. Upper Saddle River: Prentice-Hall, Inc, 1964.

[6] Coase R. The Nature of the Firm[J]. Economica, 1937.

[7] Cockerill A. The Steel Industry: International Comparisons of Industry Structure and Performance[M]. Cambridge: Cambridge University, 1974.

[8] Connor J M. The Food Manufacturing Industries—Structure, Strategies, Performance, and Policies[M]. D.C: Heath and Company, 1985.

[9] Jong H W. The Structure of European Industry—Studies in Industrial Organization[M]. Uni. of Amsterdam The NetherLands Kluwer Academic Publishers, 1988.

[10] Kahn A E. The Economics of Regulation[M]. N.Y: John Willey and Sons, 1970.

[11] Kaysen C, Turner D F. Antitrust Policy[M]. Cambridge, MA: Harvard University Press, 1959.

[12] Leibenstein H. Allocative efficiency as X-efficiency, AER Okita, S. The Developing Economics and Japan[M]. University of Tokyo Press, 1986.

[13] Rawsky F M. Industrial Market Structure and Economic Performance[M]. Bostom: Houghton-Mifflin, 1982.

[14] Reiffers J L, etc. Transnational Corporations[M]. UNESCO, 1980.

[15] Scherer F M. Industrial Market Structure and Economic Performance[M]. Chicago: Rand Mc Nally, 1980.

[16] Schmalensee R. Industrial Economics: an Overview[J]. The Economic Journal, 1988, 98.

[17] Schmalensee R. Handbook of Industrial Organization[M]. Amsterdam: North-Holland, 1989.

[18] Spence A M. Monopoly, Quality, and Welfare[J]. Bell Journal of Economics, 1975（6）.

[19] Stephen M. Industrial Economics-Economic Analysis and Public Policy[M]. N.Y: Macmillam Publishing Company, 1988.

[20] Stocking G W. Workable Competition and Antitrust Policy[M]. Vanderbilt University Press, 1961.

[21] Tirole J. The Theory of Industrial Organization[M]. Cambridge: MIT Press, 1988.

[22] Williamson O. Market and Hierarchies: Analysis and Antitrust Implications[M]. N.Y: Free Press, 1975.

[23] 一濑智词, 大岛国雄, 肥后和夫. 公共企业论[M]. 新版. 东京: 有斐阁, 1987.

[24] 李哲松. 韩国企业集团规制的背景与法制[J]. 亚洲经济, 1989（1）.

[25] 今井贤一, 宇泽弘文, 小宫隆太郎, 等. 价格理论Ⅲ[M].

东京：岩波书店.

[26] 今井贤一. 信息网与产业组织[M]. 东京：大藏省委托研究报告，1984.

[27] 植草益. 产业组织论[M]. 东京：筑摩书房，1982.

[28] 植草益. 产业组织论[M]. 东京：放送大学教育振兴会，1987.

[29] 植草益. 公的规制经济学[M]. 东京：筑摩书房，1991.

[30] 上野裕也. 竞争与规制：现代的产业组织[M]. 东洋经济新报社，1987.

[31] 冈野行秀，植草益. 日本的公企业[M]. 东京：东京大学出版会，1983.

[32] 日本评论社. 韩国经济的分析[J]. 经济评论增刊，1988.

[33] 经济法学会. 禁止垄断法讲座Ⅰ[Z]. 商事法务研究会，1974.

[34] 日本经济新闻社. 对于修改反垄断法的建议[J]. 季刊现代经济临时增刊，1975.

[35] 公正取引委员会事务局官房涉外室. 最近韩国反垄断政策的动向[J]. 公正取引，No.409—84.11.

[36] 小宫隆太郎，奥野正宽，铃村兴太郎. 日本的产业政策[M]. 东京：东京大学出版会，1984.

[37] 石川滋. 开发经济学的基本问题[M]. 大阪：三秀舍，1969.

[38] 通商产业省. 通商产业省二十年史[M]. 东京：通商产业调查会，1969.

[39] 南部鹤彦. 产业组织与公共政策的理论[M]. 东京：日本经济新闻社，1982.

[40] 三轮芳朗. 反垄断法的经济学[M]. 东京：日本经济新闻社，1982.

[41] 山谷修作. 比较公企业论[M]. 东京：高文堂出版社，1988.

[42] 妹尾明. 现代日本的产业集中[M]. 东京：日本经济新闻社，1983.

[43] 人民日报理论部.经济发展与经济改革 [M].北京：经济科学出版社，1987.

[44] 马洪，孙尚清.中国经济结构问题研究 [M].北京：人民出版社，1981.

[45] 马洪.中国经济调整与发展 [M].太原：山西人民出版社，1982.

[46] 马洪.现代中国经济事典 [M].北京：中国社会科学出版社，1982.

[47] 马洪.当代中国经济体制改革 [M].北京：中国社会科学出版社，1984.

[48] 马歇尔.经济学原理 [M].北京：商务印书馆，1964.

[49] 日本和平经济计划会议垄断白皮书委员会.日本垄断企业集团 [M].北京：商务印书馆，1984.

[50] 日本垄断分析研究会.战后日本钢铁工业 [M].天津：天津人民出版社，1979.

[51] 日本流通规格协会.日本产业的流通机构 [Z].

[52] 王振之，等.中国价格改革的回顾与展望 [M].北京：中国物资出版社，1988.

[53] 尹艳林.我国轻工业产业结构问题研究 [J].经济研究，1990（1）.

[54] 白慈生，黄开亮.中国机械工业产业政策研究 [J].经济研究参考资料，1988（11）.

[55] 乔刚，等.流通体制改革与市场制度创新 [J].财贸经济，1989（9）.

[56] 刘伟，杨云龙.中国产业经济分析 [M].北京：中国国际广播出版社，1987.

[57] 汤敏，茅于轼.现代经济学前沿专题第一集 [M].北京：商务印书馆，1989.

[58] 吉小明，等.企业联合：中国产业组织变革的新趋势 [J].经济发展与体制改革，1989（10）.

[59] 孙尚清.中国市场[M].北京：科学出版社，1989.

[60] 孙效良.发展专业化的路子怎么走？[J].经济研究，1985（6）：60-63.

[61] 关家明.跨国公司对投资中国的顾虑[M]// 王慧炯，闵剑蜀，李泊溪，等.中国的投资环境.香港：京港学术交流中心，1987.

[62] 李浩.世界汽车工业的比较研究与中国汽车工业的发展战略[Z].

[63] 李悦.中国工业部门结构[M].北京：中国人民大学出版社，1983.

[64] 李企瑾，等.发展工艺和零部件专业化生产的政策研究[M]// 国家机械委.中国机械工业2000年发展规划研究报告集，1987.

[65] 李泊溪，周林，刘鹤，等.我国产业政策的初步研究[M]// 国家计委产业政策司.产业政策手册.北京：经济管理出版社，1987.

[66] 陈小洪.提高企业资金自筹能力，发挥企业投资主体作用[M]// 一汽在改革开放时期的技术改造.北京：中国财政经济出版社，1988.

[67] 陈小洪.按有效竞争的目标优化产业[J].国务院发展研究中心材料，1989（39）.

[68] 陈小洪，杨振球.规模经济初探[J].数量经济技术经济研究，1989（7）.

[69] 陈小洪.规模经济与市场竞争的兼容类型及其分析方法和实证研究[J].中国工业经济研究，1990（6）.

[70] 陈小洪，仝月婷.产业规模经济水平的估计方法及对中国工业的初步考察[J].数量经济技术经济研究，1990（5）.

[71] 陈小洪，金忠义.企业市场关系分析：产业组织理论及其应用[M].北京：科学技术文献出版社，1990.

[72] 吴仁洪.中国产业结构动态分析[M].杭州：浙江人民出版

社，1990.

[73] 吴承明．中国资本主义与国内市场[M]．北京：中国社会科学出版社，1985.

[74] 张少杰，等．市场结构和企业制度[M]．成都：四川人民出版社，1988.

[75] 张世和．战后南朝鲜经济[M]．北京：中国社会科学出版社，1983.

[76] 麦金农 L I．经济发展中的货币与资本[M]．上海：上海三联书店，1988.

[77] 克拉克．工业经济学[M]．原毅军，译．北京：经济管理出版社，1990.

[78] 库珀 S C，等．金融市场[M]．北京：中国金融出版社，1989.

[79] 汪海波．新中国工业经济史[M]．北京：经济管理出版社，1986.

[80] 邱靖基，等．机械工业结构[M]//马洪、孙尚清．中国经济结构问题研究．北京：人民出版社，1981.

[81] 林康．跨国公司经营与管理[M]．北京：对外贸易教育出版社，1988.

[82] 房维中．中华人民共和国经济大事记[M]．北京：中国社会科学出版社，1984.

[83] 国务院工业普查办公室．我国工业经济问题分析[M]．北京：中国统计出版社，1989.

[84] 国家体改委研究所．改革：我们面临的挑战与选择[M]．北京：中国经济出版社，1986.

[85] 国家科委《技术引进战略与政策研究》课题组．我国技术引进战略研究[M]．国家科委综合局、中国科技促进发展研究中心（现中国科学技术发展战略研究院），1997.

[86] 周叔莲，刘述意．国有企业的管理与改革[M]．北京：经济管理出版社，1989.

[87]《经济世界》1990年第4期(总第19期),新华社对外部和伦敦南方杂志合作出版.

[88] 胡汝银.竞争与垄断:社会主义微观经济分析[M].上海:上海三联书店.

[89] 胡欣欣.关于日本的"下请制"[J].管理世界,1990(6).

[90] 美国商务部产业经济局.美国产业展望[Z].1983.

[91] 贺德龙,等.论我国机械工业产业组织政策[J].中国工业经济研究,1989(6).

[92] 夏小林.日本企业下承包制度:环境、结构、功能、启示[J].管理世界,1988(1).

[93] 夏小林.外向战略与产业组织合理化:以各类企业集团为对象的政策分析[J].经济体制改革研究报告,1989(7).

[94] 夏小林.中国产业组织的"二重结构"[M]//国家计委产业政策司.产业政策手册.北京:经济管理出版社,1990.

[95] 赵尔烈.日本农产品流通体制考察报告[J].调研资料,1988(35).

[96] 唐维霞,陈钺.跨国公司[M].北京:经济科学出版社,1985.

[97] 莫瑞荪.关于加速发展我国汽车零部件工业的探讨[J].汽车工业研究,1990(4).

[98] 曹金彪.定点企业、非定点企业与产业组织变动:电线电缆行业分析[J].中国工业经济研究,1990(4).

[99] 董士杰.关于物资贸易中心的功能[J].财贸经济,1988(12).

[100] 谢天生.试论商业企业集团的形成及其发展战略[J].财贸经济,1989(10).

[101] 植草益.产业组织论[M].卢东斌,译.北京:中国人民大学出版社,1987.

[102] 植草益.关于中国的产业结构与产业政策问题[M]//吴家骏,汪海波.中国的宏观经济管理.北京:经济管理出版社,1988.

413

[103] 斯蒂格勒 G J. 产业组织和政府管制 [M]. 潘振民, 译. 上海: 上海三联书店, 1989.

[104] 廖英敏, 等. 武汉市物资流通环节和库存情况 [J]. 财贸经济资料, 1985（11）.

[105] 谭承栋. 中国钢铁工业结构 [M]. 太原: 山西人民出版社, 北京: 中国社会科学出版社, 1986.

[106] 管理杂志社中国企业评价中心. 1988 年中国 500 家最大工业企业及行业 50 家评价 [J]. 管理世界, 1989（5）.

[107] 赫维茨 L. 论信息分散化的体制 [M]// 拉德纳 R, 麦克盖利 C B. 决策与组织. 阿姆斯特丹: 北荷兰出版公司, 1972.

[108] 樊钢, 等. 公有制经济的两种运行机制 [J]. 经济研究, 1990（5）.

[109] 薛暮桥, 等. 中国国民经济的社会主义改造 [M]. 北京: 人民出版社, 1978.